BABC⊕CK
Handbuch Wasser

Handbuch Wasser

7. Auflage

Herausgeber
Deutsche Babcock Anlagen AG
Krefeld
Geschäftsbereich Umwelttechnik

Neubearbeitet von F. Z. Bryknar

VULKAN-VERLAG · ESSEN

ISBN 3-8027-2518-2

© Deutsche Babcock Anlagen Aktiengesellschaft 1988

Alle Rechte, insbesondere das der Übersetzung in fremde Sprachen, vorbehalten. Ohne ausdrückliche Genehmigung des Herausgebers ist es auch nicht gestattet, dieses Buch, einzelne Beiträge oder Teile daraus auf photomechanischem Wege (Photokopie, Mikrokopie) zu vervielfältigen.

Gesamtherstellung: Vulkan-Verlag, Essen
Printed in Germany

Vorwort zur 7. Auflage

Durch die Straffung der Organisation innerhalb der Gruppe Deutsche Babcock wurden alle den Schutz der Umwelt betreffenden Verfahrenstechniken in der Produktlinie Umwelttechnik bei der Deutschen Babcock Anlagen AG, Krefeld, zusammengefaßt. Mit der Übernahme der gesamten Wassertechnik ging auch die Neubearbeitung des Wasser-Handbuches an dieses Werk über.

Der Grundaufbau dieses Handbuches und ein wesentlicher Teil der Ausführungen wurden von der letzten Auflage übernommen, so daß die Kontinuität erhalten bleibt.

Geändert wurden die Abschnitte, wo es aus Gründen der neuen Bezeichnungen und Meßeinheiten auf dem Gebiet der Wasseranalytik notwendig war. Vollkommen neu bearbeitet sind die tabellarisch dargestellten Angaben über Ionenaustauscher-Materialien. Zur Zeit noch gültige gesetzliche Bestimmungen (u.a. VGB-Richtlinien, Strahlenschutzverordnung) wurden übernommen.

Wir hoffen, daß diese Neuauflage des „Babcock Handbuch Wasser" wie seine Vorgänger weiterhin als nützlicher Ratgeber für alle diejenigen, welche sich mit Wasserfragen beschäftigen, dienen kann.

Krefeld, November 1988

                            Deutsche Babcock Anlagen AG
                                         Krefeld

Vorwort zur 6. Auflage

Die 1979 erschienene 5. Auflage des VKW „Handbuch Wasser" ist in der Zwischenzeit restlos vergriffen, so daß daß wir uns zur Herausgabe einer neuen Auflage entschließen mußten. Diese neue 6. Ausgabe erscheint nunmehr als „Babcock Handbuch Wasser". Das Buch wurde in verschiedenen Kapiteln aktualisiert. So wurde z. B. das Kapitel „VGB Richtlinien für das Speise- und Kesselwasser von Wasserrohrkesseln ab 64 bar Überdruck" neu bearbeitet. Die chemische Konditionierung (alkalische und neutrale Fahrweise) wurde besonders hervorgehoben.

Umfangreiche Änderungen erfuhr das Kapitel „Konservierung von Dampferzeugeranlagen". Hier wurde die Trockenkonservierung von Anlagen als umweltfreundlich in den Vordergrund gerückt. In den letzten Jahren bzw. Jahrzehnten wurden Chemikalien für die Naßkonservierung verwendet, die aus Umweltschutzgründen heute nicht ohne Aufbereitung des Konservierungswassers in öffentliche Gewässer geleitet werden dürfen.

Die anderen Kapitel dieses Wasserbuches erfuhren keine wesentlichen Änderungen.

Wir hoffen, daß dieses „Babcock Handbuch Wasser", das mit dieser 6. Auflage zum ersten Male auch in englischer Sprache erscheint, wie seine Vorgänger, viele Freunde im In- und Ausland findet und als Ratgeber dienen kann.

Oberhausen, Juni 1982

                    Deutsche Babcock Anlagen AG
                             Oberhausen

Inhaltsverzeichnis

1. Zeichenerklärung und Maßeinheiten
1.1. Mathematische Zeichen nach DIN 1302 17
1.2. Zeichen in Reaktionsgleichungen 17
1.3. Internationales Einheitensystem 18
1.4. Begriffe und Einheiten 18
1.4.1. SI-Basiseinheiten 21
1.4.2. Abgeleitete SI-Einheiten 21
1.4.3. Mit international anerkannten Vorsätzen gebildete Einheiten 23
1.4.4. Zusätzlich zu den SI-Einheiten gesetzlich zugelassene Einheiten 23
1.4.5. Einheiten und Größen in der Wasseranalytik 25
1.4.6. Bisherige und neue Einheiten 25
1.5. Mol, molare Masse, Äquivalent 25
1.6. Buchstabenerklärung 26
1.7. Einheiten nach DIN 1301 und 1304 (Auszug) . . . 27

2. Grundbegriffe der Wasserchemie
2.1. Allgemeines 28
2.2. Summe Erdalkalien und Salzgehalt des Rohwassers . 29
2.3. Chemische Äquivalente und Lösungen 32
2.4. Elektrolytische Dissoziation 34
2.5. Wasserstoffionenkonzentration 35
2.5.1. pH-Wert 35
2.5.2. pH-Wert reinen Wassers in Abhängigkeit von der Temperatur 38
2.6. Säuren, Basen, Salze, Alkalität 39
2.7. Alkalität und Acidität des Wassers 40
2.7.1. Säurekapazität bis pH = 8,2 und bis pH = 4,3 . . . 40
2.7.2. Basekapazität bis pH = 8,2 und bis pH = 4,3 . . . 42
2.8. Alkalität des Kesselwassers 43
2.9. Kesselwasser-Salzgehalt und -Absalzung 43
2.9.1. Verlauf der Salzanreicherung im Kesselwasser . . . 46
2.9.2. Eindickungszahl EZ 47

3. Das Verhalten des Wassers und seiner Beimengungen im Kraftwerksbetrieb
3.1. Die Kieselsäure 48
3.2. Die Kohlensäure 50

3.2.1.	Die Kohlensäure in natürlichen Wässern	50
3.2.2.	Die Kohlensäure im Kraftwerks-Kreislauf	51
3.3.	Kupfer im Speise- und Kesselwasser. Verhalten in der Grenzschicht	52
3.3.1.	Kupfer im Kraftwerksbetrieb	52
3.3.2.	Kupferverhalten in der Grenzschicht	52
3.4.	Der Salztransport aus der Kernströmung zur Rohrwand	53
4.	**Verfahrenstechnik der Aufbereitung**	
4.1.	Mechanische Verfahren	55
4.1.1.	Kiesfilter, geschlossen	55
4.1.2.	Kiesfilter, offen	56
4.2.	Chemische und physikalische Verfahren	56
4.2.1.	CO_2-Entsäuerung	56
4.2.2.	Enteisenung	61
4.2.3.	Entmanganung	63
4.2.4.	Entölung	65
4.2.5.	Anschwemmfiltration	66
4.2.6.	Wellplattenabscheider	70
4.2.7.	Magnet-Filter	73
4.2.8.	Entkarbonisierung mit Kalkhydrat	80
4.2.8.1.	Allgemeines	80
4.2.8.2.	Wigran-Entkarbonisierung	82
4.2.8.3.	Langzeit-Entkarbonisierung	84
4.2.8.4.	Enthärtung nach dem Fällungsverfahren	85
4.2.9.	Heißentkieselung	85
4.2.10.	Flockung	88
4.2.11.	Flockungshilfsmittel	92
4.2.12.	Entkeimung	93
4.3.	Ionenaustauscher	95
4.3.1.	Allgemeines	95
4.3.2.	Kenndaten für Austauscher	96
4.3.3.	Kenndaten für Austauscheranlagen	97
4.3.4.	Der stark saure Kationenaustauscher	98
4.3.4.1.	Der Kationenaustauscher als Natriumaustauscher	98
4.3.4.2.	Der Kationenaustauscher als Wasserstoffaustauscher	104
4.3.5.	Der stark saure Kationenaustauscher in der Teilstromschaltung	107
4.3.6.	Der schwach saure Kationenaustauscher	110

4.3.6.1.	Entkarbonisierung und Enthärtung im Zweifilterverfahren	113
4.3.6.2.	Entkarbonisierung und Enthärtung im Einfilterverfahren	114
4.3.7.	Der schwach basische Anionenaustauscher	114
4.3.8.	Der stark basische Anionenaustauscher	116
4.3.9.	Schaltungen von Kationen- und Anionenaustauschergruppen	118
4.3.9.1.	Schwach und stark saure Kationenaustauscher	118
4.3.9.2.	Schwach und stark basische Anionenaustauscher	119
4.3.9.3.	Hintereinanderschaltung von zwei stark sauren Kationenaustauschern	120
4.3.9.4.	Verbundregenerationen bei Kationen- und Anionenaustauschern	121
4.3.10.	Gegenstrom-Regeneration	125
4.3.10.1.	Schichtbettfilter	129
4.3.11.	Der CO_2-Rieseler	131
4.3.12.	Der Mischbettaustauscher	132
4.3.13.	Die Vollentsalzung	134
4.3.13.1.	Der Natriumschlupf	138
4.3.13.2.	Überwachung und Regeneration	140
4.3.13.3.	Neutralisierung der Filterabläufe	141
4.3.14.	Automatisch geregelte Vollentsalzungsanlagen	141
4.3.15.	Kurztaktverfahren	143
4.3.16.	Kondensataufbereitung	145
4.3.16.1.	Betriebskondensate	145
4.3.16.2.	Heizungs- und Fernheizungskondensate	145
4.3.16.3.	Turbinenkondensate	146
4.3.16.4.	Kondensatentsalzung für Zwangdurchlauf-Dampferzeuger	147
4.3.17.	Reinigung ölverschmutzter Ionenaustauscher	147
4.4.	Verdampfer, Dampfumformer, Wasserbadumformer	151
4.4.1.	Verdampfer	151
4.4.2.	Dampfumformer	152
4.4.3.	Wasserbadumformer	153
4.5.	Entgasung	154
4.5.1.	Thermische Entgasung	154
4.5.1.1.	Physikalische Grundlagen	154
4.5.1.2.	Entgasungszielsetzung	157
4.5.1.3.	Technologie der Entgasung	157
4.5.2.	Chemische Entgasung	161
4.6.	Korrekturbehandlung von Speise- und Kesselwässern	162

4.7.	Kühlwasseraufbereitung	163
4.8.	Betriebsüberwachung	167
4.9.	Umkehrosmose	168
4.9.1.	Verfahrensprinzip	168
4.9.2.	Technische Anwendung	169
4.9.3.	Anforderungen an das zu entsalzende Wasser	172
4.9.4.	Aufbau einer Umkehr-Osmose-Anlage	173
4.9.5.	Konditionierung	174
4.9.6.	Nachbehandlung	174
5.	**Richtwerte für die Betriebswasser**	
5.1.	VdTÜV-Richtlinien für Speise- und Kesselwasserbeschaffenheit bei Dampferzeugern bis 64 bar zulässigem Betriebsdruck (Ausgabe April (1983)	176
5.1.1.	Geltungsbereich	176
5.1.2.	Richtwerte für die Speise- und Kesselwasserbeschaffenheit	176
5.1.3.	Dampfreinheit	178
5.1.4.	Einspritzwasser	180
5.2.	VGB-Richtlinien für das Speise- und Kesselwasser von Wasserrohrkesseln ab 64 bar Betriebsüberdruck	180
5.2.1.	Allgemeines	180
5.2.2.	Richtwerte für die Speise- und Kesselwasserbeschaffenheit	180
5.3.	VGB-Richtlinien für das Wasser in Kernkraftwerken mit Leichtwasserreaktoren	185
6.	**Betriebsanalyse**	
6.1.	Allgemeines	187
6.2.	Probennahme	187
6.3.	Bestimmung des pH-Wertes	188
6.4.	Leitfähigkeitsmessung	189
6.4.1.	Bestimmung der Dichte des Wassers	191
6.5.	Säureverbrauch und Laugenverbrauch des Wassers	191
6.5.1.	Säureverbrauch des Wassers	191
6.5.2.	Laugenverbrauch des Wassers	192
6.6.	Aggressive Kohlensäure	193
6.7.	Bestimmung der Schwebstoffmenge nach der Kalkentkarbonisierung	194
6.8.	Bestimmung der Erdalkalien	195

6.8.1.	Bestimmung der Summe der Erdalkalien mit AeDTA-Lösung Komplexon	195
6.8.2.	Bestimmung der Calcium- und Magnesiumionen	196
6.8.3.	Umrechnungsfaktoren für verschiedene Erdalkalienstärke und Einheiten	197
6.9.	Photometrische Bestimmung der Kieselsäure	197
6.10.	Bestimmung der Phosphate	198
6.10.1	Photometrische Bestimmung des Phosphations	198
6.10.2	Kolorimetrische Bestimmung des Phosphations	199
6.10.3	Bestimmung des Gesamtphosphates und der polymeren Phosphate	199
6.11.	Bestimmung des Sulfat-Ions	200
6.11.1	SO_4-Bestimmung über die Basekapazität BK 4,3	200
6.11.2.	Gewichtsanalytische SO_4-Bestimmung	200
6.11.3.	SO_4-Bestimmung mit AeDTA-Lösung	201
6.12.	Chloridbestimmung	202
6.12.1.	Chloridbestimmung nach Mohr	202
6.12.2.	Freies Chlor	203
6.13.	Bestimmung des Ammoniums-Ions	203
6.13.1.	Photometrische Bestimmung des Ammonium-Ions	204
6.13.2.	Kolorimetrische Bestimmung des Ammonium-Ions	204
6.14.	Hydrazinbestimmung	204
6.15.	Sauerstoffbestimmung	205
7.15.1.	Sauerstoffbestimmung, Probenahme	205
6.15.2.	Sauerstoffbestimmung nach der Cer-Schwefelsäure-o-Tolidinmethode (Kol. Verfahren)	206
6.15.3.	Sauerstoffbestimmung nach der Cer-Schwefelsäure-o-Tolidinmethode (Phot. Verfahren)	208
6.15.4.	Jodometrisches Verfahren zur Sauerstoffbestimmung	209
6.16.	Kupferbestimmung	211
6.16.1.	Kolorimetrische Methode	211
6.16.2.	Photometrische Methode	212
6.17.	Eisenbestimmung	212
6.17.1.	Gesamteisenbestimmung nach der Sulfosalicylsäuremethode	212
6.17.2.	Gesamteisenbestimmung mit Thioglykolsäure	213
6.17.3.	Bestimmung ungelöster Eisenoxide nach der Membranfiltermethode	214
6.18.	Manganbestimmung	214
6.19.	Bestimmung der organischen Substanz	215
6.19.1.	Bestimmung des $KMnO_4$-Verbrauchs in saurer Lösung	215

6.19.2.	Bestimmung des $KMnO_4$-Verbrauchs in alkalischer Lösung	215
6.20.	Zuckernachweis	216
6.21.	Ölbestimmung	217
6.21.1.	Qualitative Ölbestimmung (Öl-Test)	217
6.21.2.	Gewichtsanalytische Ölbestimmung	217
6.21.3.	Photometrische Ölbestimmung	218
6.22.	Bestimmung der Natrium- und Kalium-Ionen	218
6.23.	Verblockungs-Index	218
6.24.	Trübungsbewertung in Jackson-Einheiten	220
6.25.	Schnellbestimmung von Austauschermaterialien	220
6.26.	Bestimmung der Kapazität von Austauschermaterialien	221
6.27.	Beladung des Materials und Errechnung der NK	222
7.	**Untersuchung der in der Wasseraufbereitung angewandten Chemikalien**	
7.1.	Salzsäure (DIN 19610)	226
7.2.	Schwefelsäure (DIN 19618)	226
7.3.	Natronlauge (DIN 19616)	227
7.4.	Ammoniak	228
7.5.	Hydrazinhydrat	229
7.6.	Weißkalkhydrat (DIN 19611)	229
7.7.	Gebrannter Dolomit	230
7.8.	Magnesit	230
7.9.	Eisenchlorid (DIN 19602)	231
7.10.	Aluminiumsulfat (DIN 19600)	231
7.11.	Natriumaluminat (DIN 19601)	232
7.12.	Kochsalz (DIN 19604)	232
7.13.	Soda (DIN 19612)	233
7.14.	Trinatriumphosphat (DIN 19620)	234
7.15.	Natriumtripolyphosphat	235
7.16.	Chemikalien für die Trinkwasseraufbereitung	235
8.	**Korrosion und Korrosionsschutz in Dampfkraftanlagen**	
8.1.	Definition und Bedeutung der Korrosion für den Dampfkesselbetrieb	236
8.2.	Trockene Korrosion	237
8.2.1.	Das Chaudron-Diagramm und die heterogene Schichtenfolge der Eisenoxide	237
8.2.2.	Zeitabhängigkeit der Oxydation	239

Inhaltsverzeichnis

8.3.	Nasse (elektrochemische) Korrosion	239
8.3.1.	Die homogene Metallelektrode. Anode und Kathode. Ruhepotential. Potential-Strom-Diagramm	239
8.3.2.	Die Wasserstoff- und Sauerstoffelektrode	241
8.3.3.	Die homogene Metall-Wasserstoffelektrode und die homogene Metall-Sauerstoffelektrode	243
8.3.4.	Die heterogene Metallelektrode	246
8.3.5.	Die homogene Metallelektrode bei unterschiedlicher Belüftung	247
8.4.	Korrosion im Kesselbetrieb	247
8.4.1.	Sauerstoffkorrosion	247
8.4.2.	Kohlensäurekorrosion	248
8.4.3.	Spaltkorrosion	249
8.4.4.	Heißwasseroxydation	249
8.5.	Erosion und Kavitation	250
8.5.1.	Erosion	250
8.5.2.	Kavitation	250
9.	**Das Wasser in Kernenergieanlagen**	
9.1.	Endaktivierung und -konditionierung von Primärkreisläufen	252
9.2.	Sekundärwasser im Druckwasserreaktor	253
9.3.	Entaktivierung von Schwerwasserkreisläufen	253
9.4.	Abwasser-Dekontaminierung in Kernkraftwerken	254
9.4.1.	Einleitung	254
9.4.1.1.	Anforderungen an dekontaminiertes Abwasser	254
9.4.1.2.	Dekontaminierungsanlage, Aufgabe und Aufbau	256
9.4.2.	Dekontaminierungsverfahren	259
9.4.2.1.	Fällung und Flockung	259
9.4.2.2.	Mechanische Filtration	260
9.4.2.3.	Eindampfanlage	261
9.4.2.4.	Ionen-Austauscher	262
9.4.3.	Verfestigung radioaktiver Rückstände aus der Abwasserdekontamination	263
10.	**Reinigung und Beizung von Dampferzeugeranlagen**	
10.1.	Das Auskochen des Dampferzeugers mit alkalischen Lösungen	264

10.1.1.	Alkalische Reinigung nach der Atmungsmethode	264
10.1.2.	Alkalisches Auskochen mit Trinatriumphosphat	265
10.2.	Beizung der Dampferzeugeranlage	266

11. Konservierung von Dampferzeugeranlagen

11.1.	Naßkonservierung	268
11.1.1.	Konservieren durch Erhöhung der Alkalität	268
11.1.2.	Konservieren mit Levoxin 15 und Ammoniak	269
11.2.	Druckprobe und Konservierung von neuen Dampferzeugeranlagen	269
11.2.1.	Konservierung	270
11.2.2.	Konservierung mit Levoxin und Ammoniak	270
11.3.	Wasserdruckprobe mit Rohwasser	271
11.4.	Umweltschutzmaßnahmen beim Ablassen von Konservierungswasser	271
11.5.	Trockenkonservierung	272
11.5.1.	Trocknung der Anlage	272
11.5.2.	Konservierung mit Hilfe fester Adsorptionsmittel	272
11.5.3.	Konservierung mit Stickstoff	273
11.5.4.	Konservierung mit Trockenluft	273
11.5.5.	Konservierung mit Heißluft	274
11.6.	Konservierung der Feuerzüge des Dampferzeugers	274

12. Tabellen und graphische Darstellungen

12.1.	CaO- und Ca(OH)$_2$-Gehalt und Dichte von Kalkmilch	275
12.2.	Kalkhydratmenge bei Wigranentkarbonisierung in Abhängigkeit von der KH und der zugehörigen CO$_2$ ohne Berücksichtigung der aggressiven CO$_2$	276
12.3.	Zusammenhang zwischen Hydrogenkarbonatkohlensäure, freier zugehöriger Kohlensäure und dem pH-Wert der entsprechenden Gleichgewichtswässer	277
12.4.	Löslichkeit verschiedener Verbindungen	278
12.5.	Umrechnungsfaktor für Dichte, SK 8,2 etc. für Kesselwasserproben, ohne Kühler entnommen	279
12.6.	Umwandlung °Bé ↔ g/cm^3 Meßtemperatur 20 °C	280
12.7.	Wasser- und Brüdenanteil sowie Volumen der Brüden bei der Entspannung von Kesselwasser auf den Entspannungsdruck	280

12.8.	Natriumkarbonatspaltung (Sodaspaltung) im Kessel in Abhängigkeit vom Betriebsdruck	281
12.9.	Leistungsberechnung von Ionenaustauschern	282
12.10.	Filterwiderstand von Kiesfiltern in Abhängigkeit der Korngröße und Filtergeschwindigkeit	284
12.11.	Ausdehnung der Austauscherschichthöhe bei verschiedener Temperatur des Spülwassers	285
12.12.	Spülwassermessung mit rechteckigem Überlaufwehr	286
12.13.	Prozentgehalt und Dichte von Natriumhydroxid- und Ammoniaklösungen bei 20 °C	287
12.14.	Prozentgehalt und Dichte von Natriumkarbonat- und Natriumchloridlösungen bei 20 °C	288
12.15.	Prozentgehalt und Dichte von Salz- und Schwefelsäure bei 20 °C	289
12.16.	Fertig-Salzsolen verschiedener Konzentration aus festem Kochsalz	290
12.17.	Fertig-Salzsolen verschiedener Konzentration aus gesättigter Salzsole	291
12.18.	Verdünnungskurven für Natronlauge	292
12.19.	Auskristallisation der Natronlauge in Abhängigkeit von der Konzentration und Temperatur	293
12.20.	Erstarrungstemperaturen von Schwefelsäure	293
12.21.	Erstarrungstemperaturen von Salzsäure	294
12.22.	Verdünnungskurve für Salzsäure	295
12.23.	Verdünnungskurve für Schwefelsäure	296
12.24.	Temperaturerhöhung bei Verdünnung von Säuren und Laugen (Wasser = 20 °C)	297
12.25.	pH-Wert Erhöhung von reinem Wasser durch flüchtige Alkalisierungsmittel bei 25 °C	298
12.26.	pH-Wert-Erhöhung von reinem Wasser durch Alkalisalze bei 25 °C	299
12.27.	pH-Änderung reinen Wassers durch Kohlensäure	300
12.28.	Geschwindigkeit der Sauerstoffbindung mit Hydrazin und Levoxin	301
12.29.	Hydrazinbedarf bei Kesselanlagen ohne Entgaser	302
12.30.	Löslichkeit von O_2 und N_2 der Luft bei 1 bar in reinem Wasser	303
12.31.	Leitfähigkeit gelöster Gase	304
12.32.	Spezifische Leitfähigkeit von Lösungen	305

12.33.	Umrechnungsdiagramm von spez. Leitfähigkeit in elektr. Widerstand	306
12.34.	Schüttgewichte verschiedener Stoffe	306
12.35.	Flüssigkeitsmessung mit der Meßblende (DIN 1952)	307
12.36.	Thermische Mischungsformeln	310
12.37.	Atommassen und Ordnungszahlen der Elemente	311
12.38.	Molare Massen der wichtigsten Verbindungen	315
12.39.	Wasserdampf-, Druck- und Enthalpie-Tafel für Drücke von 0,05 bis 6,00 bar	317
12.40.	Wasserdampf-, Druck- und Enthalpie-Tafel für Drücke von 1 bis 40 bar	318
12.41.	Wasserdampf-, Druck- und Enthalpie-Tafel für Drücke von 42 bis 221,2 bar	319
12.42.1.	Umrechnungstabelle von englischen und amerikanischen Maßen in metrische Maße	320
12.42.2.	Umrechnungstabelle von metrischen Maßen in englische und amerikanische Maße	322
12.43.	Einheitenbeziehungen zwischen den Zeiteinheiten	324
12.44.	Einheitenbeziehungen zwischen den Leistungseinheiten	324
12.45.	Einheitenbeziehungen zwischen den Druckeinheiten	325
12.46.	Einheitenbeziehungen zwischen den Energieeinheiten	325
12.47.	pH-Änderung des Puffers bei Temperaturänderung	326
12.48.	Umrechnungsfaktoren für verschiedene Härtegrade und Einheiten	326
12.49.	Griechisches Alphabet (DIN 1453)	327
13.	**Schrifttum**	328
14.	**Stichwortverzeichnis**	330

1. Zeichenerklärung und Maßeinheiten

1.1. Mathematische Zeichen nach DIN 1302

$=$	gleich
$\neq$	ungleich, nicht gleich
$<$	kleiner als
$>$	größer als
$\leq$	kleiner oder gleich, höchstens gleich
$\geq$	größer oder gleich, mindestens gleich
$\ll$	klein gegen
$\gg$	groß gegen
$\hat{=}$	entspricht
$\approx$	angenähert gleich, nahezu gleich
%	vom Hundert, Prozent
‰	vom Tausend, Promille
$+$	plus, und
$-$	minus, weniger
· oder ×	mal, multipliziert mit
$-$ oder / oder :	geteilt, dividiert durch
$\sqrt{}$	Quadratwurzel aus
$\sqrt[n]{}$	n-te Wurzel aus
lg	Logarithmus zur Basis 10

1.2. Zeichen in Reaktionsgleichungen

$\rightarrow$	Richtung des Reaktionsablaufes
$\rightleftharpoons$	} Gleichgewicht
$=$	
[...]	eckige Klammer um chemisches Symbol: Molkonzentration $\dfrac{\text{mol}}{\text{l}}$
...$^+$	einwertiges }
...$^{2+}$	zweiwertiges } positives Ion (Kation)
...$^{n+}$	n-wertiges }
...$^-$	einwertiges }
...$^{2-}$	zweiwertiges } negatives Ion (Anion)
...$^{n-}$	n-wertiges }
$\ominus$	Elektron
...$\nearrow$	flüchtiges Gas

1.3. Internationales Einheitensystem

Jahrzehntelange Bemühungen unter Verwendung schon bestehender Maßsysteme ein auf der ganzen Welt gültiges System von Maßeinheiten aufzustellen, das für alle Bereiche des täglichen Lebens, des Handels und Verkehrs, der Wissenschaften und der Technik gilt, haben zur Schaffung des „Internationale Einheitensystem", des „Systeme International d'Unites", kurz SI-System genannt, geführt. Es wurde bereits 1960 von der 11. Generalkonferenz für Maße und Gewicht verabschiedet. Mit dem Gesetz über die „Einheiten im Meßwesen" vom 2. 9. 69 und der Ausführungsverordnung zum „Gesetz über Einheiten im Meßwesen" vom 26. 7. 1970 ist das SI-System in der Bundesrepublik Deutschland eingeführt worden. Das Gesetz ist ein Jahr nach seiner Verkündigung gültig geworden. In der Ausführungsverordnung sind Termine festgelegt, bis zu welchen die Umstellung einzelner Einheiten durchgeführt sein muß.

1.4. Begriffe und Einheiten

Die Einheit der **Kraft** ist das **Newton** (N). Das Gesetz des Physikers Newton lautet: Kraft = Masse mal Beschleunigung. Nach ihm wurde die Einheit für die Kraft mit Newton benannt. 1 N ist gleich der Kraft, die einen Körper der Masse 1 kg die Beschleunigung 1 m/s^2 erteilt.

$$1 \text{ N} = 1 \text{ kgm/s}^2$$

Für größere und kleinere Werte gelten die aus 1 N mit den Vorsätzen nach Tafel 1.-3 gebildeten Einheiten,

z. B.   1 Meganewton (MN) = 10^6 N = 1 000 000 N oder
        1 Millinewton (mN) = 10^{-3} N = 0,001 N

Die Einheit der **Masse** ist das **Kilogramm**. Es bleibt somit bei den bisherigen Angaben.

     1 Kilogramm (kg)   = 1000 Gramm (g)
     1 Gramm (g)   = 1000 Milligramm (mg)

Die **molare Masse** (M) ist eine stoffmengenbezogene Größe mit der Einheit **kg/mol**. Die übliche Einheit bleibt g/mol. Bei der Angabe der molaren Masse sind die Teilchen, auf die sich die molare Masse bezieht, durch das chemische Symbol oder die chemische Formel des Teilchens zu kennzeichnen. Die Formel bzw. das Symbol wird in Klammern hinter das Formelzeichen M gesetzt.

Zeichenerklärung und Maßeinheiten

Tafel 1.-1 Übersicht über einige Einheiten aus Naturwissenschaft u. Technik

Größe	SI-Einheit Zeichen	SI-Einheit Name	Beziehung
Kraft	N	Newton	$1\ N = 1\ kg \cdot m/s^2$
Druck (mech. Spannung)	Pa	Pascal	$1\ Pa = 1\ N/m^2$
Leitwert (elektrisch)	S	Siemens	$1\ S = 1\ \Omega^{-1}$
Widerstand (elektrisch)	Ω	Ohm	$1\ \Omega = 1\ V/A$
Druck	bar	Bar	$1\ bar = 10^5\ Pa$
Masse	t	Tonne	$1\ t = 10^3\ Kg = 1\ Mg$
Volumen	l	Liter	$1\ l = 1\ dm^3$
Geschwindigkeit	m/s		$1\ km/h = \dfrac{1}{3{,}6}\ m/s,\ 1\ Seemeile/h = 0{,}514\ m/s$
Dichte	kg/m^3		$1\ g/cm^3 = 1\ kg/dm^3 = 1\ t/m^3 = 1\ g/ml$
Masse i. d. Atomphysik	u	atomare Masseneinheit	1 atomare Masseneinheit ist der 12te Teil der Masse eines Atoms des Nuklids ^{12}C $1\ u = 1{,}6605655 \cdot 10^{-27}\ kg$
Energie i. d. Atomphysik	eV	Elektronvolt	1 Elektronvolt ist die Energie, die ein Elektron beim Durchlaufen einer Potentialdifferenz von 1 Volt im leeren Raum gewinnt. $1\ eV = 1{,}6021892 \cdot 10^{-19}\ J$

z. B. molare Massen (M) von Calcium und Natrium

$$M\ (Ca) = 40{,}08\ g/mol$$
$$M\ (Na) = 22{,}99\ g/mol$$

In den SI-Einheiten ist das **Mol** als Basiseinheit für die **Stoffmenge** festgelegt. Für die Praxis ergibt sich die Konsequenz, daß das bisher angewendete „Val" international nicht mehr als Einheit der Stoffmenge betrachtet wird und im Gesetz über Einheiten im Meßwesen nicht enthalten ist.

Das **Joule** ist gleichzeitig die Einheit für **Energie** und **Wärmemenge**

$$1\ J = 1\ Ws = Nm = 1\ kgm/s^2 \cdot 1\ m = 1\ kgm^2/s^2$$

Die abgeleitete SI-Einheit des Druckes oder der mechanischen Spannung ist das Pascal. 1 Pascal ist gleich dem auf eine Fläche gleichmäßig wirkenden Druck, bei dem senkrecht auf die Fläche 1 m² die Kraft 1 N (Newton) ausgeübt wird.

$$1\ Pa = \frac{1\ N}{m^2}$$

Besonderer Name für den zehnten Teil des Megapascal (MPa) ist das Bar (bar).

Zwischen der Einheit Bar und der Einheit Pascal besteht folgende Beziehung:

$$1\ Bar = 10^5\ Pa = 10^5\ \frac{N}{m^2}$$

Es ist zweckmäßig, bei der Angabe von Drücken in der Technik mit der Einheit Bar zu arbeiten. Die Einheit Bar hat außerdem den Vorzug, daß sie ungefähr dem natürlichen Luftdruck entspricht.

Der spezifische elektrische Widerstand (ρ) wird gemäß der Formel

$$\rho = \frac{RF}{l}$$

Zeichenerklärung und Maßeinheiten

in (Ω cm) gemessen, wenn die Länge l in (cm), die Fläche F in (cm²) und der Widerstand R in (Ω) eingesetzt wird. Sein Kehrwert, die Leitfähigkeit

$$\varkappa = \frac{1}{\rho}$$

hat die Maßeinheiten $\frac{1}{\Omega\ cm}$ = Scm^{-1} bzw. µScm^{-1} oder in üblicher Schreibweise S/cm bzw. µS/cm.

1.4.1. SI-Basiseinheiten

Das Internationale Einheitensystem umfaßt sieben Einheiten als Basiseinheiten. Sie sind in Tafel 1.-2 zusammengestellt.

Tafel 1.-2: Basiseinheiten

Basisgröße	Basiseinheit	Kurzzeichen
Länge	Meter	m
Masse	Kilogramm	kg
Zeit	Sekunde	s
Elektrische Stromstärke	Ampere	A
Thermodynamische Temp.	Kelvin	K
Stoffmenge	Mol	mol
Lichtstärke	Candela	cd

1.4.2. Abgeleitete SI-Einheiten

Neben den Basiseinheiten gibt es eine Reihe von Einheiten, die aus diesen ohne einen zusätzlichen, von der Zahl 1 verschiedenen Zahlenfaktor abgeleitet sind. Manche von diesen abgeleiteten SI-Einheiten haben einen eigenen Einheitennamen bekommen, z. B. die neue

Krafteinheit Newton oder die Druckeinheit Pascal. Die SI-Einheiten mit Einheitennamen sind in Bild 1.-1*) dargestellt. Die Basiseinheiten befinden sich auf der linken Seite in Vierecken, die abgeleiteten Einheiten mit besonderen Einheitennamen auf der rechten Seite in Kreisen. Im oberen Teil befindet sich z. B. das Newton (N), abgeleitet aus den Basiseinheiten Meter, Kilogramm und Sekunde (N = kgm/s²), was durch die Pfeilverbindungen angedeutet wird.

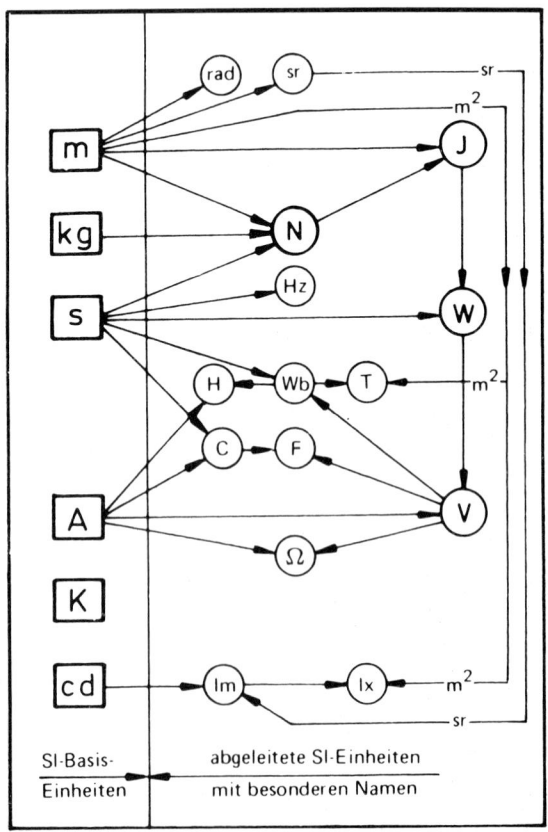

Bild 1.-1: Verbund der SI-Einheiten*)

---

*) Entnommen DIN-Mitteilungen Bd. 50 (1971), H. 10 (1. Oktober), S. 424.

Zeichenerklärung und Maßeinheiten

1.4.3. Mit international anerkannten Vorsätzen gebildete Einheiten

Die zweite Gruppe der gesetzlichen Einheiten sind die Kombinationen der SI-Einheiten mit den Vorsätzen, und zwar für Vielfache (z. B. Kilo oder Mega) und für Teile (z. B. Milli oder Zenti). Da diese Einheiten mit Vorsätzen nicht mehr mit dem Zahlenfaktor 1, sondern z. B. durch den Faktor 1 000 oder 1 000 000 bzw. 1/1 000 oder 1/100 mit den anderen SI-Einheiten verbunden sind, verlieren sie ihre Eigenschaft als SI-Einheit. Die Vorsätze benutzt man, um einfachere Zahlenwerte zu erreichen, z. B. statt 10 000 Meter 10 Kilometer. Die möglichen Vorsätze zeigt Tafel 1.-3.

Tafel 1.-3: Dezimale Vielfache und Teile von Einheiten

Vielfache	Zehnerpotenz	Vorsatz	Kurzzeichen
1 000 000 000 000	10^{12}	Tera	T
1 000 000 000	10^9	Giga	G
1 000 000	10^6	Mega	M
1 000	10^3	Kilo	k
100	10^2	Hekto	h
10	10^1	Deka	da
Beispiel 1 000 000 Watt (W) = 1 Megawatt (MW)			

Teile	Zehnerpotenz	Vorsatz	Kurzzeichen
0,1	10^{-1}	Dezi	d
0,01	10^{-2}	Zenti	c
0,001	10^{-3}	Milli	m
0,000 001	10^{-6}	Mikro	µ
0,000 000 001	10^{-9}	Nano	n
0,000 000 000 001	10^{-12}	Piko	p
0,000 000 000 000 001	10^{-15}	Femto	f
0,000 000 000 000 000 001	10^{-18}	Atto	a
Beispiel 0,000 001 Meter (m) = 1 Mikrometer (µm)			

1.4.4. Zusätzlich zu den SI-Einheiten gesetzlich zugelassene Einheiten

Eine Reihe alter, in bestimmten Wirtschaftszweigen eingeführte Einheiten sind auch weiterhin gesetzlich zugelassen.

Tafel 1.-4 Gegenüberstellung der SI-Einheiten und der bisher gültigen Einheiten

Bisherige Einheit Name	Zeichen	Neue Einheit Name	Zeichen	Beziehung
Masse Kilogramm	kg	Kilogramm Gramm, Tonne	kg g, t	1 kg = 1 000 g 1 t = 1 Mg = 1 000 kg
Dichte Kilogramm/Kubikmeter	kg/m^3	Kilogramm/Kubikmeter Kilogramm/Kubikdezimeter Kilogramm/Liter	kg/m^3 kg/dm^3 kg/l	statt spez. Gewichtes oder Wichte
Kraft Pond Kilopond	p kp	Newton	N	$1\ p = 9{,}81 \cdot 10^{-3}\ N$ 1 kp = 9,81 N $1\ N = 1\ kgm/s^2$; 1 N = 0,10197 kp
Energie, Arbeit, Wärmemenge Erg Kalorie Pferdestärke · Stunde Kilopond · Meter	erg cal PSh kpm	Joule Kilowattstunde Newtonmeter	J kWh Nm	1 J = 1 Nm = 1 Ws = 0,102 kpm 1 kWh = 3,6 MJ; 1 kWh = 1,36 PSh 1 kpm = 9,81 J 1 kcal = 4,2 kJ 1 kJ = 0,239 kcal 1 PSh = 0,736 kWh $1\ erg = 10^{-7}\ J$
Leistung Pferdestärke Kilowatt	PS kW	Kilowatt Watt Joule/Sekunde	kW W J/s	1 PS = 736 W 1 kW = 1,36 PS 1 W = 1 J/s
Druck (Gase, Flüssigkeit) Meter Wassersäule Millimeter Quecksilbersäule Millimeter Wassersäule Physikalische Atmosphäre Technische Atmosphäre Torr	m WS mm Hg mm WS atm at Torr	Newton/Quadratmeter = Pascal Dekanewton/Quadratzentimeter = Bar	N/m^2 Pa daN/cm^2 bar	1 m WS = 0,098 bar 1 mm Hg = 1,33 mbar 1 mm WS = 0,098 mbar 1 atm = 1,013 bar 1 at = 0,981 bar 1 Torr = 1,33 mbar 1 mbar = 0,75 mm Hg = 0,75 Torr 1 mbar = 10,197 mm WS 1 bar = 1,02 at $1\ bar = 1{,}02\ kp/cm^2$ 1 bar = 0,987 atm $1\ N/m^2 = 1\ Pa = 10^{-5}\ bar$
Dynamische Viskosität, Poise	P	Newtonsekunde/ Quadratmeter = Pascalsekunde	Ns/m^2 Pa s	$1\ P = 0{,}1\ Ns/m^2 = 0{,}1\ Pa\ s$
Kinematische Viskosität Stokes	St	Quadratmeter/ Sekunde Quadratmillimeter/ Sekunde	m^2/s mm^2/s	$1\ St = 10^{-4}\ m^2/s$ $1\ St = 100\ mm^2/s$
Temperatur Grad Kelvin Grad Celsius	°K °C	Kelvin Grad Celsius	K °C	1 °K = 1 K = 1 °C (Temp. Diff.) 0 K = −273,15 °C 1 K = −272,15 °C
Aktivität	Bq	1/Sekunde	s^{-1}	1 Bq = 1/s

Weitere Angaben zu den SI-Einheiten:
DIN 1301, DIN 1306, DIN 1314, DIN 1315, DIN 1341, DIN 1342, DIN 1345, DIN 66034, DIN 66035, DIN 66036, DIN 66037.

Bei der Zeiteinheit z. B. hat man die 60er-Teilung und damit die Minute und Stunde beibehalten. Woche, Monat und Jahr werden im Gesetz nicht genannt, dürfen aber im Geschäftsverkehr aufgrund anderer Bestimmungen weiterhin verwendet werden. Für die Masse können Gramm (g) und Tonne (t) weiter verwendet werden und für die Temperatur Grad Celsius (°C).

1.4.5. Einheiten und Größen in der Wasseranalytik.

In der Wasseranalytik fand eine wesentliche Änderung der Einheiten und der Meßgrößen statt. So werden die bisher verwendeten Größen p- und m-Wert sowie Härte und Permanganatverbrauch durch die Größen Säure- und Basekapazität sowie Summe Erdalkalien (Konzentration an Calcium- und Magnesiumionen) und Oxidierbarkeit ersetzt.

alt		neu	
Meßgröße	Einheit	Meßgröße	Einheit
p-Wert	mval/l	Säurekapazität SK 8,2	mmol/l
m-Wert	mval/l	Säurekapazität SK 4,3	mmol/l
— m-Wert	mval/l	Basekapazität BK 4,3	mmol/l
— p-Wert	mval/l	Basekapazität BK 8,2	mmol/l
Härte	mval/l	Summe Erdalkalien	mmol/l
Permanganat-verbrauch	mg $KMnO_4$/l	Oxidierbarkeit, Mn VII zu II (als O_2)	mg/l

1.4.6. Bisherige und neue Einheiten

Tafel 1.-4 zeigt die bisher gültigen Einheiten neben den SI-Einheiten und die Beziehung beider Einheiten zueinander.

1.5. Mol, molare Masse, Äquivalent.

Das Mol, Einheitenzeichen mol, ist die Stoffmenge einer Substanz bestimmter Zusammensetzung, die aus ebensoviel Teilchen besteht, wie Atome in 12/1000 kg des Nuklids C^{12} enthalten sind; bisher meist anschaulich definiert als Menge eines chemisch einheitlichen Stoffes, die seinem relativen Molekulargewicht in Gramm entspricht.

1 mol H_2O (Molare Masse = 18,02) sind also z. B.
18,02 g Wasser
1 mol HCl (Molare Masse = 36,46) entsprechen
36,46 g Salzsäure

Als dezimales Vielfaches des Mols wird das Kilomol verwendet:
1 kmol = 1000 mol.

Die molare Masse (M) ist eine stoffmengenbezogene Größe.

Die molare Masse M eines Stoffes, bezogen auf dessen Teilchen X [M(X)] ist der Quotient aus der Masse einer Stoffportion dieses Stoffes (m) und der Stoffmenge dieser Stoffportion [n(X)]

$$M(x) = \frac{m}{n(x)}$$

Beispiele für Angaben der molaren Masse:

$M(O_2) = 32$ g/mol
$M(Ca) = 40,08$ g/mol

1.6. Buchstabenerklärung

Buchstabe	Bezeichnung	Maßeinheiten	
		neu	alt
A	Austauschmaterial	l	
CaH	Calciumionen	mmol/l	mval/kg
EZ	Eindickungszahl	—	—
GA	Gesamtanionen	mmol/l	mval/kg
GH	Summe der Erdalkalien	mmol/l	mval/kg
GK	Gesamtkationen	mmol/l	mval/kg
KH	Karbonationen d. Erdalk.	mmol/l	mval/kg
L	Laufzeit eines Austauschers	h	
m	SK 4,3	mmol/l	mval/kg
m neg	BK 4,3	mmol/l	mval/kg
MgH	Magnesiumionen	mmol/l	mval/kg
NKH	Nichtkarbonationen der Erdalk.	mmol/l	mval/kg
p	SK 8,2	mmol/l	mval/kg
p neg.	BK 8,2	mmol/l	mval/kg
SK 4,3	Säurekapazität bis pH = 4,3	mmol/l	
SK 8,2	Säurekapazität bis pH = 8,2	mmol/l	
BK 4,3	Basekapazität bis pH = 4,3	mmol/l	
BK 8,2	Basekapazität bis pH = 8,2	mmol/l	
NK	Nutzbare Kapazität	$gCaO/l_A$	

Zeichenerklärung und Maßeinheiten

Das Äquivalent ist der Bruchteil $\frac{1}{z^*}$ eines Teilchens, das ein Atom, Molekül, Ion oder eine Atomgruppe sein kann. Dabei ist z^* zum Beispiel durch eine der folgenden Bedingungen festgelegt:

Neutralisations-Äquivalent
Redox-Äquivalent
Ionen-Äquivalent

Beim Neutralisations-Äquivalent ist die Äquivalentzahl z^* gleich der Anzahl der H^+-Ionen oder OH^--Ionen des Teilchens, die es bei der Neutralisation bindet oder liefert.

Für das Teilchen x in der Redox-Reaktion ist die Äquivalentzahl z^* der Betrag der Differenz der Oxidationszahlen des Teilchens x vor und nach der Reaktion.

Bei dem Ionen-Äquivalent ist die Äquivalentzahl z^* gleich dem Betrag der Ladungszahl z des Ions.

Ist $z^* = 1$, so ist das Äquivalent mit dem Teilchen x identisch.

1.7. Einheiten nach DIN 1301 und 1304 (Auszug)

Zeichen	Bedeutung	SI-Einheit
t	Zeit, -spanne, -dauer	s
v, u	Geschwindigkeit	m/s
m	Masse, Gewicht als Wägeergebnis	kg
p	Druck	Pa
ρ	Dichte, volumenbezogene Masse	kg/m³
l	Massenstromdichte	kg/(m² · s)
R	elektr. Widerstand Resistanz	Ω
ρ	spez. elektr. Widerstand Resistivität	$\Omega \cdot m$
$\gamma, \alpha, \varkappa$	elektr. Leitfähigkeit Konduktivität	S/m
λ	Wellenlänge	m
b, m	Molalität eines Stoffes	mol/kg
M	stoffmengenbez. (molare) Masse	kg/mol
A	Aktivität einer radioaktiven Substanz	Bq

2. Grundbegriffe der Wasserchemie

2.1. Allgemeines

Die in der Natur zur Verfügung stehenden Wässer sind keinesfalls chemisch rein, sondern mit Begleitstoffen verschiedenster Art durchsetzt, vornehmlich in Form von gelösten Salzen. Dem reinen Wasser am nächsten kommt das Regenwasser. Aber auch dieses nimmt aus der Luft z. B. Kohlensäure und Sauerstoff auf und wird dadurch aggressiv. Durch seinen Gehalt an Kohlensäure ist es in der Lage, beim Durchgang durch die Erdschichten Bestandteile bis zur echten Lösung aufzunehmen. Je nach den Bodenverhältnissen sind diese Bestandteile sehr verschiedenartig und damit auch die Eigenschaften der natürlichen Wässer. Aus diesem Grunde ist eine einheitliche Behandlungsweise in der Aufbereitung nicht möglich.

Die Verunreinigung des Wassers

Disperse Stoffe

Disperse Stoffe sind Verunreinigungen in der Größenordnung $> 10^{-4}$ cm*), die mit dem Auge wahrnehmbar sind. Hierunter fallen die Schwimm-, Schwebe- und Sinkstoffe.

Kolloiddisperse Stoffe

Kolloidale Verunreinigungen sind mit dem Auge nicht erkennbar. Man spricht deshalb auch von Scheinlösungen. Die Teilchengröße liegt bei 10^{-4} bis 10^{-7} cm, wobei zu beachten ist, daß die verschiedenen Stoffsysteme in den angegebenen Größenordnungen nicht klar voneinander getrennt sind, sondern ineinander übergehen.

Kolloiddisperse Stoffe sind nicht oder nur unvollkommen in den üblichen Filtern abscheidbar. Es müssen daher sehr oft Fällungsmittel vor Einlauf in die Filter zugegeben werden.

Schutz-Kolloide

Hierunter versteht man Kolloide, welche die Eigenschaft haben, andere Stoffteilchen in der Flüssigkeit zu umhüllen und sie damit ihrer Reaktionstätigkeit zu entziehen. Diese Art der Kolloide wirken sich erschwerend in der Wasseraufbereitung aus.

---

*) 10^{-4} cm $= 1$ μm

Grundbegriffe der Wasserchemie

Molekulardisperse Stoffe

Molekulardisperse Stoffe sind nur ultramikroskopisch erkennbar. Ihre Teilchengröße ist $< 10^{-7}$ cm. Hierunter fallen alle dissoziierten Ionen und assoziierten Moleküle, wie z. B. die Härtebildner sowie die Salze des Natriums und Kaliums. Lösungen mit molekulardispersen Stoffen sind vollkommen klar, man spricht deshalb von echten Lösungen.

Auch die Gase, wie Sauerstoff, Kohlensäure und Stickstoff, können sich im Wasser entsprechend ihrer Absorptions-Koeffizienten lösen. Die gelöste Menge ist abhängig von dem Partialdruck, der Temperatur sowie der Art der Gase.

Die natürlichen Wässer unterteilt man in

1. Grundwässer

Brunnen- und Quellwässer.

Grundwasser ist im allgemeinen arm an groben Verunreinigungen (Bodenfiltrierung) und bedarf daher selten einer besonderen Klärung. Dagegen enthält es sehr oft aggressive Kohlensäure, Eisen und wenig Sauerstoff.

2. Oberflächenwässer

Fluß-, See- oder Teichwässer.

Oberflächenwasser kann durch Abwasser, Laubfall, Hochwassereinflüsse verunreinigt sein. Es bedarf daher einer besonderen Klärung. Infolge guter Belüftung ist die aggressive Kohlensäure gering und der Sauerstoffgehalt hoch.

2.2. Summe Erdalkalien und Salzgehalt des Rohwassers

Die im Wasser gelösten Erdalkalien bilden die Härte. In den meisten Wässern sind sie nur als Calcium- und Magnesiumionen vorhanden. Barium- und Strontiumionen sind selten. Sind letztere abwesend, so bildet die Summe der Calcium- und Magnesiumionen die Summe der Erdalkalien.

Man unterscheidet außerdem zwischen den Erdalkalien die an Karbonationen (HCO_3^-) und solche, die an Nichtkarbonationen (z. B. SO_4^{--}, Cl^-, NO_3^-) gebunden sind.

Auf Grund des Gesetzes über Einheiten im Meßwesen, wird die Härte ab 1.1.1978 als Summe Erdalkalien in ,,mmol/l'' angegeben.

1 mmol/l entspricht 2,0 mval/l
1 mval/l entspricht 0,5 mmol/l

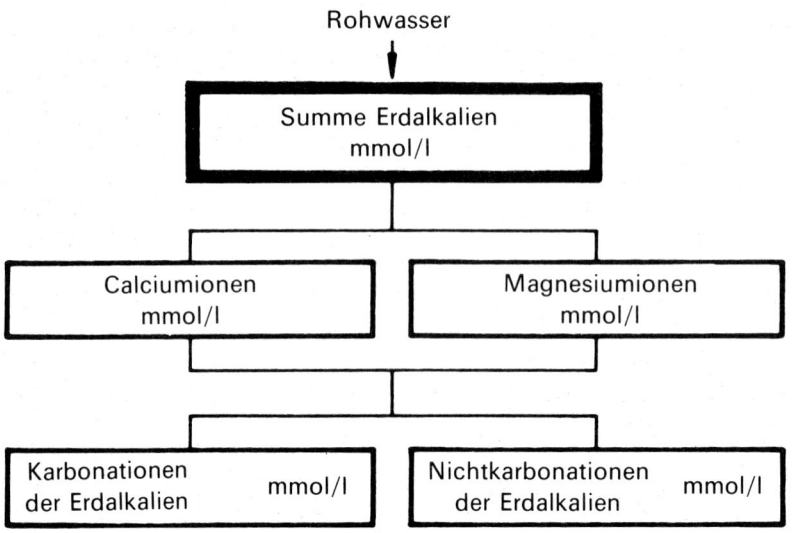

Bild 2.-1: Die Härten des Rohwassers

Neue Bezeichnung	Alte Bezeichnung
Summe Erdalkalien	Gesamthärte
Calciumionen	Calciumhärte
Magnesiumionen	Magnesiahärte
Karbonationen der Erdalkalien	Karbonathärte
Nichtkarbonationen d. Erdalkalien	Nichtkarbonathärte

Die neueste Meßeinheit der Härte ist somit „Summe Erdalkalien" (Konzentration an Calcium- und Magnesiumionen) in mmol/l. Daneben findet man die alten Angaben der Härte in mval/l oder noch in „Deutschen Graden".

1 mg Ca^{++}/l = 0,025 mmol/l Calciumionen
1 mg Mg^{++}/l = 0,041 mmol/l Magnesiumionen

Grundbegriffe der Wasserchemie

1 mmol/l Calciumionen   = 40,08 mg Ca^{++}/l
1 mmol/l Magnesiumionen = 24,312 mg Mg^{++}/l
1 mmol/l entspricht 56,08 mg CaO/l bzw. 50,05 mg $CaCo_3$/l

Außer den im Wasser gelösten Erdalkalien, die man allgemein als Härtebildner bezeichnet, enthalten fast alle Rohwässer auch Alkalisalze (Na und K), die beim Kationen- und Anionen-Austausch zu berücksichtigen sind. Die Summe der Erdalkali- und Alkalisalze ergeben den Gesamtsalzgehalt, der sich in Gesamt-Kationen und Gesamt-Anionen aufteilt.

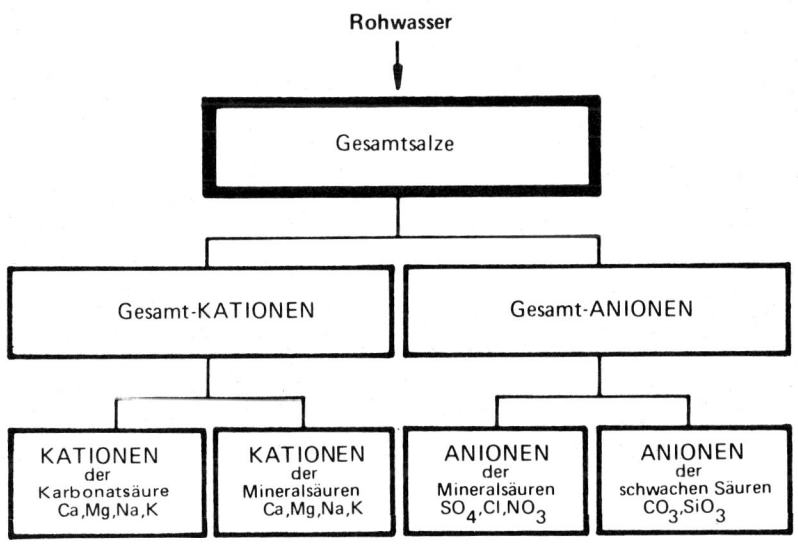

Bild 2.-2: Der Salzgehalt des Rohwassers

Es wird noch unterschieden zwischen Kationen, die an die schwache Kohlensäure oder an starke Mineralsäuren gebunden sind, weil erstere nur den schwach sauren, jedoch beide den stark sauren Kationenaustauscher beladen. Bei den Anionen ist es ähnlich, hier beladen die Anionen der Mineralsäuren SO_4, Cl, NO_3 den schwach basischen und die Anionen der Mineralsäuren sowie die Anionen der schwachen Säuren CO_3, SiO_3 den stark basischen Anionenaustauscher. Siehe 4.3.9.

2.3. Chemische Äquivalente und Lösungen

Bei chemischen Verbindungen stehen die Reaktionspartner in ganz bestimmten Verhältnissen zueinander, welche durch Massen, Stoffmengen etc. angegeben werden können. Zum Beispiel bedeutet die folgende chemische Umsetzungsgleichung:

$$HCl + NaOH = NaCl + H_2O$$
$$1 \text{ mol} + 1 \text{ mol} = 1 \text{ mol} + 1 \text{ mol}$$
$$\text{oder } 36{,}5 \text{ g} + 40 \text{ g} = 58{,}5 \text{ g} + 18 \text{ g}$$

Ein Mol Salzsäure reagiert mit einem Mol Natronlauge zu einem Mol Natriumchlorid und einem Mol Wasser.

Obige Gleichung sagt außerdem aus, daß 36,5 g Salzsäure sich immer mit 40 g Natronlauge umsetzen zu 58 g Natriumchlorid und 18 g Wasser. Wenn nur 20 g Natronlauge vorhanden sind, können dementsprechend mit ihr auch nur 18,25 g Salzsäure reagieren.

Die im Beispiel aufgeführten Zahlen sind somit Massen in g und können auch als Stoffmengen (Mole) aufgefaßt werden. Die molare Masse von Wasser beträgt z. B. 18 g/mol.

Läßt man die Salzsäure mit Calciumhydroxid reagieren, so ergibt sich, da Calcium zweiwertig ist, folgende Umsetzung:

$$2 \text{ HCl} + Ca(OH)_2 = CaCl_2 + 2 H_2O$$

Also 2 Mole Salzsäure = 72,9 g HCl reagieren mit 1 Mol Calciumhydroxid = 74,1 g $Ca(OH)_2$ zu 1 Mol Calciumchlorid = 111 g $CaCl_2$ und 2 Mole Wasser = 36 g H_2O.

Man kann, wenn man wieder wie im 1. Beispiel von 1 Mol Säure ausgeht, genauso richtig sagen:
1 Mol Salzsäure = 36,5 g HCl reagiert mit 1/2 Mol Calciumhydroxid = 37,05 g $Ca(OH)_2$ zu 1/2 Mol Calciumchlorid = 55,5 g $CaCl_2$ und 1 Mol Wasser = 18 g H_2O.

Aus den beiden Beispielen folgt:
1 Mol einer einwertigen Verbindung reagiert mit 1 Mol einer ebenfalls einwertigen Verbindung, aber mit 1/2 Mol einer zweiwertigen Verbindung usw. Die chemischen Rechnungen werden demnach vereinfacht,

Grundbegriffe der Wasserchemie 33

wenn man von dem aus der konstanten Zahl $6{,}02 \cdot 10^{23}$ Teilchen hervorgegangenen Mol-Begriff abgeht und die oben hergeleiteten Bruchzahlen benutzt.

Bei chemischen Umsetzungen reagiert immer die gleiche Anzahl von Äquivalenten miteinander.

In der Chemie ist es sehr oft notwendig, den Säuregehalt oder die Alkalität einer Lösung festzustellen. Diese Aufgabe wird durch die oben aufgeführten Begriffe des Äquivalents oder der Stoffmenge titrimetrisch gelöst. Man stellt sich eine Lösung her, in welcher eine bekannte Zahl von Äquivalenten einer Base bzw. Säure enthalten ist. Läßt man beide Lösungen miteinander reagieren, so ergibt sich aus der Reaktion, wieviel Äquivalente der Base durch die unbekannte saure Lösung verbraucht wurden. Daraus kann die äquivalente Menge der Säure und damit der Säuregehalt der Lösung ermittelt werden.

Bringt man 1 Äquivalent einer Säure, Base oder von anderen löslichen Verbindungen mit Wasser auf 1 Liter Lösung, so spricht man in der Praxis von einer 1 N-Lösung. Löst man 0,1 Äquivalent einer Säure oder Base mit Wasser auf 1 Liter Lösung, so werden diese mit 0,1 N gekennzeichnet. Eine 0,1 N NaOH-Lösung enthält 4,00 g NaOH in einem Liter Lösung. Da sich bei einer Neutralisationsreaktion die Reaktionspartner äquivalent verhalten, kann die Konzentration eines unbekannten Reaktionspartners schnell und einfach ermittelt werden. – Sind z. B. 100 ml einer salzsauren Lösung gegeben und wird der Säuregehalt dieser Lösung gesucht, so bringt man in die salzsaure Lösung z. B. 0,1 N NaOH-Lösung und stellt mittels eines Indikators (2.7.) fest, welche Laugenzugabe nötig ist, um alle Säure zu neutralisieren. Ergibt sich ein Verbrauch von 10 ml einer 0,1 N NaOH-Lösung (also 1/100 l), so bedeutet das, daß in den 100 ml der salzsauren Lösung $1/10 \cdot 1/100 = 1/1000$ Äquivalente Salzsäure enthalten sind. Da bekanntlich 1 Mol Salzsäure = 36,5 g HCl entsprechen, wurden im obigen Beispiel mit 1/1000 Mol = 0,0365 g HCl nachgewiesen. Die unbekannte salzsaure Lösung enthält 36,5 mg HCl/l.

Das Äquivalent hat die Dimension mol/l.

z. B. Stoffmengenkonzentration c von Äquivalenten:

$c\ (H_2SO_4) = 0{,}5$ mol
$c\ (NaOH) = 1$ mol/l

2.4. Elektrolytische Dissoziation

Reines Wasser ist ein schlechter Leiter der Elektrizität. Will man streng zwischen Leitern und Nichtleitern unterscheiden, so müßte man es zu den Nichtleitern zählen. Sein spezifischer Widerstand steht dem der besten Isolatoren näher als dem der besten Elektrizitätsleiter.

Löst man Salze, Säuren oder Laugen in Wasser, dann leitet die Lösung den elektrischen Strom. Stoffe, die das Wasser leitend machen, werden Elektrolyte genannt. Die elektrische Leitfähigkeit dieser Lösungen rührt daher, daß der gelöste Stoff in zwei Bestandteile zerfallen ist, die entgegengesetzte Ladungen tragen. Diesen Zerfall nennt man elektrolytische Dissoziation. Während in verdünnten Lösungen die Dissoziation aller Salze, Säuren und Laugen vollständig ist, sind sie in konzentrierten Lösungen nur teilweise dissoziiert. Wie groß der Zerfall in Ionen ist, wird durch den Dissoziationsgrad ausgedrückt, er gibt an, welcher Bruchteil der insgesamt gelösten Moleküle des Elektrolyten in Ionen dissoziiert ist.

$$\underbrace{\underset{\text{undissoziiert}}{NaCl} \rightleftharpoons \underset{\text{dissoziiert}}{Na^+ + Cl^-}}_{\text{gelöst}}$$

Die Ionen sind Träger elektrischer Ladungen. Man unterscheidet die Kationen (positiv) und die Anionen (negativ). In ihrer Anwesenheit leitet das Wasser den elektrischen Strom.

Alle Metall- (Na^+, Ca^{2+}) sowie die Wasserstoff-Ionen H^+ haben positive und die Säurereste (Cl^-, SO_4^{2-}, CO_3^{2-}) sowie die Hydroxylionen OH^- haben negative Ladungen.

$NaOH \rightarrow Na^+ + OH^-$; $H_2SO_4 \rightarrow 2\,H^+ + SO_4^{2-}$
Natriumhydroxid   Schwefelsäure
einwertig   zweiwertig

Salze mit zweiwertigen Kationen und einwertigen Anionen zeigen eine stufenweise Dissoziation.

$CaCl_2 \rightleftharpoons CaCl^+ + Cl^-$;
$CaCl^+ \rightleftharpoons Ca^{2+} + Cl^-$

Die Ionen und damit nur der dissoziierte Anteil einer Lösung sind die Träger der chemischen Reaktion und der elektrischen Leitfähigkeit.

Grundbegriffe der Wasserchemie

2.5. Wasserstoffionenkonzentration

Alle wässerigen Lösungen enthalten freie H^+- und OH^--Ionen. Das Ionenprodukt eines reinen Wassers hat bei Raumtemperatur den Zahlenwert 10^{-14}. In reinem Wasser und in neutral reagierenden Lösungen ist die Konzentration der Wasserstoffionen genau gleich der Konzentration der Hydroxidionen.

Da nun $[H^+] \cdot [OH^-] \simeq 10^{-14}$ ist, so gilt
$$[H^+] = [OH^-] \simeq \sqrt{10^{-14}} \simeq 10^{-7}$$

Wenn in reinem Wasser und in neutral reagierenden Lösungen die Wasserstoff- bzw. Hydroxidionenkonzentration 10^{-7} beträgt, dann sind in 10 Millionen (10^7) Liter Wasser 1 Mol Wasserstoffionen ($\simeq 1$ g) und 1 Mol Hydroxidionen ($\simeq 17$ g) enthalten.

Saure Lösungen enthalten mehr Wasserstoffionen als Hydroxidionen; für sie gilt

$$[H^+] > 10^{-7} > [OH^-]$$

Alkalische Lösungen enthalten mehr Hydroxidionen als Wasserstoffionen, d. h.

$$[OH^-] > 10^{-7} > [H^+]$$

Da aber das Ionenprodukt des Wassers bei Zimmertemperatur immer denselben konstanten Wert hat, so läßt sich aus der Gleichung:

$$[H^+] \cdot [OH^-] \simeq 10^{-14}$$

für jede beliebige Wasserstoffionenkonzentration die zugehörige Hydroxidionenkonzentration berechnen und umgekehrt. Um alle Überlegungen zu vereinfachen, operiert man heute ganz allgemein nur mit der Wasserstoffionenkonzentration.

2.5.1. pH-Wert

Unter pH-Wert versteht man den negativen dekadischen Logarithmus der Wasserstoffionenkonzentration $[H^+]$, d. h. den Logarithmus ihres reziproken Wertes.

Es ist also $pH = -\log [H^+] = \log \dfrac{1}{[H^+]}$

Wenn z. B. $[H^+] = 10^{-3}$ ist, so ist $pH = \log \dfrac{1}{10^{-3}} = \log 10^3 = 3$

Das Ionenprodukt $[H^+] \cdot [OH^-] = 10^{-14} = K_w$ besagt, daß das Produkt der molaren Konzentrationen der Wasserstoff- und Hydroxidionen, das sog. Ionenprodukt, eine konstante Größe darstellt. Dies gilt allerdings nur für ein und dieselbe konstante Temperatur. K_w wird als Dissoziationskonstante des Wassers bezeichnet. –
Bei 25 °C beträgt das Ionenprodukt $10^{-13,98}$ bzw. aufgerundet 10^{-14}. Wird beispielsweise bei 25 °C die $[H^+]$ auf 10^{-2} erhöht, so geht die $[OH^-]$ auf 10^{-12} zurück und das Ionenprodukt bleibt $10^{-2} \cdot 10^{-12} = 10^{-14}$. Der negative Exponent ist ein Maß für die $[H^+]$. Da das Rechnen mit negativen Exponenten unbequem ist, nimmt man den absoluten Wert des Exponenten als Maß für die $[H^+]$ und gelangt damit zu der pH-Skala 0–14. [36]

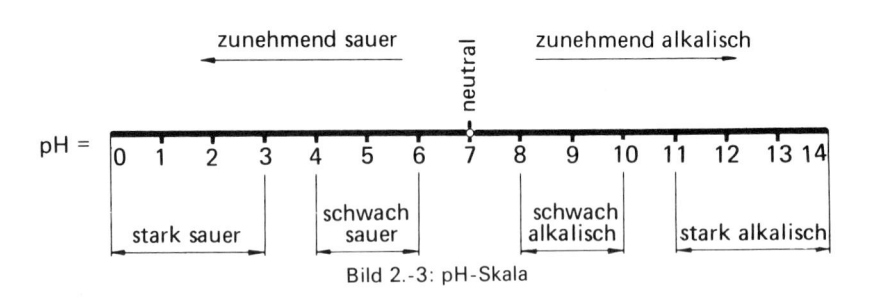

Bild 2.-3: pH-Skala

Es liegt ferner in der Definition, daß die pH-Werte der annähernd vollständig dissoziierten starken Säuren HCl oder HNO_3 sowie der starken Laugen NaOH oder KOH als „Normallösungen" mit den ganzen Zahlen der pH-Reihe theoretisch zusammenfallen.

1 N HCl ≙ pH = 0
0,1 N HCl ≙ pH = 1
0,01 N HCl ≙ pH = 2
0,001 N HCl ≙ pH = 3
0,0001 N HCl ≙ pH = 4
0,00001 N HCl ≙ pH = 5
0,000001 N HCl ≙ pH = 6

1 N NaOH ≙ pOH = 0 bzw. pH = 14
0,1 N NaOH ≙ pOH = 1 bzw. pH = 13
0,01 N NaOH ≙ pOH = 2 bzw. pH = 12
0,001 N NaOH ≙ pOH = 3 bzw. pH = 11

Grundbegriffe der Wasserchemie

Die Änderung um eine ganze pH-Zahl ändert den sauren oder alkalischen Charakter um das 10fache.
(pH-Werte von Alkalisalzen und flüchtigen Alkalisierungsmitteln Bilder 12.-25 und 12.-26).

Rechenbeispiele
Laugen

1. $t = 25\,°C$; 400 mg NaOH/l; pH = ?
   1 N NaOH $\triangleq$ 40 000 mg NaOH/l
   400 mg NaOH entsprechen demnach 0,01 N NaOH
   somit einer $[OH^-]$ von 10^{-2} oder pOH = 2

   pH = Kw − pOH = 14 − 2 = 12 $\boxed{pH = 12}$

2. $t = 25\,°C$; 187 mg NaOH/l; pH = ?
   40 000 mg NaOH/l $\triangleq$ 1 N NaOH

   187 mg NaOH $\triangleq \dfrac{187}{40\,000} \triangleq 0{,}00468\ N \triangleq 0{,}00468\ [OH^-]$

   − log 0,00468 $\triangleq$ − [−2,33]; pOH $\triangleq$ 2,33

   pH = Kw − pOH = 14 − 2,33 = 11,67 $\boxed{pH = 11{,}67}$

3. $t = 25\,°C$; pH = 12,53; mg NaOH/l = ?
   pOH = Kw − pH = 14,00 − 12,53 = 1,47
   $[OH^-] \triangleq 10^{-1{,}47} \triangleq 0{,}03388\ N$
   1 N NaOH $\triangleq$ 40 000 mg NaOH/l

   0,03388 N $\triangleq$ 1355 mg NaOH/l $\boxed{1355\ \text{mg NaOH/l}}$

Säuren

1. $t = 25\,°C$; 650 mg H_2SO_4/l; pH = ?
   1 N $H_2SO_4 \triangleq$ 49 000 mg H_2SO_4/l $\triangleq$ 1 mol H^+/l $\triangleq$ 1 $[H^+]$

   $\dfrac{1\ N \cdot 650}{49\,000} \triangleq 0{,}01327\ N \triangleq 0{,}01327$ mol H^+/l

   − log $[H^+] \triangleq$ − log 0,01327 $\triangleq$ 1,88 $\boxed{pH = 1{,}88}$

2. $t = 25\,°C$; pH = 2,45; mg H_2SO_4/l = ?
   pH = 2,45 $\triangleq$ − log 2,45 $\triangleq$ 0,003548 $[H^+]$
   1 $[H^+] \triangleq$ 49 000 mg H_2SO_4/l

   0,003548 $[H^+] \triangleq$ 174 mg H_2SO_4/l $\boxed{174\ \text{mg}\ H_2SO_4/l}$

Bei anderen gegebenen Temperaturen ist die Dissoziationskonstante Kw aus der Literatur (z. B. Jander. Jahr Knoll – Maßanalyse) zu entnehmen.

Bei schwachen Säuren ist vorstehende Rechenart nicht anwendbar, weil diese nicht vollständig dissoziiert sind. Ob eine Säure oder Lauge als stark oder schwach zu bezeichnen ist, wird ausschließlich nach der Größe des dissoziierten Anteiles und somit des pH-Wertes beurteilt.

Der pH-Wert erfaßt den dissoziierten Anteil der H^+-Ionen und somit indirekt auch den der OH^--Ionen. Da nur der dissoziierte Anteil das Maß der ionalen Stärke einer Lösung ist, kennzeichnet er den aktuellen oder wirksamen Säuregrad. Als Ergänzung hierzu steht der totale oder potentielle Säuregrad, der den Gesamtanteil an Säure, d. h. den dissoziierten und undissoziierten Anteil erfaßt (Titrations-Methode).

2.5.2. pH-Wert reinen Wassers in Abhängigkeit von der Temperatur

Mit steigender Temperatur ändert sich die Gleichgewichtskonstante und damit auch der Anteil der in Ionen dissoziierten Moleküle aller Lösungen. Bei reinem Wasser wächst mit steigender Temperatur die Anzahl der dissoziierten Wassermoleküle. Die Dissoziationskonstante K_w wird größer und damit der pH-Wert kleiner. Die Mengen der dissoziierten H^+- und OH^--Ionen werden größer, bleiben jedoch in ihrem Verhältnis zueinander gleich.

Man vertritt vielfach die wohl fälschliche Ansicht, daß ein solches Wasser korrosiv wirken muß. Aus diesem Grunde wird meistens eine schwache Alkalisierung und damit Anhebung des pH-Wertes des Wassers vor Eintritt in die Speisepumpe vorgenommen. Verwendet werden flüchtiges NH_3 bzw. N_2H_4 oder nicht flüchtiges NaOH bzw. Na_3PO_4. Durch die Impfung wird die Wasserstoffionenkonzentration zurückgedrängt und die Hydroxylionenkonzentration vermehrt. Der pH-Wert des Wassers vor Eintritt in die Speisepumpe wird so eingestellt, daß der durch die Aufwärmung am Ende des Vorwärmers erniedrigte pH-Wert, gemessen bei 25 °C, pH 7 nicht unterschreitet. Die Praxis hat gezeigt, daß – wenn eine gründliche Entgasung des Wassers durchgeführt wird – der pH-Wert vor der Speisepumpe mit pH > 9 genügt. Diese Maßnahme hat nur bei Kondensaten, Destillaten und Deionaten Bedeutung, da die nach anderen Verfahren aufbereiteten Wässer im allgemeinen genügend Alkalien enthalten.

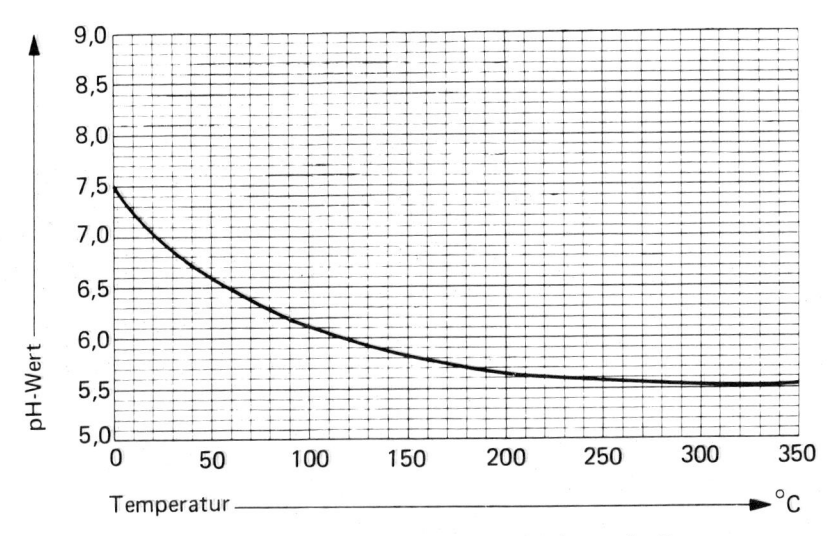

Bild 2.-4: pH-Wert reinen Wassers in Abhängigkeit von der Temperatur

Einige Betriebe haben den Beweis erbracht, daß auch ohne Alkalisierung des Speisewassers, also bei neutraler Fahrweise, durch Sauerstoffzugabe (H_2O_2) von 10–100 µg O_2/kg zu salzfreiem Wasser (Leitfähigkeit < 0,15 µS/cm) sich auf dem Rohrmaterial festhaftende, oxidische Schutzschichten aus Magnetit bilden.

2.6. Säuren, Basen, Salze, Alkalität

Säuren sind chemische Verbindungen, die in der wässerigen Lösung Wasserstoffionen abspalten und die [H^+] über den Wert von 10^{-7} (pH < 7) – gemessen bei 25 °C – erhöhen. Ihnen stehen die Basen gegenüber, welche in der wässerigen Lösung Hydroxylionen abspalten und die [OH^-] über den Wert 10^{-7} erhöhen bzw. die [H^+] unter den Wert 10^{-7} (pH > 7) erniedrigen.

Gelangen Säuren und Basen in äquivalenten Mengen zur Reaktion, so entstehen Salze, wobei sich die H^+- und OH^--Ionen zu Wassermolekülen vereinigen (Neutralisation).

Eine besondere Gruppe der basisch wirkenden Salze sind die Alkalien, worunter man üblicherweise die Soda Na_2CO_3, die Pottasche K_2CO_3

und die Hydroxide NaOH und KOH versteht. Ihre Lösungen nennt man Laugen. Bei ihrer Anwesenheit spricht man von Alkalität. Die Hydrogenkarbonate $NaHCO_3$, $Ca(HCO_3)_2$, $Mg(HCO_3)_2$ sind dadurch gekennzeichnet, daß sie neben dem Säurerest noch ein durch Metallion ersetzbares Wasserstoffion enthalten. Sie sind somit unterhalb des Neutralpunktes pH 7 noch existenzfähig. Bei Temperaturerhöhung gehen sie durch Abspaltung von CO_2 in stärker alkalische Salze über.

$$2\ NaHCO_3 \xrightarrow{\text{Temperatur}} Na_2CO_3 + CO_2\nearrow + H_2O$$

$$Ca(HCO_3)_2 \xrightarrow{\text{Temperatur}} CaCO_3\downarrow + CO_2\nearrow + H_2O$$

2.7. Alkalität und Acidität des Wassers

Der durch den Säureverbrauch ermittelte p- und m-Wert gibt Auskunft über die Alkalität und der durch den Laugenverbrauch ermittelte negative p- und m-Wert über die Acidität des Wassers.

2.7.1. Säurekapazität bis pH = 8,2 und bis pH = 4,3 (Der positive p- und m-Wert)

Bei der Ermittlung der Alkalität einer Lösung gibt man dieser so lange Säure von bekanntem Gehalt (Normallösung) zu, bis alle alkalischen Verbindungen mit der Säure reagiert haben. Zur Erkennung des Endpunktes der Zugabe verwendet man Farbstoffe (Indikatoren), welche bei Erreichung eines bestimmten pH-Wertes ihre Farbe plötzlich ändern.

Die in der Wasserchemie bekanntesten Indikatoren sind Phenolphthalein (p) und Methylorange (m). Die bis zu ihrem Umschlag verbrauchten ml an 0,1 N HCl bei Verwendung von 100 ml Wasser nennt man Säurekapazität SK 8,2 (p-Wert) bzw. Säurekapazität SK 4,3 (m-Wert) in mmol/kg. Ausführung siehe unter 7.5.

Ein SK 8,2 von 2,0 mmol/kg bedeutet somit einen Verbrauch von 2,0 ml einer 0,1 N HCl-Lösung bei Anwendung einer Wasserprobe von 100 ml. Aus dem ermittelten Säureverbrauch eines Wassers, ausgedrückt als SK 8,2 bzw. SK 4,3 · (p- und m-Wert), können die vorhandenen alkalischen Verbindungen mit einer für die Praxis ausreichenden Genauigkeit errechnet werden [1], wenn sowohl p- als auch m $\geq$ 1 mmol/kg sind.

Grundbegriffe der Wasserchemie 41

Tafel 2.-1

Ergebnis der Titration	Die Wasserprobe enthält		
	Hydroxid	Karbonat	Hydrogenkarbonat
$p = 0$	0	0	m
$2p < m$	0	$2p$	$m - 2p$
$2p = m$	0	$2p$	0
$2p > m$	$2p - m$	$2(m - p)$	0
$p = m$	p	0	0

Beispiel 1

$\quad$ p (SK 8,2) = 0; $\quad$ m (SK 4,3) = > 0

Es können anwesend sein: Hydrogenkarbonate als $NaHCO_3$, $Ca(HCO_3)_2$, $Mg(HCO_3)_2$.

Nicht anwesend: NaOH, Na_2CO_3

Bei Anwesenheit von Erdalkalien errechnen sich aus der SK 4,3 die Karbonationen der Erdalkalien

$\quad$ SK 4,3 · 2,8 $\quad$ °d

und bei Abwesenheit von Erdalkalien das Natriumhydrogenkarbonat zu

$\quad$ SK 4,3 · 84 $\quad$ mg/kg

Sind beide nebeneinander anwesend, so ist eine einwandfreie Bestimmung beider über die SK 4,3 nicht möglich. $NaHCO_3$ ist jedoch immer vorhanden, wenn m · 2,8 größer als die GH ist.

Beispiel 2

$\quad$ p (SK 8,2)- und m (SK 4,3)-Wert vorhanden.

Es können anwesend sein:

$\quad$ NaOH, Na_2CO_3, $Ca(OH)_2$, $CaCO_3$, $NaHCO_3$ und Erdalkalihydrogenkarbonat.

Sind keine Erdalkalien nachweisbar, so sind $Ca(OH)_2$, $CaCO_3$ und Erdalkalihydrogenkarbonat nicht vorhanden, und es ergeben sich folgende Fälle:

a) $2p < m$, dann ist Na_2CO_3 neben $NaHCO_3$
vorhanden

Na_2CO_3 . . . . = $p \cdot 106$ mg/kg
$NaHCO_3$ . . . . = $(m-2p) \cdot 84$ mg/kg

b) $2p = m$, es ist nur Na_2CO_3 vorhanden:

Na_2CO_3 . . . . = $p \cdot 106$ mg/kg
oder $m \cdot 53$ mg/kg

c) $2p > m$, dann ist Na_2CO_3 neben $NaOH$
vorhanden

Na_2CO_3 . . . . = $(m-p) \cdot 106$ mg/kg
$NaOH$ . . . . = $(2p-m) \cdot 40$ mg/kg

d) $p = m$ es ist nur $NaOH$ vorhanden

$NaOH$ . . . . = $p \cdot 40$ mg/kg

Bei Kalkwasser errechnet sich der

$Ca(OH)_2$-Gehalt . . . . . = $p \cdot 37$ mg/kg
CaO-Gehalt . . . . . . = $p \cdot 28$ mg/kg

Weitere Angaben sind unter 4.2.8. zu finden.

In der Praxis wird oft auf die Errechnung der einzelnen Salze verzichtet. Man benutzt den p- und m-Wert und deren Verhältnis unmittelbar zur Beurteilung der Alkalität.

2.7.2. Basekapazität bis pH = 8,2 und bis pH = 4,3 (Der negative p- und m-Wert)

Neben den vorstehend beschriebenen SK 8,2 und SK 4,3, die über den Säureverbrauch und damit über den alkalischen Charakter eines Wassers Aufschluß geben, ist für die Berechnung der Beladung und damit für die Auslegung von Kationen- und Anionenaustauschern die Kenntnis der Basekapazität 8,2 und Basekapazität 4,3 erforderlich. Bei der Ermittlung dieser Werte tritt an Stelle der 0,1 N Salzsäure die 0,1 N Natronlauge als Titrationslösung. Es wird somit der Laugenverbrauch eines Wassers ermittelt. Ausführung siehe unter 6.5.

Bei der Titration von 100 ml Wasser mit 0,1 N Natronlauge bis zum Umschlagpunkt des m-Indikators (pH = 4,3) werden nur die freien Mineralsäuren und in einer zweiten 100-ml-Probe bis zum Umschlag des p-Indikators (pH = 8,3) die freien Mineralsäuren und die freie Kohlensäure ermittelt.

Mineralsäure = BK 4,3	mmol/kg
Kohlensäure = (BK 8,2−BK 4,3) · 2	mmol CO_2/kg
Kohlensäure = (BK 8,2−BK 4,3) · 44	mgCO_2/kg

Die Ermittlung der BK 8,2 wird in allen Wässern zur Feststellung der freien Kohlensäure vorgenommen. Die BK 4,3 wird praktisch nur zur Ermittlung der Acidität in entbasten Wässern (nach Kationenaustauscher) und zur Bestimmung von Säurekonzentrationen (Regeneriersäure) angewendet.

2.8. Alkalität des Kesselwassers

Zum Schutz des Kessels gegen Korrosionen, insbesondere bei hohen Neutralsalzgehalten, vornehmlich Chloriden, ist eine höhere Alkalität des Kesselwassers erforderlich.

Die SK 8,2 soll für den Alkalischutz ausreichen, jedoch wegen der Schaumneigung − Gefahr des Mitreißens von Kesselwasser in den Dampf − bekannte Grenzwerte nicht überschreiten. Letztere sind abhängig von der Kesselbauart, dem Wasserumlauf, der Oberflächen- und Dampfraumbelastung und anderen Zusammenhängen (Richtwerte siehe Tafel 5.−1).

2.9. Kesselwasser-Salzgehalt und -Absalzung

Die Messung des Gesamtsalzgehaltes geschieht heute fast ausschließlich über die elektrische Leitfähigkeit. Eine solche Leitfähigkeitsmessung gibt in einfacher und sicherer Weise einen Überblick über den Gesamtsalzgehalt des Wassers. Die Leitfähigkeit wird bei 25 °C nach Neutralisation mit HCl gegen Phenolphthalein gemessen und in µS/cm (Mikro-Siemens pro cm) ausgedrückt. 1 µS/cm Leitfähigkeit entspricht ungefähr 0,5 mg Salz/kg.

Soll der Salzgehalt in °Bé ausgedrückt werden, so kann man annähernd für 1 °Bé einen Salzgehalt von 10 000 mg/kg einsetzen. Im einzelnen entsprechen 1 °Bé = 1,006 g/cm^3, oder

10 000 mg/kg NaCl
8 000 mg/kg Na_2SO_4

Die im Speisewasser enthaltenen Salze reichern sich durch den Verdampfungsvorgang im Kesselwasser an. Durch eine kontinuierliche oder periodische Abführung einer angemessenen Kesselwassermenge (Absalzen), wird die Salzanreicherung in den zulässigen Grenzen gehalten. Die Forderung an das Kesselwasser nennt drei obere Grenzwerte:

1. Gesamtsalzgehalt
2. SK 8,2
3. Kieselsäure

Der Grenzwert, der zuerst erreicht wird, bestimmt die Absalzungsmenge. Dieses ist in den meisten Fällen die SK 8,2. Eine Entkarbonisierung des aufzubereitenden Speisewassers ist deshalb sehr oft zweckmäßig oder sogar erforderlich.

Errechnung der Absalzungsmenge

Es bedeuten:

a_D Absalzung, das ist Absalzungsmenge, bezogen auf die erzeugte Dampfmenge in %.

a_w Absalzung, das ist Absalzungsmenge, bezogen auf die eingespeiste Wassermenge in %,

$$c = \frac{\text{rücklaufende Kondensatmenge}}{\text{erzeugte Dampfmenge}}$$

S_z Salzgehalt des aufbereiteten Zusatzwassers in mg/l und
S_G Grenzwert des Salzgehaltes im Kesselwasser in mg/l.

Dann ist

$$a_D = (1 - c) \frac{S_z}{S_G - S_z} \cdot 100 \quad \% \qquad (1)$$

und

$$a_w = \frac{1}{1 + \dfrac{S_G - S_z}{(1 - c) S_z}} \cdot 100 \quad \% \qquad (2)$$

Zwischen a_D und a_w besteht, wenn man beide in % angibt, folgender Zusammenhang:

$$a_w = \frac{a_D}{100 + a_D} \cdot 100 \quad \% \qquad (3)$$

so daß man also, wenn a_D bekannt ist, a_w nach Gleichung (3) sofort errechnen kann.

Beispiel

Der einzusetzende Salzgehalt des Zusatzwassers ergibt sich aus dem Sulfat-, Chloridgehalt und der SK 4,3 zu:

SK 4,3 . . . . 0,7 mmol/kg · 40 = 28 mg/kg NaOH
SO_4 . . . . 45 mg/kg · 1,48 = 66 mg/kg Na_2SO_4
Cl . . . . 75 mg/kg · 1,65 = 124 mg/kg NaCl
                                      218 mg/kg

Bei c = 0,9, d. h. 10 % Zusatzwasser und einem zulässigen Gesamtsalzgehalt im Kesselwasser von 2 000 mg/kg ergibt sich eine Absalzung nach Gleichung (1) von

$$a_D = (1 - 0,9) \frac{218}{2\,000 - 218} \cdot 100 = 1,22\,\%$$

Die SK 4,3[1]) des Zusatzwassers von 0,7 mmol/kg ergibt bei c = 0,9 und einem Grenzwert der Alkalität im Kesselwasser, gekennzeichnet durch eine SK 8,2 = 3 mmol/kg eine Absalzung von

$$a_D = (1 - 0,9) \frac{0,7}{3,0 - 0,7} \cdot 100 = 3,04\,\%$$

Die Absalzung bei 5 mg/l SiO_2 im Zusatzwasser und einem zulässigen SiO_2-Gehalt von 10 mg/l im Kesselwasser beträgt

$$a_D = (1 - 0,9) \frac{5}{10 - 5} \cdot 100 = 10\,\%$$

Maßgebend für die Praxis ist die höchste Absalzung, also 10 %.

Die Absalzung, bezogen auf die eingespeiste Wassermenge, ist nach Gleichung (2)

$$a_w = \frac{1}{1 + \frac{10 - 5}{0,1 \cdot 5}} \cdot 100 = 9,09\,\%$$

und nach Gleichung (3)

$$a_w = \frac{10}{100 + 10} \cdot 100 = 9,09\,\%$$

---

[1]) Bei vollkommener Spaltung von $NaHCO_3$ und Na_2CO_3 im Kessel ist die SK 4,3 gleich der SK 8,2, siehe Seite 12.8.

Zur Berechnung der Absalzung wurde früher und auch heute noch die Formel angegeben

$$a_D = \frac{S_{sp}}{S_G - S_{sp}} \cdot 100 \quad \% \quad (4)$$

mit S_{sp} als Salzgehalt des Speisewassers. Man sieht, daß diese Formel sofort aus Gleichung (1) folgt, wenn man c = 0 setzt, d. h. wenn man kein Kondensat zurückerhält. Dann ist auch $S_z = S_{sp}$, d. h. der Salzgehalt des Zusatzwassers ist gleich dem des Speisewassers, weil ja nur mit Zusatzwasser gespeist wird. Darüber hinaus gilt Gleichung (4) allgemein und ist unabhängig von c. Wenn jedoch nur die Salzkonzentration des Zusatzwassers und der Kondensatrücklauf gegeben ist, kann Gleichung (4) nicht angewandt werden und es ist Gleichung (1) einzusetzen.

Bei der Aufwärmung des Zusatzwassers und des Kondensates in der Entgasung auf ≈ 100 °C wird Heizdampf benötigt. Dieser Heizdampf wird im Entgaser kondensiert und verkleinert den Salzgehalt des Speisewassers. Bei einer genaueren Rechnung ist diese Korrektur anzubringen. Für je 10 °C Aufwärmung beträgt die Heizdampfmenge ≈ 1,6% der Speisewassermenge.

2.9.1. Verlauf der Salzanreicherung im Kesselwasser

Bei Abnahmeversuchen an Kesselanlagen interessiert oft die Frage, ob während des Versuches die Absalzung geschlossen werden kann, um damit die Messung der Absalzmenge und ihre Eingliederung in die Wärmebilanz zu ersparen. Entscheidend für die Beantwortung dieser Frage ist die am Ende des Versuches vorhandene Salzkonzentration des Kesselwassers. Es bedeuten:

G_k Wasserinhalt des Kessels (ohne Vorwärmer) in t,
D Dampfleistung in t/h,
S_{ko} Salzkonzentration des Kesselwassers zu Beginn des Versuches (t = o) in mg/kg,
S_{kt} Salzkonzentration des Kesselwassers während des Versuches zur Zeit t in mg/kg,
S_G Grenzkonzentration des Kesselwassers in mg/kg,
S_z Salzkonzentration des aufbereiteten Zusatzwassers in mg/kg,
t Versuchszeit in h,
t_G Zeit bis zur Erreichung der Grenzkonzentration in h,
c siehe 2.9.

Grundbegriffe der Wasserchemie

Es ist die Zeit bis zur Erreichung einer Konzentration S_{kt}

$$t = \frac{1}{1-c} \cdot \frac{G_k}{D} \cdot \frac{S_{kt} - S_{ko}}{S_z} \quad h \quad (5)$$

und der Grenzkonzentration S_G

$$t_G = \frac{1}{1-c} \cdot \frac{G_k}{D} \cdot \frac{S_G - S_{ko}}{S_z} \quad h \quad (6).$$

Die Konzentration nach der Zeit t ist

$$S_{kt} = S_{ko} + (1-c) \frac{D}{G_k} \cdot S_z \cdot t \quad mg/kg \quad (7).$$

Wenn also die vorgeschriebene Grenzkonzentration S_G bis zur Beendigung des Abnahmeversuches nicht überschritten wird, darf die Absalzung während des Versuches abgestellt werden.

2.9.2. Eindickungszahl EZ

Neben der Messung der Absalzung über Mengenmesser kann die Absalzung auch durch die chemische Analyse festgestellt werden. Hierzu wird der Chloridgehalt im Speise- und Kesselwasser festgestellt. Der Quotient der beiden Werte ist die Eindickungszahl EZ.

$$EZ = \frac{\text{Chloridgehalt im Kesselwasser mg/kg}}{\text{Chloridgehalt im Speisewasser mg/kg}} \quad (8).$$

Setzt man $EZ = \frac{S_G}{S_{sp}}$, dann folgt mit Gleichung (4) und (3) sofort

$$a_D = \frac{100}{EZ - 1} \quad \% \quad (9),$$

und

$$a_w = \frac{100}{EZ} \quad \% \quad (10).$$

Die so errechnete Absalzmenge ist abhängig von den gefundenen Mittelwerten der Chloridgehalte im Speise- und Kesselwasser. Sie wird um so genauer, je öfter der Chloridgehalt in beiden Wässern festgestellt wird.

3. Das Verhalten des Wassers und seiner Beimengungen im Kraftwerksbetrieb

3.1. Die Kieselsäure

Die Gefahren der Bildung wärmestauender, stark kieselsäurehaltiger Beläge, die bereits in geringen Schichtstärken zu Rohrreißern führen können, sind durch die modernen Verfahren der Wasseraufbereitung ausgeschaltet. Die Gefahren der Kieselsäure liegen somit heute mehr auf der Dampfseite durch die Bildung schwer löslicher Ablagerungen auf den Schaufeln der Turbinen.

Damit konzentriert sich das Problem auf das Flüchtigwerden der Kieselsäure und ihr Übergehen in den Dampf [2, 3].

Die Kieselsäure liegt im Kesselwasser als schwach dissoziierte Säure vor

$$H_4SiO_4 \rightleftharpoons H_3SiO_4^- + H^+$$

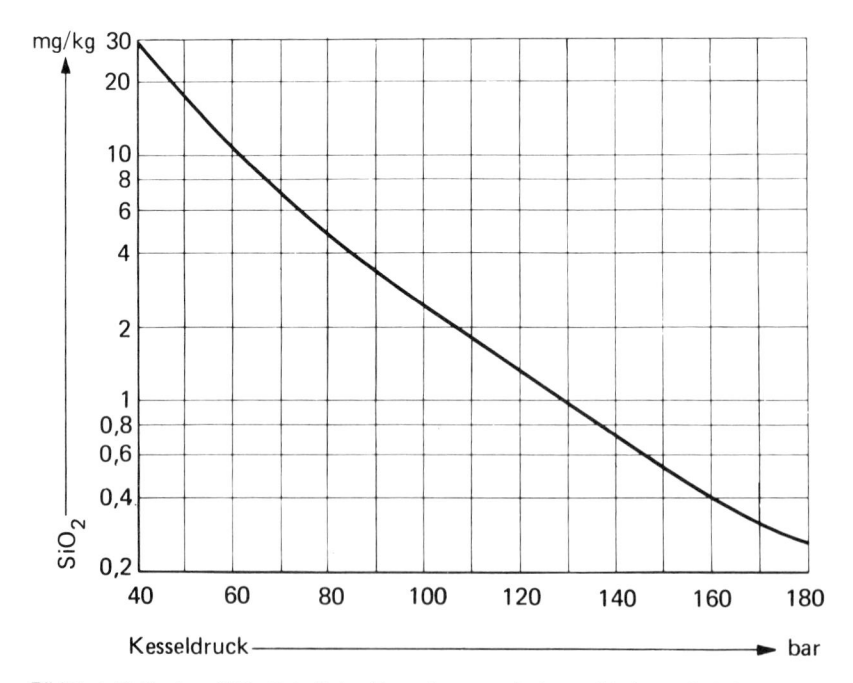

Bild 3.-1: Zulässiger SiO_2-Gehalt des Kesselwassers bei verschiedenen Drücken, wenn der SiO_2-Gehalt des Dampfes 20 µg/kg nicht übersteigen soll (SK 8,2 des Kesselwassers < 1 mmol/kg)

Das Verhalten des Wassers ... im Kraftwerksbetrieb

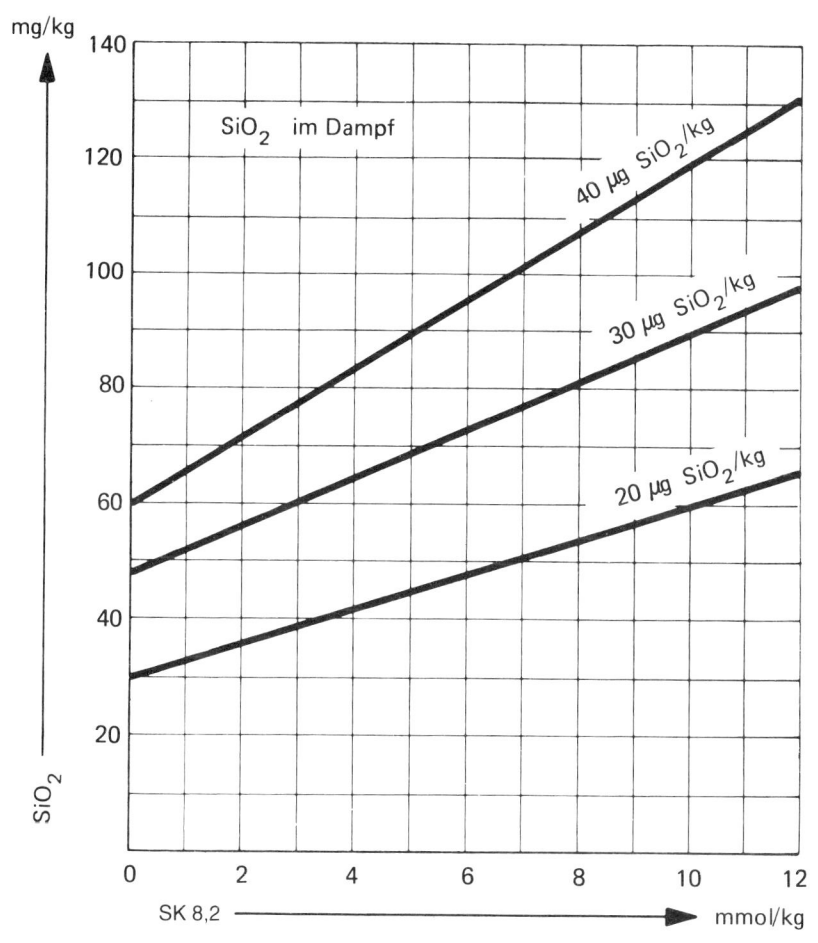

Bild 3.-2: Kieselsäuregehalt im Dampf in Abhängigkeit von der Alkalität und dem SiO_2-Gehalt des Kesselwassers bei einem 40-bar-Kessel

Während der dissoziierte Anteil der Dampfflüchtigkeit nicht unterliegt, wird von dem undissoziierten Anteil Kieselsäure in den Dampf abgegeben. Der Verteilungskoeffizient der Kieselsäure ist temperatur- und damit druckabhängig. Bild 3.-1.

Die Ansicht, daß die Dampfflüchtigkeit der Kieselsäure durch eine größere Alkalität im Kesselwasser zurückgedrängt werden kann, trifft nur teilweise zu. Erst bei pH-Werten von > 11 entsprechend einer SK 8,2 von > 1 mmol/kg ist eine merkliche Minderung der Kieselsäureflüch-

tigkeit zu erreichen. Da die Alkalität des Kesselwassers für Kessel ab 80 bar aus anderen Gründen mit einer SK 8,2 von < 1 mmol/kg begrenzt ist, kann diese Maßnahme nur bei Kesseln geringerer Drücke in Anspruch genommen werden. Den zu erwartenden Kieselsäuregehalt im Dampf bei verschiedenen Kieselsäuregehalten und Alkalitäten im Kesselwasser bei einem 40-bar-Kessel zeigt Bild 3.-2.
Für Kessel oberhalb 40 bar wird die Kieselsäure im Kesselwasser mit dem Kurvenwert aus Bild 3.-1 begrenzt, weil nur dann die Kieselsäure im Dampf < 20 µg/kg gehalten werden kann.

3.2. Die Kohlensäure

3.2.1. Die Kohlensäure in natürlichen Wässern

Alle natürlichen Wässer enthalten mehr oder weniger große Mengen an Kohlensäure in freier und in gebundener Form.
Bei der gebundenen Kohlensäure als Summe der Karbonat- und Hydrogenkarbonatkohlensäure liegt die letztere bei Rohwässern im allgemeinen allein vor. Die Karbonatkohlensäure (CO_3^{2-}) liegt nur dann vor, wenn die Hydrogenkarbonatkohlensäure (HCO_3^-) durch Fällmittel oder thermische Behandlung umgesetzt bzw. aufgespalten ist. Die Löslichkeit der Erdalkalien-Karbonationen ist gering. Bei Anwesenheit von Karbonat ist freie Kohlensäure nicht vorhanden. Der pH-Wert ist dann > 8,3.

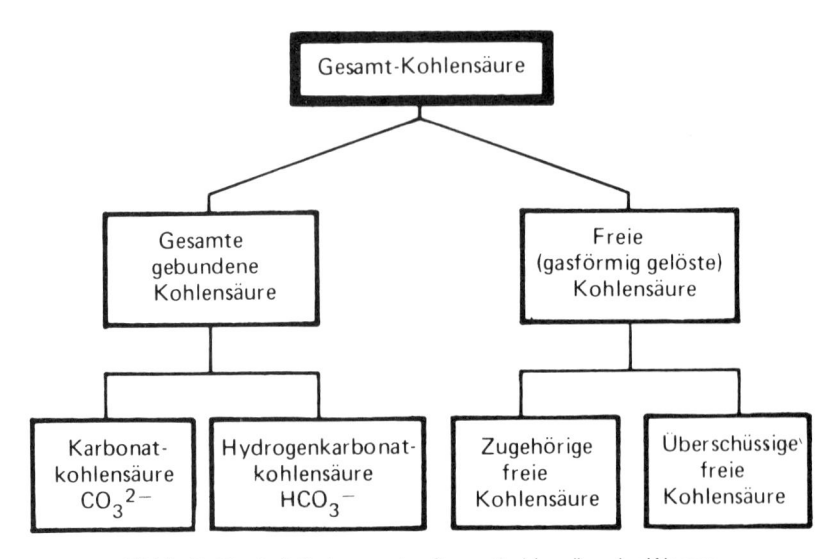

Bild 3.-3: Die Aufgliederung der Gesamtkohlensäure im Wasser

Die freie Kohlensäure unterteilt sich in die zugehörige Kohlensäure, die der Hydrogenkarbonatkohlensäure zugeordnet ist und die Karbonathärte in Lösung hält, und in die überschüssige angreifende Kohlensäure. Die zugehörige Kohlensäure nennt man auch Gleichgewichtskohlensäure und ein in diesem Gleichgewicht befindliches Wasser ein „Gleichgewichtswasser". Wird dieser Gleichgewichtszustand gestört, so fällt Karbonathärte unlöslich aus und es stellt sich ein neues Gleichgewicht ein.

Den Zusammenhang zwischen Hydrogenkarbonatkohlensäure, Karbonathärte, freier zugehöriger Kohlensäure und pH-Wert der entsprechenden Gleichgewichtswässer zeigt die Tafel 12.3. im Anhang.

Der Spalte „Hydrogenkarbonatkohlensäure" ist zu entnehmen, welche CO_2-Mengen in den Dampf gelangen, wenn man voraussetzt, daß die zugehörige freie CO_2 im Entgaser entfernt wird und die Hydrogenkarbonatspaltung sich im Kessel vollzieht. Im Maße der Kondensatrückgewinnung verringert sich die CO_2-Menge im Dampf.

Gleichgewichtswässer sind ohne wesentliche Temperaturerhöhung und in Anwesenheit von Sauerstoff in der Lage, genügend sichere Kalkrostschutzschichten an den Eisenwandungen Rohwasser führender Leitungen zu bilden. Ist jedoch eine über die Gleichgewichtskohlensäure hinausgehende freie Kohlensäure vorhanden, so ist das Wasser aggressiv und greift Eisen an.

Durch eine physikalische (Belüftung oder Erhitzung) oder chemische (Zusatz von $Ca(OH)_2$) Entsäuerung kann das Wasser ins schwach alkalische Gebiet gebracht werden. Bei der Überleitung über Marmor oder Magno kommt man zum Gleichgewichtswasser. Siehe 4.2.1.

3.2.2. Die Kohlensäure im Kraftwerks-Kreislauf

Kohlensäure setzt den pH-Wert des Wassers herab und bewirkt einen Angriff auf Eisen und Kupfer. Der Angriff ist bei sauerstofffreiem Wasser und dauernd durchströmten Aggregaten gering, so daß die Lebensdauer der Baustoffe nicht nennenswert herabgesetzt wird. Jedoch kann die Anreicherung an Fe und Cu im Kondensat die Anforderung an das Speisewasser von Hochdruck-Kesseln bereits überschreiten.

Bei vollentsalztem Wasser ist die Kohlensäure im Austauschvorgang vollständig entfernt. Die Wirkung der Ausscheidung ist hier weit größer als bei einer thermischen Entgasung. Wird das Zusatzwasser über eine Verdampferanlage — die mit chemisch aufbereitetem Wasser gespeist wird – gewonnen, so kann die Kohlensäure im thermischen Entgaser < 1 mg/kg entfernt werden. Da bereits 1 mg/kg Kohlensäure den pH-Wert im ungepufferten Wasser wesentlich senkt (Diagramm 12.27.), kann der Kupferspiegel im Kondensat unerwünscht ansteigen, ohne daß Abtragungen an kupferlegierten Teilen (z. B. Kondensatrohren) feststellbar sind. Durch leichte Alkalisierung kann dieses vermieden werden (siehe 4.6.).

3.3. Kupfer im Speise- und Kesselwasser. Verhalten in der Grenzschicht

3.3.1. Kupfer im Kraftwerksbetrieb

Im Kraftwerksbetrieb kommt Kupfer in Kondensaten, Speise- und Kesselwasser vor. Es stammt überwiegend aus Kondensatoren sowie aus messing- oder kupferberohrten Vorwärmern und Kühleinrichtungen. Wegen der geringen Löslichkeit der durch Sauerstoff in die Oxidform übergeführten Kupfersalze werden im Speisewasser größtenteils noch Kupferionen gefunden, während sich im Kesselwasser ein großer Teil als Oxid absetzt.

3.3.2. Kupferverhalten in der Grenzschicht

Die im Speisewasser in Lösung vorliegenden Kupferverbindungen finden in der Grenzschicht zwischen Kernströmung und Rohrwand günstige Voraussetzungen, in die wasserunlösliche Form überzugehen und sich an der Rohrwand abzulagern. Je größer die Wärmebelastung der Heizfläche und je geringer der Massenfluß des strömenden Mediums ist, desto günstiger sind die Voraussetzungen zur Ausscheidung. Der Transport des mit Kupferverbindungen beladenen Wassers zur Grenzschicht steigt mit zunehmender Verdampfung und erhöht damit die Kupfermenge in der Grenzschicht bis zur Übersättigung und Ausscheidung.

Der Zustand der Grenzschicht ist durch die Spaltung von Dampfmolekülen und des dadurch frei werdenden Wasserstoffes reduzierend, wodurch die Kupferverbindungen bis zum metallischen Kupfer reduziert werden können.

$$Cu \rightarrow Cu^{2+} + 2\,OH^- \rightarrow Cu(OH)_2 \rightarrow \boxed{CuO} + H_2O$$

im Speisewasser in Lösung gehend   in der Grenzschicht ausfallend

$CuO + 2H \rightarrow \boxed{Cu} + H_2O$
Reduktion zum metallischen Kupfer

Folgeschäden durch kupferhaltige Ablagerungen sind bisher bei Abwesenheit von Sauerstoff nicht bekannt geworden.

Zu beachten ist jedoch, daß bei auszuführenden Schweißarbeiten, beispielsweise beim Auswechseln von Feuerraumkühlrohren, die Innenwand in der Nähe der auszuführenden Schweißen durch Ausschmirgeln von diesen Ablagerungen befreit wird, um Lotbrüchigkeit des Rohrwerkstoffes zu vermeiden.

Die Verwendung salzfreien Speisewassers, wie es durch den Ionenaustausch sichergestellt werden kann, ist bei den durch hohe Grenzflächenbelastungen gekennzeichneten neuzeitlichen Feuerungen deshalb ein unbedingtes Erfordernis.

3.4. Der Salztransport aus der Kernströmung zur Rohrwand

Jede die Rohrwand verlassende Dampfblase bewirkt einen Zufluß des Wassers aus der Kernströmung zur Grenzschicht, um die verdampfte Wassermenge an der Rohrwand zu ersetzen. Dieser radiale Stoffaustausch wird um so intensiver, je größer die Wärmezufuhr zum Rohr ist. Er erreicht einen Grenzwert, dessen Überschreitung zu Korrosionen durch mechanische Schutzschichtenzerstörung führt. Der Wärmebelastung KJ/m^2h sind somit, selbst im Gebiet guter Wärmeübergänge, wie sie beim ,,Unterkühlten-Sieden''*) und beim ,,Kernsieden''**) vorliegen, Grenzen gesetzt.

Bei weiterer Steigerung der Wärmezufuhr wird ein Zustand erreicht, bei dem die Dampfbläschen an der beheizten Rohrwand schneller entstehen als sie abgeführt werden. Sie vereinigen sich zu einem Film, weshalb der Vorgang ,,Filmverdampfung''***) genannt wird. Der Wärmeübergang, der nunmehr durch Strahlung und Leitung erfolgt, verschlechtert sich erheblich und führt zu einer rapiden Temperatursteigerung in der Rohrwand, die 150 °C und mehr betragen kann. Der

---
Es bedeuten:
  *) ,,Unterkühltes Sieden'' — Grenzschicht bereits im Sieden, Kernströmung noch nicht.
 **) ,,Kernsieden'' — Sieden auch in der Kernströmung, wobei Grenzschicht über Siedetemperatur liegt.
***) ,,Filmverdampfung'' — Filmbildung an der Rohrwand durch Überschreitung der kritischen Heizflächenbelastung.

Dampf in der Grenzschicht ist überhitzt. Unter kontrollierten Bedingungen wurde der Mechanismus der Filmverdampfung eingehend studiert [4]. Die Zustände in der Grenzschicht werden wesentlich beeinflußt durch den Massenfluß des strömenden Mediums, den Druck, die Lage des beheizten Rohres und den Anteil des Dampfes im Gemisch.

Beim Übergang des Kernsiedens zur Filmverdampfung entstehen Salzablagerungen an der Rohrwand, die zu Korrosionen führen können. Außer den wasserlöslichen Salzen, die sich erst bei sehr hoher Wärmebelastung ablagern, neigen die Silikate schon früher zur Abscheidung und gehen hierbei in die wasserunlösliche Form über.

4. Verfahrenstechnik der Aufbereitung

4.1. Mechanische Verfahren

4.1.1. Kiesfilter, geschlossen

In der Regel kommt ein Kiesbett mit einer Höhe von 2 m in einem meist stehenden zylindrischen Stahlbehälter, der mit einem Düsenboden ausgerüstet ist, zum Einsatz. Bei sehr großen Filtereinheiten, z. B. bei der Trinkwasserfiltration, verwendet man auch liegende zylindrische Behälter. Als Kies wird gebrochener monokristalliner Quarzkies mit Korngrößen von 0,5−3 mm verwendet. In der Regel nimmt man die Körnung 1−2 mm. Werden besonders hohe Anforderungen an das Filtrat gestellt, so ist eine kleinere Kieskörnung von 0,5−1,0 mm zu verwenden.

Kiesfilter, die dem jeweiligen Einsatzgebiet entsprechend für eine Filtrationsgeschwindigkeit von 8−20 m/h, gelegentlich bis 50 m/h, ausgelegt werden, können nach Verstopfung, welche sich durch einen ansteigenden Differenzdruck zwischen der Eintritts- und der Austrittsarmatur bemerkbar macht, durch Rückspülung mit Wasser und Luft von den zurückgehaltenen Schwebestoffen befreit werden. Die Rückspülung kann einmal in der Reihenfolge Wasser-Luft-Wasser oder auch in der kombinierten Wasser-Luft-Spülung erfolgen, d. h. beide Medien werden zur gleichen Zeit in das Filter eingebracht. Welche Rückspülart zu wählen ist, muß von Fall zu Fall entschieden werden. Eisenhydroxidschlämme sowie auch die Trübstoffe der Kalkentkarbonisierungsanlagen erfordern im allgemeinen eine kombinierte Luft-Wasser-Spülung.

Bei der Filtration von kalkentkarbonisiertem Wasser sollte eine Filtrationsgeschwindigkeit von ca. 10 m/h nicht wesentlich überschritten werden. Zur Filtration von Oberflächenwässern sind in besonderen Fällen Filtrationsgeschwindigkeiten bis zu 30 m/h möglich. Bei der Kondensataufbereitung werden die Filtrationsgeschwindigkeiten bis zu 50 m/h gewählt.

Richtwerte für geschlossene Kiesfilter:

Filtergeschwindigkeit	m/h	8−20
Spülwassermenge	$m^3/m^2 h$	20−25
Luftmenge	$m^3/m^2 h$	60−80
zulässiger Differenzdruckanstieg	m WS	3−5
Schütthöhe des Kieses	m	1−3

4.1.2. Kiesfilter, offen

Offene Kiesfilter kommen häufig hinter Flockungsanlagen zum Einsatz. Ihr Vorteil gegenüber den Druckfiltern liegt darin, daß sie geflocktes und geklärtes Wasser aus Flockulatoren ohne Pumpen übernehmen können. Das Wasser fließt den offenen Kiesfiltern mit natürlichem Gefälle zu. Die Filter werden in der Regel wie die Flockulatoren in Beton gefertigt. Der Düsenboden besteht ebenfalls aus einer gelochten Betonplatte, in der speziell für diese Filtertypen gefertigte Kunststoffdüsen stecken. Aufgrund des niedrigen Vordruckes der zu filtrierenden Flüssigkeit sind die Filtrationsgeschwindigkeiten entsprechend klein. Allerdings kann dadurch auch eine flachere Kiesschicht gewählt werden. Die Rückspülung erfolgt wie bei den Druckfiltern.

Richtwerte für offene Kiesfilter:

Filtergeschwindigkeit	m/h	4–7
Spülwassermenge	m^3/m^2h	20–25
Spülluft	m^3/m^2h	60–80
zulässiger Differenzdruckanstieg	m WS	0,4–1,5
Kiesschichthöhe	m	1–1,5

4.2. Chemische und physikalische Verfahren

4.2.1. CO_2-Entsäuerung

Die Entsäuerung bezieht sich fast ausschließlich auf die Entfernung der aggressiven Kohlensäure bis zum Gleichgewichtswasser. Sie erfolgt:

1. durch Belüftung mit Sprühdüsen oder über Rieselkaskaden im Luftstrom. Anwendung bei Karbonathärte > 7 °d und sehr großen Gehalten an freier CO_2.

2. durch Belüften in mit Kunststoffprofilbahnen gefüllten Rieselern nach Axt*) [19, 20]. Anwendung bei Karbonathärten bis ca. 4–5 °d, sehr großen Gehalten an freier CO_2 und großen Leistungen, und zwar
   a) im natürlichen Wasser-Luft-Gleichstrom, ein- oder mehrstufig, ohne zusätzliche Luftförderung, Flächenbelastung bis 800 m^3/h Wasser je m^2 Rieselerquerschnitt.
   b) im Wasser-Luft-Gegenstrom mit Luftförderung mittels Ventilatoren, Flächenbelastung bis ca. 250–300 m^3/h Wasser je m^2 Rieselerquerschnitt.

---
*) Das Verfahren wurde von Herrn Dr. G. Axt im Institut für Gastechnik, Feuerungstechnik und Wasserchemie der Universität Karlsruhe entwickelt.

Je nach den Erfordernissen kann man die Gleichstrom-Belüftung ein- oder mehrstufig ausführen. Zur Belüftung zum Zweck des Sauerstoff-Eintrages und zum Austreiben von Geruchsstoffen sowie zur CO_2-Entsäuerung bei höheren Karbonathärten (ca. > 7 °d) wäre eine einstufige Gleichstromanlage einzusetzen, während zur Entsäuerung bei geringeren Karbonathärten bzw. bei höheren geforderten Entsäuerungswirkungsgraden eine mehrstufige Gleichstrom- oder eine Gegenstrom-Anlage vorzuziehen ist.

Prinzipieller Aufbau von Profilbahnen-Belüftungsanlagen

Das zu belüftende Wasser wird (unabhängig vom Gleich- oder Gegenstrombetrieb) in einer im oberen Teil der Anlage vorgesehenen Wasserverteilung gleichmäßig auf den Rieselerquerschnitt verteilt (z. B. durch ein Lochblech).

Bei einer Belüftungsanlage, die im Wasser-Luft-Gleichstrom arbeiten soll (s. Bild 4.-1.), sind unterhalb dieser Wasserverteilung Lufteintrittsöffnungen vorgesehen, durch welche die benötigte Luft (Mengenverhältnis Wasser:Luft etwa 1:6) selbsttätig durch das im Rieseler abwärts strömende Wasser angesaugt werden kann.

Das Wasser-Luft-Gemisch strömt dann durch die darunter angeordneten Kunststoffprofilbahnen, wobei ein intensiver Gasaustausch erfolgt.

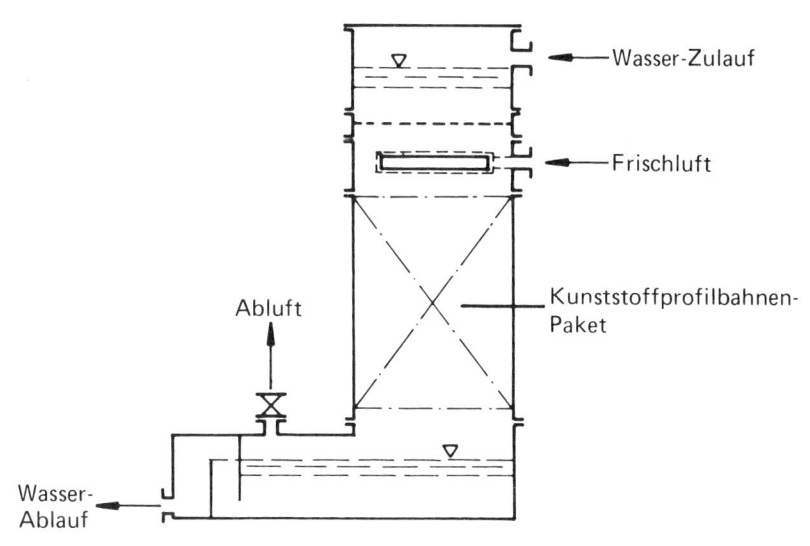

Bild 4.-1: Einstufige Gleichstrom-Belüftungsanlage

Diese Kunststoffprofilbahnen sind durch ihre Formgebung für diese Stoffaustauschvorgänge besonders geeignet. Sie sind aus PVC-Folien hergestellt, und zwar so, daß 3 cm tiefe Wellen nach beiden Seiten vorstehen. Dadurch wird die für den Stoffaustausch wichtige Oberfläche des Materials erheblich vergrößert. Die Abstände zwischen den Bahnen sind genau definiert, weil Welle auf Welle liegt. Die Wellenform bewirkt eine hohe Wasserturbulenz und somit eine sich dauernd schnell erneuernde Oberfläche zwischen Wasser und Luft.

Die Abluft wird unterhalb der Rieselbahnen aus einem mittels einer Tauchwand luftdicht abgeschlossenen Wasser-Auffangbehälter abgeführt. Durch Regelung dieser Abluftmenge kann man z. B. bei der

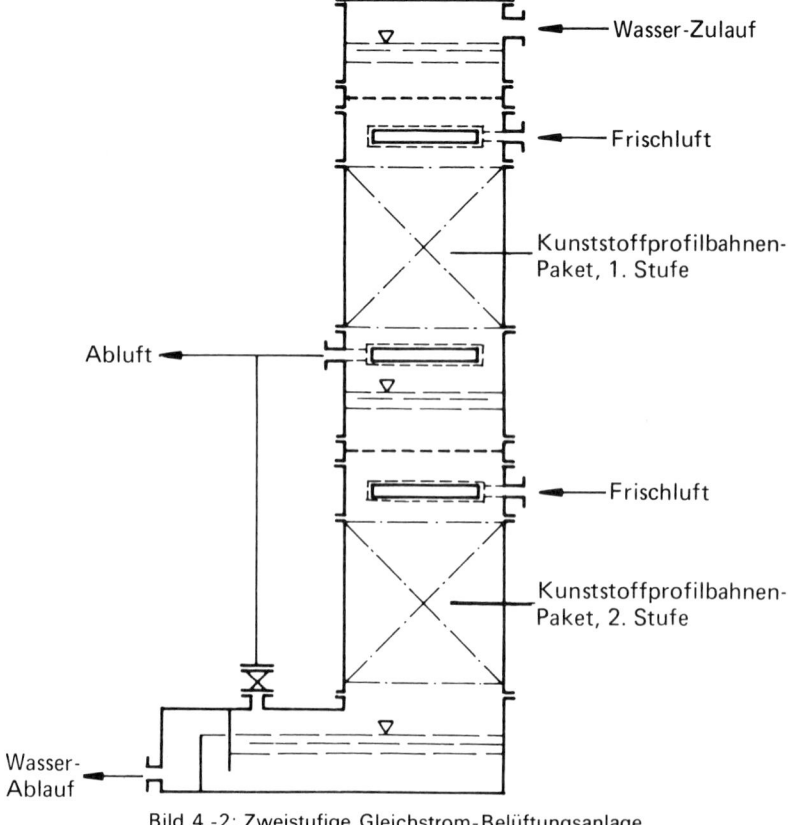

Bild 4.-2: Zweistufige Gleichstrom-Belüftungsanlage

Verfahrenstechnik der Aufbereitung 59

Bild: 4.-3.1..
Kunststoffprofilbahnen
(Ausschnitt)

Wasser-Ablauf

Bild 4.-3: Gegenstrom-Belüftungsanlage

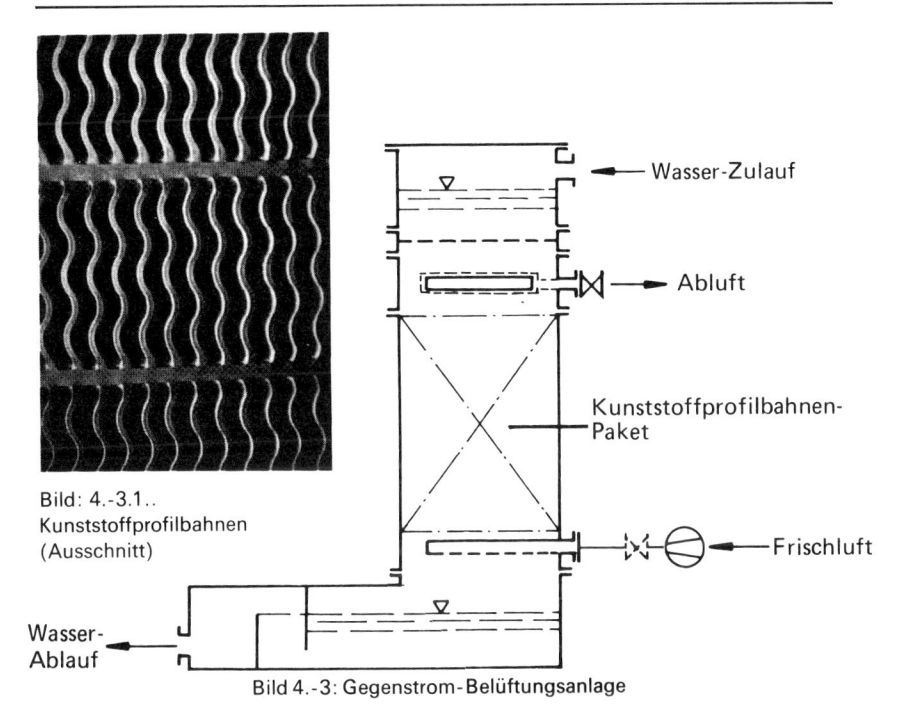

CO_2-Entsäuerung den Entsäuerungs-Wirkungsgrad beeinflussen; hierzu ist u. a. ein Δ pH-Meßgerät „Kalkas" gut geeignet.

Eine Belüftungsanlage, die im zweistufigen Wasser-Luft-Gleichstrom arbeitet (s. Bild 4.-2), ist so aufgebaut, daß unterhalb einer bestimmten Rieselhöhe das Wasser-Luft-Gemisch aufgefangen, die verbrauchte bzw. beladene Luft abgeführt und unterhalb einer erneuten Wasserverteilung wieder Frischluft angesaugt werden kann. Der weitere Aufbau ist wie bei einer einstufigen Anlage.

Eine Gegenstrom-Belüftungsanlage ist im wesentlichen wie folgt aufgebaut (s. Bild 4.-3):

Das Wasser wird wie bei einer Gleichstromanlage aufgegeben und verteilt, während die benötigte Luft (Mengenverhältnis Wasser : Luft etwa 1 : 20) im Gegenstrom mittels Ventilator oder Gebläse unterhalb der Kunststoff-Profilbahnen eingebracht wird. Die Abluft wird hierbei unterhalb der Wasserverteilung abgeführt. Auch hier ist es möglich, durch Regelung der Abluft oder auch evtl. der Frischluft den Entsäuerungs-Wirkungsgrad zu beeinflussen.

Filterung über Marmorsplitt

$$CaCO_3 + CO_2 + H_2O \rightarrow Ca(HCO_3)_2$$
Marmor + aggressive + Wasser → Karbonat-
Kohlensäure härte

Marmorverbrauch

10 g CO_2/m^3 benötigen praktisch 25 g $CaCO_3$ je m^3 Wasser (theoretisch 23 g). Die Erhöhung der Karbonathärte beträgt 1,28 °d je 10 g/m^3 abgebundener CO_2. Anwendung bei Karbonathärte < 7 °d.

Filterung über dolomitisches Material

halbgebrannter Dolomit = $CaCO_3 \cdot MgO$

$$CaCO_3 + CO_2 + H_2O \rightarrow Ca(HCO_3)_2$$
$$MgO + 2\,CO_2 + H_2O \rightarrow Mg(HCO_3)_2$$

Dolomitverbrauch

10 g CO_2/m^3 benötigen praktisch 13 g an halbgebranntem Dolomit je m^3 Wasser (theoretisch 10,6 g). Die Erhöhung der Karbonathärte beträgt 0,85 °d je 10 g/m^3 abgebundener CO_2. Anwendung bei Karbonathärte bis 18 °d.

Entsäuerung mittels Ätzkalk, Ätznatron oder Soda.

a) Ätzkalk:

$$Ca(OH)_2 + 2\,CO_2 \rightarrow Ca(HCO_3)_2$$

10 g CO_2/m^3 benötigen praktisch 10 g $Ca(OH)_2$ je m^3 Wasser (theoretisch 8,4 g). Erhöhung der Karbonathärte um 0,64 °d für 10 g/m^3 abgebundener CO_2.

b) Ätznatron oder Soda:

$$NaOH + CO_2 \rightarrow NaHCO_3$$
$$Na_2CO_3 + CO_2 + H_2O \rightarrow 2\,NaHCO_3$$

10 g CO_2/m^3 benötigen theoretisch 9,1 g NaOH oder 24 g Na_2CO_3 je m^3 Wasser, praktisch etwas mehr. Die Entsäuerung mit Ätznatron und Soda wird wegen der zu hohen Kosten nur in bestimmten Fällen angewandt.

Verfahrenstechnik der Aufbereitung 61

Vergleichende Zusammenstellung der Entsäuerungsmittel

Entsäuerungs-Mittel	Verbrauch an Entsäuerungs-Mittel g	Zunahme der Karbonathärte °d
	für 10 g aggressive CO_2	
Marmorsplit	25	1,28
halbgebr. Dolomit	13	0,85
Kalk $Ca(OH)_2$	10	0,64
Ätznatron	10	0
Soda (wasserfrei)	25	0

4.2.2. Enteisenung

Das im Rohwasser gelöste Eisen kann in verschiedenen chemischen Verbindungen vorliegen. Die am häufigsten vorkommende Form ist das Hydrogenkarbonat. Seltener sind die schwefel- und huminsauren Verbindungen.

1. Eisen als Hydrogenkarbonat

Durch Belüftung bildet sich wasserunlösliches Eisen(III)-Hydroxid $Fe(OH)_3$, welches durch Filtration über Kies oder dolomitisches Material abgeschieden wird.

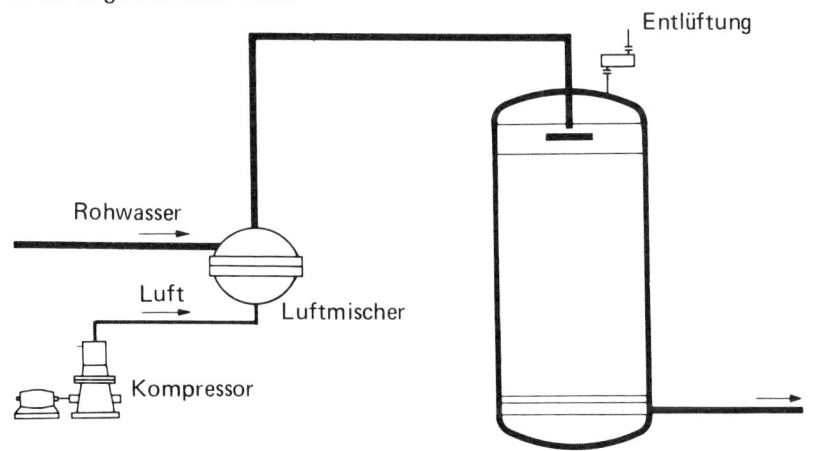

Bild 4.-4: Enteisenungs- und Entmanganungsanlage

$$4\ Fe(HCO_3)_2 + O_2 + 2\ H_2O \rightarrow 4\ \underline{Fe(OH)_3} + 8\ CO_2 \nearrow$$
Oxydation $\qquad\qquad\qquad\qquad\qquad\downarrow$

Die Belüftung kann bei kleineren Anlagen über ein Schnüffelventil oder bei größeren Anlagen über einen Luftkompressor erfolgen. Die benötigte theoretische Luftmenge einer geschlossenen Anlage beträgt für

$1\ mg\ Fe/l = 1\ g\ Fe/m^3 \qquad 1$ Liter Luft je m^3 Wasser.

Hierzu gibt man bei sauerstoffarmen Wässern einen Überschuß von etwa 28 l Luft je m^3 Wasser, damit die Bildung von Kalkrostschutzschichten möglich wird.

Bei höheren Eisengehalten wird die Belüftung durch Verrieselung bzw. Verdüsung mit anschließender Klärung und Filtration bevorzugt.

2. Eisen als Sulfat

Durch Belüftung bildet sich, wenn neben dem Eisensulfat eine angemessene Karbonathärte vorhanden ist und der pH-Wert nach der Belüftung > 7 bleibt, wasserunlösliches Eisen(III)-Hydroxid

$$4\ FeSO_4 + O_2 + 10\ H_2O \rightarrow 4\ \underline{Fe(OH)_3} + 4\ H_2SO_4 \qquad (1)$$
Oxydation $\qquad\qquad\qquad\qquad\downarrow$

Die frei werdende Schwefelsäure wird durch die Karbonathärte neutralisiert.

$$H_2SO_4 + Ca(HCO_3)_2 \rightarrow CaSO_4 + 2\ H_2CO_3 \qquad (2)$$
$\qquad\qquad\qquad\qquad\qquad\qquad\quad \downarrow\ \searrow$
$\qquad\qquad\qquad\qquad\qquad\quad 2\ H_2O \quad 2\ CO_2 \nearrow$

Im anderen Falle alkalisiert man mit Kalkwasser, Natronlauge oder Soda:

$$FeSO_4 + 2\ NaOH \rightarrow Fe(OH)_2 + Na_2SO_4 \qquad (1)$$

und belüftet

$$4\ KMnO_4 + H_2O = 4\ KOH + 4\ \underline{MnO_2} + 3\ O_2 \qquad (2)$$
Oxydation $\qquad\qquad\qquad\qquad\quad\downarrow$

3. Huminsaures Eisen

Nach Zugabe stärkerer Oxydationsmittel, wie Kaliumpermanganat ($KMnO_4$), Wasserstoffperoxid (H_2O_2) oder Chlor (Cl_2), fällt man das Eisen anschließend mit Aluminiumsulfat oder Eisenchlorid.

Oxydationsvorgang

a) bei Zugabe von Cl_2:

$$Cl_2 + H_2O \rightarrow HOCl + HCl \quad (1)$$
$$2\ HOCl \rightarrow 2\ HCl + \underline{O_2} \quad (2)$$
$$\text{status nascendi}$$
$$2\ HCl + Ca(HCO_3)_2 \rightarrow CaCl_2 + 2\ H_2CO_3 \quad (3)$$

b) bei Zugabe von $KMnO_4$ in neutralem bzw. alkalischem Wasser:

$$4\ KMnO_4 + 2\ H_2O \rightarrow 4\ KOH + \underline{4\ MnO_2} + 3\ O_2 \quad (1)$$
$$\qquad\qquad\qquad\qquad\qquad\downarrow \text{ status nascendi}$$
$$KOH + CO_2 \rightarrow KHCO_3 \quad (2)$$

Der in der Reaktion a 2 und b 1 frei werdende naszierende Sauerstoff überführt das Eisen in die filtrierfähige Form $Fe(OH)_3$.

Die Verbrauchsmengen an Cl_2 oder $KMnO_4$ werden zweckmäßig an Wasserproben im Labor ermittelt.

4.2.3. Entmanganung

Die Entmanganung kann mit der Enteisenung in einem Arbeitsgang durchgeführt werden, wobei das zweiwertige Mangan durch Luft zum vierwertigen oxidiert wird, welches ebenfalls zur Hydrolyse neigt. Diese Oxidation verläuft rasch und quantitativ in Anwesenheit eines Katalysators in Form von Braunstein (MnO_2). Die Hydrolyse ist etwas träger und stärker pH-abhängig als die des dreiwertigen Eisens. Aus diesem Grund wählt man gelegentlich zwei hintereinander geschaltete Filter, wobei in der ersten Stufe die Enteisenung und in der zweiten Stufe die Entmanganung erfolgt.

In der Praxis bildet sich auf der Oberfläche des Quarzkieses langsam ein dünner Belag von Braunstein aus alterndem Manganoxihydrat. Hierin ist der Grund zu sehen, daß Entmanganungsanlagen eine gewisse Einarbeitungszeit benötigen. Die Einarbeitungszeit kann dadurch verkürzt werden, daß man dem belüfteten Rohwasser geringe Mengen Kaliumpermanganat zusetzt, welches bei der Oxidation von Mn^{++} oder organischen Stoffen u. a. in MnO_2 (Braunstein) zerfällt.

$$4\ KMnO_4 + 2\ H_2O = 4\ KOH + 4\ MnO_2 + 3\ O_2$$

Liegt der pH-Wert des Rohwassers z. B. durch freie Kohlensäure zu niedrig, so kommt es nicht zur Hydrolyse des vierwertigen Mangans, und es muß eine pH-Wert-Korrektur vorgenommen werden, die in der Praxis unter Verwendung alkalisch reagierender Filtermittel (z. B. halbgebrannter Dolomit) erreicht wird. Halbgebrannter Dolomit ist chemisch gesehen eine kristalline Verbindung aus MgO und $CaCO_3$.

Filter mit diesen Filtermaterialien können zur Bindung der aggressiven Kohlensäure bis zum Gleichgewichtszustand eingesetzt werden, wobei sich aus dem MgO und $CaCO_3$ die wasserlöslichen Salze $Ca(HCO_3)_2$ und $Mg(HCO_3)_2$ bilden.

$$MgO + H_2O + 2\ CO_2 = Mg(HCO_3)_2$$
$$CaCO_3 + H_2O + CO_2 = Ca(HCO_3)_2$$

Eine Aufhärtung des Wassers durch die Reaktion der aggressiven Kohlensäure mit dem halbgebrannten Dolomit muß somit in Kauf genommen werden (siehe 4.2.1. Seite 60).

Gelegentlich kommen in Enteisenungs- und Entmanganungsanlagen auch Filtermaterialien zum Einsatz, die aus gebrochenem dolomitischen Gestein mit einem synthetischen Braunsteinüberzug bestehen. Anlagen mit diesen Filtermaterialien sind nach kurzer Zeit arbeitsfähig, jedoch empfiehlt sich auch hier eine kurze Vorbehandlung mit $KMnO_4$-Lösung. Eine pH-Korrektur ist mit diesem Material kaum möglich.

Wenn Rohwasser aufgrund von Abwassereinflüssen reduzierende Substanzen wie Ammoniak, Schwefelwasserstoff oder Nitrit enthält, kann durch Belüftung keine ausreichende Manganoxidation mehr erreicht werden, da diese Substanzen ebenfalls sauerstoffzehrend wirken. Eine Dosierung von stärkeren Oxidationsmitteln neben der Belüftung ist dann unumgänglich. In der Praxis hat sich die Dosierung von Ozon, Kaliumpermanganat oder Natriumhypochloritlösung bewährt.

Bei Wässern mit hohem CO_2-Gehalt empfiehlt sich eine offene Belüftung mit dem Ziel, durch Einbringung von Luftsauerstoff die freie Kohlensäure weitestgehend auszutreiben. Der Luftsauerstoff bewirkt dabei gleichzeitig die Oxidation von Eisen und Mangan. Vielerorts wird diese Belüftung z. B. noch in der Art ausgeführt, indem man das Brunnenwasser in einem durchlüfteten Raum fein verdüst. Das auf dem Boden zusammenfließende Wasser sammelt sich in Pumpenvorlagebecken und wird von hier zur Filtration über Kies- oder Entmanganungsfilter geleitet. Bei anderen Anlagen erfolgt die Verdüsung in einem meist zylindrischen Behälter mit Rieseleinbauten, wobei dem nach unten tropfenden Wasser Luft entgegengeblasen wird. Mit den zuletzt genannten Apparaten kann der CO_2-Gehalt des Brunnen-

Verfahrenstechnik der Aufbereitung 65

wassers auf kleiner 10 mg/l gebracht werden. Moderne Anlagen verwenden Belüftungstürme, die mit profilierten Kunststoffbahnen bestückt sind. Das zu belüftende oder zu entsäuernde Wasser wird mit einer Geschwindigkeit bis 800 m/h über diese Hochleistungs-Belüftungstürme geleitet. (Siehe auch Kapitel 4.2.1.). Die Enteisenung und Entmanganung ist nicht ganz unproblematisch. In der Regel ist es darum angebracht, durch Laborversuche das richtige Verhalten zu ermitteln.

4.2.4. Entölung

Die Entölung kann mechanisch, chemisch oder im Aktivkohlefilter durchgeführt werden.

1. Mechanische Entölung

Die mechanische Entölung kann bereits im Naßdampfbereich über entsprechende Entölungsaggregate, die meistens nach dem Zentrifugalprinzip arbeiten, vorgenommen werden.

Stark verölte Kondensate werden in Entölungskammern behandelt. Die sich auf der Kondensatoberfläche bildende Ölschicht wird abgeführt. Werden die letzten 1–2 Kammern mit Perlkoks gefüllt, so kann ein Restölgehalt von < 10 mg/kg erreicht werden.

2. Chemische Entölung

Die chemische Entölung beruht auf dem Prinzip, daß entstehende Flocken das Öl sorbieren.

Als Flockungsmittel wird Aluminiumsulfat oder Eisenchlorid angewandt. Diese sauer reagierenden Flockungsmittel müssen bei ungepufferten Wässern wie Kondensat mit Ätznatron oder Soda neutralisiert werden, wobei gleichzeitig die gewünschten Hydroxidflocken gebildet werden.

Reaktionsabläufe

$$FeCl_3 + 3\ NaOH \rightarrow \underline{Fe(OH)_3} + 3\ NaCl$$
$$\downarrow$$
$$Al_2(SO_4)_3 + 6\ NaOH \rightarrow \underline{2\ Al(OH)_3} + 3\ Na_2SO_4$$
$$\downarrow$$

Benötigt werden im allgemeinen 20 g/m³ Aluminiumsulfat krist. oder 15 g/m³ Eisenchlorid krist. bei einem Zusatz von 10 g/m³ Soda oder 7,5 g/m³ Ätznatron.

3. Entölung im Aktivkohlefilter

Bei der Durchleitung des ölhaltigen Wassers durch ein Aktivkohlefilter wird das Öl sorbiert. Eine Regenerierung der Aktivkohle ist nicht möglich. Sie muß nach der Absättigung erneuert werden. Eine wöchentliche Spülung des Filters mit heißem Wasser erhöht das Aufnahmevermögen, wobei sich allerdings der Effekt leicht verschlechtern kann. Für die Sorption sind Temperaturen nahe an 100 °C am günstigsten. Der Restölgehalt steigt mit der Beladung und hängt von der Ölart und deren Emulsionsfähigkeit ab. Das Ölaufnahmevermögen beträgt etwa 25 % bezogen auf das Gewicht der Aktivkohle.

Daten für Aktivkohle und Aktivkohle-Filter

Körnung	1–2 mm
Schüttgewicht der Aktivkohle	$\approx$ 200–300 g/l
Schichthöhe	1,2–2,5 m
Filtergeschwindigkeit	$\approx$ 4 m/h

Bei Vorhandensein von Eisenoxid darf nicht mit Aktivkohle entölt werden (Verklumpungsgefahr).

4.2.5. Anschwemmfiltration

In immer stärkerem Maße werden zur Entfernung geringer Verunreinigungen in Wässern mit hohen Reinheitsanforderungen Anschwemmfilter eingesetzt.

Überwiegend kommen Anschwemmfilter bei folgenden Aufgabenstellungen zum Einsatz:

1. Filtrationsaufgaben in Schwimmbädern
2. Kondensatdeionisierung
3. Kondensatenteisenung
4. Kondensatentölung
5. Filtrationsaufgaben bei der Abwasserdekontaminierung

Die prinzipielle Bauweise besteht aus einem stehenden zylindrischen Behälter, in dem vertikal oder horizontal die Filterelemente angeordnet sind. Die Filtratstränge werden über eine Sammelschiene zusammengefaßt.

Das aufzubereitende Medium tritt zentral in den Behälter ein, durchströmt das Filterelement und verläßt gereinigt über die Sammelleitung das Filter.

Bei den Filterelementen handelt es sich entweder um Filterkerzen oder Filterplatten. Die Filterkerzen bestehen aus einem Stützgerüst mit einem Gewebeüberzug, wobei das Gewebe aus Edelstahl, Baumwolle, Nylon o. ä. gefertigt ist. Weit verbreitet sind auch Filterkerzen aus porösem keramischen Material oder aus Kunststoff.

Auf diese Filterelemente wird die eigentliche Filterschicht, die „Anschwemmung" aufgebracht. Die Anschwemmung muß in einer gleichmäßigen Schichtdicke über die gesamten Filterelemente aufgetragen werden.

Bei der Abwasserdekontaminierung kommen im allgemeinen Anschwemmfilter mit horizontal angeordneten Filterelementen zum Einsatz. Diese Filterelemente sind flache runde Scheiben, die auf einer Achse mit einem Abstand von 5–10 cm übereinander angeordnet sind und nur eine nach oben gerichtete poröse Oberfläche haben. Auf diese poröse Oberfläche wird das Filterhilfsmittel aufgebracht. Diese Filter können nach einer Stillstandszeit wieder in Betrieb genommen werden, ohne vorher frisch präpariert zu werden.

Die Korngröße der Anschwemmaterialien liegt unter 100 µm. Es ist jedoch nicht notwendig, die Maschenweite des Filtergewebes kleiner

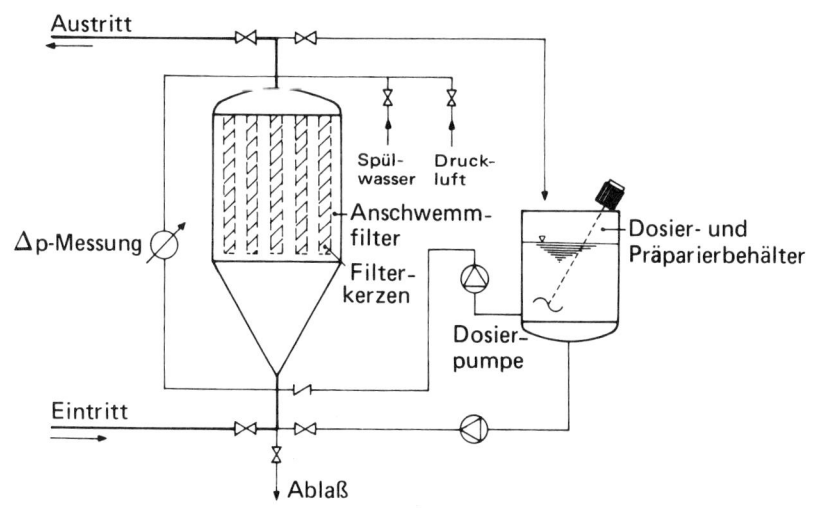

Bild 4.-5: Schema einer Anschwemmfilteranlage

als die Korngröße zu gestalten, da sich durch Brückenbildung das Material abstützt.
Als Anschwemmenge werden 300–1 000 g/m² Filterfläche eingesetzt.

Anschwemmung

In einem offenen Behälter wird unter Rühren eine ca. 3%ige Suspension des Filterhilfsmittels hergestellt. Mittels einer Umwälzpumpe, deren Durchsatz der Filterleistung entspricht, wird diese Suspension im Kreislauf über das Filter gefahren, bis das Wasser klar ist. Danach wird, ohne den Durchfluß zu unterbrechen, das Filter auf Betrieb geschaltet.

Bei Materialien, die zur Flockenbildung neigen, ist auf diesem Wege keine gleichmäßige Anschwemmung zu erzielen. Das Material ballt sich im Filterraum zu Flocken zusammen und lagert sich bevorzugt am unteren Teil der Kerzen ab. Um auch in diesem Fall eine gleichmäßige Anschwemmung zu erzielen, wird eine 10%ige Suspension angesetzt und Klarwasser im Kreislauf gefördert. Die Suspension wird auf der Saugseite der Umwälzpumpe in den Kreislauf dosiert. Dadurch werden die bereits gebildeten Flocken nochmals zerschlagen. Durch die geringere Konzentration im Filterraum wird die Flockenbildung unterdrückt und es kommt zu einer gleichmäßigen Anschwemmung.

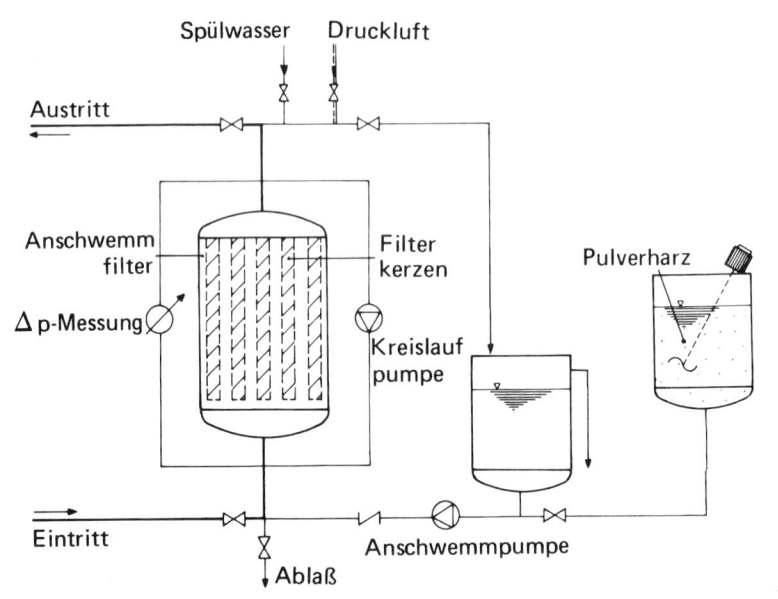

Bild 4.-6: Schema einer Anschwemmfilteranlage für pulverisierte Ionen-Austauscher

Während des Betriebes wird weiterhin Anschwemmittel auf das Filter dosiert, um Anschwemmenge und Verunreinigung proportional wachsen zu lassen. Pro 1 g Verunreinigung werden 0,5–1,0 g Filterhilfsmittel dosiert.

Steigt der Differenzdruck über den zulässigen Wert bzw. werden Verunreinigungen nicht mehr in genügendem Maße zurückgehalten, so wird das Filter außer Betrieb genommen und gereinigt.

Zur Reinigung werden die Elemente in entgegengesetzter Richtung abwechselnd mit Luft und Wasser durchströmt und der Filterkuchen abgesprengt. Durch den Ablaß wird das Material verworfen. Die Waschwassermenge beträgt $1^1/_2$–2 Behältervolumen. Bei den horizontalen Plattenanschwemmfiltern erfolgt die Reinigung durch Rotation der Filterelemente um die gemeinsame Achse. Dabei wird der Filterkuchen abgeschleudert. Die spezifische Belastung bei Betrieb beträgt ca. 2–10 m^3/h und m^2 Filterfläche entsprechend 2–10 m/h Filtrationsgeschwindigkeit.

Der Differenzdruck einer neuen Anschwemmung liegt bei 0,1–0,2 bar, der maximale Differenzdruck je nach Kerzentyp zwischen 1–2 bar. Durch die kompakte Bauweise lassen sich geringe Anlagengrößen realisieren. Für eine 50 m^3/h Kondensatentölung betragen die Behältermaße bei 25 m^2 Filterfläche 1 400 mm Durchmesser und 1 200 mm zyl. Höhe. Die Kerzenlänge beträgt ca. 1 000 mm, der Durchmesser ca. 50 mm.

Anschwemmaterialien

Als Anschwemmaterialien kommen je nach Einsatzgebiet Materialien aus
  Kieselguren
  Zellulosen
  A-Kohlen
  pulv. Ionenaustauschermaterial
zum Einsatz.

Für die Trübstoffiltration kommen Kieselgur- und Zellulosemittel zur Anwendung. Bei der Kondensatenteisenung können bei Temperaturen bis 95 °C Kieselguren oder Zellulosen eingesetzt werden, jedoch wird am Anfang der Laufzeit SiO_2 oder org. Substanzen abgespalten. Vielfach wird daher in den ersten 30 Minuten das Filtrat verworfen.

Bei Temperaturen über 95 °C wird aktives oder inertes Ionenaustauschermaterial eingesetzt, hierbei kommt es jedoch zu der oben beschriebenen Flockenbildung.

Wird aktives Ionenaustauschermaterial zur gleichzeitigen Kondensatentsalzung eingesetzt, so ist zu berücksichtigen, daß das Material irreversibel beladen wird und die Anionen-NVK*) bei steigender Temperatur stark rückläufig ist.

Während Kationenharze bis 130 °C beständig sind, verlieren Anionenharze bei 130 °C in 24 Stunden 85% ihrer NVK*).

Zur Kondensatentölung werden Kieselguren oder A-Kohlematerial eingesetzt. Da hierbei das Öl adsorptiv entfernt wird, kann auf eine ständige Dosierung in keinem Fall verzichtet werden.

Eisen wird bis auf 1–2 µg/kg abgeschieden.
Der Restölgehalt beträgt 0,2–0,5 mg/kg.
Trübstoffe und Kolloide werden zuverlässig abgeschieden.

Bei allen Anschwemmfiltern muß eine gleichmäßige Belastung gewährleistet sein. Geringe Durchsatzschwankungen sind möglich, jedoch fällt bei einer Unterbrechung des Filterkreislaufs der Filterkuchen ab und das Filter muß außer Betrieb genommen werden. Eine Ausnahme machen die horizontalen Plattenanschwemmfilter.

Erwähnt werden soll in diesem Zusammenhang das Kerzenfilter. Diese Kerzen tragen als Filterschicht ein Baumwoll- bzw. Kunststoffgewebe von ca. 2–100 µm Porenweite. Der maximale Differenzdruck beträgt 2,0 bar. Danach wird in üblicher Weise gespült. Da die Reinigung nie vollständig ist, wächst die Kerze langsam zu und muß nach ca. 6 Monaten ausgewechselt werden. Durch Säurespülung läßt sich eine Verlängerung der Laufzeit erzielen.

4.2.6. Wellplattenabscheider

Der Wellplattenabscheider arbeitet nach dem Prinzip der Schwerkraft. Er kann zur Reinigung von Wasser, welches mit Schwimm- oder absetzbaren Stoffen verschmutzt ist, eingesetzt werden. Das Kernstück einer Wellplattenabscheideanlage bilden mehrere parallel zueinander angeordnete und durch Sammelrinnen zu einem Paket zusammengefaßte Wellplatten. Dieses Wellplattenpaket kommt in einem Becken mit entsprechender Ausrüstung in einem Neigungswinkel von 45 bis 60 ° zum Einsatz und wird je nach der Dichte der abzutrennenden Schmutzstoffe von oben nach unten oder unten nach oben durchflossen (siehe Bild 4.-7).

---
*) Nutzbare Volumenkapazität

Verfahrenstechnik der Aufbereitung

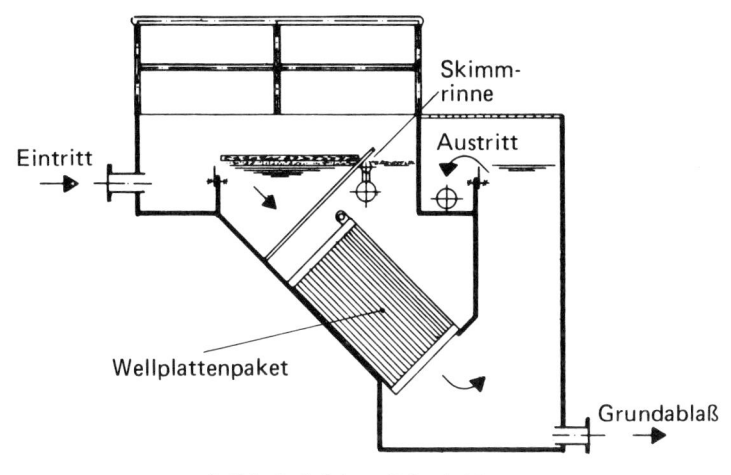

a) Prinzip Leichtstoffabscheidung

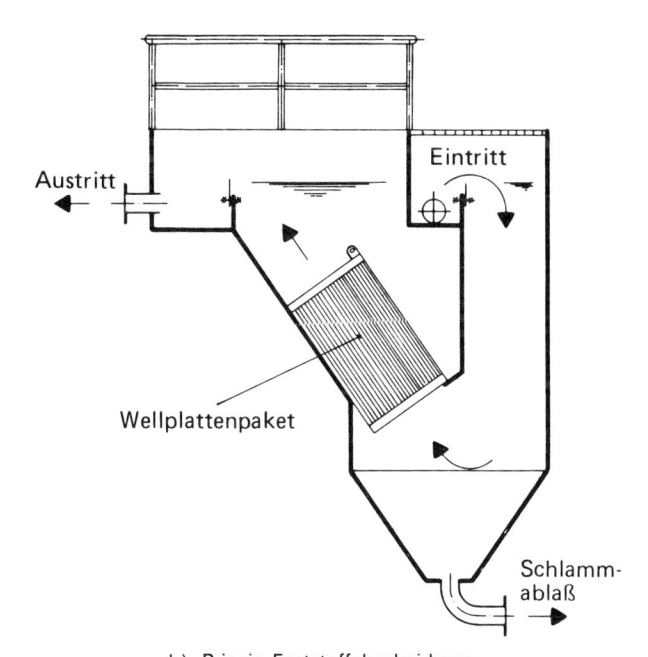

b) Prinzip Feststoffabscheidung

Bild 4.-7:

Es ist verständlich, daß nur solche Stoffe abgeschieden werden können, die im Wasser als eigene Phase mehr oder weniger fein verteilt enthalten sind und deren Dichte sich von dem des Wassers unterscheidet. Gelöste Öle, gelöste Stoffe und Emulsionen bleiben unbeeinflußt, es sei denn, sie werden durch Emulsionsspaltung, Flockung usw. vorbehandelt. Abgeschieden werden alle Teilchen, deren Sink- oder Steiggeschwindigkeit so groß ist, daß sie auf ihrem Weg durch das Paket bis zur darüber liegenden Platte aufsteigen oder bis zur darunter liegenden absinken können. Bei einem Durchsatz von 30 m^3/h pro Paket mit einem Plattenabstand von 19 mm werden Teilchen mit einer Sink- oder Steiggeschwindigkeit von 0,2 mm/sec abgeschieden. Bei einer Wassertemperatur von 20 °C und einer Öldichte von 0,9 g/cm^3 sind das noch alle Öltröpfchen mit einem Durchmesser bis 0,06 mm. Sind Teilchen mit kleinerer Sink- oder Steiggeschwindigkeit abzuscheiden, so muß die Durchflußgeschwindigkeit entsprechend angepaßt werden.

Anwendungsgebiete:

Reinigung ölhaltiger Wässer

In diesem Fall tritt das Öl- und Wassergemisch von oben her in das Paket ein, das in einem Winkel von 45 ° zur Waagerechten eingebaut ist. Es fließt zwischen den übereinander angeordneten Wellplatten schräg nach unten. Da die Strömung zwischen den Platten laminar ist, können die Öltröpfchen ungehindert nach oben zur Unterseite der jeweils darüber liegenden Platte aufsteigen, sich in den Wellenbergen der Platte sammeln und nach oben zum Eintritt des Plattenpaketes zurückströmen. Dort wird das Öl von den vor den Wellenscheiteln angeordneten Sammelrinnen aufgefangen und aus der Strömung des eintretenden Wassers heraus zur Beckenoberfläche geführt. Hier kann das Öl abgeschöpft werden.

Reinigung feststoffhaltiger Wässer und Abwässer

Bei der Reinigung von mit Feststoffen verschmutztem Wasser verläuft der Weg des Wassers genau umgekehrt. Das verschmutzte Wasser durchströmt das Paket von unten nach oben und die Schwerstoffe sinken auf die Wellplatten ab. Sie sammeln sich in den Wellentälern der Wellplatten und gelangen durch die Schräglage von 55 ° zur Waagerechten zu den Sammelrinnen, in denen sie zum Beckenboden bzw. in den Schlammtrichter absinken.

Einsatzbereiche:

Als Ölabscheider in der petrochemischen oder Mineralöl verarbeitenden Industrie, einschließlich Tanklager, Flughäfen, Großgaragen usw. sowie bei Ballastwasser aus Tankschiffen.

Als Feststoffabscheider in der Stahl- und Textilindustrie.

Zur Reinigung von Filterrückspülwasser, Hydroxidschlamm und Sinterabscheidung.

Abscheidegrad:

Als Ölabscheider haben die Wellplattenabscheider bis zu einem Ölgehalt von ca. 1 000 mg/kg im zufließenden Wasser einen Abscheidegrad von größer 99,5 %. Bei einem Ölgehalt von kleiner 100 mg/kg liegt der Abscheidegrad bei 80–90 %.

4.2.7. Magnet-Filter

Allgemeines

Fast alle Industriewässer enthalten Verunreinigungen, die den Betrieb zum Beispiel eines Kessels durch Ablagerungen stören können. Diese Ablagerungen bilden wärmestauende Beläge und führen zudem zu einem Anstieg des Druckverlustes. Eine Entfernung dieser im Wasser enthaltenen Teilchen erfolgt im allgemeinen mit Hilfe von mechanischen Filtern, wie z. B. Kiesfilter, Anschwemmfilter oder Kerzenfilter. Diese Filter weisen jedoch – trotz mancher Vorteile – auch entscheidende Nachteile auf. Die Abscheiderate bei Kiesfiltern zum Beispiel ist um so schlechter, je kleiner die Korngrößen der Verunreinigungen sind; außerdem ist der Platzbedarf aufgrund der im Vergleich zu einem Magnet-Filter niedrigen Durchsatzgeschwindigkeit der Kiesfilter sehr groß und die Arbeitstemperatur begrenzt, da Kieselsäure bei Temperaturen > 50 °C aus der Kiesfüllung in Lösung geht. Andere Filterbauarten, z. B. Kerzenfilter, haben hohe Abscheideraten, verstopfen jedoch im Laufe der Zeit, so daß die Filterkerzen ausgewechselt werden müssen.

Bei den oben erwähnten Verunreinigungen handelt es sich vor allem im Kraftwerksbetrieb überwiegend um Metalloxide, die aus dem Kessel- bzw. Rohrleitungskreislauf stammen, wie z. B. Fe_3O_4 (Magnetit) und daraus durch Oxidation entstandenes $\gamma\text{-}Fe_2O_3$ sowie Eisenteilchen, also Stoffe ferromagnetischer Art. Diese ferromagnetischen Verunreinigungen können mit einem Magnetfilter entfernt werden.

Bekannt sind Bauarten mit Permanent-Magneten [21] und solche mit Elektro-Magneten [22].

Bei Permanent-Magnet-Filtern scheiden sich die magnetischen Eisenteilchen an im Filterbehälter angeordneten Permanent-Magneten ab. Diese Magnete werden durch mechanische Vorrichtungen gereinigt, z. B. durch Rotation der Magneteinbauten, wobei das ausfiltrierte Gut abgeschleudert wird. Aufgrund der konstruktiven Ausführung dieser Reinigungsvorrichtung ist die Zahl der einsetzbaren Filtermagnete begrenzt, worunter der Wirkungsgrad der Anlage leidet.

Permanent-Magnet-Filter filtrieren bis zu einer Teilchengröße von etwa 10 µm. Der Wirkungsgrad eines Permanent-Magnet-Filters nimmt zwangsläufig wegen der Temperaturabhängigkeit des natürlichen Magnetismus mit steigender Temperatur ab.

Elektro-Magnet-Filter können ferromagnetische Verunreinigungen unabhängig von ihrer Korngröße und unabhängig von der Temperatur nahezu restlos entfernen, und zwar aus Wasser, Öl und anderen flüssigen Medien.

Aufbau des Elektro-Magnet-Filters (EMF)

Ein Elektro-Magnet-Filter besteht im wesentlichen aus folgenden Teilen (s. Bild 4.-8):
1 dem inneren Filterbehälter
2. der darin befindlichen Kugelfüllung
3 der um den inneren Filterbehälter angeordneten Magnetspule
4 dem äußeren Abschirmmantel

Der innere zylindrische Behälter ist aus austenitischem, nicht magnetischem Material gefertigt. Die Kugelfüllung besteht je nach dem zu reinigenden Medium aus Stahl-, Eisen/Nickel- oder Weicheisenkugeln mit einem Durchmesser von etwa 6 mm.

Der innere Filterbehälter ist von einer Magnetspule umgeben, die während des Betriebes von einem Gleichstrom von 500 V durchflossen wird und dabei ein Magnetfeld mit einer Feldstärke von $1.5 \cdot 10^5$ A/cm erzeugt.

Um benachbarte elektrische Maschinen, Schalter, Motoren usw. nicht durch dieses Magnetfeld zu beeinflussen, ist die Magnetspule von einem Abschirmmantel aus Stahl umgeben.

In einem separat stehenden Schaltschrank sind ein Thyristornetzgerät, das aus 380-V-Drehstrom den zum Betrieb erforderlichen Gleichstrom

Verfahrenstechnik der Aufbereitung

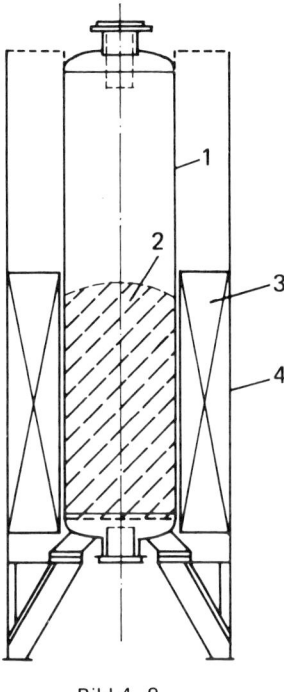

Bild 4.-8

von 500 V erzeugt, sowie Steuer- und Überwachungsgeräte für die Magnetspule und die erforderlichen automatischen Ventile untergebracht. Diese für den automatischen Ablauf des Spülvorganges nötigen Armaturen müssen so ausgerüstet sein, daß bei Stromausfall eine Bypassarmatur geöffnet und die EMF-Austrittsarmatur geschlossen wird, damit keine bereits abgeschiedenen Eisenteilchen in das nachgeschaltete System gelangen können.

Wirkungsweise des EMF

Betrieb

Das zu reinigende Medium durchströmt das Filter von unten nach oben. Die wirtschaftlich optimale Filtrationsgeschwindigkeit beträgt ca. 30 cm/s. Durch das Magnetfeld der äußeren Magnetspule werden die im inneren Filterbehälter befindlichen Kugeln magnetisiert und vermögen daher die im durchströmenden Medium gelösten Eisenteilchen festzuhalten. Von den meist verwendeten Stahlkugeln selbst gelangen keine Korrosionsprodukte in das Medium, da sich im sauerstoffarmen Wasser bei erhöhter Temperatur um die Kugeln eine Magnetit-Schutzschicht bildet, die eine Eisenkorrosion der Kugeln verhindert. Diese Schutzschichtbildung kann bei der erstmaligen Inbetriebnahme des EMF auch durch eine besondere chemische Behandlung erreicht werden. Die auf diese Art behandelten Eisenkugeln geben nur noch Eisen in der Größenordnung < 0,001 ppm an das Wasser ab.

Die Abscheiderate für suspendierte Eisenoxide ist nahezu unabhängig vom Eisengehalt des Rohkondensates und von der Teilchengröße der Verunreinigungen: Bei Eisengehalten von nur 0,01 ppm können die Oxide ebenso fast vollständig beseitigt werden, wie auch Oxidsuspensionen mit 100 ppm zuverlässig gereinigt werden können. Selbst Teilchen mit Korngrößen unter 0,1 µm werden fast vollständig zurückgehalten.

Es wurde des öfteren beobachtet, daß die abgeschiedenen magnetischen Eisenoxide offenbar wegen ihrer großen aktiven Oberfläche auch nichtmagnetische Metalloxide und andere Verunreinigungen durch Adsorption und mechanische Filterwirkung zurückhalten.

Das Aufnahmevermögen für Eisenoxide beträgt ca. 2 g/kg Kugeln.

Spülen des EMF

Als Maß für die Erschöpfung des Filters dient der Druckverlust oder Eisenoxidmessung hinter dem EMF mittels Membranfiltern.

Das saubere Filter hat einen Druckverlust von 10–12 mWS, das bis zur zulässigen Grenze verschmutzte ca. 12–15 mWS. Die Laufzeit eines Filters beträgt bei normalen Betriebsverhältnissen etwa 1 Woche.

Das Spülen des Filters kann entweder manuell, von einer Zeitschaltuhr oder von einem Differenzdruckmeßgerät eingeleitet werden. Danach laufen alle erforderlichen Arbeitsgänge automatisch ab (Bild 4.-9).

Das Spülen erfolgt, genau wie der Betrieb, von unten nach oben.

Spülen mit dem Betriebsmedium

Zuerst wird der Reinwasserablauf 6 geschlossen und die Kugelfüllung mit Hilfe der Thyristorsteuerung entmagnetisiert. Darauf wird der Spülwasserablauf 7 geöffnet und das Filter mit einer Wassergeschwindigkeit von 22 cm/s ca. 40 Sekunden gespült. Dabei werden die Kugeln aufgewirbelt und die jetzt nicht mehr magnetisch haftenden Verunreinigungen vom Spülwasser mitgerissen und ausgespült. Anschließend geht das Filter wieder in Betrieb. Der ganze Vorgang dauert etwa 1

Verfahrenstechnik der Aufbereitung

1 Filterbehälter
2 magnetische Kugelfüllung
3 Magnetspule
4 Abschirmmantel
(5) Rohwasserzulauf
6 Reinwasserablauf
7 Spülwasserablauf
8 Bypassarmatur
(9) evtl. Spülwasserzulauf

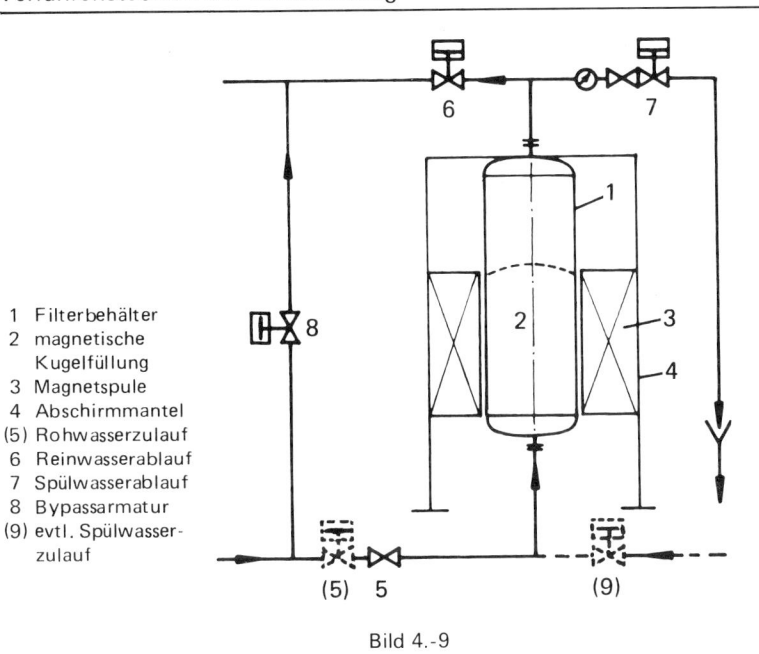

Bild 4.-9

Minute. Diese Art der Spülung ist möglich, wenn das zu reinigende Medium in ausreichender Menge auch zum Spülen zur Verfügung steht.

Spülen mit Spülwasser

Hierbei wird gleichzeitig bei Schließen des Reinwasserablaufs 6 der Rohwasserzulauf (5) geschlossen und die Bypassarmatur 8 geöffnet. Nach dem Entmagnetisieren der Kugelfüllung werden dann Spülwasserzulauf (9) und -Ablauf 7 geöffnet. Die Spülung läuft dann weiter wie vor beschrieben ab.

Einsatzmöglichkeiten und Schaltung

Das EMF wird überwiegend im Kraftwerkbereich eingesetzt, und zwar:
— in Kondensat- und Speisewassersystemen von Wärmekraftwerken,
— für Heizkondensate in Heiz- und Industrie-Kraftwerken,
— in Primär- und Sekundärkreisläufen von Kernkraftwerken.

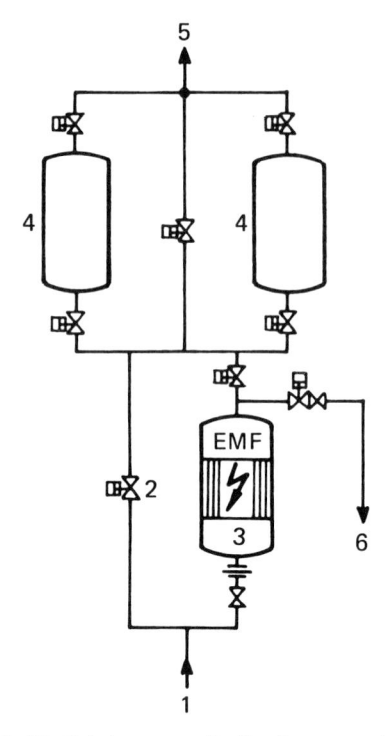

Bild 4.-10: Schaltung vor die Kondensatentsalzung
1 Rohkondensat
2 Bypass
3 Elektro-Magnetfilter
4 Kondensatentsalzung
5 Reinkondensat
6 Spülwasserablauf

Für die Anordnung des EMF im Wasser-Dampfkreislauf gibt es mehrere Möglichkeiten, und zwar:
— im Turbinenkondensat vor einer Kondensat-Entsalzungsanlage zum Schutz der Ionenaustauscher (s. Bild 4.-10).
— im Speisewasser nach dem Speisewasserbehälter mit Schaltung nach Bild 4.-11, mit zusätzlicher Umwälz- und Spülpumpe,
— in Nebenkondensaten von Niederdruck- und Hochdruck-Vorwärmern,
— im Speisewasser nach den Hochdruck-Vorwärmern.

In Kernkraftwerken zusätzlich:
— bei Siedewasserreaktoren zur Reinigung des Reaktorspeisewassers,

Verfahrenstechnik der Aufbereitung 79

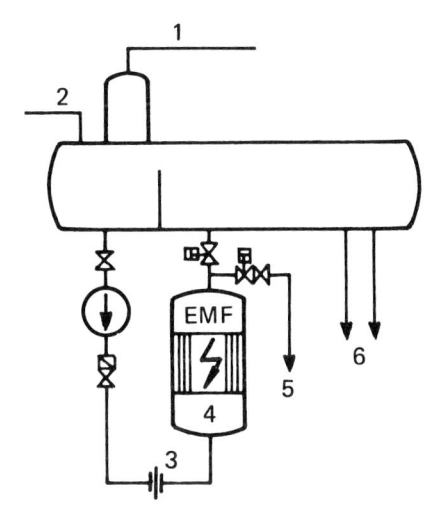

Bild 4.-11: Prinzipschaltung am Speisewasserbehälter
1 Hauptkondensat 4 Elektro-Magnetfilter
2 Nebenkondensat 5 Spülwasserablauf
3 Meßblende 6 Zu Speisepumpen

— bei Druckwasserreaktoren zur Reinigung des Primärkreislaufes und der sekundärseitigen Dampferzeugerabschlämmung.

Weitere Einsatzmöglichkeiten:
— in Ölkreisläufen von Turbinen- und Industrieanlagen,
— in Fabrikationskreisläufen mit dünnflüssigen Medien.

Zusammenfassung

EMF sind zur Reinigung flüssiger Medien von darin gelösten Eisenoxiden besonders geeignet, sie haben eine hohe Abscheiderate (ca. 80–100%) für suspendierte Eisenoxide bei Suspensionen mit einem Fe-Gehalt von 0,01 ppm bis 100 ppm, wobei auch kleinste Teilchen mit Korngrößen von < 0,1 µm abgeschieden werden können. Bei den bisher ausgeführten Anlagen wurde z. B. bei einem EMF für eine Durchsatzleistung von 800 t/h nach dem Einfahren im Dauerbetrieb eine Reduzierung des Fe-Gehaltes im Rohkondensat von 0,02 ppm bis auf nicht mehr bestimmbare Mengen < 0,002 ppm erreicht. Das EMF kann in äußerst kurzer Zeit (ca. 1 Minute) gereinigt werden und wird während dieser Zeit im allgemeinen umfahren, so daß kein Reserve-Filter benötigt wird.

Aufgrund seiner hohen Filtrationsgeschwindigkeit ist der Platzbedarf geringer als bei anderen Filterverfahren.

Die Einsatzmöglichkeit des EMF ist praktisch nicht durch die Betriebstemperatur (wie z. B. beim Permanent-Magnet-Filter) begrenzt.

Die laufenden Betriebskosten sind sehr gering.

4.2.8. Entkarbonisierung mit Kalkhydrat

4.2.8.1. Allgemeines

Bei der Entkarbonisierung mit Kalk werden dem Wasser die Karbonathärte und die Kohlensäure entzogen.

$Ca(HCO_3)_2 + Ca(OH)_2 = 2CaCO_3 + 2H_2O$
$Mg(HCO_3)_2 + 2Ca(OH)_2 = Mg(OH)_2 + 2CaCO_3 + 2H_2O$
$CO_2 + Ca(OH)_2 = CaCO_3 + H_2O$

Während die Umsetzung des Calciumhydrogenkarbonats mit Kalk sehr rasch verläuft, erfordert die Magnesiumhydroxidfällung längere Reaktionszeiten. Beide Reaktionen sind pH-abhängig und erfordern eine genaue Dosierung von Kalk. Wie aus Bild 4.–13 zu erkennen ist, hat das $CaCO_3$ die geringste Löslichkeit bei einem pH-Wert von 9,4. Bei

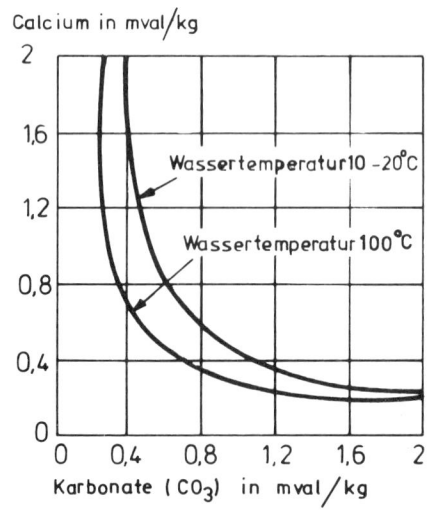

Bild 4.-12: Löslichkeit von $CaCO_3$ in einem kalten und heißen System. Daten sind experimentell ermittelt nach 60–90 Minuten Reaktions- und Absetzzeit.

Verfahrenstechnik der Aufbereitung

diesem pH-Wert beginnt das Magnesiumhydroxid erst auszufallen und hat seine geringste Löslichkeit bei einem pH-Wert von 10,4 erreicht.

Das chemische System der Fällung von $CaCO_3$ und $Mg(OH)_2$ in Gegenwart von Alkalität ist jedoch sehr kompliziert und eine genaue Voraussage der Restkarbonathärte daher sehr schwierig. Die Wasserchemie stützt sich auf diesem Gebiet im wesentlichen auf empirische Werte. Will man eine brauchbare Vorhersage zur Entkarbonisierbarkeit eines Wassers machen, so ist ein praktischer Versuch angebracht. Bild 4.-12 zeigt empirisch ermittelte Restkarbonathärten von Entkarbonisierungsanlagen, die bei 20 °C und 100 °C arbeiten. Die Löslichkeit des $CaCO_3$ ist bei 100 °C erheblich geringer als bei 20 °C und läßt sich aus

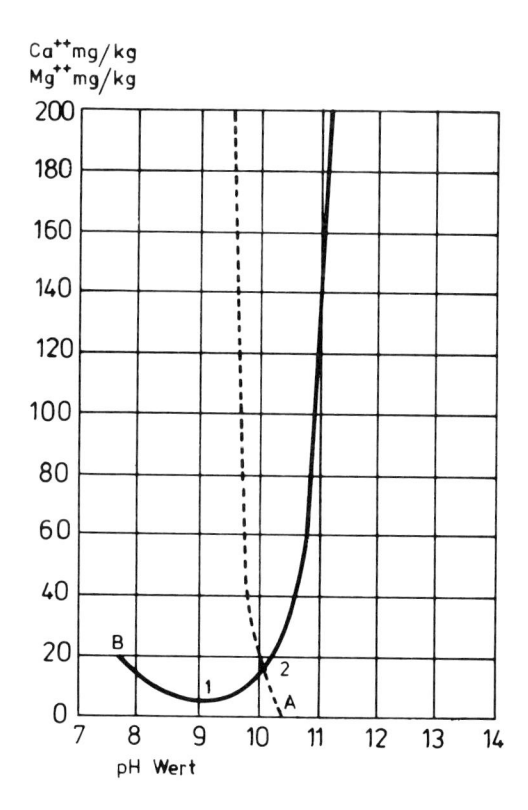

Bild 4.-13: Lösungsverhalten von $Mg(OH)_2$ und $CaCO_3$ in Abhängigkeit vom pH-Wert
Kurve A: $Mg(OH)_2$ als Mg^{++}
Kurve B: $CaCO_3$ als Ca^{++}

Löslichkeitstabellen des Calciumkarbonats, die für diese Temperaturdifferenz nur eine Minderung der Löslichkeit von etwa 2 mg/kg angeben, nicht erklären. Möglicherweise liegen die Ursachen in den beschleunigten Reaktionen (sie verdoppeln sich etwa bei einem Temperaturanstieg um 10 °C), ist der Natur der kristallinen und amorphen Niederschläge oder vielleicht in der Koagulationswirkung von organischen Subsatnzen des Wassers bei hoher Temperatur.

Enthält das zu entkarbonisierende Wasser größere Mengen freier CO_2, so wird man die Kohlensäure zuvor mit Luft austreiben, um Kalk zu sparen (s. Kap. 4.2.1.).

In Anwesenheit von Natriumhydrogenkarbonat ist eine Entkarbonisierung mit Kalk nicht möglich, weil sich die Alkalität des Reinwassers durch die Bildung von Natriumkarbonat (Soda)

$$2 NaHCO_3 + Ca(OH)_2 = Na_2CO_3 + CaCO_3 + 2H_2O$$

äquivalent erhöht.

In der Praxis haben sich zwei Kalkentkarbonisierungsverfahren bewährt. Bei geringer Magnesiahärte kommt das Wigran-Verfahren zum Einsatz, während bei Wässern mit höherer Magnesiahärte das Langzeitentkarbonisierungsverfahren gewählt wird. Nach einer Faustformel kann das Wigran-Verfahren dann gewählt werden, wenn die Magnesiahärte kleiner als die Nichtkarbonathärte und kleiner als 5 °d ist.

4.2.8.2. Wigran-Entkarbonisierung

Die Eigenart der Wigran-Entkarbonisierung besteht darin, daß durch die Strömungsverhältnisse im Reaktor, die bei der Reaktion des Kalkhydrates mit der Karbonathärte entstehenden wasserunlöslichen Ausscheidungsprodukte, vorwiegend Calciumkarbonat, zu harten Kügelchen anwachsen und der lästige Schlammanfall vermieden wird.

Die Dosierung der Kalkmilch bzw. des Kalkwassers wird automatisch über die Menge geregelt. Eine überlagerte pH-Steuerung kann Schwankungen in der Kalkmilchkonzentration und Veränderungen der Karbonathärte im Rohwasser ausgleichen. Die gebildete Reaktormasse wird in gewissen Zeitabständen, je nach Belastung der Anlage und der Karbonathärte des Rohwassers (normalerweise 1–3mal wöchentlich), aus dem unteren Drittel des Reaktors abgezogen.

Ist die Reaktormasse nicht mehr anlagerungsfähig, welches sich durch eine höhere Schwebstoffmenge im Reaktorablauf bemerkbar macht, so muß die Reaktormasse abgelassen und evtl. mit neuer Kontaktmasse an-

Verfahrenstechnik der Aufbereitung 83

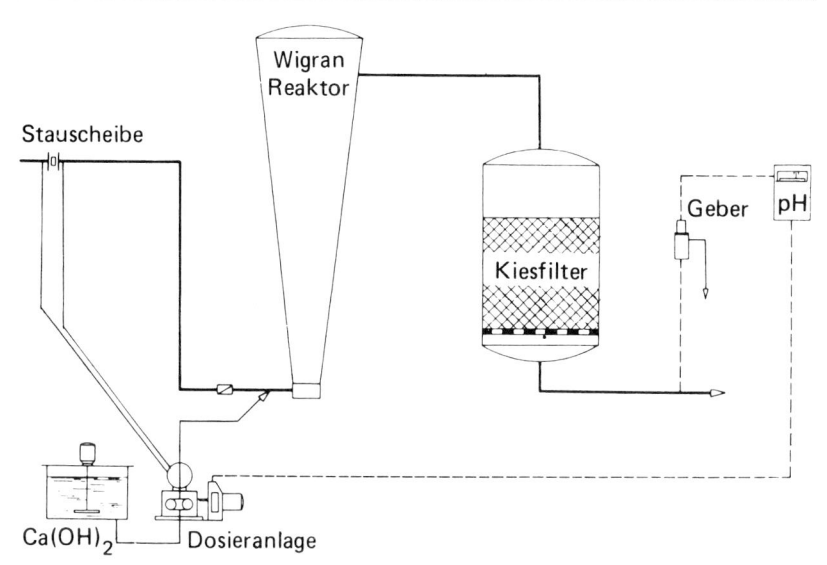

Bild 4.-14: Wigran-Entkarbonisierung

gefahren werden. Die Wassertemperatur sollte bei diesem Verfahren zwischen 12° und 30 °C gehalten werden. Mit diesem Verfahren kann die Karbonathärte in der Regel auf < 2 °d abgebaut werden.

Chemikalienverbrauch

Menge an $Ca(OH)_2 = (KH + c) \cdot 13{,}2$ g/m³
oder $Ca(OH)_2 = (SK\ 4{,}3 + 2 \cdot BK\ 8{,}2) \cdot 37$ g/m³

Soll der Verbrauch auf ungelöschtem Kalk (CaO) bezogen werden, dann gilt

$CaO = Ca(OH)_2 \cdot 0{,}75$

Es bedeuten:
KH = Karbonathärte in °d
c = Härteäquivalent der freien Kohlensäure in °d
freie CO_2 in mg/kg $\cdot$ 0,127 = °d
SK 4,3 t = Säureverbrauch in ml/100 $\triangleq$ mmol
BK 8,2 'ert = Laugenverbrauch in ml/100 $\triangleq$ mmol
siehe 6.5. und 2.7.2.

Überwachung

Die Überwachung erstreckt sich auf die Ermittlung des p- und m-Wertes zur Beurteilung der richtigen Kalkzugabe:

2 p < m zu wenig Kalkhydrat
2 p = m Zugabe richtig
2 p > m zu viel Kalkhydrat

und die Feststellung der Schwebestoffmengen nach dem Wigranreaktor (Betriebsanalyse 6.7.).

Die Kontrolle der Kalkmilchkonzentration wird mit einem Dichtemesser vorgenommen.

Das Kalkwasser aus dem Kalksättiger wird über die SK 8,2 kontrolliert. Ist die ermittelte SK 8,2 niedriger als sie bei der entsprechenden Temperatur sein muß – aus nachstehender Tabelle zu entnehmen –, so muß der Kalksättiger mit Kalkhydrat beschickt werden.

Temperatur im Sättiger °C	5	10	15	20	25	30	35	40
SK 8,2 mmol/kg	49,0	47,8	47,1	46,2	44,7	42,8	41,5	38,6
CaO g/l	1,37	1,34	1,32	1,29	1,25	1,20	1,16	1,08
$Ca(OH)_2$ g/l	1,81	1,77	1,75	1,71	1,65	1,59	1,54	1,43

Die in der Tafel angegebenen Zahlen der SK 8,2 [23] beziehen sich auf die Anwendung einer Probewassermenge von 100 ml. Zweckmäßig verwendet man nur 10 ml und multipliziert mit 10.

4.2.8.3. Langzeit-Entkarbonisierung

Die Vorteile der Wigran-Entkarbonisierung, wie kleinerer Reaktor, Anfall der Reaktionsprodukte in fester Form, geringer Wasserverlust bei der Entfernung der Reaktormasse, können nicht bei allen Wässern in Anspruch genommen werden, weil Wässer mit hohem Schwebestoff-, Magnesiumhydrogenkarbonatgehalt oder einer Magnesiahärte > 5 °d, die Abscheidung der Reaktionsprodukte im Wigran-Reaktor ungünstig beeinflussen. Durch den geringeren Abscheidegrad im Wigran-Reaktor tritt eine Überbelastung der Filteranlage ein. Für derartige Wässer kann die Entkarbonisierung in einem Langzeitreaktor erfolgen. Durch die längere Verweilzeit und die geringere Steiggeschwindigkeit des Wassers können die relativ ungünstigen Eigenschaften des Rohwassers beherrscht werden. Der Einsatz zusätzlicher Flockungsmittel ist möglich.

Der Reaktor wird periodisch entschlammt. Der abgelassene Schlamm sollte in Sickergruben geleitet werden.

Mit diesem Verfahren kann die Karbonathärte auf 2–4 °d abgebaut werden.

Chemikalienverbrauch

$$\text{Menge } Ca(OH)_2 = (KH + MgH + c) \cdot 13{,}2 \quad g/m^3$$

Es bedeuten: KH = Karbonathärte °d
MgH = Magnesiahärte °d
c = Härteäquivalent der freien CO_2 °d

Überwachung

Die Überwachung ist die gleiche wie unter 4.2.8.2. Wigran-Entkarbonisierung beschrieben.

4.2.8.4. Enthärtung nach dem Fällungsverfahren

Unter Fällungsverfahren versteht man eine Enthärtung, bei der die Enthärtungsmittel mit den Härtebildnern des Rohwassers wasserunlösliche Ausscheidungsprodukte in Form von Schlamm bilden. Die Enthärtung wird bei 80–95 °C in Reaktoren durchgeführt. Die Reaktionszeit beträgt $\approx$ 1,5 bis 2,5 Stunden. Die erreichbare Resthärte beträgt $\approx$ 0,1 bis 0,2 °d.

Diese Enthärtungsverfahren werden nur noch in besonderen Fällen zur Anwendung kommen. Einen Überblick über die angewandten Fällungschemikalien und ihre Menge vermittelt die Tafel Seite 86.

4.2.9. Heißentkieselung

In der Heißentkieselung, die vorzugsweise mit einer Temperatur von 60–70 °C, minimal mit 35 °C, betrieben wird, kann die Entkieselung des Wassers durch die Zugabe von Magnesiumoxid bis zu einem Restkieselsäuregehalt von $\leq$ 1,0 mg SiO_2/kg erreicht werden. Die notwendige

Nr.	Verfahren	Anwendung	Reaktor-Temp. °C	Erreichbare Härte i. d. Vorent-härtung °d	Chemikalienbedarf in der Vorenthärtung*) Enthärtungs-mittel	Menge (g/m³)	Resthärte im Weich-wasser °d
1	Kalk-Soda-Trinatrium-phosphat	bei karbonat-reichen Wässern höherer Härten	20 60 90	3–4 2–3 0,6	$Ca(OH)_2$ Na_2CO_3	$(KH + MgH + c) \cdot 13,2$ $NKH \cdot 19$	< 0,15
2	Kalk-Tri-natriumphos-phat mit Rückführung	bei karbonat-reichen Wässern m. kl. NKH	95	je nach NKH	$Ca(OH)_2$	$(KH + MgH + c) \cdot 13,2$	< 0,15
3	Ätznatron Trinatrium-phosphat	wenn KH + MgH etwa gleich der NKH	95	0,5	NaOH	$(KH + MgH + c) \cdot 14,3$	< 0,15
4	Ätznatron-Soda-Trinatrium-phosphat	wenn NKH — (KH + MgH) positiv	95	0,5	NaOH Na_2CO_3	$(KH + MgH + c) \cdot 14,3$ $NKH-(KH + MgH) \cdot 19$	< 0,15
5	Trinatrium-phosphat mit Rückführung	bei Wässern mit kleiner KH und kleiner NKH	95		Alkalien des rückgeführten Kessel-wassers		< 0,15

*) Trinatriumphosphatverbrauch $Na_3PO_4 \cdot 10\ H_2O$ für die Restenthärtung:
Für die Verfahren 1, 3 und 4: 40 g/m³
Für die Verfahren 2 und 5: $NKH \cdot 38 + 2/3\ KH \cdot 19 + 15$ g/m³
Auf die errechneten Zusätze kommen etwa folgende Zuschläge:
Für Kalk 30 g/m³, für Soda 40–70 g/m³ und für Ätznatron 20 g/m³

Es bedeuten: KH = Karbonathärte
NKH = Nichtkarbonathärte
MgH = Magnesiahärte
c = freie Kohlensäure CO_2 in °d.

MgO-Menge liegt je nach SiO_2-Gehalt des Rohwassers bei 60–100 g/m³.

Um gleichzeitig eine Entkarbonisierung des Wassers zu bewirken, wird als Fällungschemikal gebrannter, abgelöschter Dolomit angewandt:

$$Ca(OH)_2 \cdot MgO$$

Das Rohwasser, das Dolomithydrat und der rückgeführte Schlamm werden im Mischer mittels Dampf auf die Reaktionstemperatur gebracht. Die Reaktion findet im Mischer und anschließend im Fallrohr statt. Im Reaktor werden durch das schwebende Schlammfilter die leichteren Flocken kumuliert und eine weitgehende Klärung erreicht. Das aus dem Reaktor austretende Wasser wird dann zur restlosen Klärung über kieselsäurefreies Material, z. B. halbgebrannten Dolomit

$$CaCO_3 \cdot MgO$$

geleitet. Der Reaktor wird periodisch so entschlammt, daß das Schlammbett zwischen dem unteren und dem mittleren Probehahn gehalten wird.

Chemikalienverbrauch

Dolomithydrat mit 60% $Ca(OH)_2$ und 35% MgO

$$\text{Dolomithydrat} = \frac{(KH + MgH + c) \cdot 13{,}2 \cdot 100}{60} \text{ g/m}^3$$

$$MgO = \frac{\text{Dolomithydrat g/m}^3 \cdot 35}{100} \text{ g/m}^3$$

Ergibt sich hierbei ein wesentlich geringerer MgO-Anteil als 100 g/m³, so muß noch zur Sicherstellung des Entkieselungseffektes dem Dolomithydrat so viel Magnesiumoxid zugegeben werden, daß etwa 100 g MgO/m³ zur Anwendung kommen. Bei hoher Magnesiahärte kann diese bei der Berechnung des MgO-Anteiles berücksichtigt werden.

Wie im Bild 4.-15 gezeigt, kann die anschließende Vollenthärtung im Natriumaustauscher und die weitere Minderung der Restalkalität im Wasserstoffaustauscher erfolgen.

Das Fertigwasser hat dann nachstehende Zusammensetzung:

Gesamtsalzgehalt: Gesamtsalzgehalt des Rohwassers verringert um den Betrag der ausgefällten Karbonathärte
SK 4,3: 0,4–0,7 mmol/kg mit Na-Austauscher
0,1–0,2 mmol/kg mit Na-H-Austauscher
Kieselsäure: $\leq$ 1,0 mg SiO_2/kg

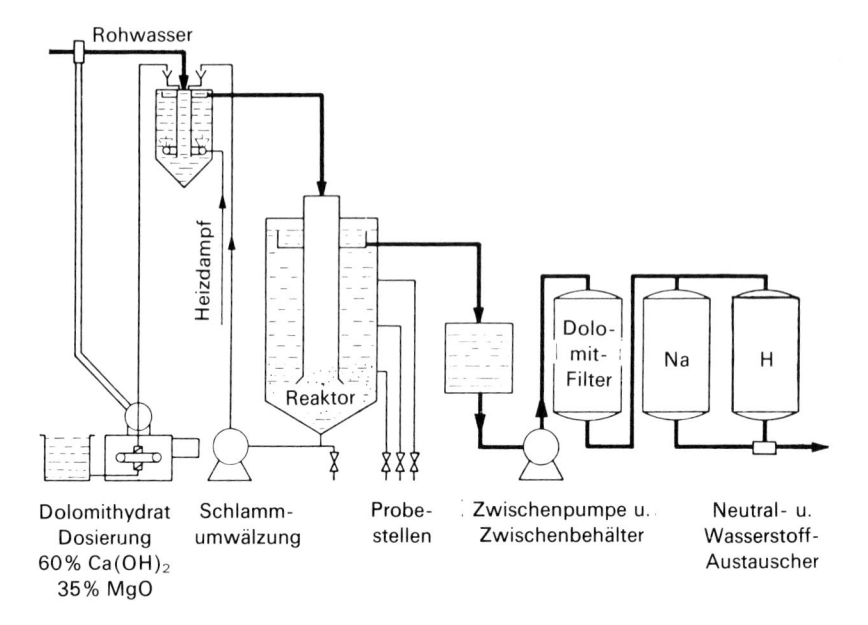

Bild 4.-15: Heißentkieselung und Entkarbonisierung mit Dolomithydrat und anschließender Enthärtung und Entkalisierung im Natrium- und Wasserstoffaustauscher

4.2.10. Flockung

Oberflächenwässer weisen häufig neben dem Schwebestoffgehalt eine starke organische Verschmutzung auf, wobei die organischen Substanzen zum Teil echt gelöst, zum anderen aber auch in kolloidaler Form vorliegen. Gleiches beobachtet man bei Brunnenwässern in Gegenden mit moorigem Untergrund. In den meisten Fällen ist dann eine einfache Filtration über Kiesfilter nicht mehr ausreichend, so daß man auf die in der Kesselspeisewassertechnologie erprobten Verfahren der Kalkentkarbonisierung zurückgreift. Ist die organische Verschmutzung jedoch gering und man will auf die Kalkfällungsverfahren verzichten, so setzt man dem Wasser geringe Mengen an Eisenchlorid, Aluminiumsulfat oder Natriumaluminat zu. Diese Salze bilden in Reaktion mit der Karbonathärte Flocken von Eisenhydroxid oder Aluminiumhydroxid, welche organische Substanzen einschließen bzw. sorbieren und somit filtrierfähig machen.

Wenn die Ansprüche an das Fertigwasser nicht sehr hoch sind, kann die Dosierung der Flockungsmittel unmittelbar in die Rohrleitung vor einer Kiesfilteranlage erfolgen.

Die Ausflockung mit $Al_2(SO_4)_3$ verläuft am günstigsten bei einem pH-Wert von 5,0–6,0. Karbonatarme Wässer benötigen Zugaben von Kalk, Natronlauge oder Soda, wobei das $Al_2(SO_4)_3$ in einem solchen Verhältnis zugegeben wird, daß die pH-Bedingung eingehalten ist.

Wird Eisenchlorid verwendet, so liegen die günstigsten pH-Bereiche bei pH 4,0–5,0 und pH 8 und höher.

Natriumaluminat eignet sich zur Flockung in karbonatreichen Wässern mit hoher Magnesiahärte.

Chemikalienverbrauch

Aluminiumsulfat kristallin	$Al_2(SO_4)_3 \cdot 18\ H_2O$	30–50 g/m^3
Aluminiumsulfat	$Al_2(SO_4)_3$	15–25 g/m^3
Eisenchlorid kristallin	$FeCl_3 \cdot 6\ H_2O$	30–50 g/m^3
Eisenchlorid	$FeCl_3$	20–40 g/m^3
Natriumaluminat	$NaAlO_2$	15–25 g/m^3

Überwachung

Die richtige Zugabe der Flockungsmittel kann durch die Ermittlung der SK 4,3 vor und hinter dem Filter überwacht werden. Der Unterschied soll 0,3–0,5 mmol/kg betragen.

Durch die Flockungsmittel wird ein Teil der Karbonathärte unter Freiwerden von CO_2 in Nichtkarbonathärte überführt.

$Al_2(SO_4)_3\ +\ \underbrace{3\ Ca(HCO_3)_2}_{KH}\ \rightarrow\ 2\ Al(OH)_3 \downarrow\ +\ 3\ \underbrace{CaSO_4}_{NKH}\ +\ 6\ CO_2 \uparrow$

$2\ FeCl_3\ +\ \underbrace{3\ Ca(HCO_3)_2}_{KH}\ \rightarrow\ 2\ Fe(OH)_3 \downarrow\ +\ \underbrace{3\ CaCl_2}_{NKH}\ +\ 6\ CO_2 \uparrow$

Die Gesamthärte bleibt unverändert. Folgende Mengen wandeln 1 ° Karbonathärte um, gemäß einem Unterschied in SK 4,3 von 0,35 mmol/kg:

39,6 g/m^3 $Al_2(SO_4)_3 \cdot 18\ H_2O$ Aluminiumsulfat kristallin
oder
20,4 g/m^3 $Al_2(SO_4)_3$ Aluminiumsulfat

oder
32,2 g/m³ FeCl₃ · 6 H₂O   Eisenchlorid kristallin
oder
19,3 g/m³ FeCl₃   Eisenchlorid

Bei $NaAlO_2$ erfolgt keine Umwandlung von Karbonathärte in Nichtkarbonathärte. Jedoch vermindert sich die Karbonathärte um 1 °d bei Zugabe von 29,3 g/m³ $NaAlO_2$.

Die SK 4,3 wird dabei nicht verändert.

$$2\ NaAlO_2 + Mg(HCO_3)_2 + 4\ H_2O \rightarrow 2\ NaHCO_3 + Mg(OH)_2 \downarrow + 2\ Al(OH)_3 \downarrow$$

Sind die zur Aufbereitung bestimmten Rohwässer besonders stark durch Schwebstoffe belastet, z. B. Flußwässer, die während Regenperioden eine starke Schmutzfracht mit sich führen, so empfiehlt sich der Einsatz von *Kontaktschlammverfahren*. Diese Kontaktschlammverfahren eignen sich in erster Linie zur Klärung grob verschmutzter Wässer, können aber auch gleichzeitig oder nur zur Entkarbonisierung eingesetzt werden. Die in Flußwässern vorhandenen Schwebstoffe sind häufig sehr leicht und können nur durch Zusatz der vorerwähnten Flockungsmittel wie Aluminiumsulfat, Natriumaluminat oder Eisenchlorid zur raschen Sedimentation gebracht werden.

In der Praxis unterliegen die Flockungsvorgänge häufig Störungen, die in ihrer Ursache oft schwer erkennbar sind. Die Hydroxide, die sich durch Hydrolyse aus dem Aluminiumsulfat bzw. Eisenchlorid bilden, fallen zunächst in kolloidaler Form an und gehen erst nach einiger Zeit in die flockige Phase über. Diese Umbildung kann u. a. durch andere im Wasser befindliche Kolloidale gehemmt werden. Die Flocken bilden sich dann zu langsam oder in ihrer Form zu fein, so daß sie sich nur ungenügend schnell absetzen. Eine wesentliche Steigerung der Koagulationsgeschwindigkeit kann durch Einsatz von aktivierter Kieselsäure oder von Polyelektrolyten (siehe Kap. 4.2.11) erreicht werden.

Die Kieselsäure sowie Polyelektrolyte in ionogener oder nichtionogener Form bilden sehr rasch eine grobe Flocke mit einer großen Absetzgeschwindigkeit. Weiterhin ist diese Koagulation temperaturabhängig. Eine Aufwärmung des Rohwassers vor Eintritt in den Flockungsreaktor auf 15–20 °C ist anzustreben. Will man aus dem aufzubereitenden Wasser gleichzeitig die Karbonathärte entfernen, so erfolgt neben der Dosierung von Aluminiumsulfat oder Eisenchlorid und aktivierter Kieselsäure oder Polyelektrolyten die Zugabe von äquiva-

Verfahrenstechnik der Aufbereitung 91

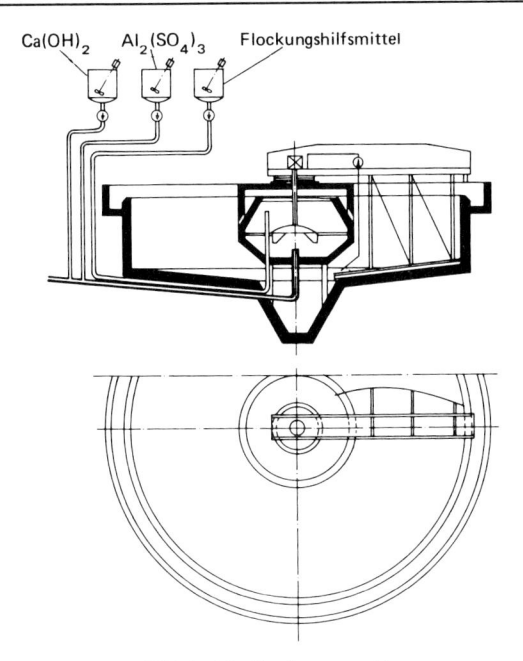

Bild 4.-16: Flockungsreaktor

lenten Mengen Kalk. In Bild 4.-16 ist ein Typ eines Kontaktschlammverfahrens dargestellt. Der Reaktor besteht aus einem runden Blech- oder Betonbecken mit zentral eingebautem Reaktionsraum. Unter dem Reaktionsraum befindet sich ein Schlammtrichter, aus dem die sedimentierten Stoffe kontinuierlich oder periodisch abgezogen werden.

Der Ablauf des geklärten Wassers erfolgt über eine Klarwasserrinne längs der Außenwand des Reaktors, die mit einem Dreiecküberfallwehr ausgerüstet ist. Um den Beckenrand läuft bei größeren Anlagen eine Räumerbrücke, an der nachschleppend ein Bodenräumschild befestigt ist. Auf der Brücke ist eine Pumpe zur Rückführung von Kontaktschlamm in den Reaktionsraum sowie ein langsam laufender Flockungsrührer installiert. Das aufzubereitende Wasser sowie die Flockungsmittel bzw. -hilfsmittel werden dem Reaktionsraum zentral von unten zugeführt. Für die notwendige Turbulenz sorgt der Flockungsrührer. Die Drehzahl dieses Rührers, der als Scheibenrührer ausgebildet ist, wird so bemessen, daß keine sich bildenden Flocken zerschlagen werden.

Der Reaktionsschlamm gelangt über Schlitze im unteren Teil des

Reaktionsraumes in den Sedimentationsraum, in dem sich der Schlamm vom Wasser trennt. Das aus dem Flockungsreaktor austretende Wasser wird zur Klarfiltration über offene oder geschlossene Kiesfilter geführt und kann dann den Betriebsverhältnissen entsprechend weiter aufbereitet werden.

4.2.11. Flockungshilfsmittel

Den Vorgang der Umwandlung von Kolloiden in grobdisperse Stoffe nennt man Flockung. Die hierzu benutzten Chemikalien werden folglich als Flockungshilfsmittel bezeichnet.

Im Abwasser ist die elektrische Ladung der Kolloide fast immer negativ. Die Gleichladung bewirkt eine gegenseitige Abstoßung, so daß es ohne Einwirkung von Außen nicht zur Flockung kommen kann. Durch Hinzufügen eines Ladungsträgers (Flockungshilfsmittel) mit entgegengesetzter Ladung wird entsprechend dem Ladungsausgleich die abstoßende Kraft immer mehr abnehmen. Im Nullpunkt — man nennt ihn den isoelektrischen Punkt — kommt es infolge der Eigenbewegung der Kolloidteilchen zu Zusammenstößen und damit zu Anlagerungen. Es entstehen grobe, mit dem Auge wahrnehmbare Teilchen. Die Ladungsträger der Flockungsmittel können sowohl Ionen als auch Kolloide sein. (A. Deike, CAV 8. 1972)

Es gibt im Handel eine Reihe von wasserlöslichen Polymeren mit einer hohen molaren Masse infolge Polymerisation von Acrylamid. Da die Seitenketten vorwiegend Amidgruppen aufweisen, besitzt das Polyacrylamid in wäßriger Lösung nahezu nichtionischen Charakter. Durch Hydrolyse eines gewissen Prozentsatzes der Amidgruppen können jedoch auch Produkte mit anionischem Charakter produziert werden. — Andersartige chemische Reaktionen erlauben es, darüberhinaus kationische Produkte darzustellen.

Die Wirksamkeit der hochmolekularen Polymere beruht auf der Tatsache, daß die langen Kettenmoleküle von verschiedenen Schwebstoffteilchen adsorbiert und auf diese Weise eine Art von Brückenbildung zwischen einzelnen Feststoffteilchen bewirken. Die Stärke der auftretenden Flockung wird durch verschiedene Faktoren beeinflußt, vor allem durch die Adsorptionsintensität des Polymers an der Teilchenoberfläche und der mechanischen Bewegung der Flüssigkeit während und nach dem Flockungsvorgang. Die Intensität, mit der ein bestimmter Polymer an der Oberfläche adsorbiert wird, wird im wesentlichen durch die Ladungsverhältnisse auf dieser Oberfläche bestimmt, wobei die entgegengesetzte Ladung von Polymeren und Feststoffteilchen eine besonders ausgeprägte Adsorptionsneigung zur Folge haben. Die Ladungsverhältnisse der Grenzflächen werden dabei durch ihren inneren Aufbau, den pH-Wert der umgebenden Lösung und das Vorhandensein von Elektrolyten, besonders von mehrwertigen Ionen, beeinflußt.

Polymere mit anionischen Seitenketten zeigen eine erhöhte Reaktionsfähigkeit in Gegenwart von Alaun oder anderen Aluminiumsalzen.
— Polymere mit kationischem Charakter zeigen Reaktionen, die nicht durch Aluminiumsalze und nur im geringen Maße durch den pH-Wert beeinflußt werden. (The DOW Chemical Company, EU 8564-G-672)

4.2.12. Entkeimung

Zur Entkeimung von Wasser (Trink-, Bade- und Gebrauchswasser) werden im überwiegenden Maße Stoffe mit hohem Standardelektrodenpotential, d. h. mit starkem Oxidationsvermögen, verwendet. In der Aufbereitungspraxis werden vor allem Chlor und seine keimtötend wirkenden Verbindungen sowie im steigenden Maße Ozon eingesetzt.

Der Wirkungsmechanismus dieser Stoffe ist noch nicht vollständig aufgeklärt. Ein entscheidender Faktor ist jedenfalls die Blockierung von Stoffwechselvorgängen lebender Zellen, bei denen Enzyme eine Rolle spielen.

Chlor wird vorwiegend als Chlorgas angewendet. Beim Einbringen in Wasser laufen im wesentlichen folgende Vorgänge ab:

$$Cl_2 + H_2O \dashrightarrow HClO + HCl \text{ (Hydrolyse)}$$
$$HClO \rightleftharpoons H^+ + ClO^- \qquad \text{(Dissoziation)}$$

Die am meisten keimtötenden Formen sind das elementare Chlor und die undissoziierte unterchlorige Säure. Unter in der Wasseraufbereitung üblichen Bedingungen ist oberhalb pH 6 freies elementares Chlor nicht mehr im Wasser vorhanden. Im pH-Bereich zwischen 7 und 8 sinkt der Anteil undissoziierter unterchloriger Säure am keimtötend wirksamen Chlor von 72,5 auf 21,5 % unter gleichzeitigem Anstieg des Hypochlorations von 27,5 auf 78,5 %. Daraus erklärt sich bei gleichbleibendem Chlorzusatz das starke Absinken der keimtötenden Wirkung in diesem pH-Bereich.

Neben Chlorgas finden Verbindungen der unterchlorigen Säure wie Calciumhypochlorit, Natriumhypochlorit (Bleichlauge) und Chlorkalk Verwendung. Daneben wird auch Chlordioxid zur Entkeimung benutzt. Chlor und die beim Einbringen ins Wasser entstehenden Folgeprodukte können mit Inhaltsstoffen des Wassers unter Oxidation oder Chlorierung reagieren. Dabei wird Chlor verbraucht. Die zur Entkeimung erforderliche Chlormenge ist deshalb um diesen Anteil zu erhöhen. Manche Reaktionsprodukte des Chlors mit Wasserinhaltsstoffen, z. B. Chlorphenole, führen zur Geruchs- und/oder Geschmacksbeeinträchtigung des Wassers. Im Trinkwasser sollen normalerweise nicht mehr als 0,3 ppm wirksamen Chlors vorhanden sein (DIN 2000). Die zuzugebende Menge richtet sich nach der Konzentration der chlorzehrenden Inhaltsstoffe und dem Keimgehalt. Insbesondere in Kühlkreisläufen empfiehlt sich eine Intervallchlorung mit relativ hohen Zugabemengen (Stoßchlorung). Für Wässer, die über Ionenaustauscher geleitet oder als Kesselspeisewasser benutzt werden, ist bei höherem Chlorgehalt als 0,5 ppm eine vorherige Entchlorung angebracht. Da bei Einleitung von Chlor in Wasser Wasserstoffionen entstehen (siehe Hydrolysegleichung), kann bei Wässern mit niedriger Karbonathärte eine pH-Korrektur erforderlich werden.

Ozon ist das stärkste praktisch anwendbare Oxidationsmittel mit keimtötender Wirkung (Standardelektrodenpotential + 2,07 V gegenüber + 1,36 V beim Chlor). Auch die viricide Wirkung liegt höher als beim Chlor. Mit der Verbesserung der Ozonerzeugung und mit zunehmender Verschlechterung der aufzubereitenden Wässer gewinnt das Ozon wieder stärker an Bedeutung. Als weiterer Vorteil wird angegeben, daß Ozon keine Geruchs- und Geschmacksbeeinträchtigungen im Wasser hervorruft, daß es auf bestimmte Wasserinhaltsstoffe flockend wirkt und daß als Zerfallsprodukt nur Sauerstoff bzw. Wasser entsteht.

$$O_3 + 2 H^+ + 2 \ominus = O_2 + H_2O \ ^*)$$

Ähnlich wie Chlor reagiert auch Ozon oxidativ mit Wasserinhaltsstoffen. Diese Ozonzehrung muß bei der Entkeimung berücksichtigt werden.

Ein Nachteil der Ozonbehandlung, insbesondere bei ausgedehnten Verteilungsnetzen, ist die Tatsache, daß es in Wasser allmählich zerfällt. Infolgedessen bietet sich in solchen Fällen eine Nachbehandlung mit einem persistenten Desinfektionsmittel, z. B. Chlor, an. Dabei sind erheblich geringere Zusätze dieser Mittel als bei ihrer alleinigen Anwendung erforderlich.

In speziellen Fällen werden in der Wasseraufbereitung zur Entkeimung noch Metallsalze, wie Silber- oder Kupfersalze mit oligodynamischer Wirkung oder andere Oxidationsmittel, z. B. Brom oder Jod, Kaliumpermanganat und Peroxisalze angewendet.

---
*) $\ominus$ Elektron. Siehe auch 8.3

Verfahrenstechnik der Aufbereitung

4.3. Ionenaustauscher

4.3.1. Allgemeines

Austauschmaterialien sind wasserfeste körnige Stoffe, welche die Fähigkeit haben, ihre angelagerten Ionen gegen im Wasser vorhandene Ionen auszutauschen. In der praktischen Anwendung läuft der Austauschvorgang in Filtern ab. Die Zeit zwischen 2 Wiederbelebungen nennt man Laufzeit und das Aufnahmevermögen an Ionen Kapazität.

Je nach Herkunft unterscheidet man:

1. Anorganische Austauscher
   a) als Naturprodukte (Vulkanasche der Eifel)
   b) als synthetische Produkte
2. Organische Austauscher
   a) aus der Kohle hergestellte
   b) aus Harzen gewonnene
      α) auf Phenolbasis
      β) auf Styrolbasis

In der heutigen Aufbereitungstechnik werden fast ausschließlich Harze, vornehmlich Styrolharze benutzt. Sie können sowohl mit Na^+- und H^+-Ionen (Kationenaustauscher) wie auch mit OH^--Ionen (Anionenaustauscher) wiederbelebt werden. Damit ist die Möglichkeit der Entfernung sowohl der Kationen als auch der Anionen eines Wassers gegeben.

Entscheidend für die Austauschvorgänge sind die im Austauschmaterial eingebauten Gruppen. Man unterteilt:

schwach saure Kationenaustauscher	Carboxylgruppen
stark saure Kationenaustauscher (Na- und H-Wiederbelebung)	Sulfosäuregruppen
schwach basische Anionenaustauscher	primäre, sekundäre und tertiäre Aminogruppen
stark basische Anionenaustauscher	quartäre Ammoniumverbindungen

Diese Austauscher ermöglichen die Enthärtung, die Teilentsalzung und Vollentsalzung eines Wassers in Ein- oder Mehrfilter-Anordnung.

Die aktiven Gruppen sind in der Lage, entweder positiv geladene Kationen gegen die angelagerten Wasserstoffionen oder negativ geladene Anionen gegen die angelagerten Hydroxylionen auszutauschen.

Nicht ionisierte Stoffe werden nicht ausgetauscht. Hierzu gehören kolloidale Verunreinigungen, Öle und der größte Teil der organischen Substanzen. Alle Nicht-Elektrolyte und grobe Verunreinigungen sind vorher durch Filtrations-, Fällungs- oder Flockungs-Verfahren zu entfernen.

Den Austauschern muß stets ein klares, schwebstofffreies und praktisch von Mangan und Eisen (Fe + Mn = $\leq$ 0,3 mg/kg) befreites Wasser zugeführt werden. Bei der Vorbehandlung des Wassers durch Benutzung von Flockungsmitteln ist darauf zu achten, daß durch pH-Änderungen des Wassers während seines Durchgangs durch den Austauscher keine Ausflockungen eintreten.

Die Wassertemperatur sollte bei Ionenaustausch-Verfahren 10 °C nicht unterschreiten, weil sonst die Kapazität des Austauschers zurückgeht. Eine optimale Wassertemperatur von 15–25 °C ist deshalb anzustreben.

Die Austauscher sind bei Lagerung vor dem Austrocknen zu schützen. Frosteinwirkungen sind auszuschalten.

4.3.2. Kenndaten für Austauscher

Die *Austauschkapazität* ist das Aufnahmevermögen an Ionen pro Liter Austauschmaterial. Die Einheit der Kapazität ist demnach mol/l_A*) oder Aufnahmevermögen für CaO-Äquivalente als nutzbare Kapazität (NK) in

$$NK = g\ CaO/l_A$$

$$NK = \frac{g\ Ca\ O/l_A}{28} \quad mol/l_A$$

Das Volumen des Austauschers wird im regenerierten, rückgespülten Zustand unter Wasser gemessen.

Die *spezifische Austauscherbelastung* sagt aus, wieviel m³ Wasser in der Stunde pro m³ Harz durchgesetzt werden können. Hierbei ist die erforderliche Kontaktzeit für den Austauschvorgang berücksichtigt.

$$m^3/h \cdot m^3_A$$

Die Einheit der spezifischen Austauscherbelastung ist

$$m^3/m^3_A \cdot h$$

---

*) l_A Liter Austauschermaterial

Die *Filtrationsgeschwindigkeit* errechnet sich aus der Durchsatzmenge Q und dem Behälterquerschnitt F.

$$\frac{Q}{F} \quad m/h$$

Der *theoretische Chemikalienverbrauch* ist äquivalent der Menge der ausgetauschten Ionen, ausgedrückt in g CaO/l_A oder mol/l_A.

Der *praktische Chemikalienverbrauch* ist allgemein größer als der theoretische.

4.3.3. Kenndaten für Austauscheranlagen

Austauschernennleistung =
dauernd zulässiger Durchsatz des Austauschers in m^3/h.

Austauscherleistung =
ständig zur Verfügung stehende Leistung des Austauschers in m^3/h. Zur Überbrückung der Regenerationszeit muß eine genügende Speicherung des Fertigwassers oder eine Reserve-Austauschergruppe verfügbar sein. In diesem Falle ist die Austauschernutzleistung mit der Nennleistung identisch.

Laufzeit =
Zeit vom Beginn bis Ende der Fertigwassererzeugung in h.

Arbeitsperiode =
Laufzeit einschließlich Regenerationsperiode in h.

Gesamtdurchsatz =
Fertigwassermenge in m^3. Der Gesamtdurchsatz ist während einer Laufzeit das Produkt aus Nennleistung und Laufzeit.

Filterkapazität =
Ionenaufnahme der Austauschermenge in mol oder g CaO.

Regenerationsperiode =
Filterspülung, Regenerierung und Waschung in h.

Spülwasser =
Wassermenge, die zur Auflockerung des Filtermaterials dieses von unten nach oben durchströmt, um eingedrungene Fremdstoffe abzuführen in m^3. Die Spülwassergeschwindigkeit errechnet sich aus Spülwassermenge Q und dem Behälterquerschnitt F

$$\frac{Q}{F} \quad m/h$$

Waschwasser =
Wassermenge, die notwendig ist, um die überschüssigen Regenerationschemikalien auszuwaschen in m³. Die Waschwassergeschwindigkeit errechnet sich aus Waschwassermenge Q und dem Behälterquerschnitt F

$$\frac{Q}{F} \quad m/h$$

4.3.4. Der stark saure Kationenaustauscher

Der stark saure Kationenaustauscher kann sowohl mit Kochsalz regeneriert als Na-Austauscher für die Enthärtung wie auch mit Säure regeneriert als Wasserstoffaustauscher für die Entfernung aller Kationen eingesetzt werden.

4.3.4.1. Der Kationenaustauscher als Natriumaustauscher

Der Austauscher wird durch Kochsalzregeneration mit Na^+-Ionen aufgeladen.

Enthärtungsvorgang

$$\frac{Ca}{Mg}(HCO_3)_2 + Na_2 \cdot \mathcal{A}^*) \rightarrow \frac{Ca}{Mg} \cdot \mathcal{A} + 2\, NaHCO_3$$

Hydrogen-	Austauscher	Austauscher	Natriumhydrogen-
karbonationen	aufgeladen	beladen	karbonat
der Erdalkal.			(bleibt im Weichwasser)

$$\frac{Ca}{Mg}SO_4 + Na_2 \cdot \mathcal{A} \rightarrow \frac{Ca}{Mg} \cdot \mathcal{A} + Na_2SO_4$$

Nicht-	Austauscher	Austauscher	Natriumsulfat
karbonationen	aufgeladen	beladen	(bleibt im Weichwasser)
der Erdalkal.			

Wiederbelebung (Regenerierung)

$$\frac{Ca}{Mg} \cdot \mathcal{A} + 2\, NaCl \rightarrow Na_2 \cdot \mathcal{A} + \frac{Ca}{Mg}Cl_2$$

Austauscher	Kochsalz-	Austauscher	Härtebildner
beladen	lösung	aufgeladen	(mit dem Waschwasser abgeführt)

*) $\mathcal{A}$ = Austauschmaterial

Verfahrenstechnik der Aufbereitung 99

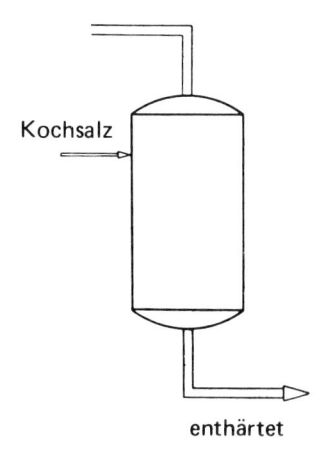

Kochsalz

enthärtet

Bild 4.-17: Der Natriumaustauscher

Gegenionenwirkung

Beim Na-Austauscher können Gegenionen im Rohwasser (Na^+-Ionen) verschlechternd auf die Resthärte des Weichwassers sowie auf die Austauscherkapazität wirken. Die im Rohwasser Gegenionen bildenden Salze sind $NaCl$, Na_2SO_4 und $NaHCO_3$[1]); da außerdem hohe Rohwasserhärten beim Umsatz im Na-Austauscher große Mengen an Alkalisalzen bilden, die ihren Einfluß in gleicher Richtung ausüben, so ist für die Beurteilung des erreichbaren Enthärtungseffektes die Summe aller Alkalisalze im Weichwasser bestimmend. Ihr Einfluß setzt stark effektverschlechternd ein, wenn ihre Gesamtmenge den Betrag 1000 mg/kg überschreitet. Rohwässer, die diese angeführten Gleichgewichtsverschiebungen bewirken können, sind selten, kommen aber in den Salz- und Küstengebieten und z. B. im Weserwasser vor. Die Größe dieses Einflusses auf die Resthärte bestimmt man zweckmäßig in einem Laborversuch.

Bedienungsvorgänge

Nach Beendigung der Laufzeit, also nach Erschöpfung des Austauschers durch die aufgenommenen Härtebildner, erfolgt die Regeneration (Wiederbelebung) in 3 Arbeitsgängen.

---

[1]) Außer den Na-Salzen gehören hierzu auch die K-Salze, die aber seltener vorkommen.

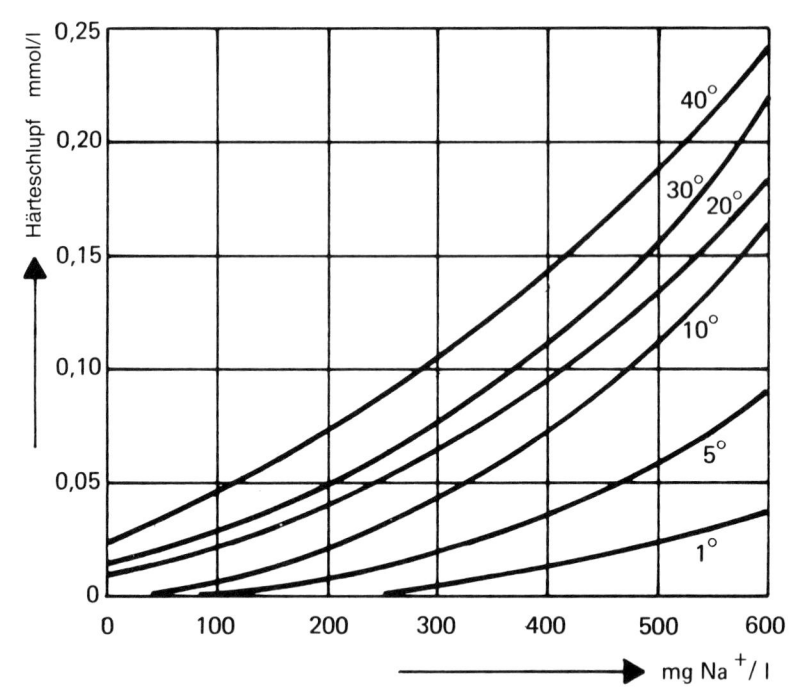

Bild 4.-18: Abhängigkeit des Härteschlupfes vom Natriumgehalt und von der Summe der Erdalkalien des Rohwassers

Spülvorgang

Die Spülung, die stets von unten nach oben erfolgt, hat die Aufgabe der Auflockerung des Austauschmaterials und der Entfernung von Schmutzteilchen. Sie dauert etwa 10–20 Minuten (abhängig vom Wasservolumen oberhalb des Austauschmaterials) bei einer Steiggeschwindigkeit von 5 bzw. 10 m/h (abhängig von der Art des Austauschmaterials). Die Geschwindigkeit wird am Überlaufwehr des Ablaufbeckens oder über Mengenmesser eingestellt. Höhere Geschwindigkeiten können zu Verlusten an Austauschmaterial führen.

Regenerierung

Zur Regeneration verwendet man steuerfreies (denaturiertes) Kochsalz (7.12.). Salzkonzentration 8–15 %ig. Regenerationszeit etwa 45 Minuten.

Verfahrenstechnik der Aufbereitung 101

Waschen

Abschalten der Salzsoleleitung oder des Salzlösers und Waschen von oben nach unten mittels Roh- bzw. filtriertem Wasser gemäß der Normalbelastung. Die Waschung wird so lange durchgeführt, bis die Erdalkalienbestimmung im Ablaufwasser einen Wert von $< 0,1\ °d$ anzeigt. Danach schaltet man auf den Betrieb um.

Betrieb

Während des Betriebes werden die Erdalkalien alle 2 Stunden bestimmt. Gegen Ende der Laufzeit ist die Kontrolle öfter durchzuführen. Es wird abgeschaltet, wenn der Wert von $0,1\ °d$ überschritten ist. Die Kontrolle kann auch über ein automatisches Meßgerät der Summe der Erdalkalien oder über einen mit Alarmkontakt versehenen Wassermesser vorgenommen werden. Zur Sicherheit sollte der Alarmkontakt auf etwa 90 % der Solleistung eingestellt werden.

Berechnungsgrundlagen

$$Q \cdot L \cdot (GH \cdot 10) = \mathcal{A} \cdot NK \qquad \text{(siehe 12.9.)}$$

Es bedeuten:
Q = Aufzubereitende Wassermenge m³/h
L = Laufzeit h
GH = Summe der Erdalkalien des Rohwassers °d (°d · 10 = g CaO/m³)
$\mathcal{A}$ = Menge des Austauschmaterials l_A
NK = Nutzbare Kapazität des Austauschmaterials in g CaO/l_A

Das Produkt $\mathcal{A} \cdot NK$ bezeichnet man mit Filterkapazität und versteht hierunter die Gesamtaufnahmefähigkeit an Erdalkalien in g CaO je Laufzeit

$$\text{Filterkapazität} = \mathcal{A} \cdot NK \qquad \text{g CaO}$$

Ändert sich die Summe der Erdalkalien, so ändert sich somit auch die innerhalb einer Laufzeit enthärtbare Wassermenge, und es besteht die Beziehung

$$\text{Filterleistung} = \frac{\mathcal{A} \cdot NK}{(GH \cdot 10)} \quad m^3$$

Die benötigte Austauschermenge errechnet sich zu

$$\mathcal{A} = \frac{(GH \cdot 10) \cdot Q \cdot L}{NK} \quad l_A$$

Der Natriumaustauscher wird für Rohwasser bei Wassertemperaturen < 40 °C eingesetzt, da sonst Ausscheidung von Karbonatschlamm beginnt. Nur für Kondensatbehandlung sind Temperaturen bis 90 °C und höher zulässig.

Chemikalienbedarf

Der Kochsalzbedarf bei der Regeneration liegt bei etwa 250–300 % des theoretischen Bedarfes, in Sonderfällen etwas höher bzw. niedriger.

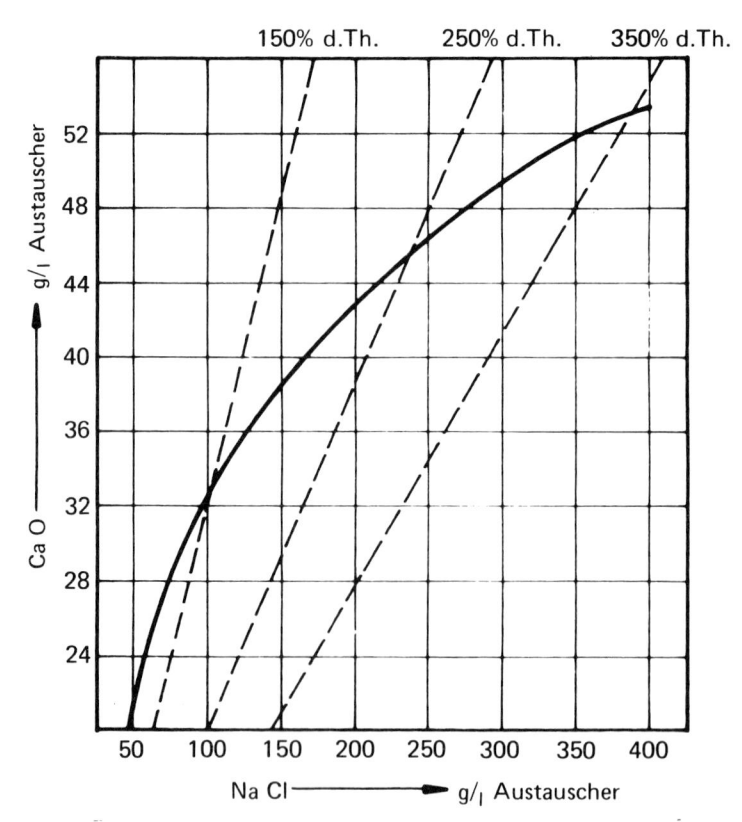

Bild 4.-19: Auswirkung der angewandten Kochsalzmenge auf die NK eines stark sauren Kationen-Austauschers.

Die optimale Konzentration der Kochsalzlösung (klare Lösung) liegt bei 8–10 % NaCl. Die spezifische Belastung bei der Regeneration soll etwa mit 5 l/l · h gewählt werden. Bei einer höheren spezifischen Belastung tritt ein leichter Kapazitätsabfall ein (siehe Bild 4.-19).

Wenn mit einem geringeren Chemikalienaufwand wie beispielsweise 100 g NaCl/l Austauscher gearbeitet wird, soll die Konzentration zugunsten eines größeren Regeneriermittelvolumens niedriger liegen, um eine bessere Verdrängung des Regenerats durch frische Salzlösung zu erreichen. Das Verhältnis von Austauschmaterialmenge zu Solevolumen soll mindestens 1:1,5 sein.

Überwachung

Die Resthärte ist im abfließenden Wasser alle 2 Stunden zu überprüfen. Gegen Ende der Laufzeit ist die Härtekontrolle öfter durchzuführen. Ausführung der Bestimmung siehe 6.8.

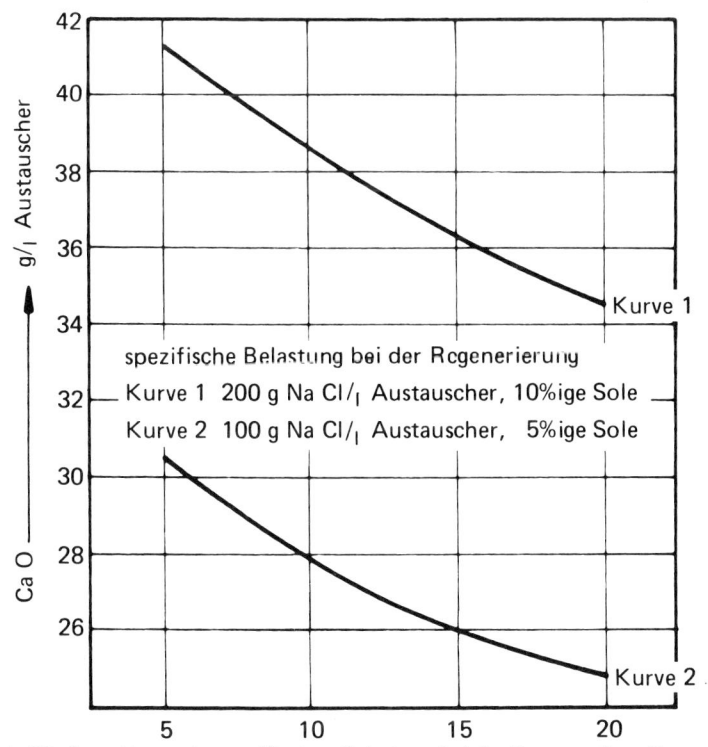

Bild 4.-20: Auswirkung der spezifischen Belastung bei der Regeneration, Regeneriersalzmenge sowie die Konzentration auf die NK des Austauschers.

4.3.4.2. Der Kationenaustauscher als Wasserstoffaustauscher

Der Kationenaustauscher wird durch Säureregenerierung mit H^+-Ionen aufgeladen und ist in der Lage, alle Kationen des Wassers gegen H^+-Ionen auszutauschen.

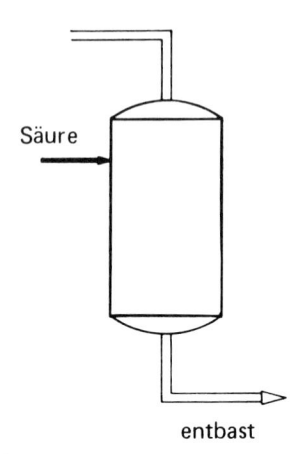

Bild 4.-21: Der stark saure Kationenaustauscher

Das ablaufende Wasser enthält die den Anionen des Wassers entsprechenden Säuren. Diesen Vorgang nennt man Entbasung, weil alle Kationen (Basenbildner) entfernt sind.

Nach der Erschöpfung erfolgt die Regeneration mittels Salz- oder Schwefelsäure.

Entbasungsvorgang

$$\frac{\mathrm{Na_2}}{\mathrm{Ca}} \cdot (\mathrm{HCO_3})_2 + \mathrm{H_2} \cdot \mathcal{A} \rightarrow \frac{\mathrm{Na_2}}{\mathrm{Ca}} \cdot \mathcal{A} + 2\,\mathrm{H_2CO_3}$$
$$\mathrm{Mg} \qquad\qquad\qquad\qquad\qquad \mathrm{Mg} \qquad\qquad \swarrow \searrow \nearrow$$
$$\qquad\qquad\qquad\qquad\qquad\qquad\qquad 2\,\mathrm{H_2O}\ \ 2\,\mathrm{CO_2}$$

$$\frac{\mathrm{Na_2}}{\mathrm{Ca}} \cdot \mathrm{SO_4} + \mathrm{H_2} \cdot \mathcal{A} \rightarrow \frac{\mathrm{Na_2}}{\mathrm{Ca}} \cdot \mathcal{A} + \mathrm{H_2SO_4}$$
$$\mathrm{Mg} \qquad\qquad\qquad\qquad\qquad \mathrm{Mg}$$

$$2\,\mathrm{NaCl} \qquad + \mathrm{H_2} \cdot \mathcal{A} \rightarrow \mathrm{Na_2} \cdot \mathcal{A} + 2\,\mathrm{HCl}$$

im entbasten Wasser

Verfahrenstechnik der Aufbereitung 105

Regenerierung

$$\frac{Na_2}{\underset{Mg}{Ca}} \cdot \mathcal{A} + 2\,HCl \rightarrow H_2 \cdot \mathcal{A} + \frac{Na_2}{\underset{Mg}{Ca}} \cdot Cl_2$$

werden mit dem Waschwasser abgeführt

Die beim Austausch der Karbonationen der Erdalkalien und der Alkalihydrogenkarbonate abgespaltene Kohlensäure wird durch Verdüsung oder Entgasung entfernt. Das entbaste Wasser ist somit von allen Kationen der Salze und bis auf einen geringen Rest von der Kohlensäure befreit. Es enthält nur noch die Mineralsäuren. Diese können durch das Weichwasser eines Natriumaustauschers, welches $NaHCO_3$ enthält, neutralisiert werden.

Im Weichwasser bleiben dann nur die Neutralsalze des Natriums, die Hydrogenkarbonate sind entfernt (Entkarbonisierung). Um den Betrag der letzteren ist das Weichwasser als salzärmer geworden (siehe 4.3.5. und 4.3.6.1.).

Außerdem wird der H-Austauscher in Verbindung mit dem OH-Austauscher eingesetzt. Letzterer entfernt die Anionen der Säuren unter Bildung von Wasser. Damit ist das Wasser vollentsalzt (Vollentsalzung 4.3.13.).

Bei Anwendung von Salzsäure zur Regeneration wird eine 5–8%ige Lösung und bei Schwefelsäure eine 1–4%ige Lösung benutzt. Zur Vermeidung von Gipsausscheidungen ($CaSO_4$) wählt man bei der Verwendung von Schwefelsäure 3 verschiedene Konzentrationen, wobei die Regeneriermittelmenge wie folgt aufgeteilt wird:

$1/3$ 1%ige Lösung
$1/3$ 2%ige Lösung
$1/3$ 4%ige Lösung

In besonderen Fällen wird man auch mit einer 2- und 4%igen Lösung auskommen.

Bedienungsvorgänge

Für die Bedienungsvorgänge gelten die gleichen Angaben wie beim Natriumaustauscher (4.3.4.1.). Die Zeit der Wiederbelebung durch die Säure beträgt 30–45 Minuten.

Berechnungsgrundlagen

Es besteht die gleiche Beziehung wie im Abschnitt 4.3.4.1., jedoch treten an Stelle der Summe der Erdalkalien GH (Karbonat- + Nichtkarbonathärte) die Gesamtkationen °d GK Bild 2.-2.

$$Q \cdot L \cdot (GK \cdot 10) = \mathcal{A} \cdot NK$$

Die Gesamtkationen ergeben sich aus der

SK 4,3 des Rohwassers	ml/100 = mmol/kg	
	mmol/kg 2,8 =	°d
und der BK 4,3 des entbasten Wassers	ml/100 = mmol/kg	
	mmol/kg 2,8 =	°d
Gesamtkationen	mmol/kg 2,8 =	°d

Wird für die Gesamtkationen mmol/kg ≙ mol/t eingesetzt, so muß für die NK mol/l_A eingesetzt werden. Dann ergibt sich die Formel

$$Q \cdot L \cdot GK = \mathcal{A} \cdot NK$$

GK = Gesamtkationen mol/t
NK = Nutzbare Kapazität mol/l_A

Theoretischer Chemikalienbedarf

Salzsäurebedarf

Bei der Berechnung über °d

$$HCl = \frac{36,5}{28} \cdot (GK \cdot 10) = 13 \cdot GK \qquad g/m^3 \,{}^1)$$

Bei der Berechnung über mmol/kg = mol/t

$$HCl = GK \cdot 36,5 \qquad g/m^3$$

Schwefelsäurebedarf

Für den stark sauren Kationenaustauscher ist bei der Anwendung von Schwefelsäure die H_2SO_4 nicht äquivalent mit 49, sondern etwa mit

---
[1]) Der errechnete Wert ist immer, auch in den späteren Angaben, 100%ige HCl bzw. 100%ige H_2SO_4 und ist auf den Gehalt der vorliegenden Handelskonzentration umzurechnen.

60 einzusetzen, da die Schwefelsäure nicht voll dissoziert ist. Bei der Berechnung über °d

$$H_2SO_4 = \frac{60}{28} \cdot (GK \cdot 10) \stackrel{\wedge}{=} 21 \cdot GK \qquad g/m^3$$

Bei der Berechnung über mmol/kg = mol/t

$$H_2SO_4 = GK \cdot 60 \qquad g/m^3$$

Der praktische Säurebedarf liegt bei beiden Säuren bei etwa 250% des ermittelten theoretischen Bedarfes.

Für die Berechnung der bei der Regeneration anfallenden überschüssigen Säure ist die Schwefelsäure jedoch mit ihrem Äquivalentgewicht von 49 in Ansatz zu bringen.

Überwachung

Zur Überwachung des Kationenaustauschers dient die Ermittlung des Laugenverbrauches durch die BK 4,3 im entbasten Wasser (Bestimmung der BK 4,3 siehe Abschnitt „Betriebsanalyse" 6.5.2.). Bei gleichbleibendem Gehalt des Rohwassers an Mineralsäure-Anionen ist die BK 4,3 so lange konstant, wie die Aufnahmefähigkeit des Austauschmaterials voll vorhanden ist. Gegen Ende des Arbeitsspieles vermindert sich die BK 4,3 als Zeichen der Erschöpfung und des Zeitpunktes der notwendigen Wiederbelebung. In einer Anlage nach dem Teilstromverfahren wird beim Rückgang der BK 4,3 um 20% die Wiederbelebung vorgenommen.

Die Kontrolle des Kationenaustauschers kann auch über die Leitfähigkeit vorgenommen werden, weil die Leitfähigkeit der sich bildenden Mineralsäuren größer ist als die der entsprechenden Salze im Rohwasser. Ein Absinken der Leitfähigkeit zeigt die Erschöpfung des Austauschers an. Voraussetzung ist auch hier, daß der Gehalt des Rohwassers an Mineralsäure-Anionen konstant ist.

Eine sehr direkte Methode zur Überwachung eines stark sauren Kationen-Austauschers, der im H-Zyklus arbeitet, ist die Messung des Natriumschlupfes mit einer pNa-Elektrode.

4.3.5. Der stark saure Kationenaustauscher in der Teilstromschaltung

Durch die Parallelschaltung eines Natrium- und eines Wasserstoffaustauschers kommt man zur Teilstromschaltung. Die Beladung des ersteren erfolgt durch die Härtebildner und die des zweiten durch die Gesamtkationen des Rohwassers.

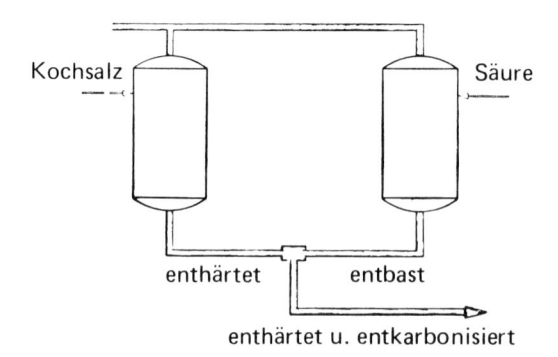

Bild 4.-22: Teilstromschaltung

Die Teilströme werden so eingestellt, daß die aus dem Wasserstoffaustauscher kommende Mineralsäure durch das aus dem Natriumaustauscher kommende Natriumhydrogenkarbonat neutralisiert wird.

H_2SO_4 + 2 $NaHCO_3$ = Na_2SO_4 + 2 H_2CO_3
Schwefel-   Natrium-   Natrium-   Kohlensäure
säure   hydrogen-   sulfat   ↙ ↘ ↗
             karbonat   2 H_2O 2 CO_2

Das Fertigwasser ist entkarbonisiert, enthärtet und um den Betrag der bei der Neutralisation verbrauchten Natriumhydrogenkarbonate salzärmer.

Bemessung der Teilströme

Die Neutralisation der Mineralsäuren aus dem Wasserstoffaustauscher mit dem Natriumhydrogenkarbonat aus dem Natriumaustauscher soll so weit erfolgen, daß ein geringer Überschuß an Natriumhydrogenkarbonat im Fertigwasser vorliegt.

$$\boxed{\frac{T_H}{T_{Na}} = \frac{m_R - m_F}{m_K}}$$

$$T_H = \frac{Q\,(m_R - m_F)}{m_K + m_R} \quad m^3/h$$

$$T_{Na} = Q - T_H \quad m^3/h$$

T_H = Teilstrom Wasserstoffaustauscher
T_{Na} = Teilstrom Natriumaustauscher

Verfahrenstechnik der Aufbereitung 109

m_R = SK 4,3 des Rohwassers mmol/kg oder °d
m_F = SK 4,3 im Fertigwasser mmol/kg oder °d
m_K = BK 4,3 nach Wasserstoffaustauscher mmol/kg oder °d oder Summe der Mineralsäure-Anionen mmol/kg oder °d
Q = Fertigwassermenge m³/h

Beispiel

SK 4,3 des Rohwassers . . . . 3,8 mmol/kg
SK 4,3 im Fertigwasser . . . . 0,3 mmol/kg
BK 4,3 nach Wasserstoffaustauscher . . . . 1,0 mmol/kg
Fertigwassermenge . . . . 30 m³/h

$$T_H = \frac{30 \, (3{,}8 - 0{,}3)}{1{,}0 + 3{,}8} = 21{,}9 \text{ m}^3/\text{h}$$

$$T_{Na} = 30 - 21{,}9 = 8{,}1 \text{ m}^3/\text{h}$$

Die praktische Einregelung geschieht so, daß der T_{Na}-Strom so weit vergrößert bzw. der T_H-Strom so weit verringert wird, bis der gewünschte SK 4,3 im Mischwasser vorhanden ist. Die Einhaltung der SK 4,3 im Fertigwasser kann auch über ein pH-Gerät automatisch gesteuert werden.

Zur Sicherung gegen Säuredurchbrüche ist ein nachgeschalteter Natriumaustauscher aus Gründen der Betriebssicherheit erwünscht.

Eine andere Schaltungsmöglichkeit besteht darin, den Teilstrom des entbasten Wassers T_H schon vor dem Natriumaustauscher wieder mit dem Teilstrom T_{Na} zu vermischen und beide gemeinsam über den Na-Austauscher zu leiten. Die Berechnung der Teilströme kann nach vorbeschriebenem Beispiel erfolgen. Es ist jedoch ratsam, den Na-

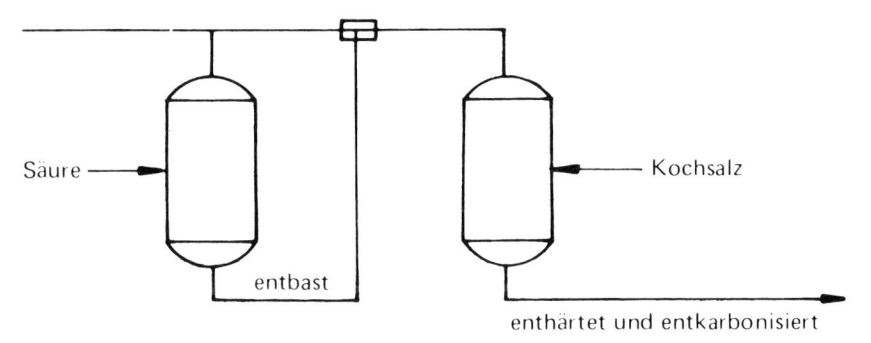

Bild 4.-23: Teilstromschaltung 2

Austauscher mit etwa 25 % mehr Ionen-Austauschmaterial zu füllen als ausgerechnet wurde. Mit diesem überschüssigen Ionen-Austauschmaterial kann ein Sauerlaufen der Teilentsalzungsanlage bei falsch eingestellten Teilströmen vermieden werden. Die Nachschaltung eines weiteren Na-Austauschers als Pufferfilter erübrigt sich.

Theoretischer Chemikalienbedarf

Säurebedarf

$$HCl = GK \cdot 13 \cdot \frac{T_H}{Q} \quad g/m^3 \quad (GK \text{ in } °d)$$

$$GK \cdot 36{,}5 \cdot \frac{T_H}{Q} \quad g/m^3 \quad (GK \text{ in mmol/kg})$$

$$H_2SO_4 = GK \cdot 21 \cdot \frac{T_H}{Q} \quad g/m^3 \quad (GK \text{ in } °d)$$

$$GK \cdot 60 \cdot \frac{T_H}{Q} \quad g/m^3 \quad (GK \text{ in mmol/kg})$$

Der praktische Chemikalienbedarf ist 130–250 % des theoretischen Bedarfs.

Kochsalzbedarf

$$NaCl = GH \cdot 65 \cdot \frac{T_{Na}}{Q} \quad g/m^3 \quad (GH \text{ in } °d)$$

Die so errechnete Kochsalzmenge ist der praktische Bedarf.

Überwachung

Die Teilströme werden nach der SK 4,3 des Fertigwassers an den Mengenmessern eingestellt. Die Kontrolle der SK 4,3 im Fertigwasser zeigt, ob eine Nachregulierung notwendig ist. Die SK 4,3 soll normal zwischen 0,2–0,5 mmol/kg eingehalten werden.

Die Resthärte ist ebenfalls zu überwachen. Beim Ansteigen der SK 4,3 im Fertigwasser ist der Wasserstoffaustauscher und beim Ansteigen der Erdalkalien der Natriumaustauscher erschöpft.

4.3.6. Der schwach saure Kationenaustauscher

Der schwach saure Kationenaustauscher kann nur die Kationen der schwachen Säuren gegen die angelagerten H^+-Ionen austauschen. Das ablaufende Wasser enthält demnach noch die Erdalkalien der Nicht-

Verfahrenstechnik der Aufbereitung 111

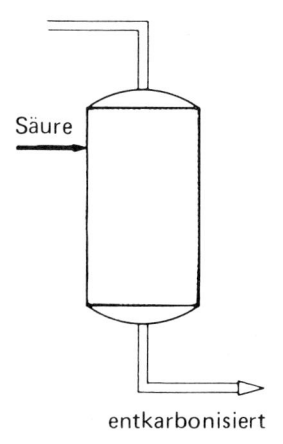

Bild 4.-24: Der Entkarbonisierungsaustauscher

karbonationen und die Neutralsalze. Bild 4.-24. Er kann deshalb nur zum Austausch der Kationen der Hydrogenkarbonate eingesetzt werden. Der Chemikalienbedarf beträgt etwa 110 % des theoretischen Bedarfs, gegenüber dem stark sauren Austauscher, der alle Kationen austauscht und 250 % des theoretischen Chemikalienbedarfs benötigt. Hieraus resultiert eine wesentliche Einsparung, wenn die Kationen der Hydrogenkarbonate durch einen dem stark sauren vorgeschalteten schwach sauren Austauscher entfernt werden.

Entkarbonisierungsvorgang

$$\genfrac{}{}{0pt}{}{Na_2}{\genfrac{}{}{0pt}{}{\overline{Ca}}{Mg}} \cdot (HCO_3)_2 + H_2 \cdot \mathcal{A} \rightarrow \genfrac{}{}{0pt}{}{Na_2}{\genfrac{}{}{0pt}{}{\overline{Ca}}{Mg}} \cdot \mathcal{A} + 2\,H_2CO_3 \searrow \nearrow \atop 2\,H_2O \;\; 2\,CO_2$$

Regenerierung

$$\genfrac{}{}{0pt}{}{Na_2}{\genfrac{}{}{0pt}{}{\overline{Ca}}{Mg}} \cdot \mathcal{A} + 2\,HCl \rightarrow H_2 \cdot \mathcal{A} + \genfrac{}{}{0pt}{}{Na_2}{\genfrac{}{}{0pt}{}{\overline{Ca}}{Mg}} \cdot Cl_2$$

Der schwach saure Kationenaustauscher wird auch zur Entfernung der Karbonationen der Erdalkalien für die Aufbereitung von Kühlturmzusatzwasser und mit einem nachgeschalteten Natriumaustauscher für die Erzeugung von entkarbonisiertem Wasser eingesetzt.

Es liegt in der Charakteristik dieses Austauschers begründet, daß er im ersten Teil der Laufzeit ein schwachsaures Wasser liefert. Aus diesem Grunde wird deshalb dem Fertigwasser eine geringe Menge Rohwasser zugeführt. Ist ein Natriumaustauscher nachgeschaltet, so ist diese Maßnahme ebenfalls zweckmäßig.

In Anwesenheit von Natriumhydrogenkarbonat geht die Kapazität zurück. Übersteigt die Menge an $NaHCO_3$ 50% der Gesamthydrogenkarbonate, so vermindert sich die Kapazität um 50% und mehr.

Bedienungsvorgänge

Regenerationszeit 40–60 Minuten. Die Regeneration wird mit 1,5–2,0%-iger HCl oder 0,7–1,0%iger H_2SO_4 vorgenommen.

Bei neuem Austauschmaterial ist vor der ersten Regeneration der Austauscher so lange mit Rohwasser zu waschen, bis das Fertigwasser eine SK 4,3 von $\approx$ 0,5 mmol/kg hat.

Nach der Säureregeneration ist ein Rückspülen von 5 Minuten vorteilhaft. Dieses wirkt sich günstig auf die Stabilität der Rest-SK 4,3 aus. Anschließend nachwaschen bis zur positiven SK 4,3.

Berechnungsgrundlagen

Es besteht die gleiche Beziehung wie im Abschnitt 4.3.4.1., jedoch treten an Stelle der Summe der Erdalkalien GH, die Karbonationen der Erdalkalien KH einschließlich des Natriumhydrogenkarbonates. Die SK 4,3 des Rohwassers, in dem alle Hydrogenkarbonate erfaßt werden, ist demnach das Maß für die Beladung.

$$\text{SK } 4,3 \quad = \text{mmol/kg} \triangleq \text{mol/t}$$
$$\text{SK } 4,3 \cdot 2,8 = {}^\circ d$$

$$\boxed{Q \cdot L \cdot (\text{SK } 4,3 \, {}^\circ d \cdot 10) = \mathcal{A} \cdot \text{NK g CaO/l}_A}$$

oder

$$\boxed{Q \cdot L \cdot \text{SK } 4,3 \, \text{mol/t} = \mathcal{A} \cdot \text{NK mol/l}_A}$$

Theoretischer Säurebedarf

Für die Regeneration des schwach sauren Kationenaustauschers wird die H_2SO_4 als zweibasische Säure mit dem Äquivalentgewicht von 49 eingesetzt.

Verfahrenstechnik der Aufbereitung 113

H_2SO_4 = SK 4,3 · 49 g/m³
HCl = SK 4,3 · 36,5 g/m³

Der praktische Bedarf ist bei beiden Säuren 100–110% des ermittelten theoretischen Bedarfs.

Überwachung

Es wird die SK 4,3 kontrolliert. Sein Anstieg zeigt die Erschöpfung des schwach sauren Kationenaustauschers an.

4.3.6.1. Entkarbonisierung und Enthärtung im Zweifilterverfahren

Im schwach sauren Kationenaustauscher wird das Rohwasser entkarbonisiert. Die hierbei sich bildende Kohlensäure und die bereits im Rohwasser vorhandene freie Kohlensäure werden im CO_2-Rieseler entfernt. Im anschließenden Natriumaustauscher werden die Restkarbonate der Erdalkalien und die Nichtkarbonate der Erdalkalien ausgetauscht. Das Fertigwasser hat nur noch geringe Mengen Kohlensäure, ist enthärtet und um den Betrag der ausgetauschten Kationen, die an Hydrogenkarbonate gebunden waren, salzärmer.

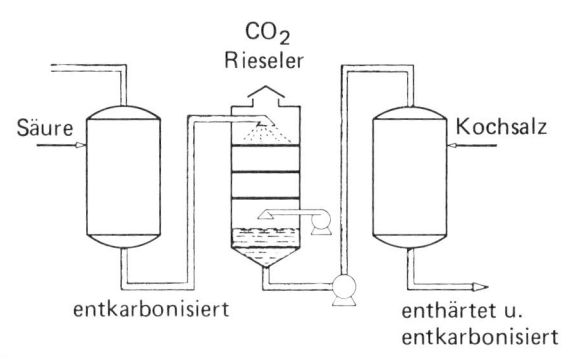

Bild 4.-25: Entkarbonisierung und Enthärtung durch einen schwach sauren Kationen- und einen Natriumaustauscher

Wird auf den CO_2-Rieseler verzichtet, so muß der Natriumaustauscher entsprechend größer ausgelegt werden, weil die Kapazität des Natriumaustauschers durch die Kohlensäure bereits zum Teil in Anspruch genommen wird. Bedienungsvorgänge, Chemikalienbedarf und Berechnungsgrundlagen sind die gleichen wie unter 4.3.6. und 4.3.4.1. beschrieben.

Überwachung

Der m-Wert wird nach dem Kationenaustauscher und nach dem Natriumaustauscher kontrolliert. Ein schneller Anstieg der SK 4,3 zeigt die Erschöpfung des Kationenaustauschers an. Beim Natriumaustauscher zeigt sich die Erschöpfung durch den Anstieg der Erdalkalien an.

4.3.6.2. Entkarbonisierung und Enthärtung im Einfilterverfahren

Wie beim Schichtbettfilter (4.3.10.1) können ein schwach saurer Carboxylaustauscher, der im H-Zyklus gefahren wird, und ein sulfonsaures Harz, welches im Na-Zyklus arbeitet, in einem Filterbehälter gemeinsam zur Anwendung kommen. Die Harze liegen im allgemeinen geschichtet in dem Filterbehälter und werden bei der Regeneration wie beim Betrieb von oben nach unten durchflossen. Die Regenerierung erfolgt zuerst mit Säure und danach mit Kochsalzlösung. Durch die Säureregenerierung werden alle Carboxylgruppen des schwach sauren Austauschers in die H-Form überführt. Bei der nachfolgenden Kochsalzbehandlung bleibt der schwach saure Austauscher in der H-Form, da er kein Kochsalz spalten kann. Es erfolgt somit nur die Regeneration des sulfonsauren Austauschers, der nach beendeter Regeneration in der Na-Form vorliegt. Der Einsatz dieser Verfahrenstechnik ist nur zu empfehlen, wenn die Karbonationen der Erdalkalien 40–80% der Summe der Erdalkalien ausmacht. Bei einer anderen Zusammensetzung sollte eines der Zweifilterverfahren gewählt werden.

4.3.7. Der schwach basische Anionenaustauscher

Der schwach basische Anionenaustauscher ist in der Lage, die Anionen der starken Mineralsäuren Cl^-, SO_4^{2-}, NO_3^- gegen die angelagerten OH-Ionen auszutauschen. Die Anionen der schwachen Mineralsäuren SiO_3^{2-} werden nicht ausgetauscht und die Kohlensäure CO_3^{2-} nur unvollkommen.

Der schwach basische Austauscher wird praktisch nur in Verbindung mit einem stark sauren Kationenaustauscher eingesetzt. Das Fertigwasser ist entsalzt, enthält aber noch die Kieselsäure und über die Laufzeit gesehen im Anfang weniger und zum Ende mehr Kohlensäure.

Die Kapazität des Austauscher wird vom Chlorid-Sulfat-Verhältnis beeinflußt. Die Austauschkapazität für zweiwertige Ionen (SO_4^{2-}) ist größer als für einwertige Ionen (Cl^-).

Entsäuerungsvorgang

$$2\ HCl + (OH)_2 \cdot \mathcal{A} \rightarrow Cl_2 \cdot \mathcal{A} + 2\ H_2O$$
$$H_2SO_4 + (OH)_2 \cdot \mathcal{A} \rightarrow SO_4 \cdot \mathcal{A} + 2\ H_2O$$

Regenerierung

$$Cl_2 \cdot \mathcal{A} + 2\ NaOH \rightarrow (OH)_2 \cdot \mathcal{A}\ 2 + 2\ NaCl$$
$$SO_4 \cdot \mathcal{A} + 2\ NaOH \rightarrow (OH)_2 \cdot \mathcal{A} + Na_2SO_4$$

Bedienungsvorgänge

Die Spülung des Austauschers zeigt keine Besonderheit. Es wird mit einer 2–4 %igen Natronlauge 40–60 Minuten lang regeneriert. Andere Regenerationsmittel, wie Soda und Ammoniak, werden nur in Sonderfällen angewandt.

Zur Spülung und Waschung des Austauschers wird entbastes Wasser des Kationenaustauschers verwendet. Für die Verdünnung der Natronlauge kann das gleiche Wasser verwendet werden, mindestens aber ein enthärtetes Wasser.

Nachgewaschen wird so lange, bis die Leitfähigkeit den vorgesehenen Wert erreicht hat oder keine stark fallende Tendenz mehr aufweist.

Berechnungsgrundlagen

Es bestehen die gleichen Beziehungen wie im Abschnitt „Natriumaustauscher" (4.3.4.1.) genannt, nur treten an Stelle der Summe der Erdalkalien (GH) die Anionen der starken Mineralsäuren. Sie werden in BK 4,3 in mmol/kg = mol/t oder in mmol/kg · 2,8 = °d erfaßt.

$$Q \cdot L \cdot BK\ 4,3\ °d \cdot 10 = \mathcal{A} \cdot NK\ gCaCO/I_A$$

$$Q \cdot L \cdot BK\ 4,3\ mol/l = \mathcal{A} \cdot NK\ mol/I_A$$

Chemikalienbedarf

Der theoretische Chemikalienbedarf ist

$NaOH = BK\ 4,3\ (°d) \cdot 14,3$ g/m^3 [*]
$NaOH = BK\ 4,3\ (mmol/kg) \cdot 40$ g/m^3 [*]

Der praktische Chemikalienbedarf beträgt 150–180 % des theoretischen Bedarfs.

Überwachung

Der Anionenaustauscher ist erschöpft, wenn die Leitfähigkeit ansteigt und der pH-Wert absinkt. Letzteres kann auch über die dann auftre-

---

[*] Der errechnete Wert ist immer 100 %ige NaOH und ist auf den Gehalt der vorliegenden Handelskonzentration der Natronlauge umzurechnen.

tende BK 4,3 festgestellt werden. Steigt die Leitfähigkeit und sinkt der pH-Wert nicht ab, so ist der vorgeschaltete Kationenaustauscher erschöpft.

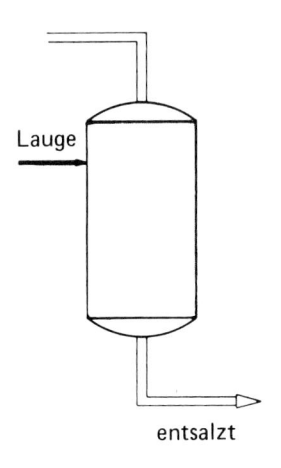

Bild 4.-26:
Der schwach basische Anionenaustauscher

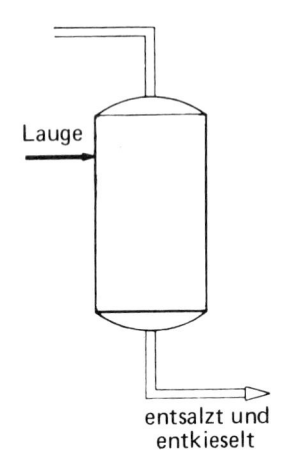

Bild 4.-27:
Der stark basische Anionenaustauscher

4.3.8. Der stark basische Anionenaustauscher

Der stark basische Austauscher tauscht neben den Anionen der starken Mineralsäuren auch die Anionen der schwachen Mineralsäuren wie CO_3^{2-}, SiO_3^{2-} gegen die angelagerten OH^--Ionen aus.

Der stark basische Austauscher ist in der Lage, Salze aufzuspalten

$$NaCl + OH \cdot \mathcal{A} \rightarrow Cl \cdot \mathcal{A} + NaOH$$

Auf Grund dieser Eigenschaft kann auch der stark basische Charakter über das Salzspaltungsvermögen festgestellt werden (6.25.).

Sein Einsatzgebiet in der Wasseraufbereitung ist die Entsäuerung und Entkieselung des entbasten Wassers hinter Kationenaustauscher.

Das Sulfat-Chlorid-Verhältnis beeinflußt auch hier die Kapazität des Austauschers. Wird dem stark basischen Austauscher ein Wasser mit nur Kieselsäure und praktisch keine starke Mineralsäure und auch keine Kohlensäure angeboten, so geht die Kapazität entscheidend zurück.

Verfahrenstechnik der Aufbereitung 117

Entsäuerungs- und Entkieselungsvorgang

$$2\ HCl\ \ \ + (OH)_2 \cdot \mathcal{A} \rightarrow Cl_2 \cdot \mathcal{A}\ \ \ + 2\ H_2O$$
$$H_2CO_3\ + (OH)_2 \cdot \mathcal{A} \rightarrow CO_3 \cdot \mathcal{A}\ + 2\ H_2O$$
$$H_2SiO_3 + (OH)_2 \cdot \mathcal{A} \rightarrow SiO_3 \cdot \mathcal{A}\ + 2\ H_2O$$

Bedienungsvorgänge

Nach der Erschöpfung sollte — wie möglichst alle Austauscher — aber insbesondere bei stark basischen Austauschern, die Regeneration sogleich eingeleitet werden. Bei Stillständen ist es unbedingt erforderlich, den Austauscher vorher zu regenerieren. Sind Stillstände von Wochen und mehr zu erwarten, so empfiehlt es sich, das Kationenmaterial in die Na-Form und das Anionenmaterial in die Cl-Form zu überführen.

Die Regenerierung wird mit 3–5%iger Natronlauge vorgenommen. Die Regenerationszeit beträgt 40–60 Minuten. Zur Sicherstellung des Entkieselungseffektes ist es ratsam, die verdünnte Natronlauge auf mindestens 30 bis max. 50 °C — je nach der Temperaturbeständigkeit des Austauschmaterials — aufzuwärmen. Für die Verdünnung der Natronlauge ist entbastes oder entsalztes, zumindest enthärtetes Wasser zu verwenden.

Zur Spülung und Waschung soll entbastes oder entsalztes Wasser verwendet werden. Allgemein kann man sagen, daß die Austauscher innerhalb einer Vollentsalzungsanlage mit dem Wasser gespült und gewaschen werden, welches der vorgeschaltete Austauscher liefert.

Berechnungsgrundlagen

Wie unter 4.3.4.1. angegeben. Für die Summe der Erdalkalien (GH) ist jedoch der Gesamtanionengehalt (GA) einzusetzen, der sich aus den Anionen der starken Mineralsäuren (BK 4,3) und den Anteilen an Kohlen- und Kieselsäure ergibt.

$$\boxed{Q \cdot L \cdot GA = \mathcal{A} \cdot NK\ mol/l_A}$$

$GA = BK\ 4{,}3 + CO_2 + SiO_2$ $mmol/kg \triangleq mol/t$

$AH = BK\ 4{,}3$ des entbasten Wassers in
    $ml/100 \triangleq mmol/kg \triangleq mol/t$

Chemikalienbedarf

Theoretischer Chemikalienverbrauch

$NaOH = GA \, (°d) \quad 14,3 \quad g/m^3$
$NaOH = GA \, (mmol/l) \cdot 40 \quad g/m^3$

Der praktische Chemikalienbedarf beträgt 300–400% des ermittelten theoretischen Bedarfs.

Überwachung

Der stark basische Anionenaustauscher wird über den Restkieselsäuregehalt im ablaufenden Wasser kontrolliert. Die Kontrolle der Leitfähigkeit reicht nicht aus, weil vor der Mineralsäure die Kieselsäure durchbricht. Der erhöhte Kieselsäuregehalt wird jedoch in der Leitfähigkeit nicht erfaßt.

4.3.9. Schaltungen von Kationen- und Anionenaustauschergruppen

4.3.9.1. Schwach und stark saure Kationenaustauscher

Art des Austauschers	Beladung durch:	Gesamt-Salzsäurebedarf
Stark saurer Kationen-Austauscher	Gesamt-Kationen = SK 4,3 + BK 4,3 mmol/kg	= 36,5 (SK 4,3 + BK 4,3) · 2,5 = 91,2 (SK 4,3 + BK 4,3) gHCl/m³
Schwach saurer Kationen-Austauscher	Kationen der Hydrogenkarbonate = SK 4,3 mmol/kg	= $\dfrac{36,5}{(1,1 \, SK \, 4,3 \cdot 2,5 \, BK \, 4,3)}$ gHCl/m³
Stark saurer Kationen-Austauscher	Kationen der starken Mineralsäuren = BK 4,3 mmol/kg	

Bild 4.-28: Berechnung des Säurebedarfs bei der Einzel- und Gruppenschaltung von Kationenaustauschern

Der stark saure Kationenaustauscher im alleinigen Einsatz entfernt alle Kationen, jedoch unter Aufwendung von 250% des theoretischen Chemikalienbedarfs.

Bei Vorschaltung eines schwach sauren Austauschers werden die Kationen der Hydrogenkarbonate getrennt entfernt und benötigen nur den theoretischen Bedarf. Durch diese Kombination verringert sich der Chemikalienbedarf für die Entfernung aller Kationen wesentlich. Die Höhe der Einsparung ist aus den Berechnungsformeln Bild 4.-28 ersichtlich.

4.3.9.2. Schwach und stark basische Anionenaustauscher

Werden alle Anionen im stark basischen Austauscher entfernt, so betragen die Chemikalienaufwendungen 300–400% des theoretischen Bedarfs. Die Vorschaltung eines schwach basischen Austauschers, in welchem nur die Anionen der starken Mineralsäuren unter Aufwendung von etwa 180% des theoretischen Bedarfs entfernt werden, verringert auch hier den Chemikalienverbrauch für die Entfernung aller Anionen wesentlich. Die Höhe der Einsparung ist aus den Berechnungsformeln Bild 4.-29 ersichtlich.

Art des Austauschers	Beladung durch:	Gesamt-Natronlaugebedarf
Stark basischer Anionen-Austauscher	Gesamt-Anionen $= BK\,4{,}3 + CO_2 \cdot SiO_2$ mmol/kg	$= 40\,(BK\,4{,}3 + CO_2 + SiO_2) \cdot 3$ $= 120\,BK\,4{,}3 + CO_2 + SiO_2)$ g NaOH/m³
Schwach basischer Anionen-Austauscher	Anionen der starken Mineralsäuren $= BK\,4{,}3$ mmol/kg	$= 40\,[1{,}8\,BK\,4{,}3 + (CO_2 + SiO_2)] \cdot 3{,}0$ g NaOH/m³
Stark basischer Anionen-Austauscher	Anionen der schwachen Mineralsäuren $= CO_2 + SiO_2$ mmol/kg	

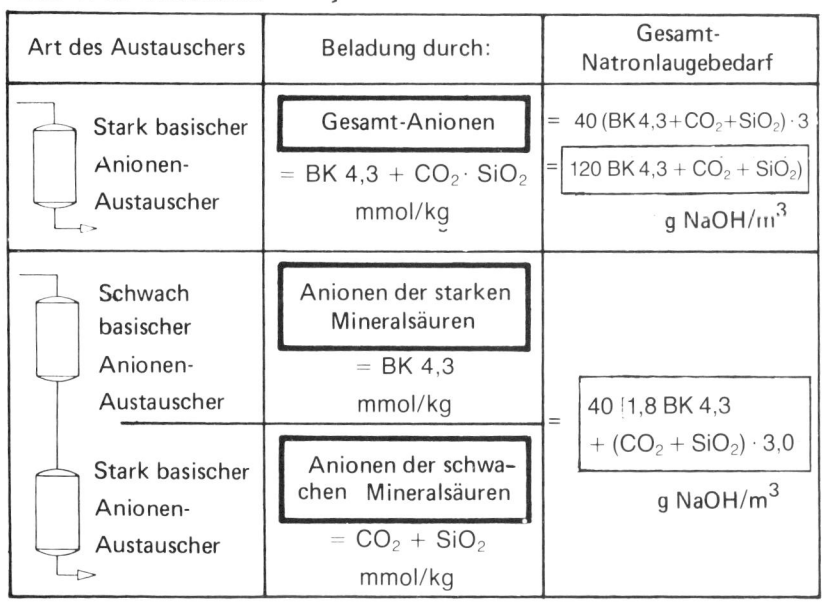

Bild 4.-29: Berechnung des Natronlaugenbedarfs bei der Einzel- und Gruppenschaltung von Anionenaustauschern

4.3.9.3. Hintereinanderschaltung von zwei stark sauren Kationenaustauschern

Die Hintereinanderschaltung von zwei stark sauren Kationenaustauschern mit gegenläufiger Verbundregenerierung wird bei Entsalzungsanlagen im allgemeinen dann gewählt, wenn das zu entsalzende Rohwasser einen hohen Salzgehalt aufweist und somit bei der Einfilterschaltung einen hohen Na-Schlupf erwarten läßt. Das für den Kationenaustausch berechnete Austauschmaterial (siehe 4.3.4.2.) wird im allgemeinen zur Hälfte auf zwei Ionen-Austauschbehälter verteilt. Wie im Kapitel 4.3.10.

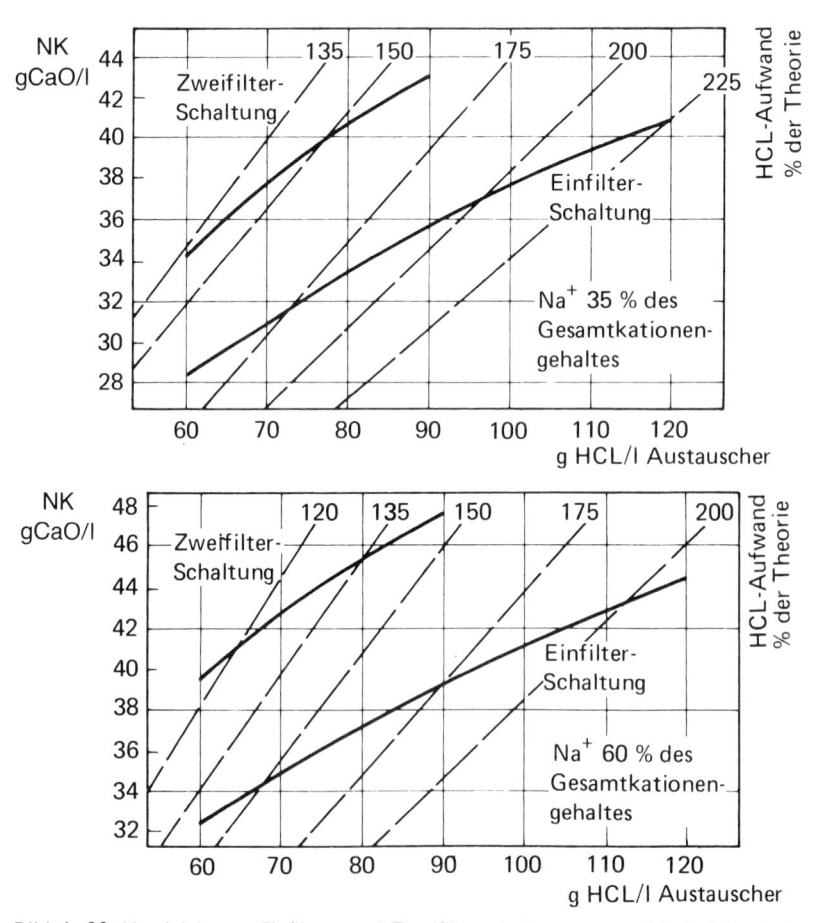

Bild 4.-30: Vergleich von Einfilter- und Zweifilterschaltung an zwei Beispielen beim Lewatit S 100

näher beschrieben, lagern sich die Erdalkali-Ionen wie Calcium und Magnesium in den oberen Schichten an, während die Alkali-Ionen wie Natrium und Kalium von den zuletzt durchflossenen Schichten gebunden werden. Bei der Zweifilterschaltung bedeutet das, daß in dem ersten Austauscher vorwiegend Erdalkali-Ionen und in dem zweiten Filter im wesentlichen Alkali-Ionen gebunden sind. Wie im Kapitel 4.3.10. erläutert, kann der Alkalischlupf unter anderem dadurch gesenkt werden, daß die zuletzt durchflossene Ionenaustauscherschicht besonders sorgfältig regeneriert wird. Diese Möglichkeit ist bei der Hintereinanderschaltung dadurch gegeben, daß bei der Regeneration die gesamte Säure, die für beide Filter errechnet wurde, zunächst über den zweiten Austauscher und danach über den ersten Austauscher geleitet wird. Das bedeutet, daß der zweite Austauscher infolge des hohen Säureüberschusses ausgezeichnet regeneriert wird. Erfahrungen haben gezeigt, daß der gesamte Säureüberschuß bei Verwendung von Salzsäure als Regeneriermittel für beide Filter von ca. 150% beim Einfilterbetrieb auf ca. 80% bei der Hintereinanderschaltung reduziert werden kann, d. h. der Salzsäurebedarf liegt bei der Hintereinanderschaltung bei ca. 180% der Theorie. Darüber hinaus erzielt man bei der Hintereinanderschaltung gegenüber der Einfilterschaltung eine bis 20% höhere nutzbare Volumenkapazität. Der Grund dafür ist darin zu sehen, daß der Regeneratablauf des zweiten Filters ein NaCl-HCl-Gemisch darstellt. Der NaCl-Gehalt unterstützt dabei die Ablösung der Erdalkali-Ionen im ersten Filter.

Bei Wässern mit einem Natriumgehalt von kleiner 50% der Gesamtkationen ist es ratsam, das zweite Filter zu verkleinern und dem Verhältnis der Erdalkali- zu Alkali-Ionen anzupassen.

Obwohl aufgrund des noch höheren Chemikalienüberschusses für das zweite Filter ein noch geringerer Na-Schlupf erreicht wird, sinkt jedoch die Gesamtkapazität beider Stufen.

Die Hintereinanderschaltung von zwei stark sauren Kationenaustauschern hat allerdings seit Einführung der Gegenstrom-Regeneration in der Ionen-Austauschtechnik erheblich an Bedeutung verloren.

4.3.9.4. Verbundregeneration bei Kationen- und Anionenaustauschern

Wirtschaftliche Überlegungen

Eine weitere Einsparung von Chemikalien über das vorstehend Gesagte hinaus ist durch die Verbundregeneration zu erreichen. Hierunter versteht man die Wiederverwendung der Regenerierabläufe der starken Austauscher in den schwachen Austauschern.

Hierbei werden die höheren Chemikalienüberschüsse in den Abläufen der starken Austauscher nutzbringend für die Regenerierung der schwachen Austauscher angewendet.

Bezeichnet man den effektiven Chemikalienverbrauch, den die starken Austauscher zu ihrer Aufladung benötigen, mit 100%, so kann diese Aufladung nur mit einem Chemikalienaufwand von 300–400% des theoretischen Bedarfs vollzogen werden. Die Abläufe enthalten somit eine unausgenutzte Chemikalienmenge von 200–300%. Da die schwachen Austauscher mit einem geringeren Chemikalienaufwand auskommen, so ergibt sich die Möglichkeit der Benutzung der Abläufe der starken Austauscher zur Regenerierung der schwachen. In der Darstellung Bild 4.-31 und 4.-32 kann bei gegebener Beladung in mmol/kg die Chemikalienmenge, die zur Regenerierung der schwachen Austauscher zur Verfügung steht, abgegriffen werden.

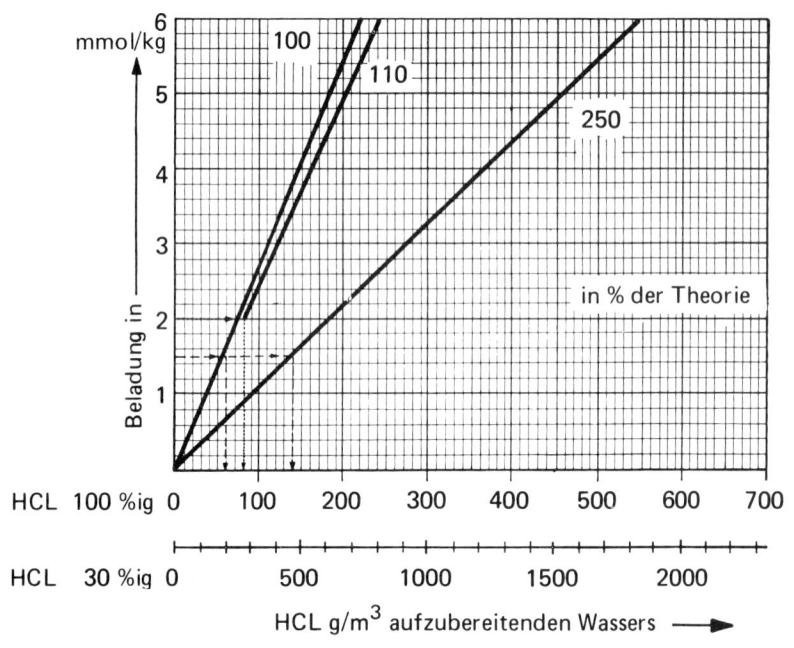

Bild 4.-31: Salzsäurebedarf in % des theoretischen Bedarfs bei gegebener Beladung in mmol/kg

Verfahrenstechnik der Aufbereitung 123

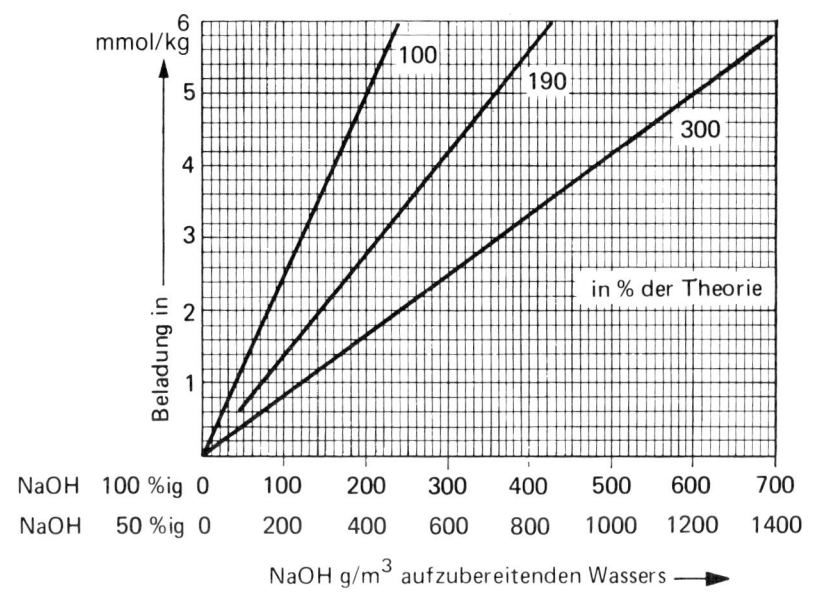

Bild 4.-32: Natronlaugenbedarf in % des theoretischen Bedarfs bei gegebener Beladung in mmol/kg

Im nachstehenden Beispiel soll die Handhabung für die Kationengruppe erläutert werden. Sie ist sinngemäß auch anwendbar auf den Natronlaugenbedarf der Anionengruppe.

Beispiel zum Bild 4.-28
Angenommene Beladung:

$$SK\ 4{,}3 = 2{,}0\ mmol/kg$$
$$BK\ 4{,}3 = 1{,}5\ mmol/kg$$

Für die BK 4,3 (stark saurer Austauscher) gilt die Anwendung von 250 % Chemikalienbedarf, bezogen auf den theoretischen Wert = 140 g HCl/m^3. Hiervon werden 60 g HCl/m^3 (100 % Linie) im stark sauren Austauscher verbraucht. Es bleiben demnach für den schwach sauren Austauscher noch

$$140 - 60 = 80\ g\ HCl/m^3$$

für die Aufladung zur Verfügung.

Für die SK 4,3 (schwach saurer Austauscher) gilt die Anwendung des Chemikalienbedarfs von 110 % des theoretischen Wertes = 80 g HCl/m^3.

Der Gesamtsäurebedarf beträgt demnach 140 g HCl/m^3.

In diesem Beispiel reicht die Chemikalienmenge des Ablaufes aus dem stark sauren Austauscher gerade aus, um den schwach sauren Austauscher aufzuladen (optimale Ausnutzung). Würde bei anderen Rohwasserverhältnissen die Chemikalienmenge im Ablauf des stark sauren Austauschers für die Aufladung des schwach sauren nicht ausreichen, so muß dem stark sauren ein entsprechend größerer Chemikalienüberschuß zugeführt werden. Wenn andererseits im Ablauf des stark sauren Austauschers ein Überschuß an Chemikalien vorhanden ist, der von dem schwach sauren nicht aufgenommen werden kann, so kann dieser nicht weiter ausgenutzt werden.

Allgemein ist für die Verbundregeneration zu beachten, daß die Austauschermassen die erforderlichen Mindestmengen an Regenerierchemikalien erhalten. Eine optimale Chemikalienersparnis ist nur bei Wasserverhältnissen zu erreichen, die gerade für beide Austauschergruppen die volle Chemikalienausnutzung erlauben. In der Praxis ergibt sich aber meistens eine Überregenerierung entweder des starken oder schwachen Austauschertyps.

Verfahrenstechnische Überlegungen

Organische Substanzen, die nahezu in jedem natürlichen Wasser in gelöster Form auftreten, machen die Entsalzung von Wasser mit Ionen-Austauschern häufig problematisch. Huminsäuren zum Beispiel verhalten sich ähnlich den anorganischen Anionen, wie Sulfate oder Chloride, und versuchen mit den basischen Ionen-Austauschern eine Bindung einzugehen. Das bedeutet, daß die Huminsäuren mit Hilfe von Ionen-Austauschern aus dem Wasser entfernt werden können. Auch anionische Tenside, Ligninsulfonsäuren (Abwassereinfluß von Zellstoffabriken) oder andere organische Substanzen, die als $KMnO_4$-Verbrauch ermittelt werden, lassen sich von basischen Ionen-Austauschern adsorptiv binden. Erst mit Einführung der makroporösen Austauscher konnte dieser Vorgang weitestgehend reversibel gestaltet werden, d. h. die im Verlauf eines Arbeitsspiels vom Anionen-Austauscher adsorptiv oder durch chemische Bindung aufgenommenen organischen Substanzen werden bei der Regeneration mit Natronlauge und in besonderen Fällen mit alkalischer Kochsalzlösung wieder abgegeben. Bei den Vorläufern der makroporösen Anionen-Austauscher lagerten sich die organischen Substanzen zum Teil irreversibel an. Der nach jeder Regeneration auf dem Austauscher verbleibende Rest an organischer Substanz führte nach und nach zu einer Blockierung der feinen Kapillaren zu den austauschaktiven Gruppen, wodurch die Austauscher im Laufe der Zeit unbrauchbar wurden. Äußere Zeichen waren der Rückgang der Kapazität sowie ein stark ansteigender Waschwasserverbrauch.

Die Erkenntnis, daß sich makroporöse schwachbasische Anionen-Austauscher im Verlauf einer normalen Regeneration besonders leicht von den aufgenommenen organischen Substanzen befreien lassen, führt neben rein wirtschaftlichen Überlegungen zu einer Aufteilung der basischen Stufe einer Vollentsalzungsanlage in einen schwachbasischen und einen starkbasischen Anionen-Austauscher. Beide Austauscher werden mit Natronlauge im Verbund regeneriert.

Starkbasische Anionen-Austauscher erfordern bei starker Belastung durch organische Substanzen, auch dann wenn sie einen makroporösen Grundkörper (Matrix) haben, von Zeit zu Zeit eine Behandlung mit alkalischer Kochsalzlösung.

Die Gründe für die Aufteilung der sauren Stufe einer Vollentsalzungsanlage sind meistens rein wirtschaftlicher Natur, könnten jedoch bei Vorhandensein kationischer Tenside im Wasser eine verfahrenstechnische Forderung werden.

Wässer, die eine besonders hohe Fracht an organischen Ballaststoffen mit sich führen, müssen vor ihrer Einspeisung in eine Vollentsalzungsanlage durch Flockungs- oder Kalkentkarbonisierungsanlagen vorbehandelt werden. In besonderen Fällen wird auch die Vorschaltung von Scavengern (d. h. makroporöse starkbasische Anionen-Austauscher, die mit alkalischer Kochsalzlösung regeneriert werden) sinnvoll sein.

4.3.10. Gegenstrom-Regeneration

Bei der herkömmlichen Regeneration durchfließen die Regenerierchemikalien den Ionen-Austauscher in gleicher Richtung wie das aufzubereitende Wasser, d. h. im allgemeinen von oben nach unten. Was vollzieht sich bei der Beladung und der Regeneration eines Ionen-Austauschers nach konventionellen Verfahren? Die Beladung des frisch regenerierten Austauschers durch Kationen bzw. Anionen erfolgt zunächst in den oberen Austauschmaterialschichten und greift im Verlauf des Betriebes langsam auf die mittleren und unteren Schichten über. Es bilden sich aufgrund der unterschiedlichen Affinitäten im Harzbett bestimmte Beladungsschichten, und zwar von oben nach unten:

Kationen-Austauscher	Anionen-Austauscher
Ca^{++}	SO_4^{--}
Mg^{++}	Cl^-
Na^+	HCO_3^-
	$HSiO_3^-$

Demnach wird das Ende eines Arbeitsspiels angezeigt durch den Durchbruch von Na-Ionen beim Kationen-Austauscher und Kieselsäure beim Anionen-Austauscher.

Während der gesamten Laufzeit wird aber ein mehr oder weniger starker Austritt von Kationen bzw. Anionen aus dem Ionen-Austauscher beobachtet. Man spricht hierbei von Ionenschlupf. Die Stärke des Ionenschlupfes steht im wesentlichen in Abhängigkeit von der chemischen Wasserzusammensetzung und des Regeneriermittelaufwandes. Der Ionenschlupf tritt auf, obwohl die untersten Schichten noch nicht mit Ionen gesättigt sind. Die austretenden Ionen sind überwiegend solche, die noch von dem vorhergegangenen Arbeitsspiel trotz Regeneration im Austauscher verblieben sind, und zwar im unteren Teil des Filterbettes. Die Erklärung hierfür ist darin zu suchen, daß die frische unbelastete Säure zuerst die oberen Austauschmaterialschichten rege-

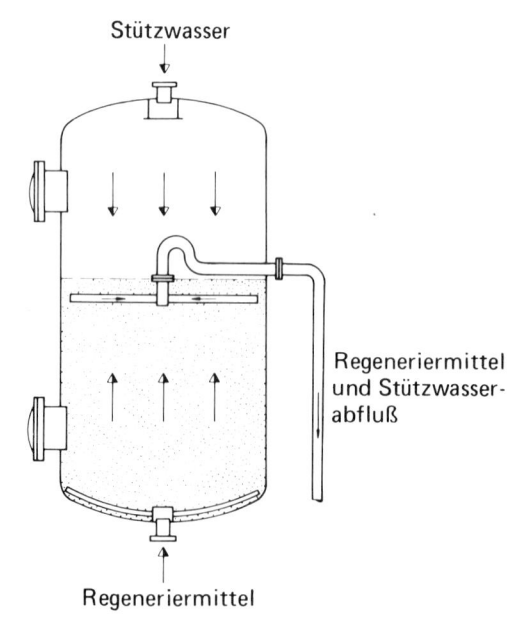

Bild 4.-33:

neriert und erst später, in der Konzentration abgeschwächt und bereits durch Salze belastet, in den unteren Teil des Austauschers vordringt. Um trotzdem gute Regenerationsergebnisse zu erzielen, müssen erhebliche Chemikalienüberschüsse aufgewendet werden, die bei den stark sauren Austauschern etwa bis 250% und bei den stark basischen Austauschern sogar bei 400% der theoretisch erforderlichen Menge liegen, d. h. Chemikalienmengen, die das 2,5fache bzw. 4fache der erforderlichen Menge darstellen.

Der Gedanke, die Ionenaustauscher in der der Beladung entgegengesetzten Richtung zu regenerieren, erscheint logisch und wurde bereits in den frühen 50er Jahren labormäßig erprobt. Großtechnisch kam dieses Verfahren jedoch erst nach Überwindung verfahrenstechnischer Probleme Mitte der 60er Jahre zum Durchbruch.

Bei dem Gegenstromverfahren regenerieren die frischen unverbrauchten Chemikalien zunächst die nur wenig beanspruchten unteren Austauschmaterialschichten und gelangen erst später in die stark erschöpfte Masse. Dies hat zur Folge, daß die unteren, im Betrieb als letzte durchflossenen Bereiche des Austauschmaterials bestens regeneriert sind, so daß der Ionenschlupf kleiner ist als beim konventionellen Verfahren.

Der wesentliche Nachteil der konventionellen Regeneration, daß die Ionen aus den am stärksten beladenen Bereichen während der Regeneration das gesamte Filter, d. h. also auch schwächer oder kaum beladene Austauscherschichten passieren müssen, wird im Gegenstromverfahren vermieden. Des weiteren müssen bei diesem Verfahren die obersten Materialschichten nicht mehr voll ausregeneriert werden. Aus diesen Gründen können die Chemikalienüberschüsse erheblich reduziert werden.

Zusammengefaßt bietet das Gegenstromverfahren gegenüber der konventionellen Technik die folgenden technischen und wirtschaftlichen Vorteile:
- geringeren Ionenschlupf, d. h. höhere Wasserreinheit,
- niedrigeren Chemikalienverbrauch (er liegt sowohl bei sauren als auch basischen Austauschern zwischen 110 und 150% der theoretisch erforderlichen Menge).

Das beim Gegenstromverfahren auftretende technische Problem besteht darin, die bestregenerierten Austauschmaterialschichten so in den Ionen-Austauscher einzulagern, daß sie bei Betrieb als letzte durchflossen werden, sowie in einer gleichmäßigen Verteilung der Regeneriermittel in der optimalen Konzentration über den gesamten Filterquerschnitt. Ohne Einbauten würde das Austauchmaterial bei der Regeneration in Schwebe geraten, wobei eine innige Durchmischung durch die Aufwärtsströmung des Regenerierchemikals eintreten würde, d. h. es könnten sich im Austauschmaterial keine Zonen bilden, klassiert nach Güte der Regeneration.

Filter mit hydraulischem Gegendruck.

Um dieser Vermischung entgegenwirken zu können, wird ein Drainagesystem etwa 10–20 cm unterhalb der Oberfläche des Austauscherbettes in den Behälter eingehängt. Vor Beginn der Regeneration wird ein Wasserstrom von oben in den Behälter eingeleitet, der über das Drainagesystem wieder austritt. Dieses Stützwasser erzeugt auf das übrige Austauscherbett einen dynamischen Gegendruck, wodurch eine Festsetzung des Bettes erreicht wird. Andere Systeme arbeiten anstatt mit Stützwasser mit Druckluft.

Hiernach kann die Chemikalienbeaufschlagung von unten nach oben erfolgen, ohne daß eine Umschichtung des Austauschmaterials eintritt. Die Auswaschung der überschüssigen Regeneriermittel erfolgt ebenfalls unter dynamischem Gegendruck: Es ist dafür zu sorgen, daß das Waschwasser frei von Ionen ist, die von dem Ionen-Austauscher aufgenommen werden können, d. h. das Waschwasser für Kationen-Austauscher muß entbast und für Anionen-Austauscher entsalzt sein. Die Volumenänderung der meisten Ionen-Austauscher zwischen beladenem und unbeladenem Zustand ist bei der Konstruktion besonders zu berücksichtigen.

Eine gute Verteilung der Regeneriermittel über den gesamten Filterquerschnitt erfordert zusätzlich Drainage-Systeme im unteren Teil des Behälters.

Schwebebettverfahren

Der Schwebebettaustauscherbehälter hat zwei Düsenböden. Das Filter wird entgegen dem Filter mit hydraulischem Gegendruck bei Betrieb von unten nach oben durchflossen, während die Regeneration von oben nach unten erfolgt. Bei Betrieb lagert sich ein großer Teil des Austauschmaterials als Festbett am oberen Boden an, während der Rest in Schwebe bleibt. Wird das Schwebebettfilter zur Regeneration außer Betrieb genommen, so gleitet der Festbettanteil nahezu kompakt ohne Umschichtung nach unten. Bei der Wiederinbetriebnahme nach der Regeneration legt sich der obere Teil des Harzbettes wiederum ohne Umschichtung an den oberen Düsenboden an. Dadurch sind die idealen Voraussetzungen für eine Gegenstrom-Regeneration gegeben.

Verfahrenstechnik der Aufbereitung 129

Der Feinanteil von Austauschmaterial sammelt sich stets in den oberen Schichten eines Harzbettes. Beim Schwebebettfilter kann dieser Feinanteil zu einem Differenzdruckanstieg am oberen Düsenboden führen, da der Feinanteil die Düsen zusetzt. Aus diesem Grund wird auf das Harzbett eine ca. 15—20 cm starke Schicht inertes Filtermaterials mit uniformer Körnung aufgelegt, welches auch leichter als das Austauschmaterial ist. Bei der Inbetriebnahme schwimmt dieses Material auf und schließt die Düsen des oberen Bodens ein. Eine Verstopfungsgefahr durch den Feinanteil des Harzbettes ist damit ausgeschlossen.

Schwebebettfilter können auch als Doppelkammerfilter zum Einsatz kommen.

4.3.10.1. Schichtbettfilter

Die im vorherigen Abschnitt beschriebene Gegenstrom-Regeneration erlaubt den Bau von Vollentsalzungsanlagen, die bei niedrigem Chemikalienaufwand Wasser mit hoher Qualität erzeugen können. Die Beschreibung beschränkte sich jedoch auf den Einsatz stark dissoziierter Harze, d. h. stark saurer Kationaustauscher bzw. stark basischer Anionenaustauscher. Es hat sich nun gezeigt, daß in einem für die Gegenstrom-Regeneration eingerichteten Filterbehälter schwach saure und stark saure bzw. schwach basische und stark basische Harze

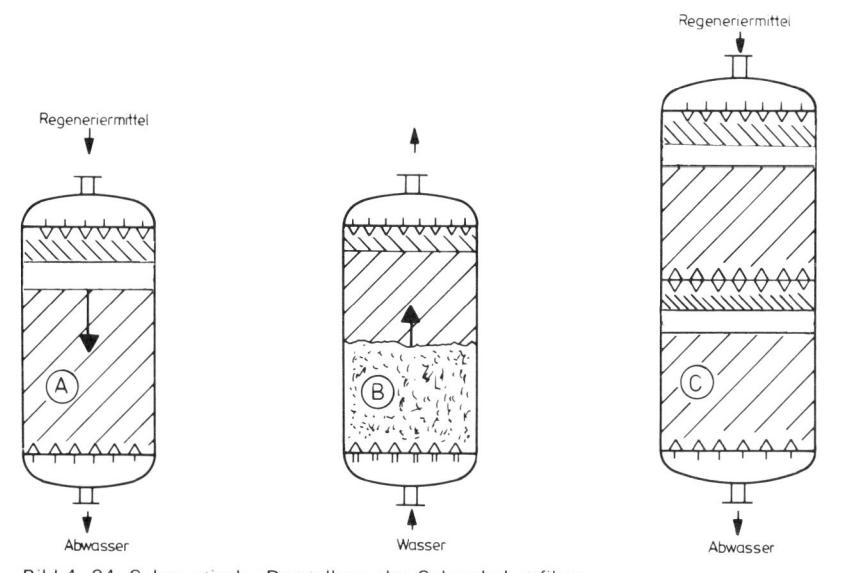

Bild 4.-34: Schematische Darstellung des Schwebebettfilters
A Regeneration   B Betrieb   C Doppelkammerfilter bei Regeneration

gemeinsam zur Anwendung kommen können. Da die schwach sauren bzw. schwach basischen Austauscher in der Regel höhere Kapazitäten aufweisen als die stark sauren bzw. stark basischen Harze und zudem einen geringeren Chemikalienüberschuß zur Regeneration erfordern, stellt die Schichtbettechnik die wirtschaftlichste Lösung der Gegenstrom-Regeneration dar. Bei der Auslegung einer Gegenstrom-Schichtbettfilteranlage ist dafür Sorge zu tragen, daß die beiden in einem Filter zur Anwendung kommenden Harzkomponenten ausgeprägte physikalische Unterschiede aufweisen, damit es nicht zu einer Vermischung der beiden Harze kommt. Die Mischzone soll möglichst klein sein.

Kationen-Schichtbettfilter

In einem Kationen-Schichtbettfilter werden carboxyle Harze von einer Sulfonsäure-Harzschicht überlagert. Die Carboxylharze spalten die Salze der Kohlensäure (Bicarbonate) in der Art, daß sie das entsprechende Kation, wie z. B. Kalzium, Magnesium oder auch Natrium, gegen Wasserstoff austauschen, wobei Kohlensäure in Freiheit gesetzt wird. (Vergleiche hierzu Kapitel 4.3.6.).

Auslegungsdaten:

Schichthöhe: 150–180 cm
Regeneriermittel: ca. 110% der theoretisch erforderlichen Menge, bezogen auf die Gesamtkapazität
Salzsäure-Konzentration: 4%ig

Die Erfahrung hat gezeigt, daß die Menge an stark saurem Harz möglichst 50% der Gesamtschichthöhe nicht unterschreiten soll.

Anionen-Schichtbettfilter

Die Gründe für die Installation eines anionischen Schichtbettfilters können neben der wirtschaftlicheren Betriebsweise auch organische Verschmutzungen des aufzubereitenden Wassers sein. (Vergleiche hierzu Kapitel 4.3.9.4.) Die Mengenanteile an schwach und stark basischem Anionenaustauscher richtet sich nach dem Verhältnis der starken und schwachen Säuren im entbasten Wasser. Es können Mischkapazitäten von 0,8–1 val/l Harz erreicht werden.

Bei der Regeneration eines anionischen Schichtbettfilters ist der Kieselsäure besondere Beachtung zu schenken. Die Natronlauge regeneriert zunächst die obere stark basische Harzschicht, die stark mit Kieselsäure beladen ist. Die durch die Natronlauge eluierte Kieselsäure wird nach unten verdrängt und passiert den schwach basischen Anionenaustauscher. Hier wirken die Reste der Natronlauge regenerierend auf den schwach basischen Austauscher, so daß das Regenerat in einen neutralen pH-Bereich eintritt. Es kann nun zur Ausscheidung der Kieselsäure kommen und als Folge dessen eine Verklumpung des schwach basischen Austauschers. Ist diese Verklumpung einmal eingetreten, so muß eine Regeneration mit der 2- oder 3fachen Natronlaugenmenge der normalen Regeneration erfolgen.

Die Gefahr der Kieselsäureausscheidung kann durch eine stärkere Verdünnung der Regenerierlauge auf ca. 2–3% vermindert werden. Ein leichter Überschuß an Regenerierlauge erhöht auf jeden Fall die Betriebssicherheit.

4.3.11. Der CO_2-Rieseler

Die Entfernung der Kohlensäure, die aus der Aufspaltung der Hydrogenkarbonate im Kationenaustauscher entstanden ist

$$Ca(HCO_3)_2 + H_2 \cdot \mathcal{A} \rightarrow Ca \cdot \mathcal{A} + 2\,H_2CO_3$$
$$\swarrow \quad \searrow$$
$$2\,H_2O \quad 2\,CO_2$$

kann in einem stark basischen Austauscher erfolgen. Der Chemikalienbedarf ist jedoch hoch. Wirtschaftlicher für die CO_2-Entfernung ist die Verrieselung des entbasten Wassers nach dem Kationenaustauscher oder auch des entsalzten Wassers nach dem schwach basischen Anionenaustauscher. Die Einschaltung des Rieselers hinter dem schwach basischen Anionenaustauscher ist auch vorteilhafter, weil die Beladung des schwach basischen Austauschers mit CO_2 eine Quellung des Materials verursacht. Hierdurch erhöht sich die Kapazität dieses Austauschers.

Im Rieseler wird das Wasser im oberen Teil verdüst und rinnt dann über mehrere mit Kunststoffringen gefüllte Etagen. Dem Wasser wird Luft im Gegenstrom zugeführt. Durch die Herabsetzung des Partialdruckes für CO_2 wird die Kohlensäure auf einen Wert < 10 mg/l entfernt.

Nach den VGB-Richtlinien soll die spezifische Flächenbelastung des Rieselers 10–20 m³ Wasser je m²/h und der Luftbedarf 15–20 m³ Luft je m²/h sein. ‚Neuere Rieseler-Konstruktionen verzichten auf die Unterteilung des Rieselerraumes in mehreren Etagen und wählen stattdessen nur eine Schicht aus Füllkörpern, die auf einen Loch- oder

Düsenboden aufgelagert ist. Bei einem Volumenverhältnis von Wasser: Luft von etwa 1:60 arbeiten diese Rieseler bis zu einer Flächenbelastung von 70 m³/m² h entsprechend einer Geschwindigkeit von 70 m/h. Der Rest-CO_2-Gehalt liegt bei < 10 mg/l. Die Höhe der Füllkörperschicht muß dabei dem CO_2-Gehalt des zu verrieselnden Wassers angepaßt werden. Der Ort der Luftansaugung soll so gewählt werden, daß keine schädlichen Gase (NH_3, CO_2 etc.) angesaugt werden. Wenn notwendig, ist die Luft über Tuchfilter von Staub zu befreien. Die Gebläseeinrichtungen müssen eine garantiert ölfreie Luft liefern. Die im Oberteil des Rieselers austretende Luft soll ins Freie abgeführt werden.

Man kann anstatt eines Rieselers eine Vakuumentgasung benutzen, die neben der Kohlensäure auch den Sauerstoff bis < 50 µg/kg entfernt. Dieses kann von Vorteil sein, wenn vor der thermischen Entgasung Niederdruckvorwärmer geschaltet sind.

Weitere Angaben über CO_2-Rieseler sind unter 4.2.1. zu finden.

4.3.12. Der Mischbettaustauscher

Ein Mischbettaustauscher enthält eine Mischung von stark saurem Kationen- und stark basischem Anionenaustauschmaterial, das während der Laufzeit im innig vermischten Zustand vorliegt. Die nebeneinanderliegenden Kationen- und Anionen-Harzkörner stellen eine sehr lange Kette von hintereinandergeschalteten Kationen- und Anionenaustauschern dar. Hierauf beruht der gute Entsalzungseffekt des Mischbettaustauschers.

Der Mischbettaustauscher kann zur Entsalzung und Entkieselung von Rohwasser eingesetzt werden. Allerdings beschränkt sich dieser Einsatz durch den höheren Chemikalienverbrauch gegenüber Einzelfiltern auf Wässer mit geringem Salzgehalt bei kleiner Leistung. Die Hauptanwendungsgebiete des Mischbettaustauschers sind der Einsatz als Endfilter einer Vollentsalzungsanlage und die Kondensatentsalzung.

Bedienungsvorgänge

Vor der Regeneration wird der Mischbettaustauscher durch eine Wasserspülung von unten nach oben unter Ausnutzung der verschiedenen spezifischen Gewichte des Kationen- und Anionenharzes entmischt. Nach der Regeneration des oberen Anionenteiles mit 2–4 %iger Natronlauge und Nachwaschen bis zu einer SK 8,2 von ≈ 0,5 ml/100 wird der untere Kationenteil mit 8–10 %iger Salzsäure regeneriert und nachgewaschen bis zu einer BK 4,3 von ≈ 0,5 ml/100. Als Spül-, Rege-

Verfahrenstechnik der Aufbereitung 133

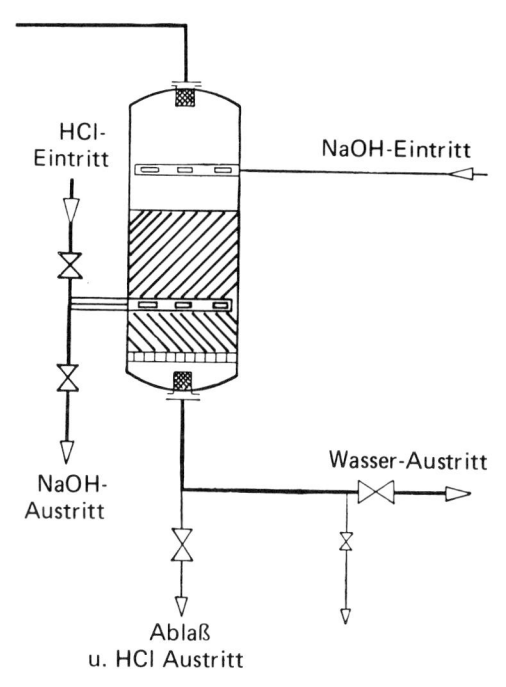

Bild 4.-35: Der Mischbettaustauscher

nerier- und Waschwasser wird entsalztes Wasser benutzt. Nachdem zur Schaffung eines Luftraumes oberhalb der Filterschicht ein Teil des Wassers abgelassen ist, wird das Anionen- und Kationenmaterial durch Einführen von Luft wieder vermischt. Nach einer darauf folgenden kurzen Auswaschung ist der Mischbettaustauscher betriebsbereit.

Wenn sich Schwierigkeiten bei der Trennung der beiden Austauschmaterialien ergeben, kann die Natronlauge über das vermischte Material gegeben werden. Nach der Regeneration mit Natronlauge und Auswaschen derselben lassen sich dann die beiden Austauschmaterialien leichter durch den Spülwasserstrom trennen. Nach der Entmischung wird dann die Regeneration des Kationenmaterials mit Salzsäure durchgeführt.

Berechnungsgrundlagen

Für den Mischbettaustauscher sind die Kapazitäten der beiden Austauschmaterialien maßgebend. Das Verhältnis des Kationen- zum Anionenmaterial wird, abgesehen von Sonderfällen, 1:2 gewählt.

Chemikalienbedarf

Das Kationenmaterial soll wegen der geringen Schichthöhe mit 400–500 % und das Anionenmaterial je nach Harztype mit 300–600 % des theoretischen Bedarfs regeneriert werden. Für die Berechnung ist immer die volle NK einzusetzen, auch wenn sie in der Laufzeit nicht ausgenutzt wurde.

Überwachung

Die Kontrolle des Mischbettaustauschers wird über den Restkieselsäuregehalt und die Leitfähigkeit vorgenommen.

4.3.13. Die Vollentsalzung

Durch die Hintereinanderschaltung eines stark sauren Kationen- und eines stark basischen Anionenaustauschers werden alle Kationen und Anionen entfernt, und das Wasser ist vollentsalzt (Deionat). Das Endprodukt der Austauschreaktion ist Wasser, weil, wie das Beispiel zeigt, die Kationen Na^+ und Anionen Cl^- an den Austauschstoff gegen H^+- und OH^--Ionen angelagert werden.

$$NaCl + \boxed{H} \cdot \mathcal{A} \rightarrow Na \cdot \mathcal{A} + HCl$$

$$HCl + \boxed{OH} \cdot \mathcal{A} \rightarrow Cl \cdot \mathcal{A} + \boxed{H_2O}$$

Durch die Mitverwendung von schwach sauren und schwach basischen Austauschern, kann man Chemikalien einsparen und den Effekt steigern. Die schwachen und starken Austauschergruppen bilden die Bauelemente der Vollentsalzungsanlage. Die Grundschaltungen sind im Bild 4.-36 aufgeführt, die je nach Rohwassereigenschaften, Verwendungszweck des entsalzten Wassers und vorliegenden Betriebsbedingungen in anderen Kombinationen zur Anwendung kommen können.

Schaltung 1

Die Vollentsalzung ist in einem Filter, dem Mischbettaustauscher, möglich. Der Einsatz des Mischbettaustauschers für die Entsalzung von Rohwasser ist nur üblich bei sehr niedrigem Salzgehalt und kleinen Leistungen, weil dann der höhere Chemikalienverbrauch und auch der größere Arbeitsaufwand durch längere Regenerationszeiten keine ausschlaggebende Rolle spielen.

Verfahrenstechnik der Aufbereitung 135

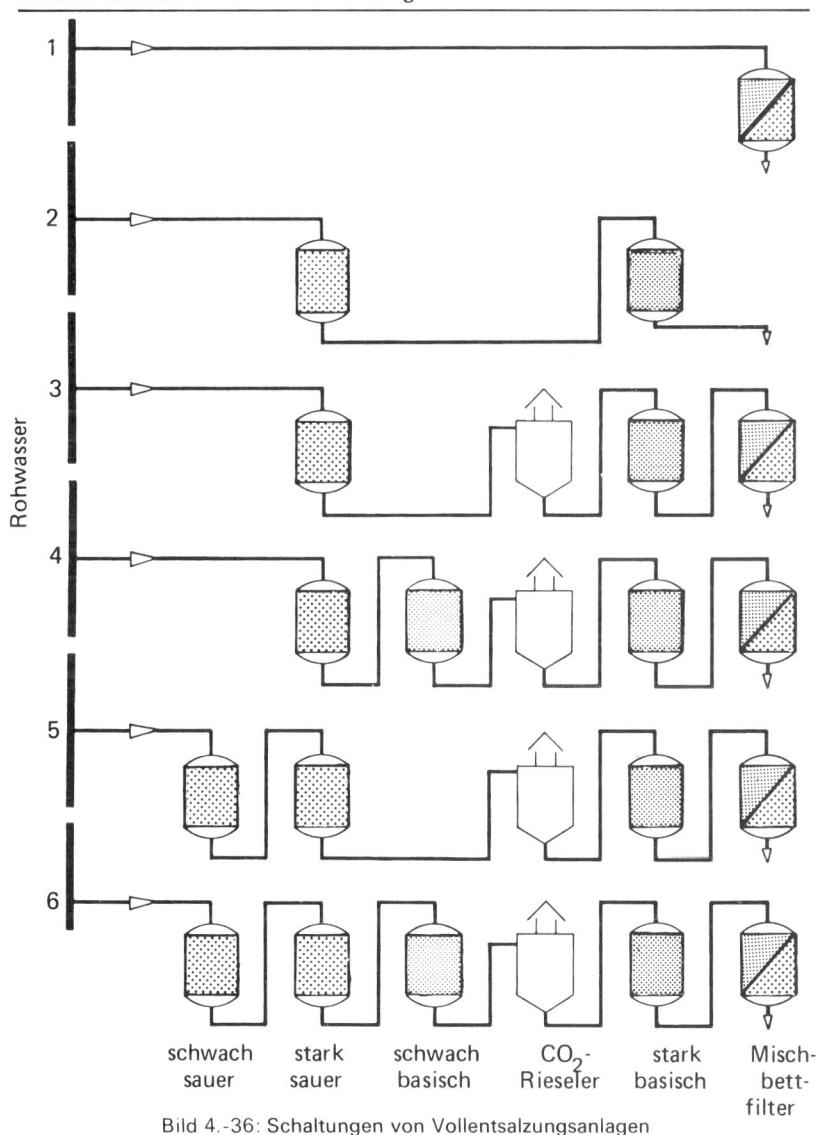

Bild 4.-36: Schaltungen von Vollentsalzungsanlagen

Spalten: schwach sauer — stark sauer — schwach basisch — CO_2-Rieseler — stark basisch — Mischbettfilter

Schaltung 2

Die Schaltung besteht aus einem stark sauren Kationenaustauscher und einem stark basischen Anionenaustauscher und wird bei Wässern mit sehr wenig Hydrogenkarbonaten und auch wenig Anionen von Mineralsäuren angewandt, weil bei hohen Salzgehalten der laufende Chemikalienbedarf zu groß wird. Der erreichbare Restsalz- und Kieselsäuregehalt ist bei dieser Schaltung höher, reicht aber in vielen Fällen aus.

Eine Verbesserung der Leitfähigkeit ist durch die Nachschaltung eines schwach sauren Kationenaustauschers zu erreichen, der die Spuren an Natronlauge aufnimmt, die im ersten Teil der Laufzeit auftreten und auch über die gesamte Laufzeit, vom Natriumschlupf des Kationenaustauschers herrührend, vorliegen können.

Schaltung 3

Hier sind der stark saure Kationenaustauscher und der stark basische Anionenaustauscher durch einen CO_2-Rieseler und einen Mischbettaustauscher ergänzt. Diese Schaltung ist bei mäßigem Hydrogenkarbonatgehalt und mäßigem Anteil an Anionen der starken Mineralsäuren sowie nicht zu großer Leistung angebracht. Der CO_2-Rieseler verringert den Chemikalienbedarf für den Anionenaustauscher. Der Mischbettaustauscher ist zur Verbesserung des Restsalz- und Kieselsäuregehaltes eingeschaltet.

Schaltung 4

Gegenüber der Schaltung 3 ist hier ein schwach basischer Anionenaustauscher dazugekommen, der eine Minderung des Natronlaugenbedarfs bewirkt. Die Schaltung ist bei mäßigem Hydrogenkarbonatanteil und höherem Anteil an Anionen der starken Mineralsäuren auch für mittlere und große Leistungen zweckmäßig. Der Mischbettaustauscher stellt auch hier den optimalen Restsalz- und Kieselsäuregehalt sicher.

Schaltung 5

Diese Schaltung benutzt zwei Kationenaustauscher, und zwar einen schwach sauren und einen stark sauren. Der basische Teil hat nur einen stark basischen Anionenaustauscher. Durch den Einsatz dieser zwei Kationenaustauscher wird eine Chemikalienersparnis erreicht, wenn das Wasser einen mittleren oder hohen Hydrogenkarbonatanteil und einen kleinen bis mittleren Anteil an Anionen der starken Mineralsäuren hat. Die Schaltung kann bei der angegebenen Beladung für mittlere bis große Leistungen angewandt werden.

Schaltung 6

Der Kationen- und der Anionenteil dieser Anlage ist in schwache und starke Austauscher aufgeteilt. Für den Salzsäure- und Natronlaugebe-

Verfahrenstechnik der Aufbereitung

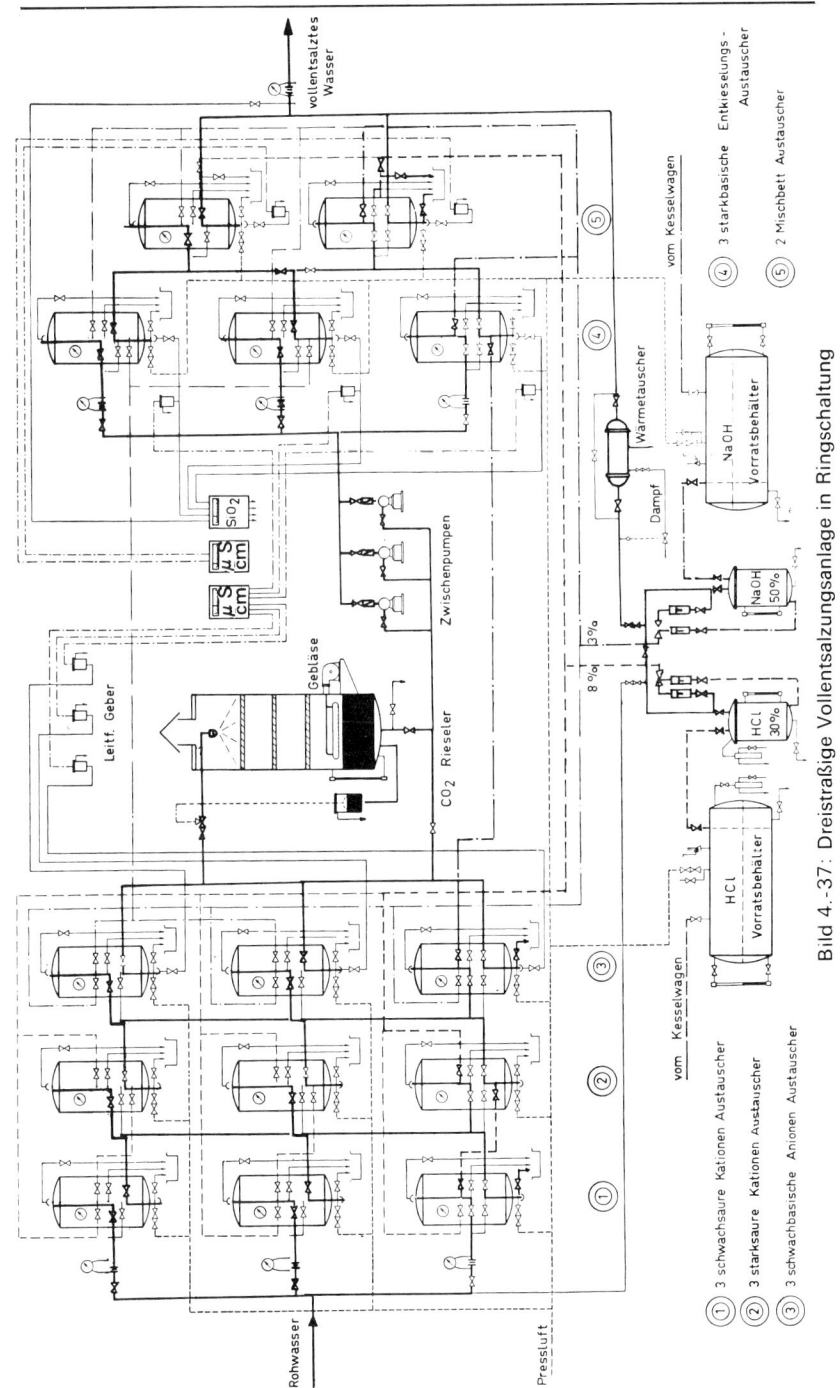

Bild 4.37: Dreistraßige Vollentsalzungsanlage in Ringschaltung

① 3 schwachsaure Kationen Austauscher
② 3 starksaure Kationen Austauscher
③ 3 schwachbasische Anionen Austauscher
④ 3 starkbasische Entkieselungs-Austauscher
⑤ 2 Mischbett Austauscher

darf sind optimale Werte zu erreichen. Die Schaltung ist für Wässer mit mittleren und hohen Beladungen bis zu größten Leistungen anzuwenden. Auch wird der Entsalzungs- und Entkieselungseffekt durch den Mischbettaustauscher sichergestellt.

Ein Schaltschema einer Vollentsalzungsanlage einschließlich der Chemikalienvorratsbehälter und Regenerationseinrichtung zeigt Bild 4.-37.

Die Chemikalienvorratsbehälter sollen mindestens den Chemikalienbedarf von 4 Wochen aufnehmen können. Bei kleineren Anlagen empfiehlt sich die Behältergröße von etwa 20 m³, um noch bei genügendem Vorrat einen Kesselwagen von 10 oder 15 m³ aufnehmen zu können. [5].

Die Regenerationseinrichtung besteht aus Zwischenbehältern, die den Chemikalienbedarf für eine Regeneration aufnehmen können und durch Preßluft aus den Vorratsbehältern gefüllt werden. Aus den Zwischenbehältern wird die Säure bzw. Lauge mittels Injektoren angesaugt, auf die gewünschte Konzentration gebracht und zu den Austauschern befördert.

4.3.13.1. Der Natriumschlupf

Der Kationenaustauscher spaltet die Salze in die entsprechenden Säuren. Die Aufspaltung der Salze mit zweiwertigen Ionen, wie Ca^{2+} und Mg^{2+}, gelingt leichter als diejenige mit einwertigen, wie Na^+ und K^+. Je mehr Na^+-Ionen im Rohwasser sind, desto größer ist die Menge der nicht aufgespalteten Na-Verbindungen. Diesen Vorgang nennt man Gleichgewichts-Natriumschlupf. Weiterhin wird der Schlupf von Kationen hervorgerufen, die bei der vorangegangenen Regeneration nicht von dem Ionen-Austauscher entfernt wurden (siehe auch 4.3.10).

Die aus dem Kationenaustauscher austretenden Na-Verbindungen werden im stark basischen Austauscher aufgespalten

$$NaCl + OH \cdot \mathcal{A} \rightarrow Cl \cdot \mathcal{A} + NaOH$$

und verursachen durch die Bildung von Natronlauge eine hohe Leitfähigkeit des entsalzten Wassers, die zu unerwünscht hohen Belastungen des Mischbettaustauschers führt.

Der Gleichgewichts-Natriumschlupf steht im Verhältnis der einwertigen zu den zweiwertigen Kationen im aufzubereitenden Wasser. Der Schlupf allgemein kann durch folgende Maßnahmen gemindert bzw. ausgeschaltet werden.

Verfahrenstechnik der Aufbereitung 139

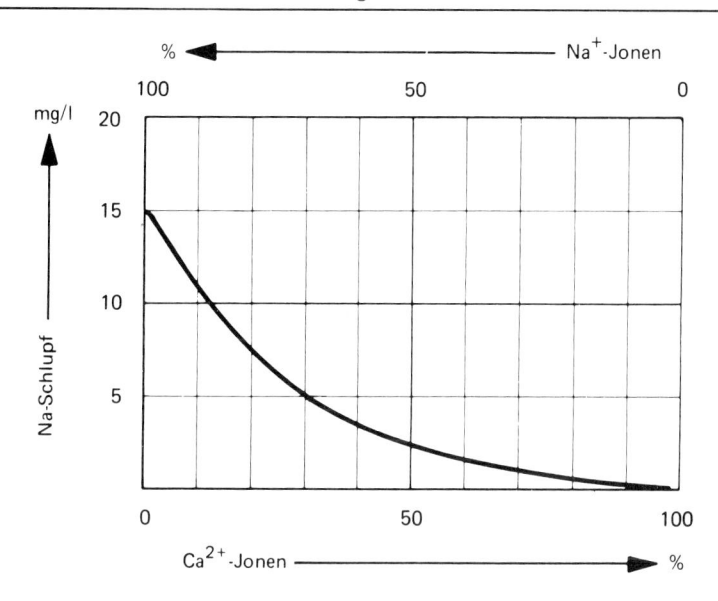

Bild 4.-38: Natriumschlupf in Abhängigkeit der angebotenen Na^+- und Ca^{2+}-Ionen bei einem Regeneriermittelaufwand von 130 g HCl/l_A, entsprechend 250% des theoretischen Bedarfs

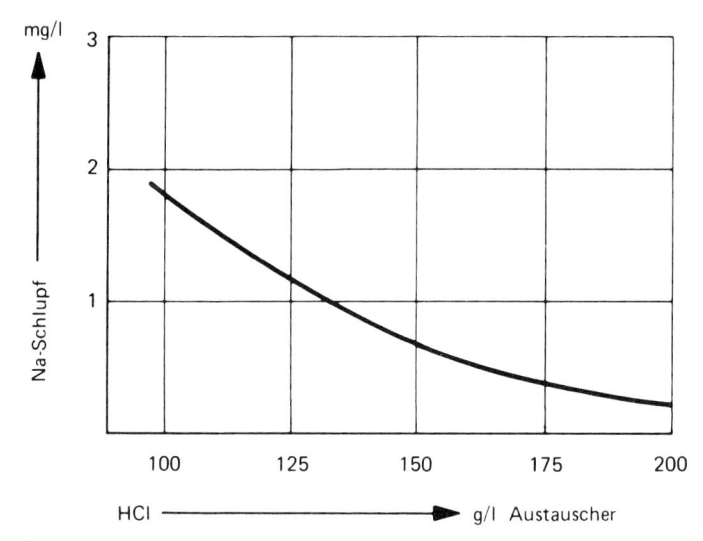

Bild 4.-39: Natriumschlupf in Abhängigkeit vom Regeneriermittelaufwand bei einem Rohwasser mit 70% Ca^{2+}-Ionen und 30% Na^+-Ionen

1. Luftspülung des Kationenaustauschers vor und nach der Regeneration zur Verteilung der im unteren Filterbereich mit Na^+-Ionen stärker beladenen Austauscherschicht.
2. Die Anwendung höherer Salzsäuremengen zur Regeneration.
3. Die Einschaltung eines weiteren Kationenaustauschers (Spalter) nach dem schwach basischen Austauscher zur Restspaltung der aus dem ersten Kationenaustauscher austretenden Na-Verbindungen.

4.3.13.2. Überwachung und Regeneration

Kontrolle der verdünnten Chemikalienkonzentrationen.

Bei der Regenerierung der verschiedenen Austauschmaterialien sind gemäß Betriebsanleitung bestimmte Konzentrationen an Lauge und Säure anzuwenden. Toleranzen ± 10% sind zulässig. Zur Ermittlung der Chemikalienkonzentration wird vor Eintritt in den Austauscher eine Probe entnommen, wobei einerseits darauf zu achten ist, daß die Probe dem in den Austauscher fließenden Lösungsstrom entspricht, andererseits nicht übermäßig viel Lösung ablaufen soll, da diese Menge bei der Regenerierung des Austauschers nicht mehr dem Austauschmaterial zugeführt wird und somit ohne Gegenleistung in den Ablauf fließt.

Von der entnommenen Probe wird mit einer Pipette 1 ml abgemessen und in einen Titrierkolben gegeben, der bereits etwa 50–100 ml Wasser enthält. Dann titriert man bis zum Umschlagpunkt.

Säurebestimmung

1 ml Untersuchungslösung (Regeneriersäure)
50–100 ml Wasser (vollentsalztes Wasser oder austitrierte Probe)
1–2 Tropfen Methylorangelösung
$\qquad$ Verbrauch an n/10 NaOH × [ml]
$\qquad\qquad$ HCl = x · 0,365   %

Laugenbestimmung

1 ml Untersuchungslösung (Regenerierlauge)
50–100 ml Wasser (vollentsalztes Wasser oder austitrierte Probe)
1–2 Tropfen Phenolphthaleinlösung
$\qquad$ Verbrauch an n/10 HCl × [ml]
$\qquad\qquad$ NaOH = x · 0,4   %

In der Praxis hat es sich bewährt, zu Beginn der Regenerierung einmal Verdünnungswasser (etwa 50 ml vollentsalztes Wasser oder neutrales

Wasser) vorzulegen und dann die jeweils austitrierte Probe zu benutzen, womit der Arbeitsaufwand wesentlich vermindert wird.

4.3.13.3. Neutralisierung der Filterabläufe

Die Abläufe von Teil- und Vollentsalzungsanlagen dürfen nur nach vorausgegangener Neutralisation und evtl. Klärung in die Kanalisation oder Vorfluter abgeleitet werden.

Die Filterabläufe von Teilentsalzungsanlagen werden in Neutralisationsbecken bis pH-Wert 7 mit Kalkhydrat oder Natronlauge neutralisiert und abgelassen.

Bei Vollentsalzungsanlagen ergibt sich bei der Regeneration einer Straße je nach der Rohwasserzusammensetzung und der gewählten Schaltung ein Säure- oder Laugenüberschuß. Das Neutralisationsbecken muß demnach säure- und laugenfest ausgekleidet werden. Die Größe ist so zu wählen, daß die Regenerationsabläufe einer Straße gespeichert werden können. Verbleibt hierbei ein Säureüberschuß, so wird dieser mit Kalkhydrat oder Natronlauge neutralisiert. Einen Laugenüberschuß mit Säuren zu neutralisieren, ist in den meisten Fällen zu teuer. Hier besteht aber die Möglichkeit, den alkalischen Inhalt des Beckens mit anderen neutralen Abwässern zu verdünnen und über einen längeren Zeitraum abzulassen, wodurch die Anforderung an den pH-Wert des Abwassers eingehalten werden kann.

Zur Überwachung des Ablaufs des Neutralisationsbeckens ist ein pH-Gerät zu empfehlen.

4.3.14. Automatisch geregelte Vollentsalzungsanlagen

Der Betrieb von Ionenaustauschern erfordert für die einzelnen Arbeitsgänge, wie Spülen, Regenerieren, Waschen und Laufzeit, die Bedienung einer Anzahl von Schiebern. Zur Vermeidung von Bedienungsfehlern und zur Einsparung von Zeit werden vielfach elektrisch oder hydraulisch gesteuerte Schieber angewandt. Im Bild 4.-40 ist die elektrisch gesteuerte Schaltung einer Vollentsalzungsanlage, aus 2 Straßen bestehend, dargestellt.

Arbeitsweise

Die Impulse der Schaltung gehen von einem Kieselsäure- und Leitfähigkeitsmeßgerät aus. Das Öffnen und Schließen der Schieber erfolgt durch eine Magnetsteuerung.

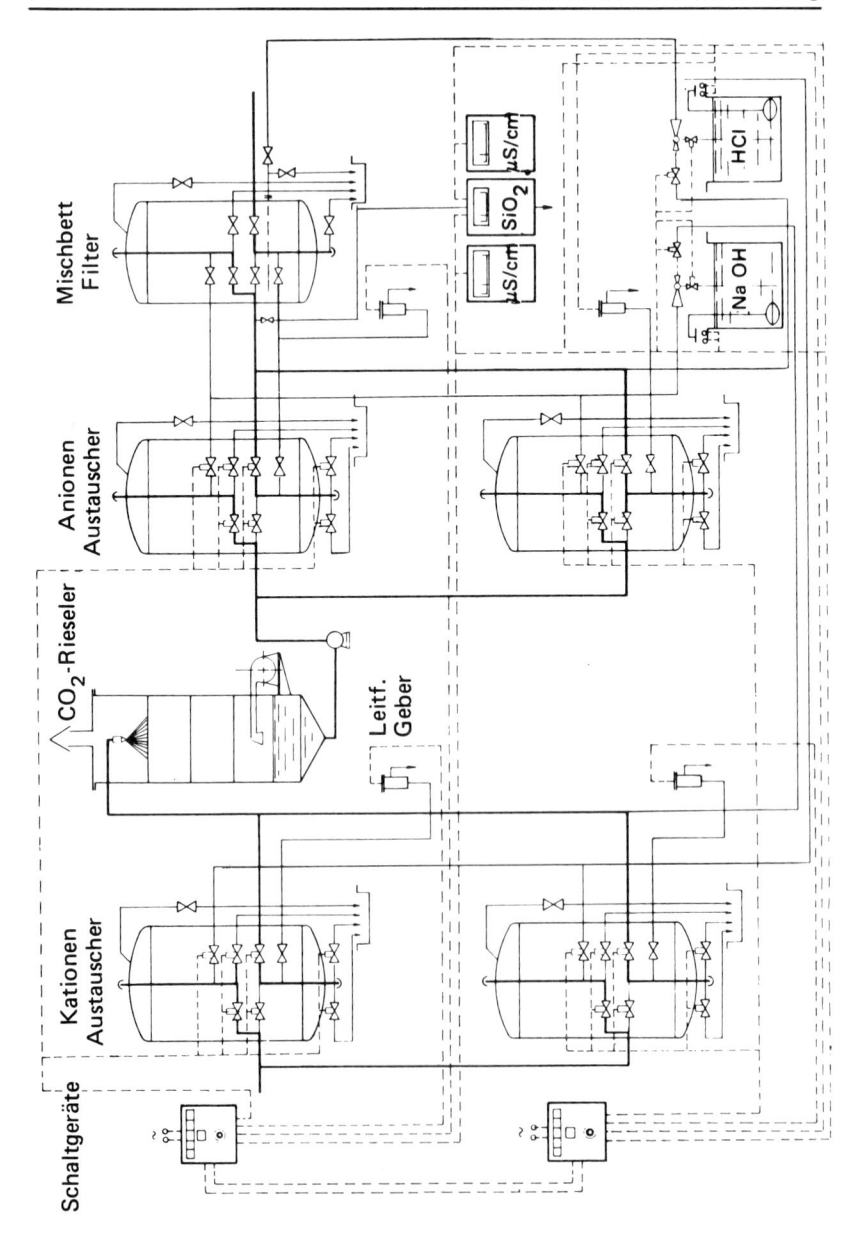

Bild 4.-40: Automatisch geregelte zweistufige Vollentsalzungsanlage

Verfahrenstechnik der Aufbereitung 143

Zu jeder Austauscherstraße gehört ein Schaltgerät. Die Schaltgeräte sind elektrisch miteinander verbunden. Sie enthalten die Schaltorgane, wie Betriebswahlschalter, Schrittschalter, Programmschalter, Zeitrelais sowie die zur Transformierung und Gleichrichtung notwendigen Apparate. Kontroll-Lampen, Bedienungstaste und Sicherungselemente befinden sich auf der Frontplatte.

Von den beiden in Betrieb befindlichen Straßen schaltet sich die erschöpfte Straße ab, um die Vorgänge der Regenerierungsperiode einzuleiten. Nach Beendigung dieser Periode wird die Straße wieder automatisch auf „Betrieb" geschaltet.

Die Reihenfolge kann auch so ablaufen, daß die erschöpfte Straße die zur Reserve stehende aufgeladene Straße auf „Betrieb" schaltet, und dann die eigene Regenerationsperiode automatisch einleitet und danach Reservestellung bezieht.

Jeder Arbeitsgang kann aber auch durch Drücken der Taste beliebig eingestellt werden. Leitfähigkeits- und Kieselsäure-Meßgerät sind dann vom Steuersystem getrennt.

4.3.15. Kurztaktverfahren

Ionen-Austauscheranlagen zur Wasseraufbereitung werden in der Regel diskontinuierlich betrieben, d. h. einer Beladungsperiode folgt eine Regenerierperiode. Während der Regenerationsphase ist die Ionen-Austauscheranlage daher nicht in der Lage, Reinwasser zu produzieren. Wenn betriebliche Belange eine gleichmäßige Wasserversorgung erfordern, muß ein Vorratsreservoir zur Überbrückung der Regenerationszeit geschaffen werden oder eine zweite Ionen-Austauscher-Einheit zur Aufstellung kommen. Die Installation einer zweiten Einheit wird überwiegend praktiziert. Bei Enthärtungs- und Teilentsalzungsanlagen müssen Regenerationszeiten von 1–2 Stunden und bei Vollentsalzungsanlagen von 2–5 Stunden überbrückt werden. Die Laufzeiten betragen in der Regel bei handbetriebenen Anlagen 24 Stunden, das bedeutet, daß mit Ausnahme der Regenerationsperiode meist eine Reserve von 100% zur Verfügung steht. Damit ist für den Betrieb eine sehr sichere Ausgangsposition gegeben.

Dennoch werden immer wieder Überlegungen angestellt, die dem Ziel dienen, die Wassererzeugung kostengünstiger zu gestalten. Die oft ohnehin hohen Rohwasserpreise erfahren durch die Investition einer Ionen-Austauscheranlage sowie durch die laufenden Chemikalienkosten eine weitere Kostenbelastung. Es ist darum ein verständliches

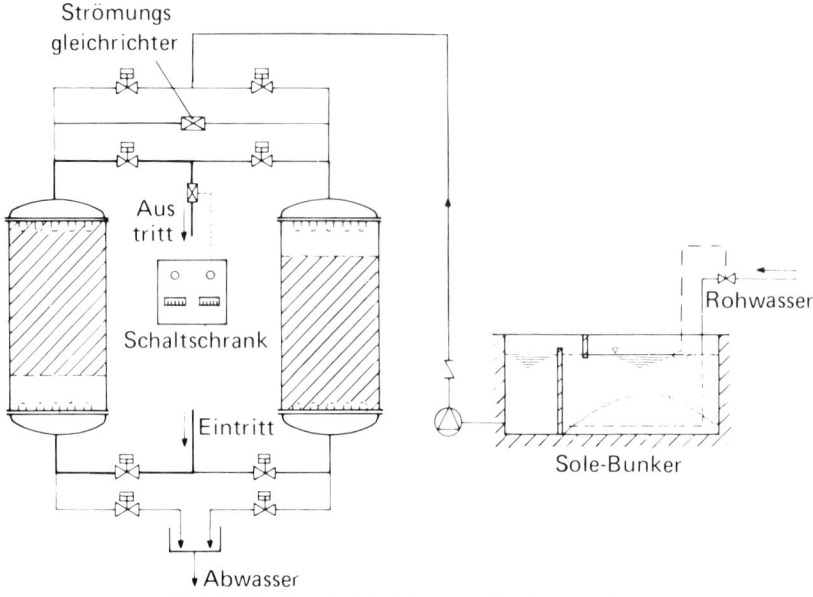

Bild 4.-41: Kurztakt-Verfahren als Na-Austauscher

Bestreben, Anlagen zu bauen, die unter geringstem Investitionsaufwand und minimalen Chemikalienkosten kontinuierlich Wasser mit optimaler Reinheit erzeugen. Ein Verfahren, welches diesen Forderungen auf sehr einfache Art gerecht wird, ist nachstehend beschrieben. Dieses Verfahren kann sowohl zur Enthärtung, Teilentsalzung als auch zur Vollentsalzung angewendet werden.

Bei der Planung dieser Anlage ist man davon ausgegangen, daß die Laufzeit einer Austauschersäule nicht länger ist als die Regenerationszeit einer zweiten gleich großen Säule, wobei das Regenerierwasser für die in der Regeneration befindlichen Säule von der in Betrieb befindlichen Säule hergestellt wird.

Wie aus Bild 4.-41 zu erkennen ist, bilden beide Austauschersäulen eine Einheit, wobei jeder Ionen-Austauscherbehälter wechselweise als Arbeitsfilter oder als Regenerationsraum dient. Ein Transport von Ionen-Austauschmaterial ist nicht erforderlich. Die Art der Schaltung macht für den Betrieb der Anlage, d. h. Regeneration im Gegenstrom und kontinuierliche Reinwassererzeugung je Einheit nur wenige automatisch betriebene Absperrarmaturen erforderlich.

Verfahrenstechnik der Aufbereitung   145

Bei der Vollentsalzung von Wasser werden 2 Einheiten hintereinander geschaltet, wobei eine Einheit mit stark saurem und die zweite mit stark basischem Ionen-Austauschmaterial gefüllt wird. Im Bedarfsfall kann beiden Einheiten ein CO_2-Rieseler zwischengeschaltet werden.

Die erzielbaren Wasserqualitäten bzw. Chemikalienverbräuche sind vergleichbar mit den in Kapitel 4.3.10. genannten Werten.

4.3.16. Kondensataufbereitung

Man unterscheidet 3 Gruppen von Kondensaten:
1. Betriebskondensate,
2. Heizungs- bzw. Fernheizkondensate,
3. Turbinenkondensate,

deren Verunreinigung grundsätzliche Unterschiede aufweisen können und deshalb auch verschiedener Behandlungsverfahren bedürfen.

4.3.16.1. Betriebskondensate

Betriebskondensate sollten nur dann zur Kesselspeisung benutzt werden, wenn die Verunreinigungen eindeutiger Natur und mit bekannten Mitteln zu entfernen sind. Ist nach Art der Betriebe mit der Gefahr größerer Einbrüche von schwachen Säuren, Laugen oder organischen Stoffen zu rechnen, so sollte man sich bei diesen Kondensaten nur auf die Wärmerückgewinnung in Oberflächentauschern beschränken, sie von der Kesselspeisung jedoch ausschließen.

Bei Ölgehalten von mehr als 10 mg/kg ist es zweckmäßig, das Kondensat über Vorabscheider bzw. Koksfilter so weit zu entölen, daß eine anschließende Entölung im Aktivkohlefilter oder Anschwemmfilter (siehe 4.2.4. und 4.2.5.) wirtschaftlich durchführbar ist. Die Enthärtung erfolgt im Natriumaustauscher.

4.3.16.2. Heizungs- und Fernheizkondensate

Heizungs- und Fernheizkondensate können neben beträchtlichen Mengen ungelöster Eisenoxide auch Härtebildner enthalten. Hier ist eine Filtration und anschließende Enthärtung im Natriumaustauscher notwendig. Es sei bemerkt, daß NH_3 enthaltende Heizungskondensate nach dem Durchgang durch einen Natriumaustauscher annähernd äquivalente Mengen an Natronlauge, Soda oder Natriumhydrogenkarbonate enthalten, welche die Alkalität des Kesselwassers erhöhen.

Sind die Anforderungen an das Speisewasser in bezug auf Alkalität, Kieselsäure, gelöstes Eisen und Salzgehalt höher, so kann das Kondensat über kieselsäurefreie Filterstoffe von den festen Verunreinigungen befreit und anschließend über Kationen- und Mischbettaustauscher entsalzt und entkieselt werden.

4.3.16.3. Turbinenkondensate

Turbinenkondensate können mit Härtebildnern und Salzen des Kühlwassers verunreinigt werden. Gegen diese Gefahren schützt man sich durch die Einschaltung eines Natriumaustauschers, wenn die Anforderungen des Kesselbetriebes dieses in bezug auf den Alkali- und Neutralsalzgehalt zulassen. Bei höheren Anforderungen ist eine Entsalzung notwendig. Von dieser Maßnahme wird jedoch von Betrieben mit Naturumlaufkesseln nur in beschränktem Maße Gebrauch gemacht, weil die Anlagen sehr groß und teuer werden.

Es empfiehlt sich nicht, die Kondensatentsalzung ausschließlich mit Mischbettaustauschern durchzuführen, weil der — wenn auch geringe — Eisengehalt des Kondensates das stark basische Anionenmaterial auf die Dauer verschmutzt und die Kapazität mindert. Deshalb wird dem Mischbettaustauscher ein stark saurer Kationenaustauscher vorgeschaltet, der die Eisenionen aufnimmt, die dann bei der Regeneration mit Salzsäure wieder eliminiert werden. In dieser Schaltung kann auch das Kupfer auf < 1 µg/kg entfernt werden.

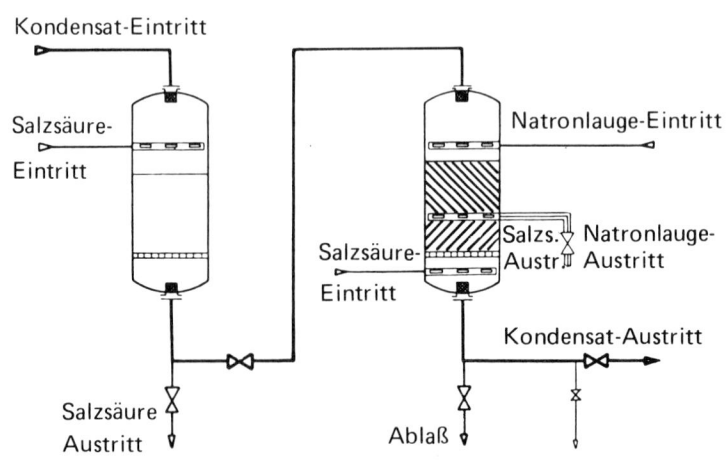

Bild 4.-42: Kondensatentsalzungsanlage

4.3.16.4. Kondensatentsalzung für Zwangdurchlauf-Dampferzeuger

Bei Zwangsdurchlauf-Dampferzeugern ist die Anwendung von Entsalzungsanlagen, die im allgemeinen aus einem Kationen- und Mischbettaustauscher mit vorgeschaltetem mechanischem Filter bestehen, zur Kondensataufbereitung zwingend notwendig.

Nicht nur für den laufenden Betrieb, sondern auch beim Einfahren neuer Dampferzeuger sind die Entsalzungsanlagen besonders wertvoll, um Kreislaufverunreinigungen in kürzester Zeit zu beseitigen.

Zur mechanischen Filtration gibt es Anschwemmfilter, Kerzenfilter, Magnetfilter sowie Hydroanthrazitfilter. Kiesfilter sind wegen der Kieselsäureabgabe bei Temperaturen über 50 °C nicht immer einsetzbar.

4.3.17. Reinigung ölverschmutzer Ionenaustauscher[*]

Ionenaustauscher, die durch Öl oder Fett verunreinigt sind, lassen sich durch eine Lösung reinigen, die

2 % Natronlauge und
0,5–1 % Lerolat N 100

enthält. Kationenaustauscher sind vorher in die Natrium-Form überzuführen, Anionenaustauscher in der üblichen Weise zu regenerieren.

Im allgemeinen setzt man 1,5 Volumenteile Lösung, bezogen auf die Austauschermenge, ein. Der Gehalt an Lerolat N 100 richtet sich nach dem Grade der Verschmutzung des Austauschers. Die auf 35–40 °C angewärmte Lösung läßt man mehrere Stunden (z. B. über Nacht) auf das Austauschermaterial einwirken. Mehrmaliges Durchwirbeln mit Preßluft oder mechanisches Rühren erhöht den Reinigungseffekt.

Nach dieser Behandlung wird eine halbe Stunde lang, anfangs langsam, dann schneller rückgespült, um die Lösung und abgelöste Verunreinigungen zu entfernen. Anschließend wäscht man von oben nach unten sorgfältig aus, damit auch die letzten Spuren des Netzmittels eluiert werden und das nach der Reinigung des Filters aufbereitete Wasser nicht zum Schäumen neigt. [Mindestens zwanzig Volumenteile Wasser pro Volumen Harz.]

Als Abschluß sind die Austauscherharze durch die übliche Regenerierung in den Betriebszustand überzuführen.

---

[*] Nach einem Merkblatt der Farbenfabriken Bayer A. G.

Eigenschaften verschiedener Ionenaustauscher (nach Herstellerangaben)

Amberlite®	Kationenaustauscher				Anionenaustauscher							
	IR-120	IR-132 E	200	IRC-84	IRA-67	IRA-93 SP	IRA 400	IRA-458	IRA-478	IRA-900	IRA-410	IRA-910
Aktive Gruppen	stark sauer			schwach sauer	schwach basisch		stark basisch Typ I				stark basisch Typ II	
	$-SO_3H$			$-COOH$	$-N(R)_2$		$-N(R)_3$				$-N{<}{\overset{CH_2-CH_2OH}{(CH_3)_2}}$	
Besonderheiten		höher vernetzt	makroporös		Acryl	makroporös		Acryl	Acryl	makroporös		makroporös
Korngröße* (mm)	0,3–1,2				0,3–1,2							
Schüttgewicht g/l	850	865	800	720	700	625	700	720	710	670	700	670
Totalkapazität vom gequollenen Harz (mol/l)	1,95	2,15	1,75	4,0	1,60	1,25	1,40	1,25	1,25	1,00	1,35	1,05
NK** (mol/l) bis	1,65	1,75	1,30	2,70	1,35	1,20	0,70	0,90	1,10	0,65	1,00	0,70
Quellung bei voller Umwandlung (%)	7	6,5	3,5	25	15	15	20	15	8	20	15	20
Temperatur-Beständigkeit (°C)	120	120	140	120	75	100	60	35	35	60	35	35
pH-Beständigkeit	ohne Beschränkung				ohne Beschränkung							
Chem. Beständigkeit	sehr beständig gegen gebräuchliche Lösungsmittel	besonders oxidationsbeständig		sehr		oxidationsbeständig	beständig gegen gebräuchliche Lösungsmittel			oxidationsbeständig		

* Sonderkorngrößen vorhanden
** abhängig von Betriebsbedingungen
® eingetragenes Warenzeichen der Rohm and Haas Company, Philadelphia

Eigenschaften verschiedener Ionenaustauscher (nach Herstellerangaben)

Lewatit®	Kationenaustauscher			Anionenaustauscher							
	stark saurer			schwach saurer	schwach basisch		stark basisch				
	S 100	S 112	SP 120	CNP	MP 62	MP 64	AP 246	M 600	MP 600	M 504	M 500	MP 500
Aktive Gruppen	Sulfonsäure			Carbon-säure	tertiär Amin	Amin		Typ-II-Harze		Typ-I-Harze quartäres Amin		
Struktur	gel-förmig	makro-porös	makro-porös	makro-porös	makro-porös	makro-porös	makro-porös	gel-förmig	makro-porös	gel-förmig	gel-förmig	makro-porös
Kornform						Kugeln						
Korngröße [mm]	0,3-1,25	0,3-1,25	0,3-1,25	0,3-1,25	0,3-1,25	0,3-1,25	0,3-1,25	0,3-1,25	0,3-1,6	0,3-1,25	0,3-1,25	0,3-1,6
Schüttgewicht [g/l]	800-900	720-820	720-820	750-850	600-700	650-750	700-800	670-750	660-720	670-750	670-750	660-720
Spez. organische Belastung mg KMnO4/LA u. Zyklus					12	12	6	1,5	3,0	2,0	1,5	3,0
Totalkapazität (mol/l) gequoll. Harz	2,1	1,7	1,4	4,5	1,8	1,3	1,4	1,35	1,2	1,25	1,4	1,1
NK* [g CaO/l]	bis 45	bis 36	bis 31	bis 126	bis 42	bis 31	bis 28	bis 25	bis 22	bis 21	bis 20	bis 17
Temperatur-Beständigkeit	120 °C	120 °C	120 °C	75 °C	70 °C	70 °C	30 °C	30 °C	30 °C	70 °C	70 °C	70 °C
pH-Beständigkeit	ohne Beschränkung						1–14		ohne Beschränkung			
Chemische Stabilität	++	+++	+++	+++	++	+++	+	+	+	++	++	+++
Mechanische Stabilität	+	+++	++	+++	+++	+++	+++	++	+++	+	++	+++

* abhängig von Betriebsbedingungen ®) eingetragenes Warenzeichen, Farbenfabriken Bayer AG, Leverkusen

+++ = hervorragend
++ = sehr gut
+ = gut

Eigenschaften verschiedener Ionenaustauscher (nach Herstellerangaben)

Duolite®	Kationenaustauscher				Anionenaustauscher							
	C 20	C 255	C 26	C 433	A 375	A 378	A 101	A 113	A 134	A 161	A 102	A 162
Aktive Gruppen	stark sauer			schwach sauer	schwach basisch		stark basisch Typ I				stark basisch Typ II	
	$-SO_3H$			$-COOH$	$-N(R)_2$		$-N(R)_3$				$-N{<}^{CH_2-CH_2OH}_{(CH_3)_2}$	
Besonderheiten		höher vernetzt	makro-porös		Acryl	makro-porös			Acryl	makro-porös		makro-porös
Korngröße* (mm)	0,3–1,2				0,3–1,2							
Schüttgewicht g/l	850	850	800	790	700	670	700	700	710	700	710	720
Totalkapazität vom gequollenen Harz (mol/l)	2,0	2,0	1,85	4,2	1,6	1,3	1,3	1,3	1,25	1,1	1,3	1,1
NK** (mol/l) bis	1,60	1,70	1,30	3,1	1,35	1,20	0,75	0,70	1,10	0,65	0,90	0,70
Quellung bei voller Umwandlung (%)	7	6	7	15	15	15	20	25	8	15	12	10
Temperatur-Beständigkeit (°C)	120	120	140	120	75	100	60	60	35	60	35	35
pH-Beständigkeit	ohne Beschränkung				ohne Beschränkung							
Chem. Beständigkeit	sehr beständig gegen gebräuchliche Lösungsmittel	besonders oxidationsbeständig		sehr		oxidationsbeständig				oxidationsbeständig		
					beständig gegen gebräuchliche Lösungsmittel							

* Sonderkorngrößen vorhanden
** abhängig von Betriebsbedingungen
® eingetragenes Warenzeichen der Rohm and Haas Company, Philadelphia

Verfahrenstechnik der Aufbereitung 151

4.4. Verdampfer, Dampfumformer, Wasserbadumformer

Die Gewinnung von salzfreiem Zusatzspeisewasser kann neben der Vollentsalzung auch über Verdampfer erfolgen, wenn der Salzgehalt des Rohwassers > 600 mg/kg ist.

Der Einsatz von Verdampfern ist dann günstig, wenn — wie bei Kondensationskraftwerken üblich — nur 0,5–2 % Zusatzwasser benötigt wird.

Bei hohem Zusatzwasserbedarf ist zur salzfreien Zusatzwassergewinnung der Dampfumformer wirtschaftlicher.

Eine andere Art der Zusatzwassergewinnung ist der Wasserbadumformer, der aus einem verunreinigten Betriebsdampf einen Zweitdampf und damit ein Kondensat bester Reinheit erzeugt.

Alle drei Aggregate müssen mit gut aufbereitetem und entgastem Wasser gespeist werden. Wasserbeschaffenheit siehe 5.5.

4.4.1. Verdampfer

Der mit aufbereitetem Wasser gespeiste Verdampfer wird indirekt mit Entnahmedampf beheizt und erzeugt ein Destillat, wobei der Heizdampf als Kondensat anfällt. Die erzeugte Destillatmenge dient zur Deckung des Zusatzwasserbedarfs.

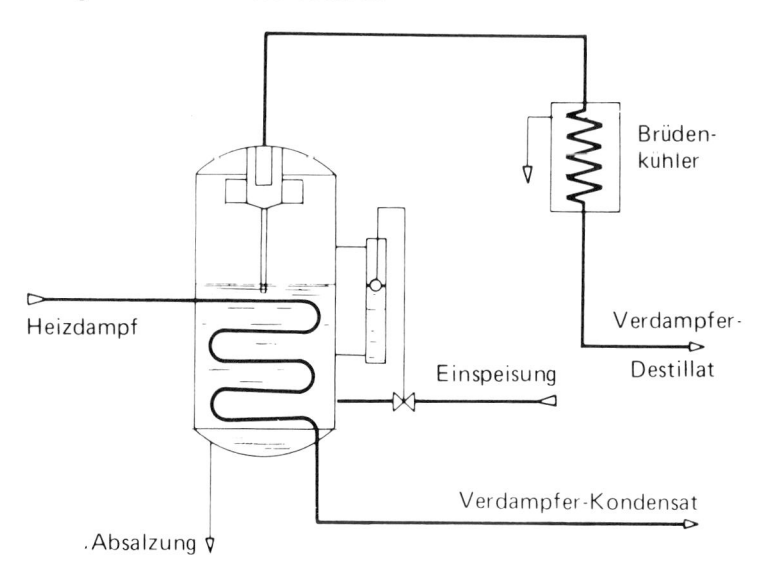

Bild 4.-43: Einstufige Verdampferanlage

Bis zu 10% des Zusatzwasserbedarfes können durch einstufige Verdampfer gewonnen werden. Bei höherem Bedarf sind zwei- oder mehrstufige Verdampfer zu erstellen. Hierbei wird der zweite Verdampfer mit dem Brüdendampf des ersten Verdampfers beheizt. Die Anzahl der Verdampfer richtet sich nach dem noch wirtschaftlich zu vertretenden Druckverlust, der mit steigender Anzahl der Verdampfer einen steigenden Energieverlust bedeutet. Bei Verlustdeckung von 30% und mehr wählt man den Dampfumformer.

Der Salzgehalt des Verdampferdestillats ist bei Einhaltung der Anforderungen für die Verdampferlauge, guter Konstruktion des Verdampfers und nicht überzogener Dampfraumbelastung mit < 1 mg/kg zu erwarten. Werden im Verdampfer besondere Vorrichtungen, wie Wäscher und Zyklone, vorgesehen, so können auch Restsalzgehalte < 0,5 mg/kg erreicht werden.

4.4.2. Dampfumformer

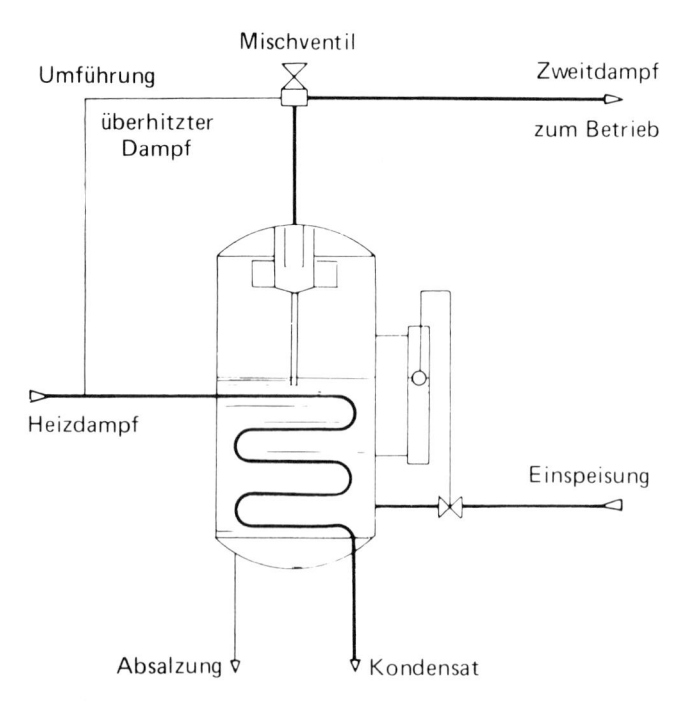

Bild 4.-44: Dampfumformeranlage

Verfahrenstechnik der Aufbereitung 153

In Industriekraftwerken werden große Mengen an Dampf für Kochzwecke benutzt. Bei Direktbeheizung geht diese Menge für die Kondensatrückgewinnung verloren.

Aber auch bei indirekter Beheizung der Aggregate kann das Kondensat mit solchen Verunreinigungen durchsetzt sein, daß es von der Kesselspeisung ausgeschaltet werden muß.

In solchen Fällen schaltet man einen Dampfumformer ein, der für die Beheizung Entnahmedampf benutzt und aus dem aufbereiteten Wasser des Umformers einen Zweitdampf erzeugt. Letzterer geht in den Betrieb und damit verloren. Der Heizdampf des indirekt beheizten Dampfumformers steht als Kondensat für die Speisung des Kessels zur Verfügung.

Der Betrieb von Dampfumformern ist durch den Druckverlust zwischen Primär- und Sekundär-Dampf mit laufenden Energieverlusten verbunden.

4.4.3. Wasserbadumformer

Der Wasserbadumformer hat Direkteinblasung des Heizmittels im Vergleich zu dem Dampfumformer mit indirektem Heizsystem. Er hat die Aufgabe, den überhitzten Primärdampf in Sattdampf umzuwandeln.

Er muß außerdem in der Lage sein, aus einem verseuchten Abdampf (z. B. ölhaltig) einen Zweitdampf besseren Reinheitsgrades zu erzeugen. Dieser Zweitdampf kann über einen Kühler als Kondensat zurückgewonnen werden, oder er wird nach geleisteter Arbeit im Betrieb kondensiert. Je nach Überhitzungsgrad des Primärdampfes wird mehr Umformerdampf erzeugt als es der Heizmittelmenge entspricht.

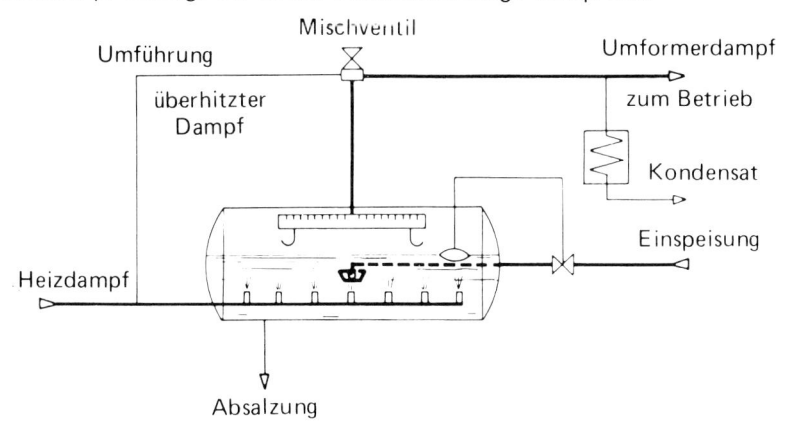

Bild 4.-45: Wasserbadumformer

4.5. Entgasung

Die Qualität des Kesselwassers bestimmt im wesentlichen die Lebensdauer von Rohrleitungen, Kesselanlagen, Pumpen u. v. a. m. Die gefährlichen Korrosionen, Punkt- u. Flächenkorrosion, müssen durch weitgehende Befreiung des Kesselwassers von Sauerstoff und Kohlensäure vermieden werden. Für die allgemeine Betrachtung aus der Sicht der Wasseraufbereitung bedeutet das:

1. Die Entfernung der störenden gasförmigen Inhaltsstoffe, was allgemein als Entgasung bezeichnet wird.
2. Die Entfernung von freiem, aggressivem CO_2, was Entsäuerung genannt wird, da damit ein Anheben des pH-Wertes des Wassers verbunden ist.

Die Wasseraufbereitung kennt zwei Verfahren für die Entfernung von gasförmigen Inhaltsstoffen, die thermische und die chemische Entgasung.

Für die thermische Entgasung sind verschiedene Verfahren bekannt, z. B.
- Rieselentgaser (Grobentgasung),
- Unterdruckentgaser (Vakuumentgasung),
- Überdruckentgaser (Druckentgasung),
- Entspannungsentgasung,
- Kochentgasung.

Fast allen Entgasertypen wird die Kochentgasung im Speisewasserbehälter nachgeschaltet.

4.5.1. Thermische Entgasung

4.5.1.1. Physikalische Grundlagen

Voraussetzung für das Ablaufen aller physikalischen Entgasungsmechanismen ist die Störung bzw. Aufhebung des Löslichkeitsgleichgewichtes. Das heißt, daß das Entgasungsmittel Dampf, das mit der zu entgasenden Phase Wasser in Berührung gebracht wird, geringere Anteile des zu entfernenden Gases besitzen muß, als es im Gleichgewicht mit der gelösten Gasmenge haben würde. Hieraus läßt sich die erste wesentliche Bedingung für eine wirksame Entgasung ableiten. Sie hat dynamisch zu erfolgen, d. h. durch Störung des Gas-Löslichkeitsgleichgewichtes, damit es sich immer wieder neu aufbauen kann. Untersucht man diese Dynamik etwas näher, so lassen sich zwei Tatsachen ableiten, die unterschiedlichen Mechanismen unterliegen.

Verfahrenstechnik der Aufbereitung

1. Bildung von Gasblasen und ihre rein stoffliche Konvektion aus dem Lösungsmedium in das Entgasungsmedium (Wasser (O_2, CO_2) → Dampf)
2. Diffusion der Gasanteile von dem Lösungsmedium in das Entgasungsmedium an der Phasengrenzfläche

Die Bedingungen, unter denen es zur Ausbildung von Gasblasen in einer Flüssigkeit kommt, lassen sich aus dem Additionsgesetz von DALTON ableiten:

Es soll ein siedendes flüssiges Gemisch betrachtet werden, das aus den Komponenten 1 und 2 besteht und mit seiner Dampfphase in Berührung steht. Gleichgewicht zwischen Flüssigkeit und Dampf ist dann gegeben, wenn der in der Flüssigkeit entstehende Partialdruck der betrachteten Komponente gleich ist dem im Dampfraum vorhandenen Partialdruck der gleichen Komponente. Ist das nicht der Fall, dann setzt Verdampfung bzw. Kondensation der einen bzw. der anderen Komponente ein.

Man kann also durch Druckabsenkung oder Temperaturerhöhung immer eine Blasenbildung erzwingen, die ja spätestens dann eintritt, wenn der Wasserdampfdruck den Flüssigkeitsdruck erreicht (Siedepunkt). Das heißt, der Wasserdampfdruck $\geq$ Flüssigkeitsdruck.

Wenn größere Gasmengen gelöst sind, tritt auch vor dem Erreichen des Siedepunktes eine Blasenbildung auf, die mit einer spontanen Entgasung verbunden ist. Dennoch geht die Entgasung nicht restlos vonstatten, da noch gewisse Gasreste im Wasser sind, die nur durch Diffusion entfernt werden können. Diese Restentgasung ist an sich das schwierigste Problem aller Entgasungsvorgänge.

Die Bildung der Gasblasen steht in einem unmittelbaren Zusammenhang mit der Tropfengröße der zu entgasenden Lösung bzw. deren Oberflächenspannung. Das führt zur dritten, der wesentlichsten Bedingung für eine wirksame Entgasung.

Die Medien Dampf und Wasser sind so zu verteilen, daß einer größeren Flüssigkeitsmenge im unterteilten oder nur mäßig zerteilten Zustand ausreichend große Dampfmengen mit großer Oberflächenwirkung gegenüberstehen.

Für die Praxis ergibt sich also, daß die Tropfen durch Zusammenstoßen oder durch Aufprall mechanisch zerstört werden müssen, so daß das gelöste Gas spontan austreten kann. Diese Förderung wird durch die Rieselentgaser hinreichend erfüllt.

Messung an thermischen Entgasern über längere Betriebszeiträume hinweg zeigen, daß der Hauptanteil des im Wasser gelösten Sauerstoffes durch die Stoffkonvektion entfernt wird. Diese Entgasungsleistungen liegen im Bereich von 85 bis maximal 95%. Die Entfernung der letzten Gasmengen aus dem Wasser, Restentgasung genannt, wird durch den bereits erwähnten zweiten Mechanismus der physikalischen Entgasung, die Diffusion, vollzogen.

Unter der Diffusion versteht man gemeinhin das freiwillige Ineinanderwandern von Molekülen verschiedener Art, wodurch sich eine Konzentrationsausgleichbestrebung einstellt, wie es vergleichsweise bei der Stoffkonvektion als Einstellung eines Löslichkeitsgleichgewichtes auftritt.

Das Diffusionsgesetz von Fick in seiner allgemeinsten Form lautet:

$$dn/dt = - D \cdot A \cdot dx/dc$$

dn/dt = Diffusionsgeschwindigkeit, das Verhältnis der diffundierenden Teilchen dn in der Zeit dt

D = Diffusionskoeffizient

dx/dc = Konzentrationsgefälle

Die Folgerungen aus dem Diffusionsgesetz von Fick ergeben folgende wesentliche Gesichtspunkte:
1. Die Temperatur und der Druck sind so hoch wie möglich zu halten.
2. Die Berührungsfläche zwischen den Medien (z. B. Wasser u. Heizdampf) muß so groß wie möglich gehalten werden. Das bedeutet, daß die beiden Medien innigst ineinander zu verteilen sind und die Verweilzeit der Innigkeit genügend groß ist.

Die Punkte 1 u. 2 können meist konstruktiv gelöst werden, wie z. B. durch den Rieselentgaser oder das Düsenrohr im Speisewasserbehälter.

Das Gesetz von Fick beinhaltet außerdem noch die Frage nach dem Konzentrationsgefälle. Danach müßte eine Diffusion um so erfolgreicher sein, je höher die Konzentration des Sauerstoffes im Eingangswasser und je niedriger die Konzentration des Sauerstoffes im Heizdampf (z. B. Turbinenentnahmedampf) ist. Es wird hierdurch auch klar, welche Bedeutung dem Heizdampf bei der thermischen Entgasung zukommt. Er ist ein wesentlicher Faktor für eine hohe Entgasungsleistung und hat mehrere Aufgaben zu bewältigen.

a) Als Trägerdampf für den Sauerstoff bis in die Abschwaden hinein zu dienen.

Verfahrenstechnik der Aufbereitung 157

b) als Zerteilungsmittel für das zu entgasende Medium zu dienen und
c) als Heizmedium, um das zu entgasende Wasser auf Temperaturen oberhalb des Siedepunktes zu bringen.

Die thermische Entgasung liefert im Endeffekt entgastes Wasser von annähernd Sattdampfzustand. Die Abschwadenmenge soll entsprechend dem Dampfdruck 0,5–2% der zu entgasenden Wassermenge betragen.

4.5.1.2. Entgasungszielsetzung

Das aggressive Verhalten des Sauerstoffes und des Kohlendioxids bedingt die Entfernung der Gase im Dampfkraftbetrieb. Beide Gase rufen schwere Korrosionsschäden an metallischen Kesselwerkstoffen hervor.

Die O_2-Korrosion hat als äußerliches Merkmal das Auftreten narbenförmiger Vertiefungen in statistischer Verteilung, die im Laufe der Einwirkungszeit allmählich zu Anfressungen führen, deren Ränder in der Regel verwaschen sind und bei denen das oxidierte Material häufig die Vertiefungen und die Löcher ausfüllt. Die CO_2-Korrosion führt zu einer Oberflächenabzehrung.

Beide Korrosionserscheinungen gefährden die Betriebssicherheit einer Kesselanlage um so nachhaltiger, je höher Betriebsdruck und Betriebstemperatur gehalten werden. Es ist also notwendig, mit der Entgasung den geforderten Rest O_2-Gehalt (siehe Kapitel 5) zu erreichen.

Unter diesem Wert versteht man diejenige restliche Sauerstoffmenge, die eine thermische Entgasung im Mittel eines längeren Betriebsabschnittes bringt, unabhängig von den schwankenden Betriebsverhältnissen.

4.5.1.3. Technologie der Entgasung

Riesel- oder Kaskadenentgaser

Der Riesel- oder Kaskadenentgaser ist die gebräuchlichste Ausführungsform bei der thermischen Entgasung. Er wird als zylindrischer Aufbau auf dem Speisewasservorratsbehälter angeordnet (siehe Bild 4.-45).

Das zu entgasende Wasser wird im Oberteil des Rieselentgasers über einen Stutzen der Überlauftasse zugeführt. Es fließt über ein Wehr in das darunterliegende Lochblech. Dort wird es über den gesamten Entgaserquerschnitt verteilt. Grundsätzlich soll der Entgaser 6–10 Riesel-

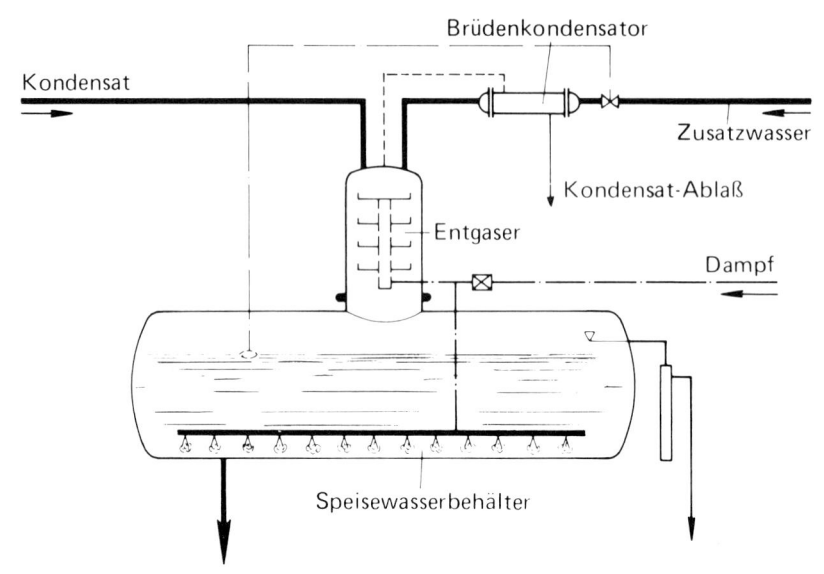

Bild 4.-46: Thermische Entgasung mit Speisewasserbehälter

stufen in einem bestimmten Abstand voneinander aufweisen. Dabei soll die Durchflußgeschwindigkeit des zu entgasenden Wassers 50 m/h nicht übersteigen.

Für die konstruktive Auslegung ergibt sich bei gegebener Wasserdurchsatzmenge ein charakteristisches Verhältnis von Entgaserhöhe zu Entgaserdurchmesser von etwa 2:1.

Als Heizdampf wird in der Regel Turbinenentnahmedampf eingesetzt, der unter Berücksichtigung aller Strömungswiderstände im Entgaser einen Druck im Bereich von 1,2–1,4 bar absolut ermöglicht.

Der erreichbare Restsauerstoffgehalt einer solchen Bauweise hängt im wesentlichen von folgenden Faktoren ab:
1. Wirkung der Oberflächenvergrößerung der zwei Medien
2. Temperatur des entgasten Wassers
3. Regelung des Heizdampfdruckes entsprechend der Beaufschlagung der Entgasungsanlage
4. Wirkung der Außenisolation

Im einzelnen ist zu diesen Punkten festzustellen:

Zu 1
Die Oberflächenvergrößerung wird bestimmt durch die Zahl und den Querschnitt der Bohrungen in den Rieselblechen sowie deren Ober-

flächenbeschaffenheit und Bohrungsform (zylindrisch, kegelig usw.). Die Wassertropfengröße wird durch den Bohrungsquerschnitt beeinflußt. Ist der Bohrungsquerschnitt zu groß, so wird eine Zerteilung der Wassertropfen unmöglich, und es kommt zur Ausbildung von Wassersträhnen, die sich mit dem Heizdampf nicht vermischen können. Ist der Bohrungsquerschnitt zu eng ausgelegt, so erhöht sich der Durchflußwiderstand derart bzw. die Oberflächenspannung des Wassers (Tropfens) ist größer als die auf ihr liegende Wassersäulenkraft, so daß es zu kaum einer Verteilung des Wasser kommen kann. Hierdurch wird die notwendige Kontaktfläche der Medien erheblich verkleinert.

Zur Rohwasserentgasung ist zu sagen, daß bei einer gleichzeitig ablaufenden, thermisch bedingten Abscheidung der Karbonathärte die Verkrustung der Wasserzerteilung einsetzt.

Zusammenfassend läßt sich sagen, daß die Wassertropfen so oft wie möglich zerteilt und zerplatzen müssen, um den Spontanentgasungsvorgang einzuleiten.

Zu 2

Da im Entgaser stets ein leichter Überdruck vorhanden sein muß von etwa 1,2–1,4 bar, liegt hiermit auch der mögliche Temperaturbereich der Anlage fest. Im Bereich von 103 °C bis 110 °C ist der optimale Entgasungseffekt.

Zu 3

Entsprechend der Verdampfungskurve des Wassers löst sich auch die Frage der günstigsten Regelungsform einer Entgasungsanlage. Der Kurvenverlauf, der sich aus der integrierten und vereinfachten Gleichung von CLAUSIUS-CLAPEYRON

$$\lg p_s = \frac{Q}{4{,}573 \cdot t} + C$$

p_s = Sättigungsdruck in bar
t = Siedetemperatur in °C
Q = Kondensationsenthalpie in kcal/kg
C = Integrationskonstante

ergibt, zeigt deutlich die Anwendungsbereiche für die möglichen Entgaserarten (siehe Diagramm). Bei einer Überdruckentgasung kann nur die Druckregelung infrage kommen, da in diesem Bereich bei geringfügigen Temperaturänderungen bereits größere Druckintervalle auftreten.

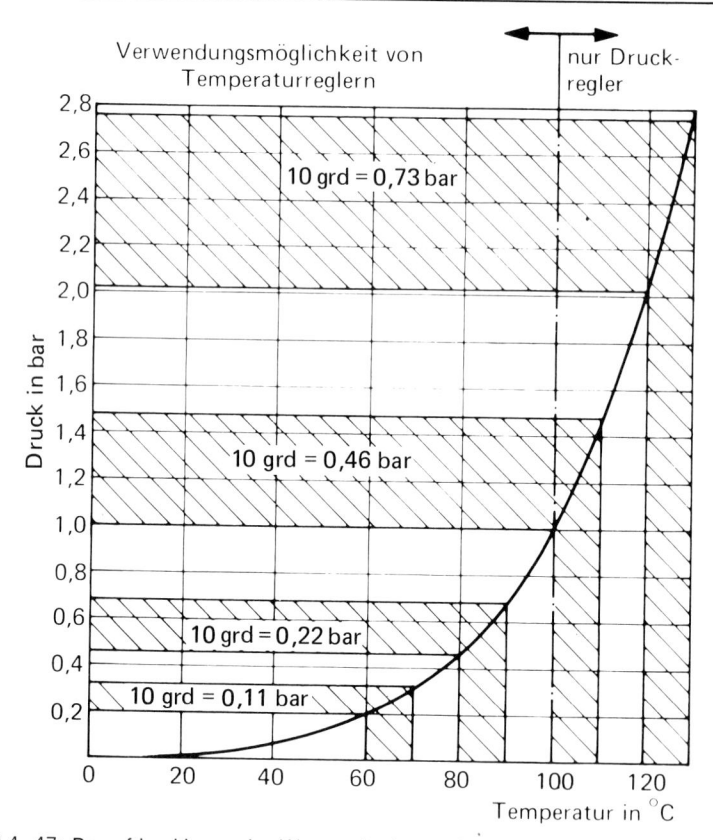

Bild 4.-47: Dampfdruckkurve des Wassers in Anwendung auf die Regelung von thermischen Entgasern

Die Problematik der Störanfälligkeit der Einstufenentgaser hinsichtlich Belastungs- und Lastschwankungen, treten bei einem Entgasertyp mit hintergeschaltetem Sammler (Speisewasserbehälter) nicht auf. Diese Störanfälligkeit kann im wesentlichen durch die Niveauregelung im Sammler und durch die Heizdampfregelung zur Entgasungsanlage weitgehend ausgeschaltet werden.

Zu 4

Ist ein Entgaser nicht ausreichend isoliert, so hat die Behälterwandung eine tiefere Temperatur, wodurch das mit ihr in Berührung stehende Wasser abkühlt. Die Endtemperatur des gesamten entgasten Wassers würde erheblich absinken. Das kältere Wasser kann nun seinerseits keinen Sauerstoff abgeben, aber dafür Sauerstoff wieder neu aufnehmen, so daß der gesamte Entgasungseffekt erheblich absinkt. Dieser „Isolierungsverlust" kann nur durch eine erhöhte Heizdampfbeaufschlagung des Gesamtsystems ausgeglichen werden.

4.5.2. Chemische Entgasung

Das zur chemischen Entgasung gebräuchlichste Mittel ist das Hydrazin. Das Hydrazin N_2H_4 (Handelsware: Hydrazinhydrat mit 24% $N_2H_4 \cdot H_2O$ bzw. 15% N_2H_4) bewirkt keine Salzanreicherung des Speisewassers.

$$N_2H_4 + O_2 \rightarrow 2 H_2O + N_2$$

Aus der Umsetzung des Hydrazins mit dem Sauerstoff entsteht Wasser und Stickstoff; letzterer gelangt als indifferentes Gas mit dem Dampf ins Kondensat.

Das Hydrazin weist eine alkalische Reaktion auf, siehe 12.25. Seine Umsetzungsgeschwindigkeit ist bei Temperaturen von 100 °C sehr groß. Soll bei Temperaturen < 50 °C eine Sauerstoffabbindung erfolgen, so ist es zweckmäßig, das geimpfte Wasser über ein Spezialaktivkohlefilter zu leiten.

Die chemische Entgasung eines Speisewassers ist nur bei kleinen Kesseldrücken und geringer Leistung interessant, weil die aufzuwendenden Chemikalienkosten relativ hoch sind. Siehe Tafel 12.29.

Bei höheren Kesseldrücken ist eine chemische Nachentgasung nach durchgeführter thermischer Entgasung als überlagerter Sicherheitsfaktor zu empfehlen. Hierbei wird nicht nur der Restsauerstoffgehalt des Speisewassers korrigiert, sondern der Hydrazinüberschuß wird beim Kesseldruck in Stickstoff und Ammoniak aufgespalten.

$$3 N_2H_4 \rightarrow 4 NH_3 + N_2$$

Das freiwerdende Ammoniak bewirkt eine gewünschte Anhebung des pH-Wertes im Kondensat auf > 8,0.

In der Lebensmittelindustrie darf Hydrazin nicht verwendet werden. Zur chemischen Entgasung wird in derartigen Betrieben Natriumsulfit eingesetzt.

4.6. Korrekturbehandlung von Speise- und Kesselwässern

Durch die Impfung des Speisewassers mit kleinen Mengen bestimmter Chemikalien kann das Speisewasser und damit auch das Kesselwasser gewollte Regulierungen in bezug auf Restsauerstoffgehalt, pH-Wert, Alkalität und Phosphatüberschuß erhalten.

Hydrazin

Der Zusatz von Hydrazin zum Speisewasser als Korrekturchemikal dient zur chemischen Nachentgasung. Als allgemeiner Richtwert für die Zugabe wird bei guter thermischer Entgasung 0,5–1,0 g Hydrazin (Handelsware 7.5.) pro m^3 Speisewasser angewandt.

Das für die Sauerstoffabbindung nicht verbrauchte Hydrazin spaltet sich im Kessel in Stickstoff und Ammoniak auf. Die freiwerdende Menge Ammoniak reicht bei der Speisung mit salzfreiem Wasser aus, um den pH-Wert des Kondensates auf > 8,0 einzustellen. Die Dosierung muß kontinuierlich und mengengesteuert erfolgen. Eine überlagerte Steuerung über den pH-Wert des Kondensates ist möglich.

Ammoniak

Die Alkalisierung des Dampf- und Kondensatweges – um Kohlensäurekorrosionen in Kondensatleitungen zu vermeiden, siehe 3.2.2. – kann schon bei geringen CO_2-Mengen nicht mehr wirtschaftlich durch die aus der Hydrazinspaltung gebildete Ammoniakmenge vorgenommen werden. Bei CO_2-Gehalten von < 5 mg/kg im Kondensat ist die Dosierung von Ammoniak üblich. Der Ammoniakzusatz erfolgt kontinuierlich und mengengesteuert durch die Dosierung von Ammoniakwasser in der Größenordnung von 1–3 mg NH_3/l. Höhere CO_2-Gehalte sollten nicht durch Ammoniak kompensiert werden, weil ein zu hoher Ammoniakgehalt des Kondensates den Kupferspiegel ansteigen läßt. Durch die Überwachung des Kupferspiegels im Kreislauf ist man in der Lage, die Ammoniakkonzentration optimal einzustellen.

Der CO_2-Gehalt von < 5 mg/kg kann durch entsprechende Aufbereitung des Zusatzwassers sichergestellt werden.

Phosphatüberschuß

Der einzuhaltende Phosphatüberschuß im Kesselwasser richtet sich vornehmlich nach der Möglichkeit der Härteeinspeisung. Er ist in den Richtlinien 5.1. bei höheren Kesseldrücken deshalb geringer, weil an diesen

Anlagen weitaus bessere Überwachungen des Wasserkreislaufs und entsprechende Sicherheitsmaßnahmen üblich sind als bei Anlagen mit geringeren Kesseldrücken.

Der Phosphatzusatz erfolgt bei einfachen Wasseraufbereitungsanlagen, bei denen mit geringen Härteeinbrüchen im Speisewasser durch die Zusatzwasseraufbereitung oder durch das Kondensat gerechnet werden muß, kontinuierlich in der Größenordnung von 1–10 g $Na_3PO_4 \cdot 10 H_2O$ je m^3 Speisewasser. Über die evtl. mengengesteuerte Phosphatdosierung hinaus erfolgt die endgültige Regulierung über den im Kesselwasser laufend ermittelten Phosphatüberschuß dadurch, daß die Konzentration der zu dosierenden Phosphatlösung variiert wird.

Eine periodische Phosphatzugabe in Intervallen von 1–3 Tagen kann dann vorgenommen werden, wenn das Speisewasser z. B. nur aus Turbinenkondensat und Deionat besteht.

Natronlauge

Natriumhydroxid wird dem Speise- oder Kesselwasser periodisch zugegeben, um die Schutzalkalität des Kesselwassers entsprechend einem pH > 9,5 sicherzustellen. Diese Dosierung ist nur dann notwendig, wenn durch Einbrüche von Fremdionen und deren sauren Spaltprodukte die Alkalität des Kesselwassers aufgezehrt wird und das Kesselwasser im pH-Wert unter pH 7,0 absinken kann. Dieses ist der Fall, wenn z. B. in einem Kessel der Zuckerindustrie über das Kondensat der II. Eindampfstufe Zucker ins Speisewasser gelangt. Auch im Schiffskesselbetrieb kann beim Überreißen von Verdampferlauge bzw. bei Kondensatorundichtigkeiten und damit Einschleusen von Magnesiumchlorid in den Kessel (siehe auch 5.3.) der pH-Wert in den sauren Bereich abgleiten.

4.7. Kühlwasseraufbereitung

Ablagerungen in Kühlwassersystemen können sehr unterschiedlicher Natur sein. Es ist daher nicht immer einfach, die Bildung von Ablagerungen zu verhindern. Die in einem Kühlkreislauf auftretenden Schwierigkeiten lassen sich in einem der drei Gebiete einordnen:

        Korrosionen,
        Steinbildung und Feststoffablagerungen,
        Mikrobiologisches Wachstum.

Auch Kombinationen dieser drei Erscheinungen treten in den Systemen auf.

Korrosionen im Kühlwasserkreislauf werden, sofern dieser offen ist, fast immer durch Sauerstoff hervorgerufen. Es gibt auch andere korrosionsfördernde Faktoren wie schwefeldioxidhaltige Gase, Kohlensäure, Mikroorganismen, Schmutz u. a., mit denen zu rechnen ist. Auch die Steigerung des Salzgehaltes durch Eindickung kann Einfluß auf das Korrosionsgeschehen nehmen. Zu den Ansätzen, die sich aus den Bestandteilen des Wassers bilden können, zählt in erster Linie das Calciumkarbonat. Es setzt sich in Form von Stein an den heißesten Stellen im System, gewöhnlich an den Wärmeübergangsflächen, ab. Da schon dünne Beläge an den Kondensatorrohren den Wärmedurchgang verringern und damit das Vakuum der Turbine verschlechtern, ist es wichtig, die Abscheidung von Härtebildnern bei der Erwärmung des Kühlwassers zu vermeiden. Eine Schicht von beispielsweise 0,5 mm Dicke vermindert den Unterdruck bereits um etwa 4% und erhöht den Dampfverbrauch einer Turbine um 5–7%.

Eine gefährliche Art von Ablagerungen wird durch Mikroorganismen verursacht. Das mikrobiologische Wachstum im Kühlwasser wird durch das Einbringen dieser Organismen gesteuert. Man kann die Haupttypen wie folgt zusammenstellen [32]:

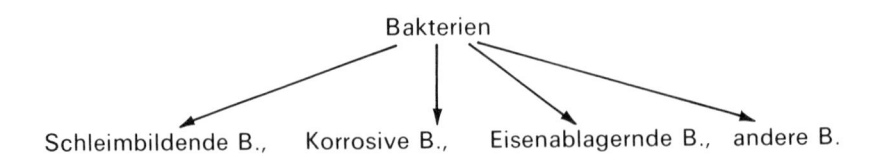

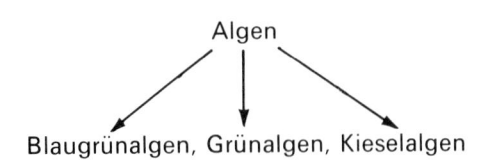

Bakterien
→ Schleimbildende B., Korrosive B., Eisenablagernde B., andere B.

Algen
→ Blaugrünalgen, Grünalgen, Kieselalgen

Pilze
→ Hefepilze, Schimmelpilze

Verfahrenstechnik der Aufbereitung 165

Es gibt weitere Arten dieser aufgeführten Gruppen. Besonders reich an Mikroorganismen ist Flußwasser und aufbereitetes Abwasser.

Zur Stabilisierung der Härtebildner eines Wassers, d. h. zur Verhinderung von $CaCO_3$-Ausscheidungen, können folgende Härtestabilisatoren eingesetzt werden:

Polyphosphate — anorganische, kondensierte Phosphate.
Organophosphate — organische Verbindungen auf der Basis von Phosphorsäuren und Phosphorsäureestern mehrwert. Alkohole.
Phosphor freie
Härtestabilisatoren — organische Polymere mittlerer molarer Massen mit polaren Gruppen.

Polyphosphate wirken stabilisierend auf Erdalkalien, wenn die thermische Belastung im Kühlkreislauf gering ist (30–40°C), mit einer etwa 1,5fachen Eindickung gefahren wird und das Zusatzwasser keine große Konzentration der Calcium- bzw. Magnesiumhydrogenkarbonaten aufweist. Nachteilig beim Einsatz von Polyphosphaten ist die leichte Umwandlung in die Ortho-Form. Orthophosphat jedoch zeigt keine Stabilisierung und führt zur Bildung von Calciumphosphatschlamm. Außerdem reicht die stabilisierende Wirkung von Polyphosphat in vielen Fällen bis zu Calciumhydrogenkarbonatkonzentrationen von 4–5 mval/l.

In den letzten Jahren kamen die organischen Phosphor-Verbindungen auf den Markt, die den Polyphosphaten in ihren Eigenschaften überlegen sind. Sie verhalten sich weitgehend hydrolysestabil, behalten ihre Wirksamkeit in einem weiten pH-Bereich und stabilisieren zum Teil noch höhere Hydrogenkarbonatkonzentrationen [33] (SK 4,3 7,5–8,0 mmol/kg). Sie sind auch bei höheren Kühlwassertemperaturen wie 80°C noch wirksam.

Zur Kontrolle und Bekämpfung des mikrobiologischen Lebens in Kühlwässern sind eine Reihe von hochwirksamen Mikrobioziden bzw. Bakteriziden im Handel bekannt. Außerdem stellt die Chlorung von Kühlwässern eine gute Methode der mikrobiologischen Bekämpfung dar.

Unter Biozide versteht man die Gruppenbezeichnung für Chemikalien, die zur Bekämpfung von pflanzlichen und tierischen Schädlingen (Pilzen, Bakterien, Algen, Protozoen u. dgl.) eingesetzt werden. In Kühlwasserkreisläufen werden z. B. mehr oder weniger folgende Biozide eingesetzt: Chlor, chlorierte Phenole, Amine, quaternäre Ammoniumverbindungen, Bromverbindungen u. a. Die Wirkung der Biozide auf die Mikroorganismen liegt hauptsächlich in der Enzymtätigkeit. Infolge einer sehr guten Anpassungsfähigkeit des mikrobiologischen Lebens an die Umwelt bedarf es daher einer sehr guten Kontrolle des Kühlsystems oder anderer Anlagen, die biologische Aktivität dieser Schädlinge zu schwächen und abzubauen.

Bakterizide sind bakterientötende Substanzen bzw. keimtötende chemische Mittel. Die bakterizide Wirkung dieser Stoffe beruht auf der Zerstörung bzw. Auflösung der Bakterienzellen. Das Bakterium kann sich auch dann nicht weiter vermehren, wenn es nicht mehr unter dem Einfluß des Mittels steht.

Zur Vermeidung von Lochkorrosionen oder Erosionen auf der Kühlwasserseite von Wärmetauscherrohren aus Kupferlegierungen setzt man dem Kühlwasser kurz vor Eintritt in den Hauptkondensator geringe Mengen Eisen(II)-Sulfat zu. Aus dem Eisen(II)-Sulfat bildet sich auf den kupferlegierten Rohren eine sehr wirksame Eisenoxid-Deckschicht. Diese Dosierung bringt auch bereits bestehende Korrosionsangriffe auf das Rohrmaterial sehr rasch zum Stillstand.

Nach bisheriger Praxis dosiert man 1 bis 2 × täglich für jeweils 1 Stunde Eisen(II)-Sulfatlösung etwa 50 Strömungsmeter vor Eintritt in die Wärmetauscherrohre. Die anzustrebende Konzentration im Kühlwasser liegt bei 0,5–1 mg/kg.

Bei einer Zusatzwasserentkarbonisierung kann auf die Dosierung von Stabilisatoren verzichtet werden. Die Zugabe von Schwefelsäure (Salzsäure) bewirkt nicht nur ein Absenken des pH-Wertes, sondern auch eine Umwandlung der Karbonationen in Nichtkarbonationen. Diese Art einer Entkarbonisierung kann wünschenswert sein, geht aber auf Kosten vermehrter Sulfat- bzw. Chlorid-Gehalte im Kühlwasserkreislauf.

Als höchste Konzentrationen im Kreislaufwasser werden folgende Werte angegeben:

Gesamtsalzgehalt	3000 mg/l
Chloridgehalt	600 mg Cl^-/l
Sulfatgehalt	400 mg SO_4^{--}/l
Sk 4,3 (ohne Polyphosphat)	2 mmol/l
SK 4,3 (mit Polyphosphat)	4 mmol/l
SK 4,3 (mit Organophosphat)	8 mmol/l
NKH	20 mmol/l

Bei austenitischen Materialien im Kühlsystem muß der Chloridgehalt entsprechend den Vorschriften weiter beschränkt werden.

Die Absalzmenge berechnet man nach der unter 2.9 angegebenen Formel bezogen auf Zusatzwasser.

4.8. Betriebsüberwachung

Wesentlich für ein dauerndes gutes Arbeiten einer Wasseraufbereitungsanlage ist neben der Betriebsanalyse die Überwachung der Anlage durch anzeigende und registrierende Meß- und Analysengeräte.

Flockungs- und Filtrationsanlagen

Bei Flockungs- und Filtrationsanlagen wird die Leistung mit Mengenmessern und der Filterwiderstand mit Differentialmanometern gemessen. Der Filterwiderstand ist ein Maß der Filterverschmutzung. Ein SK 4,3-Meßgerät gibt Aufschluß über die zugesetzte Flockungsmenge. Photometrische Trübungsmeßgeräte geben jederzeit Auskunft über den Filtrationseffekt.

Enthärtungsanlage

Ein Mengenmesser gibt die Gewähr dafür, daß die Anlage in der Zeiteinheit und im Arbeitsspiel nicht überfahren wird. Handelt es sich um größere Anlagen, so sind momentan anzeigende Mengenmesser und Wassermesser mit Zählwerk sowie rückstellbaren Zeigern zu verwenden. Registrierende und alarmierende Erdalkalienmeßgeräte können in Großanlagen gute Dienste leisten.

Entkarbonisierungsanlagen

Bei der Kalkentkarbonisierung in Schnellreaktoren haben sich pH-Steuerungen gut bewährt. Die Wasserstoffentkarbonisierung wird über Mengen- und SK 4,3-Meßgerät überwacht.

Entsalzungsanlagen

Die Überwachung der Entsalzungsanlagen erfolgt über Mengenmessungen und photometrische SiO_2-Meßgeräte, pH-Meßgeräte erlauben eine Beurteilung des Natriumschlupfes, Leitfähigkeitsmeßgeräte geben Auskunft über das Arbeitsverhalten der Austauscher.

Speisewasser

Die Überwachung von salzarmem Speisewasser erstreckt sich auf die Leitfähigkeit und den pH-Wert. Durch den pH-Wert kann der Zusatz an Ammoniak und Hydrazin unter Kontrolle gehalten werden. Sauerstoffprüfgeräte zeigen Veränderungen der Entgaserarbeit an.

Kesselwasser

Die Absalzung der Kessel wird mengenmäßig über Durchflußmeßgeräte erfaßt. Durch Leitfähigkeitsmessung wird der Salzgehalt ermittelt, wonach die Absalzmenge von Hand oder automatisch reguliert wird. Eine photometrische Phosphatmessung rundet die automatische Kesselwasserüberwachung ab.

Dampf und Kondensate

Im Dampf und in den Kondensaten werden allgemein die Leitfähigkeiten mit registrierenden Geräten gemessen.

Turbinen- und Sammelkondensate können noch durch pH-Wert- und Härtemeßgeräte kontrolliert werden.

4.9. Umkehrosmose

4.9.1. Verfahrensprinzip

Im entferntesten Sinne kann man die umgekehrte Osmose als ein Filtrationsverfahren bezeichnen, bei dem unter Druck durch semipermeable (halb durchlässige Membranen) Wasser hindurchtritt. Die gelösten Salze werden zurückgehalten. Trennt man eine Salzlösung von reinem Wasser durch eine semipermeable Membran, so kann das System seinem natürlichen Bestreben nach Konzentrationsausgleich nur dadurch nachkommen, daß reines Wasser durch die Membran in die Salzlösung gelangt. Dieser Vorgang wird als osmotischer Fluß bezeichnet, siehe Bild 4.–48 (Figur 1). Dadurch wird das ursprünglich gleiche Volumen beider Flüssigkeiten zu Gunsten der Salzlösung verändert, d. h. hier steigt der Flüssigkeitsspiegel, während er auf der Seite des reinen Wassers sinkt. Wenn der osmotische Fluß Null wird, herrscht osmotisches Gleichgewicht (Figur 2). Der Höhenunterschied der beiden Flüssigkeitssäulen ist proportional dem Anfangssalzgehalt der Lösung und entspricht dem osmotischen Druck dieser Lösung (Figur 3). Durch Ausübung von Druck auf die Seite der Salzlösung, der den osmotischen Druck übertrifft, wird der Vorgang umgekehrt, d. h. Wasser gelangt durch die Membran aus der Salzlösung zum reinen Wasser, wobei der Salzgehalt des hinterbliebenen Konzentrats und

Verfahrenstechnik der Aufbereitung 169

Osmotischer Fluß — 1

Osmotisches Gleichgewicht — 2
Osmotische Höhe (Druck)

① Reines Wasser
② semipermeable Membrane
③ Salzlösung

Osmotisches Gleichgewicht — 3
Osmotischer Druck

Umkehr-Osmose — 4
Druck

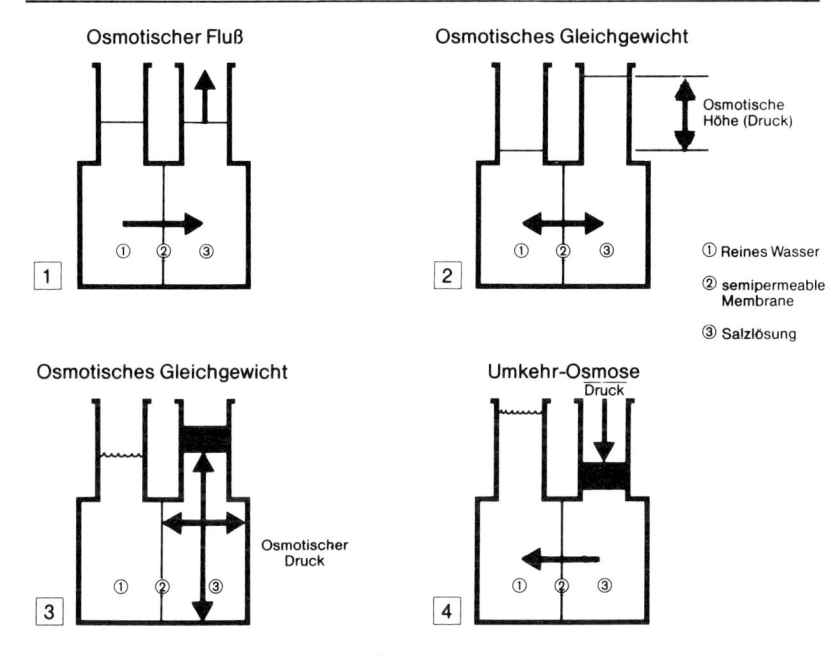

Bild 4.-48

dessen osmotischer Druck ansteigt. Diesen Vorgang nennt man umgekehrte Osmose (Figur 4). Die umgekehrte Osmose stellt sich damit als ein kontinuierlich bei Umgebungstemperatur zu betreibendes Verfahren zur Entwässerung bzw. Eindickung von Salzlösungen dar, in dem die Lösung unter Druck an einem Membransystem vorbeigeleitet wird und dabei einen Teil seines Wassers mit nur geringem Salzgehalt als Permeat durch die Membranen abgibt. Das Ergebnis des Prozesses ist daher ein konstanter Reinwasserstrom mit geringem Salzgehalt, der praktisch frei ist von Kolloiden, Feststoffen und Bakterien. Er enthält jedoch noch die im Wasser gelösten Gase, z. B. Sauerstoff und Kohlendioxid.

4.9.2. Technische Anwendung

Zur technischen Anwendung der Membrantrennverfahren sind verschiedene Membranen entwickelt worden. Am weitesten verbreitet sind solche auf Cellulose-Acetat und Polyamidbasis. Die Membranen kommen als Flachmembranen oder Hohlfasermembranen zum Einsatz. Die Flachmembranen finden in technischen Anlagen überwiegend als

Wickelmodul oder als Schlauchmodul Anwendung, wobei der Wickelmodul bevorzugt zur Wasseraufbereitung und der Schlauchmodul mehr in der Abwasserreinigung oder auf dem großen Gebiet der chemischen Verfahrenstechnik und in der Lebensmittelherstellung Verwendung findet. Ein anderer Typ ist der Hohlfasermodul auf Polyamidbasis. Polyamid-Membranen lassen sich im Gegensatz zu Cellulose-Acetatmembranen in weitem pH-Bereich einsetzen. Das bringt bei der Wasserentsalzung dadurch Vorteile, daß diese Module zur Vermeidung von Dauerschäden durch Ablagerung nicht nur sauer, sondern auch mit alkalischen Spülmitteln behandelt werden können.

Die zylindrischen Hohlfasern haben einen Außendurchmesser von 85–100 µm und einen Innendurchmesser von 42 µm. Hunderttausende dieser Fasern sind in einem Kunststoffdruckbehälter u-förmig um ein mittig angeordnetes poröses Verteilerrohr angeordnet, durch das unter Druck Rohwasser radial in das Innere des Moduls eintritt, und zwar gleichmäßig über die gesamte funktionsfähige Länge des Moduls. Der Druck preßt das Wasser durch die Faserwände in den Faserhohlraum, von wo es als Permeat in Richtung auf eine Dichtungsplatte, in die die Faserenden eingeklebt sind, fließt. Eine poröse Platte sammelt das Permeat, um es auf der dem Rohwassereintritt gegenüberliegenden Seite abzuführen, während das konzentrierte Abwasser über einen Ringkanal und damit außerhalb des Faserbündels in einen Sammelraum und von da durch eine Öffnung auf der Eintrittsseite des Moduls wieder hinausfließt. Bild 4.-49.

Die Qualität technischer Membranen wird von der Durchsatzleistung, d. h. dem Fluß pro m^2 Membranfläche und dem optimalen Salzrück-

① Rohwasser
② Sicherungsring
③ O-Ring
④ Abwasser (Konzentrat)
⑤ Abschlußplatte
⑥ nicht poröses Eintrittsrohr
⑦ Epoxydharz-Platte
⑧ Hohlfasern
⑨ poröses Verteilerrohr
⑩ poröse Platte
⑪ Reinwasser (Permeat)

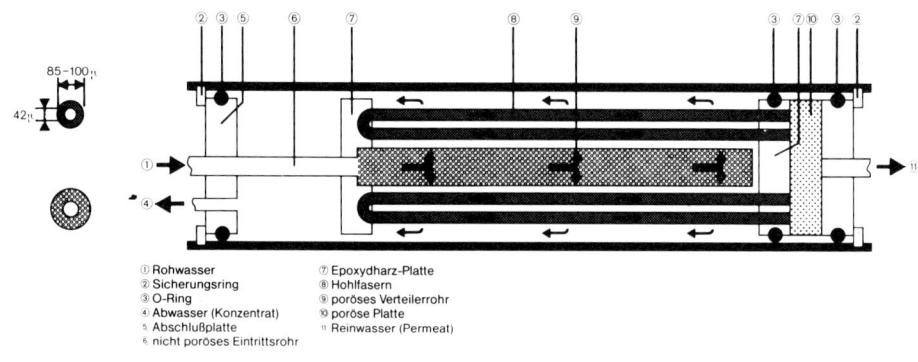

Bild 4.-49

Verfahrenstechnik der Aufbereitung 171

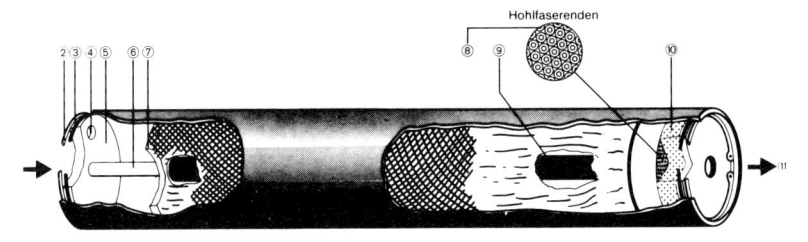

1 Rohwasser
2 Sicherungsring
3 O-Ring
4 Abwasser (Konzentrat)
5 Abschlußplatte
6 nicht poröses Eintrittsrohr
7 Epoxydharz-Platte
8 Hohlfasern
9 poröses Verteilerrohr
10 poröse Platte
11 Reinwasser (Permeat)

Bild 4.-50: Ansicht eines aufgeschnittenen Hohlfaser-Moduls

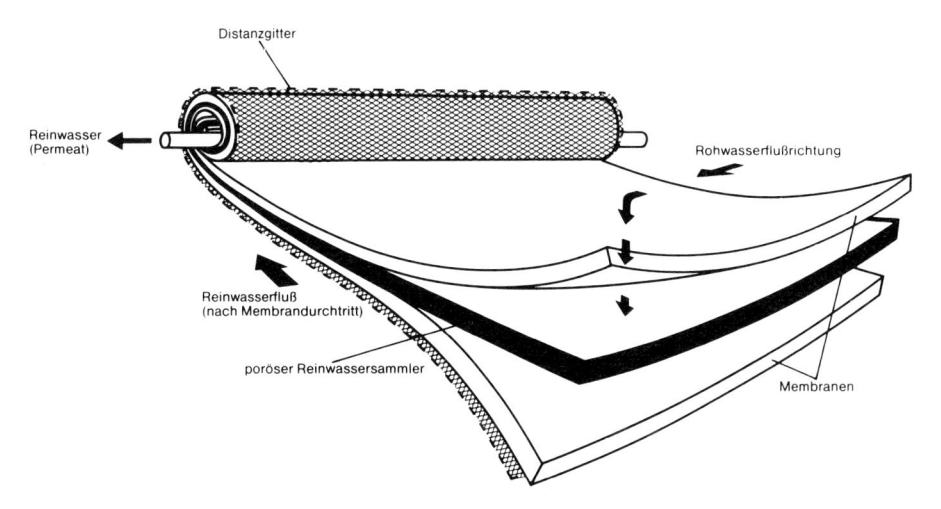

Bild 4.-51: Teilweise entrolltes Wickelmodul

haltevermögen bestimmt. Der Salzschlupf ist um so geringer, je höher die Wertigkeit der Ionen ist.

Bei Brackwasser mit einem Salzgehalt bis 2000 mg/l liegt der Salzschlupf mit heutigen Membranen — bei einer Reinwasserausbeute bis etwa 75% — unter 10%, um dann zuzunehmen. Nimmt man dagegen die Ausbeute zurück, so kann man den niedrigen Salzschlupf auch noch bei höheren Rohwassersalzgehalten realisieren.

Bei Meerwasser und hoch salzhaltigen Brackwässern kommen Membranen mit größerem Salzrückhaltevermögen zum Einsatz, wobei der Salzschlupf fast linear abhängig vom Rohwassersalzgehalt und der Ausbeute ist. Bei einem Salzgehalt von 30 000 mg/l und einer 30%-igen Ausbeute liegt er bei 1,5%. Der Salzschlupf und die Durchflußleistung werden aber noch von anderen Faktoren beeinflußt wie Druck, Temperatur usw., so daß eine konkrete Aussage zur Leistungsfähigkeit nur unter Berücksichtigung aller Faktoren möglich ist.

4.9.3. Anforderungen an das zu entsalzende Wasser

Da die Umkehrosmose von der Konzentratseite her gesehen ein Aufkonzentrierungsprozeß (bis zu 10-facher Eindickung) ist, muß eine Konzentration im Abwasser, die zu Ausfällungen führt, auf jeden Fall vermieden werden, da anderenfalls Permeatleistung und Salzrückhaltung stark verschlechtert werden. Deshalb ist jedes zu entsalzende Rohwasser genau zu analysieren, wobei speziell der Verblockungsindex ermittelt werden muß. Es handelt sich dabei um eine Membranfilter-Meßmethode unter Verwendung von 0,45 µm-Filtern, über die unter einem bestimmten Druck eine definierte Rohwassermenge filtriert wird. Die dazu benötigte Zeit (t_i) wird in ein Verhältnis gesetzt zu einer Zeit (t_f), die benötigt wird, das gleiche Volumen nach einer bestimmten Betriebszeit des Filters (t_t) zu filtrieren. Der Wert, um den sich die Filtrationszeit für das gleiche Filtervolumen verlängert, ist proportional der Verblockung des Membranfilters. Hieraus errechnet sich der Verblockungsindex.

Berechnung des Verblockungsindex SDI aus den Meßdaten:

$$SDI = \frac{1 - \frac{t_i}{t_f} \times 100}{t_t}$$

Verfahrenstechnik der Aufbereitung 173

SDI = Verblockungsindex
t_t = Gesamttestzeit (min) normalerweise 15 min
t_i = Zeit (sec) bei Testbeginn, um das Flüssigkeitsvolumen V abzufiltrieren
t_f = Zeit (sec) bei Testende, um das gleiche Flüssigkeitsvolumen V abzufiltrieren

Die Auswertung der Analyse ermöglicht die Entscheidung, ob eine Vorbehandlung des Rohwassers notwendig ist oder nicht. Der Verblockungsindex sollte z. B. stets kleiner 3 sein. Anderenfalls muß eine Vorbehandlung des Rohwassers vorgenommen werden. Ziel einer guten Vorbehandlung ist es, alle Substanzen, die verblockende Eigenschaften besitzen oder in Folge Überschreitung der Löslichkeit bei der Konzentrierung ausfallen können, zu entfernen, oder zu stabilisieren. Dabei unterscheidet man zwischen Vorreinigung und Konditionierung. Die Vorreinigung dient der Entfernung von Schwebestoffen, anorganischer und organischer Natur. Eine Beeinträchtigung der Umkehrosmose durch diese Faktoren wird als „Fouling" bezeichnet. Ablagerungen von Calciumkarbonat, Calciumsulfat, Calciumfluorid, Kieselsäure, Strontium- oder Bariumsulfat während der Konzentrierung des Rohwassers in den Modulen bezeichnet man als „Scaling".

4.9.4. Aufbau einer Umkehr-Osmose-Anlage

Vorreinigung

Zur Vorreinigung dienen je nach Rohwasserqualität die schon klassischen Verfahren der Wasseraufbereitung, die Anschwemmfiltration, Belüftung, Filtration über Kies-, Aktivkohle-, Hydroanthrazit- oder sonstigen Filtermaterialien, teilweise auch als Mehrschichtenfiltration, evtl. kombiniert mit der Dosierung von Flockungsmitteln wie Eisenchlorid oder Aluminiumsulfat. Bewährt hat sich die Inline-Koagulation durch Polyelektrolyt-Dosierung und Mehrschichtfiltration über Spezialfiltermaterial auf Aluminiumsilikatbasis und Aktivkohle. Bei besonders verunreinigten Wässern, vor allen Oberflächenwässern, ist der Einsatz von Kontaktschlammreaktoren ratsam.

Zur Verhinderung biologischen „Foulings" wird Chlor dosiert, das wegen der Unverträglichkeit von Polyamid gegenüber starken Oxidationsmitteln von Aktivkohle oder Natriumbisulfit vor Eintritt des Rohwassers in die Module absorbiert bzw. reduziert werden muß. Gelegentlich, z. B. bei uferfiltriertem Meerwasser, genügt eine Natriumbisulfit-Schockbehandlung oder UV-Sterilisation.

Der Verblockungsindex des aufzubereitenden Wassers ist einer der wesentlichen Kriterien für die Auswahl der geeigneten Vorreinigung. Bei Oberflächenwässern läßt sich der Vorreinigungsaufwand meist erheblich reduzieren, indem man auf Uferfiltrat ausweicht.

4.9.5. Konditionierung

Bei Kleinanlagen können zur Konditionierung Ionenaustauscher als Enthärter, Entkarbonisierer oder Teilentsalzer eingesetzt werden. Bei größeren Anlagen wird „Scaling" durch Dosierung von Schwefelsäure − in Sonderfällen auch Salzsäure − und Natriumhexametaphosphat bzw. Organophosphat verhindert. Ist auf Grund der schlechten Rohwasserqualität ohnehin ein Kontaktschlammreaktor erforderlich, kann eine Kalkentkarbonisierung oder Kalk-Soda-Enthärtung in Betracht gezogen werden. In Sonderfällen wird gelegentlich auch eine Heißentkieselung eingesetzt. Meist sind diese zusätzlichen Maßnahmen erforderlich, wenn eine Reinwasserausbeute erreicht werden soll, die mehr als 75 % beträgt.

4.9.6. Nachbehandlung

Für die meisten Verbraucher, vor allem bei Konditionierung des Rohwassers mit Säure, ist eine Nachbehandlung des Permeat durch CO_2-Verrieselung erforderlich. Natronlaugedosierung, Kalkmilchzugabe oder Entsäuerungsfilter führen letztlich dann noch zum Kalk-Kohlensäure-

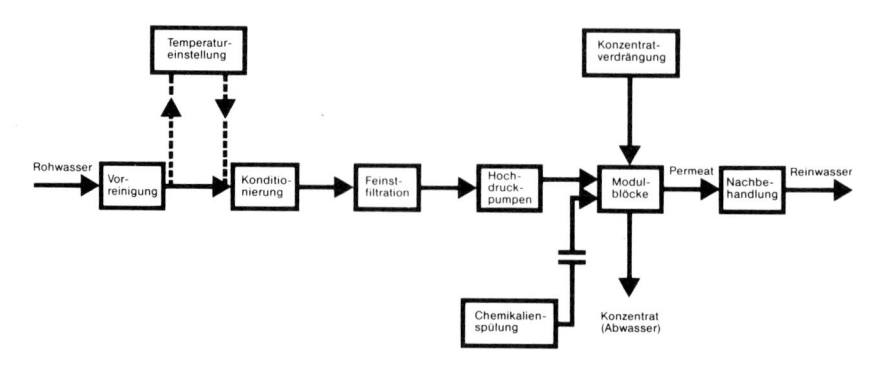

Bild 4.-52: Allgemeines Prinzipschema einer Umkehr-Osmose-Anlage

Verfahrenstechnik der Aufbereitung

gleichgewicht. Je nach Verwendungszweck des Permeats können Chlorierung, Aufhärtung oder Ionenaustausch bis zum vollentsalzten Wasser als Nachbehandlung infrage kommen. Ein allgemeines Prinzipschema der Gesamtanlage zeigt Bild 4.-50.

Einzeldurchgangs-Entsalzungsleistung bei einer ausgeführten Meerwasserentsalzungsanlage		
Ionische Verunreinigungen	Eingeführtes rohes Meerwasser* (mg/l als Ionen)	Reinwasser (mg/l als Ionen)
Ca^{++}	600	8
Mg^{++}	1118	< 1
Na^+	16 000	133
HCO_3^-	190	20
SO_4^{--}	2900	< 1
Cl^-	25 000	210
F^-	3,8	0,2
pH	7,4	6,5
Gesamtsalzgehalt, gelöst	42 000	435

* Aus Brunnen zugeführt

5. Richtwerte für die Betriebswässer

5.1. VdTÜV-Richtlinien für Speise- und Kesselwasserbeschaffenheit bei Dampferzeugern bis 68 bar zulässigem Betriebsdruck (Ausgabe April 1983 [16])

5.1.1. Geltungsbereich

Die Richtlinien gelten für Dampferzeuger der Gruppen II bis IV mit einem zulässigen Betriebsüberdruck bis zu 68 bar. Zu dem Geltungsbereich dieser Richtlinien gehören Dampferzeuger, die unter die Dampfkessel-Verordnung in der jeweils gültigen Fassung fallen.

Folgende Dampferzeuger fallen nicht unter diese Richtlinien:

Lokomotivkessel (bewegliche)
Kessel aus Kupfer oder anderen Sonderwerkstoffen
Schnelldampferzeuger
Elektrisch beheizte Kessel
Abhitzekessel spezieller Bauart
Heißwassererzeuger

5.1.2. Richtwerte für die Kessel- und Speisewasserbeschaffenheit

Hinweise zu den Richtlinien

In technisch begründeten Einzelfällen kann von den Werten der Tafel 5.-1 bis 5.-4 nach fachmännischem Ermessen abgewichen werden.

Tafel 5.-1: Kesselwasser aus salzhaltigem Speisewasser

Zulässiger Betriebsüberdruck	bar	≤ 1	> 1 ≤ 22 [1]	> 22 ≤ 44	> 44 ≤ 68
Allgemeine Anforderungen	–	farblos, klar, frei von ungelösten Stoffen			
pH-Wert bei 25 °C	–	10,5–12	10,5–12 [2]	10–11,8 [2]	10–11 [2]
Säurekapazität bis pH 8,2 (SK 8,2)	mmol/l	1–12	1–12	0,5–6	0,1–1
Leitfähigkeit bei 25 °C	µS/cm	< 5000	< 10000 [2]	< 5000 [2]	< 2500 [2]
Kieselsäure (SiO_2)	mg/l	–	druckstufenabhängig nach Bild 1		< 10
Phosphat (PO_4) [3]	mg/l	10–20	10–20	5–15	5–15

[1] Für Dampferzeuger mit Überhitzer der Druckstufe > 1 ≤ 22 bar sind die Kesselwasser-Richtwerte der Druckstufe > 22 ≤ 44 bar anzuwenden.
[2] Anforderungen gemäß TRD 611.
[3] Die Phosphatdosierung wird empfohlen, ist aber nicht immer erforderlich.

Richtwerte für die Betriebswässer

Tafel 5.-2: Kesselwasser aus salzfreiem Speisewasser

Zulässiger Betriebsüberdruck	bar	bei Zusatz von festen und flüchtigen Alkalisierungsmitteln	bei Zusatz **nur** von flüchtigen Alkalisierungsmitteln
		≤ 68	
Allgemeine Anforderungen		farblos, klar, frei von ungelösten Stoffen	
pH-Wert bei 25 °C	–	9,5 – 10,5 [1] [2]	> 7
Leitfähigkeit bei 25 °C hinter starksaurem Probenahme-Kationenaustauscher	µS/cm	< 150 [1]	< 3 [1]
ohne starksauren Probenahme-Kationenaustauscher	µS/cm	< 50 [1]	–
Phosphat (PO_4)	mg/l	< 6	–
Kieselsäure (SiO_2)	mg/l	< 4	< 4

[1] Anforderungen gemäß TRD 611
[2] Gemäß TRD 611 ird bei Großwasserraumkesseln von Natrium- oder Kaliumhydroxid als festem Alkalisierungsmittel abgeraten und statt dessen Trinatriumphosphat empfohlen.

Die Bezugstemperatur für den pH-Wert und die Leitfähigkeit ist in Angleichung an internationale Normung auf 25 °C festgelegt worden.

Die in Tafel 5.-1 angegebenen Werte gelten für die obere Grenze des entsprechenden Druckbereiches. Bei dazwischenliegenden Drücken können die zulässigen SK 8,2, SiO_2-Gehalte und die Leitfähigkeiten aus den Bildern 5.-1 bis 5.-3 entnommen werden.

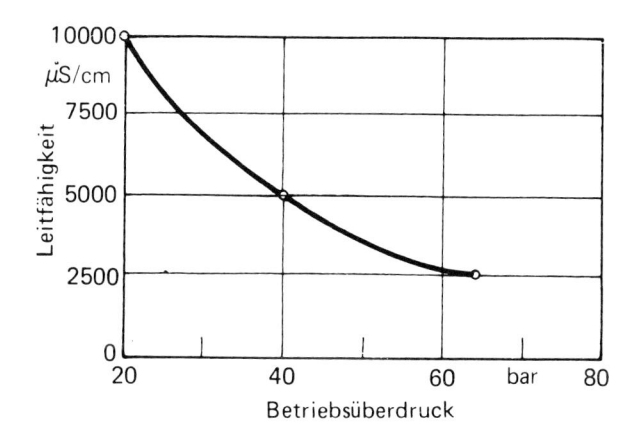

Bild 5.-1: Zulässiger Wert für die Leitfähigkeit in Abhängigkeit vom Betriebsüberdruck

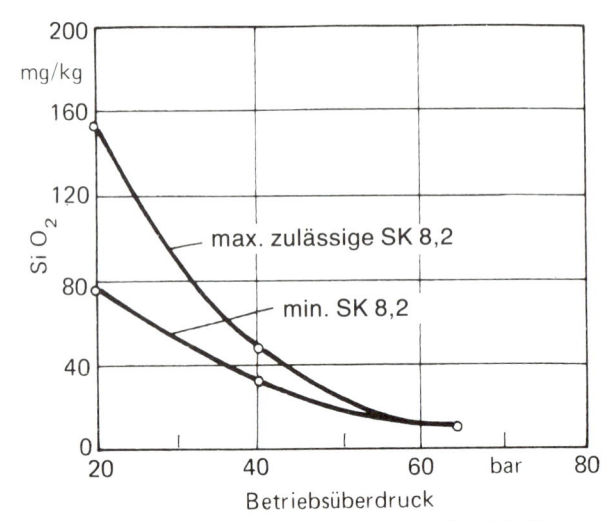

Bild 5.-2: Zulässiger SiO_2-Gehalt in Abhängigkeit vom Betriebsüberdruck und von SK 8,2

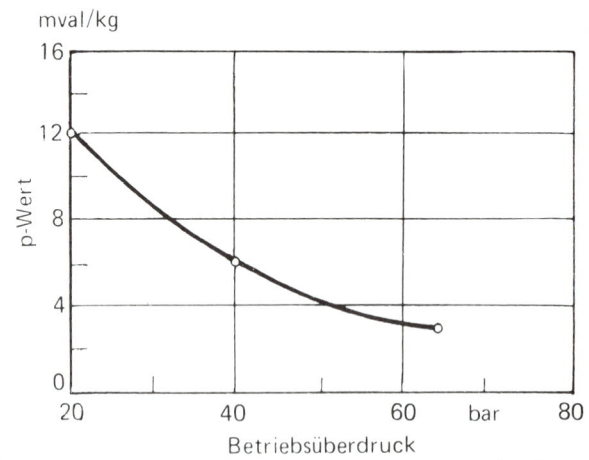

Bild 5.-3: Zulässige SK 8,2 in Abhängigkeit vom Betriebsüberdruck

5.1.3. Dampfreinheit

Bei ordnungsgemäßem Kesselbetrieb läßt sich eine normale Dampfreinheit erreichen, wenn die in Tafel 5.-1 bis 5.-4 genannten Richtwerte eingehalten werden.

Richtwerte für die Betriebswässer

Tafel 5.-3: Salzhaltiges Speisewasser für Umlaufkessel (Wasserrohr- und Großwasserraumkessel)

Zulässiger Betriebsüberdruck	bar	≤ 1	$> 1 \leq 68$
Allgemeine Anforderungen	–	farblos, klar, frei von ungelösten Stoffen	
pH-Wert [1]) bei 25 °C	–	> 9	> 9 [2])
Leitfähigkeit bei 25 °C	µS/cm	nur Richtwerte für Kesselwasser maßgebend	
Summe Erdalkalien ($Ca^{2+} + Mg^{2+}$)	mmol/l	$< 0,015$	$< 0,010$ [2])
Sauerstoff (O_2)	mg/l	$< 0,1$	$< 0,02$ [2])
Kohlensäure (CO_2) gebunden	mg/l	< 25	< 25
Eisen, gesamt (Fe)	mg/l	–	$< 0,03$ [3])
Kupfer, gesamt (Cu)	mg/l	–	$< 0,005$ [3])
Kieselsäure (SiO_2)	mg/l	nur Richtwerte für Kesselwasser maßgebend	
Oxidierbarkeit (MnVII + MnII) als $KMnO_4$	mg/l	< 10	< 10
Öl, Fett	mg/l	< 3	< 1

[1]) ggf. über Hilfsgröße $K_{S\,8,2}$ gemessen – siehe Anhang
[2]) Anforderungen gemäß TRD 611
[3]) für Großwasserraumkessel ≤ 22 bar; Fe $< 0,05$ mg/l, Cu: $< 0,01$ mg/l

Werden besondere Anforderungen an die Dampfreinheit gestellt, kann es notwendig sein, für das Speise- und Kesselwasser die Richtwerte für höhere Druckstufen anzuwenden. Wird dem Dampferzeuger eine Turbine nachgeschaltet, so ist es notwendig, den zulässigen Salzgehalt im Dampf mit dem Turbinenhersteller abzustimmen und die Anforderungen an das Kesselwasser entsprechend festzulegen.

Tafel 5.-4: Salzhaltiges Speisewasser bei alkalischer Fahrweise von Dampfkesseln und Einspritzwasser zur Dampftemperaturregelung

		Umlauf- und Großwasserraumkessel		Durchlaufkessel [2]) und Einspritzwasser
Zulässiger Betriebsüberdruck	bar	≤ 1	$> 1 \leq 68$	≤ 68
Allgemeine Anforderungen		farblos, klar, frei von ungelösten Stoffen		
pH-Wert bei 25 °C	–	> 9	> 9 [1])	> 9 [1])
Leitfähigkeit bei 25 °C hinter starksaurem Probenahme-Kationenaustauscher	µS/cm	$< 0,2$	$< 0,2$ [1])	$< 0,2$ [1])
Sauerstoff (O_2)	mg/l	$< 0,1$	$< 0,1$	kein Richtwert
Eisen, gesamt (Fe)	mg/l	–	$< 0,03$	$< 0,02$
Kupfer, gesamt (Cu)	mg/l	–	$< 0,005$	$< 0,003$
Oxidierbarkeit (MnVII → MnII) als $KMnO_4$	mg/l	< 10	< 3	< 3
Öl, Fett	mg/l	< 3	< 1	n. n.
Kieselsäure (SiO_2)	mg/l	–	$< 0,02$	$< 0,02$

[1]) Anforderungen gemäß TRD 611.
[2]) Für Durchlaufkessel, deren Speisewasser mit Oxidationsmitteln konditioniert wird, gelten die „VGB-Richtlinien für Kesselspeisewasser, Kesselwasser und Dampf von Wasserrohrkesseln ab 64 bar Betriebsüberdruck" in der jeweils gültigen Fassung.

5.1.4. Einspritzwasser

Als Einspritzwasser für Heißdampfkühler ist salzfreies Wasser erforderlich. In Ausnahmefällen kann einwandfreies Kondensat eingesetzt werden.

5.2 VGB-Richtlinien für das Speise- und Kesselwasser von Wasserrohrkesseln ab 64 bar Betriebsüberdruck (Ausgabe Oktober 1980) [17]

5.2.1. Allgemeines

Die in den nachfolgenden Tafeln 5.-5 bis 5.-8 wiedergegebenen Richtwerte sind Empfehlungen, die dem Stand der Technik entsprechen und auch für künftige Entwicklungen richtungweisend sein sollen. Ihre Anwendung auf Kessel älterer Bauart ist zwar grundsätzlich erstrebenswert, aber nicht in jedem Falle erforderlich. Man kommt bei solchen Kesseln oft mit geringeren Anforderungen an die Qualität des Wassers aus.

Die Richtlinien gelten für den Dauerbetrieb. Es gibt Betriebszustände, in denen sich die gestellten Forderungen nicht erfüllen lassen. Dies gilt insbesondere für die Inbetriebnahme neuer Kessel, aber auch für jeden An- und Abfahrbetrieb sowie für Lastwechsel.

Als Normalfall ist anzusehen, daß das Zusatzspeisewasser für Kessel bei Druckstufen $\geq$ 64 bar durch Vollentsalzung aufbereitet wird und die Kessel mit salzfreiem Speisewasser betrieben werden.

5.2.2. Richtwerte für die Speise- und Kesselwasserbeschaffenheit

Chemische Konditionierung

In der Praxis sind zwei unterschiedliche Verfahren gebräuchlich, die Anwendung von Alkalisierungsmittel (alkalische Fahrweise) bzw. von Oxidationsmitteln (neutrale Fahrweise). Beiden ist gemeinsam, daß sie die Einhaltung eines Mindest-pH-Wertes sowie einiger weiterer Bedingungen erfordern und daß durch Zugabe bestimmter Chemikalien die Ausbildung von Deckschichten mit hohem Korrosionswiderstand auf metallischen Oberflächen gefördert wird.

Alkalische Fahrweise

Die Korrosion an Bauteilen aus Stahl wird durch Anheben des pH-Wertes vermindert. Anlagen mit Durchlaufkesseln dürfen nur mit flüchtigen Alkalisierungsmitteln betrieben werden, die den Vorzug haben, den Speisewasser- und den Kondensatbereich gleichzeitig zu alkalisieren. Umlauf-

Richtwerte für die Betriebswässer

Tafel 5.-5: Salzfreies Speisewasser. Anforderungen an salzfreies Speisewasser für Durchlaufkessel und Umlaufkessel, gemessen am Kesseleintritt, sowie Anforderungen an Wasser für Einspritzkühler zur Dampftemperaturregelung, im Dauerbetrieb.

	Einheit	alkalische Fahrweise	neutrale Fahrweise
allgemeine Anforderungen		klar und farblos	
Leitfähigkeit bei 25 °C, direkte und kontinuierliche Messung an der Probenahmestelle	μS/cm	nicht spezifiziert	< 0,25
Leitfähigkeit bei 25 °C hinter starksaurem Probenahme-Kationenaustauscher, kontinuierliche Messung an der Probenahmestelle	μS/cm	< 0,20	< 0,20
pH-Wert bei 25 °C (bei Durchlaufkesseln und Einspritzregelkühlern nur flüchtige Alkalisierungsmittel zulässig)		> 9	> 6,5 unter gleichzeitiger Einhaltung der Leitfähigkeits-Grenzwerte
Sauerstoff (O_2)	mg/l	nicht spezifiziert (siehe Erläuterungen, Abschnitt „Sauerstoff")	> 0,050 (siehe Erläuterungen, Abschnitte „Neutrale Fahrweise" und „Sauerstoff")
Gesamt-Eisen (Fe)	mg/l	< 0,020	
Gesamt-Kupfer (Cu)	mg/l	< 0,003	
Kieselsäure (SiO_2)	mg/l	< 0,020	
organische Substanzen		siehe Erläuterungen, Abschnitt „Organische Substanzen"	

kessel erfordern, wie im folgenden noch näher erläutert wird, normalerweise die zusätzliche Anwendung fester Alkalisierungsmittel, die auch bei hohen Temperaturen stark dissoziieren.

Unter den flüchtigen Alkalisierungsmitteln ist Ammoniak das gebräuchlichste.

Durchlaufkessel und Einspritzkühler zur Dampftemperaturregelung dürfen nur mit Wasser gespeist werden, das ausschließlich flüchtige Alkalisierungsmittel enthält. Dementsprechend darf auch das Speisewasser von Umlaufkesseln, die mit salzfreiem Speisewasser betrieben werden, bei Vorhandensein von Einspritzregelkühlern bis zur Abnahme des Einspritzwassers lediglich mit flüchtigen Alkalisierungsmitteln konditioniert werden. Im Kesselwasser-Umlaufsystem jedoch tragen flüchtige Alkalisierungsmittel wegen ihres Verteilungsgleichgewichtes zwischen Wasser und Dampf in der Trommel sowie wegen ihres Dissoziationsverhaltens bei hohen Temperaturen kaum noch zur Erhöhung des pH-Wertes bei.

Als Standardverfahren für die alkalische Fahrweise von Umlaufkesseln der Druckstufen < 160 bar wird daher die gemeinsame Anwendung flüchtiger und fester Alkalisierungsmittel empfohlen. Dabei soll durch die flüchtigen

Tafel 5.-6: Kesselwasser aus salzfreiem Speisewasser. Anforderungen an das Kesselwasser von Umlaufkesseln, die mit salzfreiem Speisewasser nach Tafel 5.-5 gespeist werden, im Dauerbetrieb.

	Einheit	kombinierte Anwendung fester und flüchtiger Alkalisierungsmittel[1])	
Druckstufe	bar	$\leqslant$ 125	> 125
zulässiger Betriebsüberdruck	bar	$\leqslant$ 136	> 136
pH-Wert bei 25 °C		9,5 bis 10,5	im Bereich 9 bis 10 möglichst > 9,5
Leitfähigkeit bei 25 °C hinter starksaurem Probenahme-Kationenaustauscher, kontinuierliche Messung an der Probenahmestelle	μS/cm	< 150	< 50
bei Trinatriumphosphat-Dosierung: Phosphat (PO_4^{3-})	mg/l	< 6	
Kieselsäure (SiO_2)		druckstufenabhängig nach Bild 5.-4	

[1]) Unter Einhaltung der Speisewasser-Richtwerte nach Tafel 5.-5 und unter der Voraussetzung, daß im Kesselwasser Leitfähigkeiten (hinter Probenahme-Kationenaustauscher gemessen) entsprechend
< 5 μS/cm bei lokalen Wärmestromdichten < 250 kW/m²
< 3 μS/cm bei lokalen Wärmestromdichten > 250 kW/m²
gehalten werden können, sind alternativ folgende Fahrweisen zulässig:
a) *alkalische Fahrweise* ausschließlich mit flüchtigen Alkalisierungsmitteln,
b) *neutrale Fahrweise* unter Korrektur des Kesselwasser-pH-Wertes mittels Natronlauge auf pH = 7 bis 8, bezogen auf 25 °C.

Tafel 5.-7: Salzhaltiges Speisewasser[1]). Anforderungen an salzhaltiges Speisewasser für Umlaufkessel der Druckstufen 64 und 80 bar, gemessen am Kesseleintritt, im Dauerbetrieb.

allgemeine Anforderungen		klar und farblos
Leitfähigkeit	μS/cm	nicht spezifiziert; es sind die Richtwerte für Kesselwasser nach Tafel 5 zu beachten
pH-Wert bei 25 °C		> 9
Sauerstoff (O_2)	mg/l	< 0,020
Gesamt-Eisen (Fe)	mg/l	< 0,030
Gesamt-Kupfer (Cu)	mg/l	< 0,005
Kieselsäure (SiO_2)	mg/l	es sind die Richtwerte für Kesselwasser nach Tafel 5.-6 zu beachten
Summe Erdalkalien (Ca^{2+} und Mg^{2+})	mmol/l	< 0,005
organische Substanzen	mg/l	s. Erläuterungen, Abschnitt „Organische Substanzen"

[1]) Bei lokalen Wärmestromdichten > 250 kW/m² wird der Betrieb mit salzfreiem Speisewasser nach Tafel 5.-5 empfohlen

Alkalisierungsmittel im Kondensat-Speisewasser-Bereich ein pH-Wert > 9 (möglichst > 9,3) aufrechterhalten und durch die Feststoff-Alkalisierung eine hinreichende Kesselwasser-Alkalität erreicht werden. Im Hinblick auf gute Durchmischung sollte das feste Alkalisierungsmittel – z. B. Natriumhydroxid, gegebenenfalls aber auch Trinatriumphosphat – zum Speisewasser vor Eco zugegeben werden, jedoch hinter der Abnahme von Einspritzwasser.

Die Anwendung ausschließlich flüchtiger Alkalisierungsmittel im Wasser-Dampfkreislauf von Umlaufkesseln ist beim Betrieb mit salzfreiem Speisewasser unter der Voraussetzung möglich, daß die Leitfähigkeit des Kesselwassers sehr niedrig gehalten werden kann, d. h. < 3 μS/cm hinter starksaurem Kationenaustauscher.

Neutrale Fahrweise
(Konditionierung mit Oxidationsmitteln)

Die Korrosion an Bauteilen aus Stahl wird durch Zugabe von Oxidationsmitteln zu salzfreiem Wasser vermindert. Dieses Verfahren gestattet es, auf eine Alkalisierung im Speisewasser- und Kondensatbereich zu verzichten.

Als Oxidationsmittel sind Wasserstoffperoxid oder gasförmiger Sauerstoff gebräuchlich. In wäßriger Phase ist das Oxidationsmittel insoweit am Schutzschichtaufbau auf Stahl beteiligt, als es zweiwertiges Eisen zu dreiwertigen Eisenoxiden oxidiert, die auf Magnetit aufwachsen. Die so entstehende Hämatit-Deckschicht ist gegenüber neutralem Wasser beständiger als Magnetit. In der Dampfphase erfolgt auch ohne Zugabe von Sauerstoff eine direkte Oxidation des Stahls zu Magnetit.

Im Speisewasser vor Kesseleintritt sollen noch Sauerstoffkonzentrationen gemäß Tafel 5.-3 vorhanden sein.

Die für das Speisewasser vor Kesseleintritt empfohlene Sauerstoffkonzentration soll bewirken, daß mit dem Dampf noch Sauerstoff auf die Heizdampfseite der Vorwärmer gelangt.

Die neutrale Fahrweise wird vorzugsweise bei Durchlaufkesseln angewandt.

Organische Substanzen

Organische Substanzen, die mit dem Speisewasser in den Dampferzeuger eingetragen werden, können nach Anreicherung im Kesselwasser von Umlaufkesseln dessen Schaumneigung erhöhen. Unter Kesselbedingungen gebildete Zersetzungsprodukte organischer Substanzen können den pH-Wert des Kesselwassers und, soweit sie flüchtig sind, die Dampfqualität unmittelbar beeinflussen. Unter der Voraussetzung zunehmender Vorbelastung von Oberflächenwasser und Uferfiltrat mit organischen Substanzen und im Hinblick auf die Rückführung verunreinigter Betriebskondensate ist eine allgemeingültige Angabe von Grenzwerten nicht möglich.

Tafel 5.-8: Kesselwasser aus salzhaltigem Speisewasser[1]). Anforderungen an das Kesselwasser von Umlaufkesseln der Druckstufen 64 und 80 bar, die mit salzhaltigem Speisewasser nach Tafel 5.-7 gespeist werden, im Dauerbetrieb.

Druckstufe	bar	64	80
zulässiger Betriebsüberdruck	bar	68	87
Leitfähigkeit bei 25 °C, direkte und kontinuierliche Messung an der Probenahmestelle	μS/cm	< 2500	< 300
Säurekapazität $K_{S\ 8,2}$ (früher p-Wert in mval/l)[2])	mmol/l	0,1 bis 1,0	< 0,3
pH-Wert bei 25 °C		10 bis 11	9,5 bis 10,5
bei Trinatriumphosphat-Dosierung: Phosphat (PO_4^{3-})	mg/l	5 bis 15	2 bis 6
Kieselsäure (SiO_2)	mg/l	druckstufenabhängig nach Bild 5.-4	

[1]) Bei lokalen Wärmestromdichten > 250 kW/m² wird der Betrieb mit salzfreiem Speisewasser empfohlen; es sind dann die Speisewasser- und Kesselwasser-Richtwerte nach Tafeln 5.-5 und 5.-6 zu beachten.

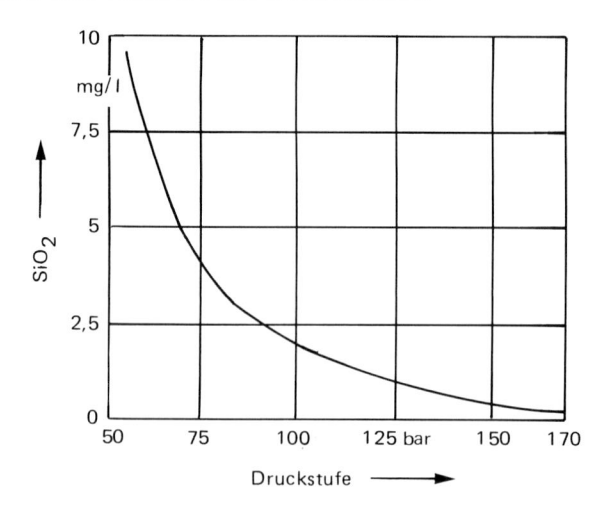

Bild 5.-4: Abhängigkeit zwischen Druckstufe und Kieselsäurekonzentration, die unter Berücksichtigung des Grenzwertes für den Dampf (0,020 mg/l SiO_2) im Kesselwasser (pH $\leqslant$ 10) zugelassen werden kann; bei pH = 11 sind etwa doppelte Werte zulässig.

Deshalb müssen im Einzelfalle Beurteilungskriterien für die mögliche Einflußnahme durch ölorganische Substanzen bzw. deren Zersetzungsprodukte festgelegt werden.

Sauerstoff

Der Sauerstoffgehalt von salzhaltigem Speisewasser muß eng begrenzt werden. Die Unterscheidung zwischen salzhaltigem und salzfreiem Speisewasser ist in diesem Zusammenhang sehr streng zu treffen. Wenn z. B. durch Kondensator-Undichtigkeiten, durch Verunreinigungen in rückgeführten Heiz- und Betriebskondensaten oder durch Ionenschlupf in der Wasseraufbereitungsanlage über einen Zeitraum von mehreren Tagen erhöhte Elektrolytgehalte im Speisewasser auftreten können, ist der Sauerstoff-Richtwert nach Tafel 5.-5 einzuhalten.

5.3. VGB-Richtlinien für das Wasser in Kernkraftwerken mit Leichtwasserreaktoren [18]

Die in den Tafeln 5.-9 bis 5.-13 aufgeführten Richtwerte gelten für den Dauerbetrieb. Damit wird der Erfahrungstatsache Rechnung getragen, daß es Betriebszustände gibt, bei denen sich die gestellten Forderungen nicht in jeder Hinsicht erfüllen lassen. Das gilt insbesondere für Lastwechsel sowie für An- und Abfahrvorgänge. Man sollte sich jedoch darüber im klaren sein, daß Überschreitungen der nachstehend empfohlenen Grenzwerte die Verhältnisse im Wasser-Dampfkreislauf ungünstig beeinflussen können und daß selbst bei den genannten Betriebszuständen die Einhaltung der Grenzwerte angestrebt werden sollte.

An die Dampfreinheit sind die gleichen Anforderungen zu stellen wie bei konventionellen Dampferzeugungsanlagen.

Tafel 5.-9: Richtwerte für das Reaktorwasser und das Reaktorspeisewasser von Siedewasserreaktoren

			Reaktorwasser	Reaktorspeisewasser
Leitfähigkeit bei 25 °C		µS/cm	< 1	< 0,15
Chloride	(Cl)	mg/kg	< 0,2	nicht spezifiziert
Kieselsäure	(SiO_2)	mg/kg	< 4	nicht spezifiziert
Gesamteisen	(Fe)	mg/kg	nicht spezifiziert	< 0,025
Gesamtkupfer	(Cu)	mg/kg	nicht spezifiziert	< 0,003

Tafel 5.-10: Richtwerte für das Reaktorwasser von Druckwasserreaktoren

^{7}Lithiumhydroxid (^{7}Li)	mg/kg	0,2 bis 2
Wasserstoff (H$_2$)	mg/kg	2 bis 4
Sauerstoff (O$_2$)	mg/kg	< 0,05
Chloride (Cl)	mg/kg	< 0,2

Tafel 5.-11: Richtwerte für das Speisewasser des Sekundärkreislaufes von Druckwasserreaktoren

		Speisewasser
Leitfähigkeit bei 25 °C hinter starksaurem Kationenaustauscher	µS/cm	< 0,2
pH-Wert bei 25 °C		> 9
Sauerstoff (O$_2$)	mg/kg	< 0,020
Gesamteisen (Fe)	mg/kg	< 0,020
Gesamtkupfer (Cu)	mg/kg	< 0,003

Tafel 5.-12: Richtwerte für das Dampferzeugerwasser von Druckwasserreaktoren bei Alkalisierung ausschließlich mit flüchtigen Alkalisierungsmitteln

		Dampferzeugerwasser
Leitfähigkeit bei 25 °C hinter starksaurem Kationenaustauscher	µS/cm	< 10
Chloride (Cl)	mg/kg	< 1
Kieselsäure (SiO$_2$)	mg/kg	< 4

Tafel 5.-13: Richtwerte für das Dampferzeugerwasser von Druckwasserreaktoren bei Konditionierung mit Natriumphosphaten

		Dampferzeugerwasser
Leitfähigkeit bei 25 °C	µS/cm	< 50
pH-Wert bei 25 °C		8,8 bis 9,5
Molverhältnis Na : PO$_4$		< 2,6
Phosphat (PO$_4$)	mg/kg	2 bis 6
Chloride (Cl)	mg/kg	< 1
Kieselsäure (SiO$_2$)	mg/kg	< 4

6. Betriebsanalyse

6.1. Allgemeines

Die Kontrolle der Wasseraufbereitung und auch die Überwachung des Wasserkreislaufs im Kraftwerk werden immer mehr von der Anlage ins Labor verlagert.

Teilweise sind die zu findenden Werte in einer Größenordnung zu suchen, die nur noch mit speziellen Geräten ermittelt werden können. Hierzu gehören:

Leitfähigkeitsmeßgerät, pH-Meßgerät, Photometer und Flammenphotometer.

In der Zusammenstellung der Betriebsanalyse sind einige der wichtigsten photometrischen Analysenvorschriften angegeben. Es würde den Rahmen dieses Handbuches überschreiten, alle Bestimmungen aufzuführen. Es sei deshalb auf die maßgeblichen Analysenvorschriften hingewiesen [6, 7, 8].

6.2. Probenahme

Die Vorbedingung für ein gutes Analysenergebnis ist eine vorschriftsmäßige Probenahme*). Im allgemeinen reichen als Probegefäße Behälter aus Glas aus. Für alkalische und salzfreie Wässer (z. B. Kessel- und Kesselspeisewasser, Deionat, Kondensat etc.) ist es jedoch erforderlich, Kunststoff-Gefäße zu verwenden. Es sollte darauf geachtet werden, daß das Probegefäß immer für das gleiche Wasser, z. B. Deionat, Kesselwasser, Kondensat usw. verwendet wird.

Jedes Probegefäß ist mehrere Male gründlich mit dem zu untersuchenden Wasser vorzuspülen. Wenn das Wasser aus nicht kontinuierlich laufenden Probeleitungen entnommen wird, muß vor der Probenahme das Wasser $\approx$ 10 Minuten ablaufen.

Die Probe muß eindeutig und klar bezeichnet sein.

Heiße Wässer müssen über Kühler entnommen werden. Als Kühlerbaustoff kann Kupferrohrleitung genommen werden. Für die Sauerstoffbestimmung und auch wenn Kupfer zu bestimmen ist, sollte die Kühlschlange aus reinem Nickel oder VA-Material sein. Probeleitungen, die kontinuierlich betrieben werden, können in normalem Kohlenstoffstahl verlegt werden, wenn es sich um Wässer handelt, die ebenfalls aus Rohrleitungen und Aggregaten aus Kohlenstoffstahl entnommen werden.

*) DIN-Entwurf „Richtlinien zur Probenahme von Wasser und Dampf im Kraftwerk".

Für saure Wässer und Deionat sind die Probeleitungen in VA-Material oder in Kunststoff zu verlegen.
Werden Kesselwasserproben ausnahmsweise ohne Kühlschlange entnommen, so ist wegen der Ausdampfung eine Berichtigung vorzunehmen. Hierzu benutzt man das Bild 12.5.
Die Untersuchungstemperatur liegt allgemein bei 20 °C, wenn nicht für spezielle Analysen ausdrücklich eine andere Temperatur vorgeschrieben ist.

Kondensate und andere Wässer mit extrem niedrigen Salzwerten können durch Leiten über Ionenaustauschsäulen aufkonzentriert werden. Im Austauscher reichern sich die Ionen an. Man leitet eine so große Wassermenge (10—1 000 Liter) durch die Austauscher, daß die Absolutmenge im Austauscher angereicherter Salze groß genug ist, um mit den üblichen Analysenmethoden erfaßt zu werden.

Mittels Salzsäure lassen sich die Kationen und mittels Natronlauge die Anionen aus den Austauschern eluieren.

Die Plexiglassäulen sind mit starksaurem Kationenaustauscher in der H^+-Form bzw. starkbasischem Anionenaustauscher in der OH^--Form gefüllt.

6.3. Bestimmung des pH-Wertes

Der pH-Wert oder die Wasserstoffionenkonzentration gibt Aufschluß über den alkalischen oder sauren Charakter eines Wassers. Er kann kolorimetrisch mit Indikatorlösung ermittelt werden. Die genauesten Messungen können mit Potentiometern auf elektrometrischer Grundlage durchgeführt werden. Das bei der Messung von Lösungen entstehende Potential zwischen einer Bezugselektrode und einer Glaselektrode wird direkt am Anzeigegerät als pH-Wert abgelesen. In die zu messende Lösung wird die Glaselektrode unmittelbar eingetaucht, während die Bezugselektrode (Kalomelelektrode) sich in einer gesättigten KCl-Lösung von konstanter Ionenkonzentration befindet. Im allgemeinen werden Einstabmeßketten verwendet, bei denen Glaselektrode, KCl-Lösung und Kalomelelektrode zu einer Einheit zusammengefaßt sind. Zur Eichung bzw. Überprüfung des pH-Gerätes, einschließlich Elektroden, dienen Pufferlösungen mit definiertem pH-Wert.
Nach der Messung von stark sauren oder stark alkalischen Lösungen sind die Elektroden längere Zeit mit Wasser zu spülen, um anschließend wieder Messungen von Wässern, die einen pH-Wert um den Neutralpunkt haben, mit genügender Genauigkeit durchführen zu können.

6.4. Leitfähigkeitsmessung

Die Leitfähigkeitsmessung wird zur Ermittlung der Dampfreinheit sowie der Salzgehaltsbestimmung in Deionaten, Speisewässern, Kesselwässern und Kondensaten eingesetzt und kann im letzten Falle Aufschluß über die Kondensatordichtigkeit geben, evtl. als automatische Meldeeinrichtung für Rohwassereinbrüche.

Die Prinzipien, die der Anwendung von Leitfähigkeitsmessungen zugrundeliegen, werden nachstehend kurz beschrieben:

Die spezifische Leitfähigkeit $\varkappa$ eines Elektrolyten, das ist der Kehrwert des spezifischen Widerstandes ρ, ist von folgenden Faktoren abhängig:

1. Von der Ionenkonzentration, d. h. von der Konzentration des gelösten Stoffes und dem Dissoziations- bzw. Aktivitätsgrad des gelösten Stoffes und des Lösungsmittels.
2. Von der spezifischen Ionenladung, also der Wertigkeit der dissoziierten Molekülpartner.
3. Von der Ionenbeweglichkeit, d. h. von Temperatur und Molekulargewicht.

Definiert wird die Leitfähigkeit eines Elektrolyten als der reziproke Widerstand einer Flüssigkeitssäule von $F = 1$ cm² Querschnitt und $l = 1$ cm Länge.

$$\varkappa = \frac{1}{\rho} = \frac{1}{R} \cdot \frac{l}{F} \qquad \Omega^{-1} \, cm^{-1}$$

Die Maßeinheit ist das $\mu S/cm$ (Mikrosiemens pro cm). 1 $\mu S/cm$ = $10^{-6} \, \Omega^{-1} \, cm^{-1}$. Auf Grund der neuen Einheiten und deren Anwendung wurde es notwendig, die Maßeinheit der Leitfähigkeit in mS/m (metersiemens pro meter) abzuändern. 1 mS/m = 10 $\mu S/cm$.

Gelöste Gase (CO_2, NH_3) haben einen großen Einfluß auf die Leitfähigkeit und täuschen beispielsweise im Kondensat einen Salzgehalt vor. Ist nur CO_2 im zu messenden Kondensat, so ist es zweckmäßig, das Kondensat vor der Messung thermisch zu entgasen.

Zur Ausschaltung des Ammoniaks wird dem Leitfähigkeitsgeber ein kleiner Kationen-Austauscher vorgeschaltet. Hierbei muß man daran denken, daß z. B. NaOH auch von Kationenaustauschern aufgenommen wird und demnach nicht mehr gemessen wird. Die im Wasser

---

Dimension Ω^{-1} cm^{-1} bzw. S/cm oder in den kleineren Einheiten mS/m, mS/cm bzw. $\mu S/cm$, wobei 1 mS/cm = 10^{-3} S/cm und 1 $\mu S/cm$ = 0,1 mS/m = 10^{-6} S/cm sind.

enthaltene Neutralsalzmenge wird in die entsprechenden Säuren umgewandelt, die sich stärker auf die Leitfähigkeit auswirken. Bild 12.-30.
Ein Leitfähigkeitsgerät besteht aus einem Geber mit 2 Elektroden und dem Anzeigegerät. Die zu untersuchende Flüssigkeit wird in den Geber eingebracht oder durchströmt ihn. Der zwischen den Elektroden fließende Strom wird gemessen und als Leitfähigkeit in µS/cm angezeigt. Der Salzgehalt in mg/kg ist dann aus den entsprechenden Kurven zu entnehmen.

Nachstehende Skizze zeigt den Einsatz eines solchen Leitfähigkeitsmessers zur Reinheitsprüfung von Dampf. Das Entnahmerohr wird in die Dampfleitung so eingebaut, daß sich seine Öffnung in deren Mitte befindet und der Strömung entgegengerichtet ist.

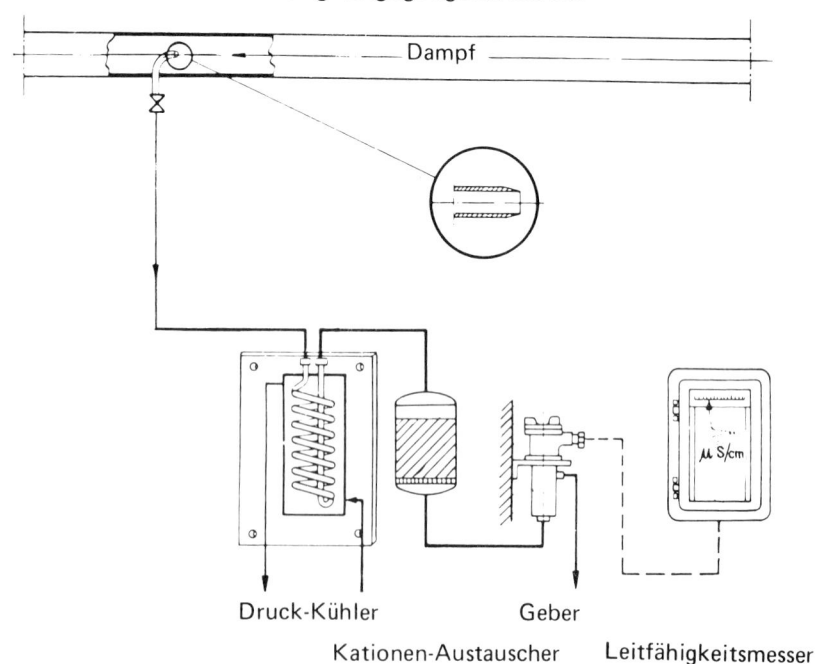

Bild 6.-1: Anordnung zur Messung der Leitfähigkeit in Dampfkondensaten

Die Strömungsgeschwindigkeit des Dampfes im Entnahmerohr soll mindestens gleich der in der Dampfleitung sein. Der entnommene Dampf wird in einem Schlangenkühler kondensiert und das Kondensat auf die Meßtemperatur gebracht. Von dort fließt es über einen Kationenaustauscher (NH_3-Eliminierung) zum Geber und wird gemessen.

Betriebsanalyse 191

6.4.1. Bestimmung der Dichte des Wassers

Anstelle der Leitfähigkeit wird gelegentlich die Ermittlung der Dichte für Wässer mit Salzgehalten von 1000 mg/kg und mehr, wie Kesselwässer, Umformer- und Verdampferlaugen, Kühlturm-Kreislaufwässer und für den Wasserinhalt von Wasserbadumformern angewendet. Man füllt den Spindelzylinder etwa ³/₄ mit Wasser, taucht den Dichtemesser vorsichtig ein und liest an der Skala die Dichte ab. Das Wasser soll nach Möglichkeit beim Ablesen diejenige Temperatur besitzen, die als Eichtemperatur auf dem Dichtemesser angegeben ist. Spindelt man bei abweichenden Temperaturen, so ist nach der vorstehenden Tafel zu berichtigen.

Werden Kesselwasserproben ohne Kühlschlange entnommen, so ist wegen der Ausdampfung eine Berichtigung vorzunehmen. Hierzu benutzt man das Bild 12.-5.

Beziehungen zwischen der Dichte einer Flüssigkeit in °Bè und g/cm³ (siehe Bild 12.-6).

6.5. Säureverbrauch und Laugenverbrauch des Wassers

6.5.1. Säureverbrauch des Wassers

Säurekapazität SK 8,2 und SK 4,3

Die SK 8,2 und SK 4,3 sind ein Maß für die im Wasser vorhandenen Mengen an Laugen, Karbonaten und Hydrogenkarbonaten, sowie bei Entkarbonisierungsanlagen ein Maß für den Kalkzusatz (Auswertung siehe 2.7.1.).

Reagenzien

0,1 N Salzsäure oder 0,1 N Schwefelsäure
Phenolphthaleinlösung (0,4 g Phenolphthalein auf 100 ml mit neutr. Äthylalkohol 96%ig aufgefüllt).
Methylorangelösung (1 g Methylorange auf 1000 ml mit dest. Wasser aufgefüllt).

Ausführung

a) Säurekapazität SK 8,2
100 ml des zu untersuchenden Wassers (bei stark alkalischen Kesselwässern entsprechend weniger) werden mit 2−3 Tropfen Phenolphthaleinlösung versetzt. Ist eine SK 8,2 vorhanden, so färbt sich das Wasser rötlich; im anderen Falle bleibt es farblos. Ist eine Rötung ein-

getreten, so gibt man aus der bis zur Marke Null gefüllten Bürette tropfenweise unter ständigem, leichtem Schütteln der Probe 0,1 N Säure zu, bis die rötliche Farbe ins Farblose umschlägt. Die verbrauchten ml 0,1 N Säure sind die SK 8,2 in mmol/kg.

b) Säurekapazität SK 4,3

Nun fügt man zu der gleichen Probe 2–3 Tropfen Methylorange und titriert, ohne vorher auf Null aufzufüllen, mit 0,1 N Säure weiter, bis die ursprünglich gelborange Farbtönung in zwiebelrot umschlägt. Die bis zu diesem Umschlagpunkt verbrauchten ml 0,1 N Säure (also einschließlich der vorher zur Bestimmung der SK 8,2 verbrauchten) ergeben die SK 4,3 in mmol/kg.

6.5.2. Laugenverbrauch des Wassers

Basekapazität BK 8,2 und BK 4,3

Die BK 8,2 und BK 4,3 sind ein Maß für die im Wasser vorhandene Mineral- und Kohlensäure, wie sie z. B. im entbasten Wasser vorliegt. Die Ermittlung der freien Kohlensäure in einer Rohwasserprobe wird ohne Vorbehandlung durchgeführt. Soll der aus den Anionen resultierende Mineralsäuregehalt bestimmt werden, so ist die nachstehende Vorbehandlung notwendig.

Reagenzien

0,1 N Natronlauge
Phenolphthaleinlösung
Methylorangelösung

Ausführung

a) Basekapazität BK 4,3
Eine Vorbehandlung von entbastem Wasser entfällt. Ist das zu untersuchende Wasser ein Rohwasser, so wird es über eine stark saure Kationenaustauschsäule (Laborgerät) geleitet. Die ersten 100 ml des Ablaufes werden verworfen und in den zweiten und dritten 100 ml der Laugenverbrauch mit 0,1 N Natronlauge gegen Methylorange bis zum Farbumschlag von zwiebelrot bis gelborange titriert. Die verbrauchten ml 0,1 N NaOH sind die BK 4,3 in mmol/kg.

b) Basekapazität BK 8,2
Wird die freie Kohlensäure in verrieseltem Wasser bestimmt, so werden in einem geschlossenen Titriergefäß 100 ml Wasser mit Magnetrührer

vorgelegt. Die Zuführung der 0,1 N Lauge erfolgt mit einer Mikrobürette, deren Austritt unter der Flüssigkeitsoberfläche mündet. Als Indikator wird eine pH-Elektrode eingesetzt und der Verbrauch zwischen pH 4,3 und 8,2 ermittelt. Die verbrauchten ml 0,1 N NaOH sind die BK 8,2 in mmol/kg.

Zur Bestimmung der freien Kohlensäure in Rohwässern wird in einen 100-ml-Meßkolben mit Kugelhals Wasser ohne Gasverlust durch längeres Durchleiten – wie bei der Sauerstoffprobenahme – gegeben und die 100-ml-Marke durch Abhebern oder Abpipettieren eingestellt. Danach wird mit 2–3 Tropfen Phenolphthalein versetzt und schrittweise mit je 0,5 ml 0,1 N NaOH titriert, bis eine deutlich sichtbare Rosafärbung drei Minuten bestehen bleibt.

Auswertung

Werden x [ml] 0,1 N Natronlauge verbraucht, so ist die freie Kohlensäure:

$$CO_2 = x \cdot 44 \text{ mg/kg}$$
$$CO_2 = x \cdot 2 \text{ mval/kg}$$

Aus obigem Reaktionsablauf ist zu ersehen, daß die Reaktion nicht äquivalent bis zum Natriumkarbonat, sondern nur molekular bis zum Natriumhydrogenkarbonat verläuft. Daraus resultiert auch statt des Äquivalentfaktors von 22 für CO_2 der Molekularfaktor 44. Aus dem gleichen Grund ist der Faktor 2 für mval/kg einzusetzen.

Ist der Verbrauch an 0,1 N NaOH größer als 10 ml, so ist weniger Wasser anzuwenden und mit ausgekochtem Destillat zu verdünnen. In Anwesenheit von Eisenmengen > 3 mg/kg und auch bei großer Karbonathärte werden der Wasserprobe vorher einige Tropfen einer 33%igen gegen Phenolphthalein neutralisierten Seignettesalzlösung (Kaliumnatriumtartrat) zugefügt.

6.6. Aggressive Kohlensäure

Die aggressive Kohlensäure kann im Marmorversuch ermittelt werden. 200–300 ml Wasser werden in einer Glasstöpselflasche unter Vermeidung eines Luftraumes mit 3 g Marmorpulver versetzt. Nach dreitägigem Stehen und mehrmaligem Umschütteln während dieser Zeit läßt man klar absitzen, hebert 100 ml ab und bestimmt die SK 4,3 „a" [ml].

In einer 100 ml unbehandelten Wasserprobe wird die SK 4,3 „b" [ml] ermittelt.

Die Differenz der m-Werte „a" und „b" ergibt die Menge an aggressiver CO_2

$$\text{Aggressive } CO_2 = (a - b) \cdot 22 \quad \text{mg/kg}$$
$$\text{Aggressive } CO_2 = a - b \quad \text{mmol/kg}$$

Wenn die Bestimmung der aggressiven Kohlensäure gewünscht wird, empfiehlt es sich, bei Versendung von Wasserproben an Wasserlaboratorien neben der normalen 2–5 Liter-Probe, eine kleine ca. 200–300 ml fassende Glasstöpselflasche mit Wasser (ohne Luftraum) und 3 g Marmorpulver gesondert zu füllen.

6.7. Bestimmung der Schwebestoffmenge nach der Kalkentkarbonisierung

Bei der Entkarbonisierung mit Kalkhydrat interessiert die Menge der Schwebestoffe, die im entkarbonisierten Wasser zum Kiesfilter geht, aus 2 Gründen:

Erstens, um den prozentualen Anteil der Ausfällprodukte festzustellen, die sich an die Reaktormasse anlagern und
zweitens, um die Kiesfilterbelastung zu bestimmen.

Die angegebene Methode gibt einen genügend genauen Betriebswert.

Ausführung

100 ml unfiltriertes Reaktorwasser werden mit 2–3 Tropfen Methylorange versetzt. Jetzt legt man „a" ml [0,1 N] Salzsäure (z. B. 10 ml) vor und schüttelt gut durch; dabei muß die Probe klar und rot gefärbt sein. Der Überschuß an 0,1 N Salzsäure wird mit „b" ml [0,1 N] Natronlauge bis zum gelborange Umschlag zurücktitriert.

In einer zweiten filtrierten Probe von 100 ml wird die SK 4,3 mit „c" [ml] bestimmt. Der Unterschied des Säureverbrauchs der filtrierten zur unfiltrierten Probe ergibt mit 50 multipliziert die Schwebestoffmenge auf $CaCO_3$ mg/kg umgerechnet.

Ausrechnung

$$CaCO_3 = (a - b - c) \cdot 50 \quad \text{mg/kg}$$
$$CaCO_3 = a - b - c \quad \text{mmol/kg}$$

Betriebsanalyse   195

6.8. Bestimmung der Erdalkalien

6.8.1. Bestimmung der Summe der Erdalkalien mit AeDTA-Lösung Komplexon

Die Bildung von Komplexsalzen, sogenannten Chelaten, der Äthylendiamintetraessigsäure (AeDTA) mit Metallen, wird für die Bestimmung der Summe der Erdalkalien mit AeDTA ausgenutzt.

AeDTA-Lösungen sind im Handel als Komplexon erhältlich.

Nach der Umsetzung der Calcium- und Magnesium-Ionen mit AeDTA-Lösung erfolgt ein scharfer Farbumschlag des Indikators. Bei sauren bzw. alkalischen Wässern (Kesselwasser) ist darauf zu achten, daß das Wasser zunächst auf etwa pH 7 neutralisiert wird. In Anwesenheit von Kupfer, z. B. Cu-haltige Kondensate, wird die Wasserprobe mit 1 ml einer 1 %igen Natriumdiäthyldithiocarbaminatlösung versetzt.

Die Maßeinheit der Summe der Erdalkalien ist mmol/kg.
Oft wird die Summe der Erdalkalien aber noch in °d angegeben.
(Umrechnung siehe 2.2. oder 12.46.).

Reagenzien

Komplexon A (1 ml = 5,6 °d = 2 mmol/kg)
Komplexon B (1 ml = 1,0 °d = 0,357 mmol/kg)
Indikator Puffertabletten für die Härtebestimmung

Ammoniaklösung p. a. 0,910 (ca. 25%ig)

Ausführung bei Summe der Erdalkalien > 10 mmol/kg

Zu 100 ml des zu untersuchenden Wassers gibt man 1 Indikatorpuffertablette sowie 1 ml Ammoniaklösung und titriert mit Komplexon A von rotviolett über grau bis zum grünen Umschlag.

Die verbrauchten x [ml] mit 2 multipliziert ergeben die Summe der Erdalkalien in mmol/kg. Die verbrauchten x [ml] mit 5,6 multipliziert ergeben die Summe der Erdalkalien in °d.

Ausführung bei Summe der Erdalkalien < 10 mmol/kg

Zu 100 ml des zu prüfenden Wassers gibt man 1 Indikator-Puffertablette sowie 1 ml Ammoniaklösung und titriert aus einer Mikrobürette mit Komplexon B von rotviolett über grau bis zum grünen Umschlag. Die verbrauchten x [ml] Komplexon B-Lösung zeigen bei Anwendung von 100 ml Wasser folgende Summe der Erdalkalien an

Summe der Erdalkalien = x · 0,357 mmol/kg
Summe der Erdalkalien = x °d

Bei Summe der Erdalkalien < 0,05 °d sollte eine 1:10 verdünnte Komplexon B-Lösung angewandt werden.

6.8.2. Bestimmung der Calcium- und Magnesiumionen

Durch die Anwendung des Calconcarbonsäureindikators werden nur die Calciumionen erfaßt.

Reagenzien

Komplexonlösung C (ml ≙ 2,4 °d ≙ 0,86 mmol/kg).
Kalilauge (500 g festes Kaliumhydroxid in 500 ml destilliertem Wasser gelöst).
Calconcarbonsäurelösung 0,4 %ig (0,4 g Calconcarbonsäure in 100 ml Methanol gelöst).

Ausführung

Zu 100 ml des zu untersuchenden Wassers gibt man 4 ml Kalilauge und 5–10 Tropfen 0,4 %ige Calconcarbonsäure.

Die Lösung ist bei Anwesenheit von Ca-Ionen weinrot gefärbt. Nun wird mit der Komplexon C-Lösung bis zum Umschlag nach reinblau titriert. Aus den dabei verbrauchten x [ml] Komplexon C-Lösung für 100 ml Wasser errechnet sich die Calciumhärte zu:

Calciumionen = x · 0,86 mmol/kg
Calciumionen = x · 2,40 °d

Berechnung der Magnesiumionen

Die Magnesiumionen errechnen sich wie folgt:

MgH = GH mmol/kg − CaH mmol/kg
MgH = GH °d   − CaH °d

Es bedeuten:
MgH Magnesiumionen
GH   Summe der Erdalkalien
CaH Calciumionen

Betriebsanalyse

6.8.3. Umrechnungsfaktoren für verschiedene Erdalkalienstärke und Einheiten

	Einheiten der Erdalkalienstärke					
	mmol/kg	deutsche °d	französische °f	englische °e	amerikanische ppm	mmol/l
Härte-einheiten	28 mg CaO oder 50 mg CaCO$_3$ pro 1 000 ml Wasser	10 mg CaO pro 1 000 ml Wasser	10 mg CaCO$_3$ pro 1 000ml Wasser	1 grain CaCO$_3$ per gallon 14,3 mg CaCO$_3$ pro 1 000 ml Wasser	1 part CaCO$_3$ per million 1 mg CaCO$_3$ pro 1 000 ml Wasser	100 mg CaCO$_3$ pro 1 000 ml Wasser
1 mmol/kg	1,0	2,8	5,0	3,5	50,0	0,50
1 °d	0,357	1,0	1,78	1,25	17,8	0,18
1 °f	0,2	0,56	1,0	0,7	10,0	0,10
1 °e	0,286	0,8	1,43	1,0	14,3	0,14
1 ppm	0,02	0,056	0,1	0,07	1,0	0,01

6.9. Photometrische Bestimmung der Kieselsäure

Gibt man Ammoniummolybdat zu einer kieselsäurehaltigen Lösung, so entsteht Siliziummolybdat, das durch reduzierende Reagenzien in Molybdänblau überführt wird. Störende Phosphationen werden durch Zusatz von Oxalsäure eliminiert. Die Extinktion wird bei 720 nm im Photometer gemessen.

Reagenzien

Ammoniumheptamolybdatlösung (5 g $(NH_4)_6 Mo_7 O_{24} \cdot 4 H_2O$ in 95 ml H_2O lösen und mit 5 ml H_2SO_4 konzentriert versetzen).
Oxalsäurelösung 5 % (5 g Oxalsäure mit H_2O auf 100 ml auffüllen).
Reduktionslösung (20,5 g Kaliumdisulfit ($K_2S_2O_5$) und 2,0 g Metol [4-(Methylamino)-phenolsulfat] auf 100 ml mit H_2O auffüllen).

Ausführung

Zu 100 ml Wasserprobe werden nacheinander 4 ml Ammoniumheptamolybdatlösung, 4 ml Oxalsäurelösung und 4 ml Reduktionslösung zugegeben (Reihenfolge beachten). Jeweils zwischen Zugabe der nächsten Lösung ca. 5 Minuten abwarten. Als Vergleichswasser wird das Untersuchungswasser ohne Reagenzien verwendet. 10 Minuten nach Zugabe der letzten Lösung wird die Blaufärbung im Photometer gemessen. Die ermittelte Extinktion gibt nach der aufgenommenen Eichkurve die SiO_2 in mg/kg an.

$$\frac{SiO_2 \text{ mg/kg}}{30} = SiO_2 \text{ mval/kg}$$

Zu berücksichtigen ist noch die Eigenextinktion der Reagenzien. Diese wird über eine Doppelbestimmung mit jeweils einfachem und doppeltem Chemikalienzusatz ermittelt. Die Differenz dieser beiden Bestimmungen, die Eigenextinktion, wird von dem Meßwert abgesetzt. Die Reagenzienkontrolle wird täglich einmal durchgeführt.

6.10. Bestimmung der Phosphate

6.10.1. Photometrische Bestimmung des Phosphations

Orthophosphat ergibt mit Molybdänsalzen in saurer Lösung in Gegenwart von Metolpyrosulfit als Reduktionsmittel einen blauen Farbkomplex. Die Bildung von Siliziummolybdat wird durch Zusatz von Zitronensäure verhindert.

Reagenzien

Lösung 1   2 g Zitronensäure
            2 g Metol (Photo-Rex)
            10 g Kaliumpyrosulfit

werden auf 100 ml mit H_2O gelöst. Die Lösung ist nicht unbegrenzt haltbar.

Lösung 2   5 g Ammoniumheptamolybdat
            5 ml H_2SO_4, konz.

werden auf 100 ml in Wasser gelöst.

Die Lösungen sind im Handel mit Stabilisierungszusatz als „Bayer-Phosphatbestimmung" erhältlich.

Ausführung

Von der klaren und neutralen Wasserprobe, die evtl. entsprechend vorbereitet sein muß (Trübungen filtriert, Färbungen über Aktivkohle entfernt, Alkalität mit 0,1 N Säure neutralisiert), werden 20 ml Probe mit je 1 ml Lösung 1 und Lösung 2 versetzt. Nach 10 Minuten wird die Extinktion im Photometer bei 720 nm gemessen. Zur Auswertung wird eine Eichkurve aufgestellt. Ist die Extinktion zu groß, so wird die klare Wasserprobe 1:5 oder 1:10 verdünnt und das Ergebnis entsprechend multipliziert.

Es werden nur die Orthophosphate erfaßt.

1 mg PO_4^{3-} entspricht 0,75 mg P_2O_5
1 mg P_2O_5 entspricht 1,34 mg PO_4^{3-}

6.10.2. Kolorimetrische Bestimmung des Phosphations

Orthophosphate ergeben mit Molybdänsalzen in saurer Lösung und in Gegenwart von Reduktionsmitteln (Zinnfolie) einen blauen Farbkomplex.

Reagenzien

Sulfomolybdänlösung (100 ml 10%ige Ammoniumheptamolybdatlösung werden mit 300 ml Schwefelsäure 1:1 versetzt).

Zinnfolie

Das zu dieser Bestimmung verwendete Kolorimeter enthält 3 Röhrchen mit Vergleichsfarben, entsprechend einem P_2O_5-Gehalt von 1 mg/kg, 2 mg/kg und 3 mg/kg sowie 2 Proberöhrchen.

Von der klaren und neutralen Wasserprobe, die evtl. entsprechend vorbereitet sein muß (Trübungen filtriert, Färbungen über Aktivkohle entfernt, Alkalität mit 0,1 N HCl neutralisiert), gibt man 10 ml bis zur Marke in das Proberöhrchen, fügt eine kleine Messerspitze Kochsalz (etwa 0,2 g) hinzu und versetzt mit 4 Tropfen Sulfomolybdänlösung. Dann legt man einen Zinnfolienstreifen hinein (Reihenfolge beachten), schüttelt gut um und läßt 10 Minuten einwirken. Nach dieser Zeit wird der Zinnfolienstreifen entfernt und die entstandene Blaufärbung mit den Farben der Vergleichsröhrchen verglichen. Liegt der abgelesene Wert des Phosphatgehaltes höher als 3 mg/kg P_2O_5, so werden an Stelle von 10 ml Wasser nur 5; 2,5 oder 1 ml Wasser angewandt, d. h., das zu untersuchende Wasser wird nur bis zur Marke 5; 2,5 oder 1 ml gegeben, mit dest. Wasser bis zur Marke 10 ml aufgefüllt und die Untersuchung wie vorher beschrieben durchgeführt.

Der dann abgelesene Wert ist entsprechend der Verdünnung mit 2; 4 bzw. 10 zu vervielfachen, um den P_2O_5-Gehalt in mg/kg zu erhalten. Der gefundene Wert erfaßt nur die Orthophosphate (a). Bei dieser Untersuchung ist darauf zu achten, daß der abgelesene Wert unter 3 mg/kg P_2O_5 liegt, weil erst bei der größeren Verdünnung der richtige Phosphatgehalt ermittelt werden kann.

$$\text{Orthophosphate (a)} = \frac{\text{mg } P_2O_5/\text{kg}}{23,7} = \text{mval } P_2O_5/\text{kg}$$

6.10.3. Bestimmung des Gesamtphosphates und der polymeren Phosphate

Enthält das Wasser polymere Phosphate, so ist eine Vorbehandlung des Wassers vorzunehmen.

100 ml Wasser werden in einem Becherglas mit 5 ml Salzsäure (1:1) versetzt und 20 Minuten gekocht, wobei gegebenenfalls das verdampfte Wasser von Zeit zu Zeit durch Destillat ersetzt werden muß. Nach beendetem Kochen neutralisiert man mit $\approx$ 3 ml 30%iger Natronlauge, läßt abkühlen und füllt mit Destillat auf 100 ml wieder auf.

Die so vorbehandelte Probe wird dann – wie unter 6.10.2. angegeben – weiter behandelt.

Der gefundene Wert erfaßt die Gesamtphosphate (b). Aus der Differenz des Gesamtphosphatgehaltes (b) und der Orthophosphate (a) ergibt sich der Gehalt an polymeren Phosphaten

$$\text{Gesamtphosphatgehalt} = b \quad \text{mg } P_2O_5/kg$$
$$\text{Polymere Phosphate} = b - a \quad \text{mg } P_2O_5/kg$$

1 mval Phosphat-Ionen entspricht 31,67 mg PO_4^{3-}

6.11. Bestimmung des Sulfat-Ions

Die Sulfatbestimmung erfolgt bei Mengen, die < 600 mg/kg sind, über der BK 4,3. Größere SO_4-Gehalte (Kesselwasser) werden gewichtsanalytisch ermittelt.

6.11.1. SO_4-Bestimmung über die Basekapazität BK 4,3

In BK 4,3 (Ausführung 6.5.2.) werden alle Mineralsäurenanionen erfaßt. Nach Abzug der Chloride und Nitrate vom BK 4,3 ergibt sich der Betrag der SO_4-Ionen zu:

SO_4^{2-} = BK 4,3 in mmol/kg – (Cl$^-$ mval/kg + NO_3^- mval/kg)
SO_4^{2-} mval/kg · 48 = SO_4^{2-} mg/kg

6.11.2. Gewichtsanalytische SO_4-Bestimmung

Reagenzien

Bariumchloridlösung (100 g Bariumchlorid auf 1000 ml mit dest. Wasser aufgefüllt).

Ausführung

Bei der gewichtsanalytischen Bestimmung werden 100 ml der zu untersuchenden Wasserprobe mit Salzsäure auf etwa pH 3 angesäuert und aufgekocht. In die siedende Flüssigkeit gibt man zur Ausfällung des SO_4^{2-} als $BaSO_4$, 30–50 ml einer 10%igen heißen $BaCl_2$-Lösung, läßt die Lösung noch etwa 10 Minuten weitersieden und dann langsam erkalten.

Der entstandene Niederschlag wird durch ein quantitatives Filter (Blaubandfilter) oder Porzellanfiltertiegel filtriert, ausgewaschen, getrocknet, verascht und gewogen. Die in dem bei etwa 800 °C geglühten Rückstand enthaltene SO_4^{2-}-Menge ist

$$SO_4^{2-} = \frac{1000 \cdot 0{,}4115 \cdot x}{y} \quad mg/kg$$

$$SO_4^{2-} = \frac{mg/kg\ SO_4^{2-}}{48} \quad mval/kg$$

x = Gewicht des geglühten $BaSO_4$-Niederschlages in mg
y = angewandte Wassermenge in ml

6.11.3. SO_4-Bestimmung mit AeDTA-Lösung

Die Sulfationen werden durch eine bekannte Bariumchloridlösung ausgefällt. Der Überschuß an $BaCl_2$ wird mit AeDTA-Lösung zurücktitriert. Schwermetallionen sowie Erdalkaliionen werden durch vorheriges Überleiten über einen H-Austauscher eliminiert.
Mit 0,02 N $BaCl_2$-Lösung sowie 0,02 N AeDTA-Lösung wird der Bereich 5—200 mg SO_4^{2-}/kg erfaßt. Für den Bereich 2—20 mg/kg wird die entsprechende 0,01 N Lösung eingesetzt.

Reagenzien und Geräte

0,02 N AeDTA-Lösung. 10 ml Titriplex A werden im Meßkolben auf 1000 ml aufgefüllt.
0,01 N AeDTA-Lösung. 500 ml 0,02 N AeDTA-Lösung werden im Meßkolben auf 1000 ml aufgefüllt.
0,02 $BaCl_2$-Lösung. 2,4431 g $BaCl_2 \cdot 2H_2O$ werden in einem 1000 ml Meßkolben gelöst und auf 1000 ml aufgefüllt. Der Titer wird gegen 0,02 N AeDTA-Lösung eingestellt.
0,01 N $BaCl_2$-Lösung. 500 ml 0,02 N $BaCl_2$-Lösung werden im Meßkolben auf 1000 ml aufgefüllt.
1 N NaOH-Lösung
0,1 %ige Phthaleinpurpur-Lösung

Ammoniaklösung 0,91. Zur Herstellung einer CO_2-freien Ammoniaklösung wird NH_3-Gas durch ausgekochtes Wasser geleitet. Die Flasche wird stets sorgfältig verschlossen.
Methylrotlösung
Methanol
H-Austauschersäule, 40 ml stark saurer Austauscher

Ausführung

Die regenerierte, ausgewaschene Säule wird mit ca. 200 ml Probewasser beschickt.

Die ersten 100 ml werden verworfen, die folgenden 100 ml werden zur Untersuchung benutzt. Die Lösung wird zur Vertreibung der Kohlensäure kurz aufgekocht und mit 1 N NaOH gegen Methylrot neutralisiert. Aus einer Bürette werden 20 ml 0,02 N $BaCl_2$-Lösung zugesetzt. Nachdem sich ein deutlich sichtbarer Niederschlag von $BaSO_4$ gebildet hat, wird nach Abkühlung der Probe auf 40–50 °C 1 ml Phthaleinpurpur und 5–10 ml Ammoniak zugesetzt. Aus einer Bürette werden 20 ml 0,02 N AeDTA-Lösung zugesetzt und die Lösung mit 0,02 N $BaCl_2$-Lösung bis zum scharfen Umschlag von rötlich nach violett titriert. Die Eigenfarbe des Indikators wird durch Zugabe von ca. 30 ml Methanol zum Verblassen gebracht. Der scharfe Farbumschlag tritt im pH-Bereich 10,5–11 auf.

Auswertung

$$mgSO_4^{2-}/kg = \frac{V \cdot F \cdot 1000}{a}$$

V = Verbrauch ml 0,02 N $BaCl_2$-Lösung
F = Faktor für 0,02 N (1 ml = 0,96066 mg SO_4^{2-})
 Faktor für 0,01 N (1 ml = 0,48033 mg SO_4^{2-})
a = angewandte Wassermenge in ml.

6.12. Chloridbestimmung

6.12.1. Chloridbestimmung nach Mohr

Silbernitrat gibt in Anwesenheit von Chloridionen im neutralen Bereich eine wasserunlösliche Ausfällung von Silberchlorid. Der Endpunkt der Ausfällung wird durch Kaliumchromat als Farbindikator angezeigt.

Reagenzien

Kaliumchromat (100 g Kaliumchromat auf 1000 ml mit dest. Wasser aufgefüllt).
0,1 N $AgNO_3$ (Silbernitratlösung)

Ausführung

100 ml Wasser werden wenn notwendig mit 0,1 N H_2SO_4 oder 0,1 N NaOH neutralisiert, mit 1 ml 10%iger Kaliumchromatlösung versetzt und

mit 0,1 N Silbernitratlösung bis zur schwachen Braunfärbung titriert. Der Verbrauch ist x [ml].

Bei der Berechnung des Cl^- bzw. NaCl-Gehaltes sind vom eigentlichen Verbrauch 0,1 ml bei 0,1 N $AgNO_3$-Lösung bzw. 1 ml bei 0,01 N $AgNO_3$-Lösung abzuziehen.

$$Cl^- = (x - 0,1) \cdot 35,5 \quad mg/kg$$
$$NaCl = (x - 0,1) \cdot 58,5 \quad mg/kg$$
$$Cl^- = x - 0,1 \quad mval/kg$$
$$NaCl = x - 0,1 \quad mval/kg$$

Bei Chloridgehalten unter 20 mg/kg verwendet man 0,01 N Silbernitrat und evtl. größere Wassermengen, die bei der Berechnung des Chloridgehaltes zu berücksichtigen sind.

6.12.2. Freies Chlor

Die Bestimmung des noch unverbrauchten wirksamen freien Chlors aus den Zusätzen von Chlorgas, Hypochloriten oder Chlorkalk wird kolorimetrisch oder photometrisch durchgeführt.

Reagenzien

Tolidinlösung
(900 ml dest. Wasser werden zum Sieden erhitzt und mit 10 ml konz. Salzsäure und 1 g Ortho-Tolidin versetzt, aufgekocht und nach dem Abkühlen auf 1000 ml mit dest. Wasser aufgefüllt).

Ausführung

100 ml Wasser werden mit 1 ml Tolidinlösung versetzt und umgeschüttelt. Nach 5 Minuten wird die eingetretene Gelbfärbung gegen Standardlösungen verglichen oder im Kolorimeter bzw. im Photometer gemessen.

6.13. Bestimmung des Ammonium-Ions

Ammoniumsalze bilden mit Nesslers Reagenz in alkalischer Lösung ein kolloidal gelöstes gelbbraunes Amidoquecksilberjodit, deren Färbung von der Ammoniakkonzentration abhängig ist. Störende Schwermetalle und Erdalkalien werden durch Seignettesalz maskiert.

Nach diesem Prinzip erfolgt sowohl die photometrische als auch die kolorimetrische Bestimmung.

6.13.1. Photometrische Bestimmung des Ammonium-Ions

Reagenzien:

1. Seignettesalzlösung: 50 g Kalium-Natriumtartrat werden in 100 ml warmem Wasser gelöst und zur Stabilisierung mit 5 ml Nesslers Reagenz versetzt. Die Lösung ist nach 2–3 Tagen klar und farblos und wird in braunen Flaschen aufbewahrt.
2. Nesslers Reagenz: 10 g HgJ_2 und 7,5 g KJ werden in einem Achatmörser verrieben und mit möglichst wenig Wasser aufgelöst. Mit der Differenz zu 100 ml Wasser werden 20 g NaOH gelöst und beide Lösungen vereinigt. Der sich bildende Niederschlag wird abgesetzt und die überstehende klare Lösung dekantiert. Die Lösung ist in brauner Flasche ca. 6 Monate haltbar.

Ausführung:

20 ml des evtl. filtrierten Wassers werden mit 1 ml Seignettesalzlösung und 0,5 ml Nesslers Reagenz versetzt. Die entstehende Trübung wird nach 30 Minuten Stehzeit bei 435 nm im Photometer gemessen. Als Vergleichslösung wird dest. Wasser mit den Reagenzien versetzt. Die Auswertung erfolgt über die mit NH_4Cl-Lösung aufgestellte Eichkurve.

6.13.2. Kolorimetrische Bestimmung des Ammonium-Ions

Die Ausführung entspricht der der photometrischen Bestimmung. Als Vergleich wird die entsprechende Farbscheibe oder eine frisch hergestellte Ammoniakvergleichslösung eingesetzt.

6.14. Hydrazinbestimmung

Hydrazin bildet in saurer Lösung mit p-Dimethylaminobenzaldehyd ein gelbgefärbtes Hydrazon, dessen Farbe über lange Zeit konstant ist. Diese Gelbfärbung kann kolorimetrisch oder auch photometrisch bei einer Wellenlänge von 450 nm[*]) erfaßt werden.

Reagenzien

2 g p-Dimethylaminobenzaldehyd in 100 ml 1 N Schwefelsäure.

Ausführung

5 ml der zu untersuchenden Wasserprobe werden mit 5 ml p-Dimethylaminobenzaldehyd-Lösung in den Meßzylinder eingefüllt und vermischt. Die Probe kann sofort mit einer Standardlösung verglichen oder im Photometer gemessen werden.

---

[*]) nm = Nanometer = 10^{-9}, entspricht auch mµ

6.15. Sauerstoffbestimmung

Es sind zwei Untersuchungsmethoden angegeben [9].

Die Sauerstoffbestimmung nach der Cer-Schwefelsäure-o-Tolidinmethode, die als Direktmethode kolorimetrisch oder photometrisch ausgewertet werden kann und

die jodometrische Sauerstoffbestimmung, die in ihrer titrimetrischen Anwendung als Differenzmethode angegeben ist.

Die frühere Sauerstoffbestimmung nach Winkler ist nach den heutigen Anforderungen an den Sauerstoffgehalt des Speisewassers mit ihrer Fehlertoleranz von ± 0,03 mg/l zu ungenau und deshalb nicht aufgeführt.

6.15.1. Sauerstoffbestimmung, Probenahme

Der geringe zulässige Sauerstoffgehalt im Speisewasser von < 20 µg/kg und die Empfindlichkeit der Sauerstoffprüfverfahren stellen an die Probenahmeeinrichtung und an die Sorgfalt der Probenahme besondere Anforderungen. Die Probenahmeleitung von der Entnahmestelle bis nach dem Kühler darf keine Flanschverbindungen oder Verschraubungen aufweisen. Rohr- oder Geräteverbindungen sind zu verschweißen oder hartzulöten. Das Absperr- und Regulierventil ist im waagerechten Teil der Probenahmeleitung einzuschweißen und mit einem Blechkasten zu verkleiden. In diesen Blechkasten ist bis oberhalb der Stopfbüchse des Ventils Glyzerin einzufüllen. Die Kühlleistung des Kühlers soll so groß bemessen sein, daß 50–60 l/h Wasser mit einer Temperatur von etwa 20 °C entnommen werden können. Als Kühlrohrmaterial wird zweckmäßig Reinnickel oder V2A gewählt.

Die Probenahme erfolgt in Spezialglasflaschen mit abgeschrägtem Stopfen. Die Probeflasche wird von unten so über die Leitung gestellt, daß deren Ende bis zum Boden der Flasche reicht. Der Inhalt der Probeflasche sollte sich während der Probenahme 15mal erneuern, das Wasser aber mindestens 10 Minuten durchgeleitet werden. Es ist zu empfehlen, die Probeflasche in ein etwas größeres Blechgefäß zu setzen, so daß die Öffnung der Probeflasche immer unter Wasser steht. Nach vorsichtigem Abziehen der Probeflasche werden die erforderlichen Chemikalien mit einer Pipette, besser Injektionsspritze, in die Mitte der Probefalsche gegeben. Jetzt wird die Flasche mit dem abgespülten Glasstopfen verschlossen. Der Transport der Probeflasche zum Labor erfolgt in dem mit Probewasser gefüllten Blechgefäß und somit unter Luftabschluß.

6.15.2. Sauerstoffbestimmung nach der Cer-Schwefelsäure-o-Tolidinmethode

Kolorimetrisches Verfahren

Das Verfahren ist anwendbar für die Bestimmung von Sauerstoff in Konzentrationen bis 0,1 mg/kg.

Der im Wasser vorhandene Sauerstoff oxydiert in alkalischer Lösung das dreiwertige Cer zu vierwertigem Cer. Nach dem Ansäuern des Wassers auf einen pH-Wert von 1 reagiert das Cer(IV)-Salz mit o-Tolidin. Die entstehende Gelbfärbung ist der im Wasser vorhandenen Sauerstoffmenge proportional.

Bei Hydrazingehalten von < 1 mg N_2H_4/kg kann noch das Direktverfahren angewandt werden.

Reagenzien

1. Cer(III)-chloridlösung
   60 g $CeCl_3 \cdot 7\, H_2O$ p.a. werden in 100 ml ausgekochtem Destillat gelöst, mit 3 ml HCl 1,19 versetzt, etwa eine Stunde langsam ausgekocht und nach dem Abkühlen in einem 100 ml Meßkolben mit ausgekochtem Destillat bis zur Marke aufgefüllt.
2. Natronlaugelösung
   40 g NaOH p. a. in 100 ml ausgekochtem Destillat gelöst, etwa 10 Minuten ausgekocht. Nach dem Abkühlen mit ausgekochtem Destillat in einem 100-ml-Meßkolben bis zur Marke aufgefüllt.
3. Ortho-Tolidinlösung
   0,4 g Ortho-Tolidin p. a. in 75 ml 0,1 N HCl gelöst, anschließend in einem 100-ml-Meßkolben filtriert und mit 0,1 N HCl bis zur Marke aufgefüllt.
4. Schwefelsäure 1:1
   100 ml H_2SO_4 1,84 p. a. (für forensische Zwecke) in 100 ml ausgekochtes Destillat gießen, umschütteln und abkühlen.
5. Ortho-Tolidin-Schwefelsäuregemisch
   Kurz vor Beginn der Analyse wird das Ortho-Tolidin-Schwefelsäuregemisch hergestellt, das nur etwa 3 Stunden haltbar ist. 5 ml der Tolidinlösung (3) und 5 ml ausgekochtes Destillat werden mit 10 ml der Schwefelsäurelösung (4) gemischt.
6. Standard-Lösung [8]
   1. 0,625 g Kaliumdichromat und 2,5 ml H_2SO_4 D 1,833 werden im Meßkolben auf 250 ml mit ausgekochtem dest. Wasser aufgefüllt.

Betriebsanalyse 207

2. 3,75 g Kupfersulfat und 2,5 ml H_2SO_4 D 1,833 werden im Meßkolben auf 250 ml mit ausgekochtem dest. Wasser aufgefüllt.

Die beiden Lösungen werden zur Herstellung von Vergleichslösungen wie folgt gemischt und mit ausgekochtem dest. Wasser im Meßkolben auf 100 ml aufgefüllt. Vor der Auffüllung ist noch 1 ml H_2SO_4 D 1,37 hinzuzufügen.

Sauerstoff µg/kg	Kaliumdichromatlösung ml	Kupfersulfatlösung ml	H_2SO_4 D 1,37 ml
0	—	—	1
5,0	0,20	0,20	1
10,0	0,45	0,50	1
15,0	0,65	0,75	1
20,0	0,95	1,00	1

Die gefärbte Probelösung wird in die Vergleichsküvette eingefüllt und die Farbintensität mit den Standardlösungen in der Aufsicht verglichen.

Beträgt der Sauerstoffgehalt mehr als 20 µg O_2/kg, so ist der Inhalt der Meßküvette so weit zu verringern, bis Farbgleichheit mit einer der Standardlösungen besteht.

Aus dem Verhältnis der Niveauhöhe wird der O_2-Gehalt errechnet.

Ausführung

Nach genügendem Wasserdurchfluß werden 0,3 ml der Cer(III)-chloridlösung (1) und anschließend 0,6 ml der Natronlaugelösung (2) mit tief eingetauchter Pipettenspitze zugegeben, die Flasche verschlossen und umgeschüttelt.

Die Probeflasche kann jetzt unter Wasser ins Labor gebracht werden. Der sich bildende Niederschlag setzt sich in etwa 10 Minuten ab. Während dieser Zeit kann das Ortho-Tolidin-Schwefelsäuregemisch (5) hergestellt werden. Nach dem Herausnehmen der Probeflasche aus dem Blechgefäß muß das zwischen dem Stopfen und dem Flaschenkragen befindliche Wasser sorgfältig mit Filterpapier abgetrocknet werden. Jetzt kann der Stopfen entfernt und mit einer Pipette 5 ml des Ortho-Tolidin-Schwefelsäuregemisches (5) mit eingetauchter Pipettenspitze zugegeben werden. Die Flasche wird verschlossen und bis zur Auflösung des Niederschlages geschüttelt. Die klare, mehr oder weniger intensiv gelb gefärbte Flüssigkeit wird bis zur Marke (15 cm) in den Meßzylinder gefüllt und sofort mit den Eichlösungen verglichen. Ist die Färbung stärker als der höchste Eichwert, dann kann mit geringerer Schichthöhe im Meßzylinder verglichen werden. (Eine Verdünnung ist unzulässig.) Der O_2-Gehalt errechnet sich dann aus:

$$O_2 = \frac{\text{Eichwert } \mu g/kg \cdot 15 \text{ cm}}{\text{Schichthöhe im Meßzylinder cm}} \; \mu g/kg$$

Der Eichwert ist auf den Kolorimeterrohren mit den Standardlösungen angegeben.

Die Messung der Farbintensität kann auch im Photometer vorgenommen werden.

6.15.3. Sauerstoffbestimmung nach der Cer-Schwefelsäure-o-Tolidinmethode

Photometrisches Verfahren

Die photometrische O_2-Bestimmung erfolgt analog der kolorimetrischen O_2-Bestimmung (6.15.2.).

Die Extinktion der mehr oder weniger gelblich gefärbten Flüssigkeit wird mit Hilfe eines Spektralphotometers oder eines Filterphotometers gegen eine Vergleichslösung bei einer Wellenlänge von 436 nm gemessen. Die Vergleichslösung wird in folgender Weise vorbereitet: In ein 100-ml-Kölbchen, das etwa 50 ml Probewasser enthält, werden 0,3 ml NaOH und danach 4 ml o-Tolidin-Schwefelsäure-Gemisch gegeben. Danach wird die Mischung gründlich geschüttelt. Anschließend gibt man 0,15 ml Cer(III)-Chlorid-Lösung zu und füllt mit dem Probewasser bis zur Marke auf. Die Messung soll möglichst 1 Minute nach Zugabe des o-Tolidin-Schwefelsäure-Gemisches beendet sein.

Auswertung

Der Sauerstoffgehalt des Wassers wird nach folgender Formel berechnet:

$$\mu g \; O_2/kg = K \cdot F$$

K = Extinktionsmodul (Abgelesene Extinktion dividiert durch Küvettenlänge)

F = Faktor, der durch Eichversuche mit einer 0,008 N Cer(IV)-Sulfatlösung ermittelt wird.

6.15.4. Jodometrisches Verfahren zur Sauerstoffbestimmung

Der im Wasser vorhandene Sauerstoff oxydiert Mangan(II)-chlorid in alkalischer Lösung zu unlöslichen Mangan(IV)-Verbindungen. Nach dem Zusatz von Säure gehen diese Verbindungen in lösliche Mangan-(III)-Verbindungen über. Die Mangan(III)-salze machen aus Jodidlösung Jod frei, welches mit Natriumthiosulfat und Stärke als Indikator titriert werden kann.

Reagenzien

1. Mangan(II)-chloridlösung
   800 g $MnCl_2 \cdot 4\,H_2O$ p. a. in 1000 ml destilliertem Wasser lösen. Die Lösung darf aus Kaliumjodid kein Jod frei machen.

   Zur Prüfung werden in 5 ml Mangan(II)-chloridlösung 0,2 g Kaliumjodid gelöst, mit 1 ml H_2SO_4 (6) versetzt und mit 1 ml Chloroform (9) ausgeschüttelt. Das Chloroform darf sich nicht rotviolett färben.

2. Jodkaliumhaltige Kalilauge
   700 g KOH p. a. in 550 ml und 150 g KJ p. a. in 150 ml destilliertem Wasser lösen. Die KJ-Lösung in die abgekühlte KOH-Lösung gießen und umrühren. Die KJ-haltige KOH-Lösung darf nach dem Ansäuern keine Jodausscheidung zeigen.

3. Stärkelösung
   500 ml destilliertes Wasser und 500 ml Glyzerin werden nach dem Mischen zum Sieden erhitzt. In diese Mischung 10 g Stärke p. a. nach Zulkowsky — in 20—30 ml Wasser angesetzt — unter Rühren zugeben und noch 3 Minuten kochen. Die Lösung ist längere Zeit haltbar.

4. 0,016 N Natriumthiosulfatlösung
   62,5 ml 0,1 N $Na_2S_2O_3$ mit ausgekochtem destilliertem Wasser auf 1000 ml auffüllen. Zur Stabilisierung noch 3—5 Tropfen Amylalkohol zusetzen.

5. 0,001 N Jodlösung
   10 ml 0,1 N Jodlösung (Jodat-Jodid) mit destilliertem Wasser auf 1000 ml auffüllen.

6. Schwefelsäure 1:1
   100 ml H_2SO_4 1,84 p. a. (für forensische Zwecke) in 100 ml destilliertes Wasser gießen, umschütteln und abkühlen.

7. Kaliumjodid p. a.
Prüfung auf Jodat. 0,2 g KJ in 5 ml Wasser lösen, mit 1 ml H_2SO_4 (6) versetzen und mit 1 ml Chloroform (9) ausschütteln. Das Chloroform darf sich nicht rotviolett färben.

8. Natriumacetatlösung
450 g Na-Acetat p. a. (indifferent gegen $KMnO_4$ nach Reinitzer) in Wasser lösen und auf 1000 ml auffüllen.

9. Chloroform p. a.

Ausführung

Für die Bestimmung sind zwei Probeflaschen erforderlich, die mit „Ox" und „Red" bezeichnet werden. Die Probenahme „Ox" erfolgt wie unter 6.15.1. beschrieben. Es werden mit einer Pipette 1,5 ml Mangan(II)- chlorid (1) und anschließend 1,5 ml jodkaliumhaltige Kalilauge (2) zugesetzt. Nach vorsichtigem Aufsetzen des Stopfens unter Wasser wird umgeschüttelt und danach die Flasche unter Wasser ins Labor gebracht.

Die Flasche „Red" wird ohne besondere Vorsichtsmaßnahmen mit Probewasser gefüllt und ins Labor gebracht.

Flasche „Ox"

Nach 10 Minuten hat sich der Hydroxidniederschlag abgesetzt. Die Flasche wird aus dem Blechgefäß herausgenommen und das Wasser am Stopfen mit Filterpapier abgetupft. Nach vorsichtigem Öffnen des Stopfens werden 5,5 ml H_2SO_4 (6) wenige Zentimeter unter der Wasseroberfläche zugesetzt, der Stopfen wieder aufgesetzt und gut umgeschüttelt. Hiervon werden genau 500 ml in einen Titrierkolben gegeben, in dem sich bereits 20 ml Natriumacetatlösung (8) befinden. Jetzt werden weiter zugegeben 1 g Kaliumjodid (7), 10 ml 0,001 N Jodlösung (5) und 2 ml Stärkelösung (3). Die bläuliche Lösung wird dann mit 0,016 N Thiosulfatlösung (4) bis farblos unter Verwendung einer Mikrobürette titriert. Werden bei der Anwendung von 500 ml x [ml] 0,016 N Thiosulfatlösung verbraucht, so ist der O_2-Gehalt:

$$O_2 = x \cdot 100 \quad \mu g/kg$$

Flasche „Red"

500 ml aus der Flasche „Red" werden in einen Titrierkolben gegeben, in dem sich bereits 20 ml Natriumacetatlösung (8) befinden. Dann erfolgt

der Zusatz von 3,5 ml H_2SO_4 (6), 1 g Kaliumjodid (7), 10 ml 0,001 N Jodlösung (5) und 2 ml Stärkelösung (3).

Werden bei der Titration der Flasche „Red" y [ml] 0,016 N Thiosulfatlösung (4) verbraucht, so ist der korrigierte O_2-Gehalt

$$O_2 = (x - y) \cdot 100 \quad \mu g/kg$$

6.16. Kupferbestimmung

Kupferionen bilden mit Natriumdiäthyldithiocarbamat eine gelbgefärbte Verbindung, die in Chloroform löslich ist. Diese Gelbfärbung wird kolorimetrisch oder photometrisch ausgewertet. Eine Störung durch geringe Mengen Eisenionen kann durch Zitronensäure aufgehoben werden.

6.16.1. Kolorimetrische Methode

Reagenzien

1. Zitronensäure (200 g auf 1000 ml mit dest. Wasser aufgefüllt).
2. Ammoniak 10%ig
3. Ammonchloridlösung (200 g auf 1000 ml mit dest. Wasser aufgefüllt).
4. Chloroform
5. Diäthyldithiocarbamatlösung (10 g auf 1000 ml mit dest. Wasser aufgefüllt).
6. Kaliumchromatlösung als Vergleichslösung, wenn nicht photometrisch gearbeitet wird (374 mg K_2CrO_4 p. a. auf 100 ml mit dest. Wasser aufgefüllt und angesäuert).

Ausführung

100 ml des zu untersuchenden Wassers werden in einen Tropftrichter von etwa 200 ml Inhalt gegeben und dann 1 ml Zitronensäure (1), 2 ml Ammoniak (2) und 0,5 ml Ammonchlorid (3) zugefügt. Darauf wird 5 Minuten mit 10 ml Chloroform (4) ausgeschüttelt und dann das Lösungsmittel Chloroform abgelassen und verworfen. Nun fügt man 1 ml des Reagenzes (5) und nochmals genau 10 ml Chloroform hinzu und schüttelt wieder 5–10 Minuten. Das darauf abgelassene Chloroform filtriert man durch ein kleines trockenes Papierfilter und fängt es in einem gut verschließbaren trockenen Gefäß auf. Um nun die Bestimmung auch ohne Photometer ausführen zu können, kann man den nach obiger Vorschrift erhaltenen Chloroformauszug auch mit der Chromat-

lösung (6) vergleichen. Dazu gibt man das gefilterte Chloroform in ein Reagenzglas, das dieselbe Weite hat, wie sie für die Vergleichslösungen benutzt wird.

Von der angegebenen Chromatlösung werden 0,5; 1,5; 2,5 und 5 ml auf 100 ml verdünnt und davon je 10 ml in Reagenzgläser von gleichem Durchmesser gefüllt. Die Färbungen entsprechen 10 µg, 30 µg, 50 µg und 100 µg Cu pro Liter Wasser. Die Probe wird jetzt mit den Vergleichslösungen verglichen. Zwischenwerte lassen sich schätzen oder durch andere Verdünnungen näher bestimmen, so daß eine Kontrolle des Kupfergehaltes von Speisewasser oder Kondensat größenordnungsmäßig möglich ist.

6.16.2. Photometrische Methode

Die photometrische Cu-Bestimmung erfolgt analog der kolorimetrischen Cu-Bestimmung (6.16.1.).

Man stellt auf dieselbe Art und Weise mit 100 ml Bidestillat durch Zugabe der Reagenzien und Ausschütteln mit Chloroform eine Vergleichslösung von Chloroform her.

Gemessen wird mit Hg-Lampe und Filter Hg 436 im „Elco II" oder in einem anderen Photometer bei einer Wellenlänge von 420 nm.

Aus der gemessenen Extinktion ergibt sich mittels einer Eichkurve, die mit Hilfe einer Kupfertestlösung aufgestellt wird, der Kupfergehalt der Wasserprobe.

Bei der Aufstellung der Eichkurve ist darauf zu achten, daß das Ausgangsvolumen jeweils mit dest. Wasser zu 100 ml ergänzt wird.

Auswertung:
Aus der angewendeten Wassermenge und der mittels des Extinktionswertes aus der Eichkurve ermittelten absoluten Kupfermenge wird der Kupfergehalt der Probe errechnet.

6.17. Eisenbestimmung

6.17.1. Gesamteisenbestimmung nach der Sulfosalicylsäuremethode

In Anwesenheit von Eisen(III)-Ionen ergibt sich mit Sulfosalicylsäure in ammoniakalischer Lösung ein gelber Farbkomplex. Durch Ammoniumperoxodisulfat als Oxydationsmittel wird sichergestellt, daß alle Eisen-Ionen in der dreiwertigen Form vorliegen.

Reagenzien

Sulfosalicylsäure
(20 g Sulfosalicylsäure auf 100 ml mit dest. Wasser auffüllen).
Ammoniumperoxodisulfatlösung
(10 g Ammoniumperoxodisulfat auf 100 ml mit dest. Wasser auffüllen).
Ammoniak
25%ig + 5 g KCN auf 100 ml

Ausführung

100 ml Wasser werden mit 10 ml Salzsäure (1.18.) angesäuert und etwa 15 Minuten gekocht. Nach dem Abkühlen wird wieder auf 100 ml mit destilliertem Wasser aufgefüllt und mit 10 ml Sulfosalicylsäurelösung, 5 ml Ammoniumperoxodisulfatlösung und 20 ml Ammoniak versetzt.

Die in Anwesenheit von Eisen auftretende Gelbfärbung wird entweder im Kolorimeter oder mit Standardlösungen verglichen. Auch hier empfiehlt sich die photometrische Messung.

Die Vergleichslösung wird hergestellt mit 100 ml dest. Wasser und denselben Zusätzen. Gemessen wird im Spektralbereich von 430 nm, also mit Filter S 42 E oder im Spektralphotometer bei 430 nm.

Aus der gemessenen Extinktion ergibt sich mittels einer Eichkurve, die mit Hilfe einer Eisentestlösung aufgestellt wird, der Eisengehalt der Wasserprobe.

Bei Eisengehalte < 0,1 mg Fe/kg wird photometrisch nach der Thioglykolsäuremethode gearbeitet.

6.17.2. Gesamteisenbestimmung mit Thioglykolsäure

Thioglykolsäure gibt mit Fe-II-Ionen in alkalischer Lösung eine Rotfärbung. Da die Säure gleichzeitig ein Reduktionsmittel ist, wird das dreiwertige Eisen reduziert. Ungelöste Eisen (II, III)-oxide werden durch Kochen mit Thioglykolsäure gelöst.

Ausführung

50 ml der Wasserprobe werden mit 1 ml Thioglykolsäure (80%ig) versetzt und 30 Minuten auf einer Heizplatte erhitzt, ohne das Wasser zum Sieden zu bringen. Nach dem Abkühlen wird das Wasser in einen 50-ml-Meßkolben gegeben und mit dest. Wasser bis zur 50-ml-Strich-

marke aufgefüllt. Die Wasserprobe wird anschließend in das Becherglas gegeben und mit 2 ml Ammoniak versetzt. Anschließend wird die Extinktion mit Filter S 53 E festgehalten.

Als Vergleichswasser wird das Untersuchungswasser ohne Reagenzien verwendet.

Die ermittelte Extinktion wird mit Hilfe von Vergleichskurven in mg Fe/kg ausgewertet.

(Die Eigenextinktion der Reagenzien ist bei der Auswertung zu berücksichtigen. Diese wird über eine Doppelbestimmung mit jeweils einfachem und doppeltem Chemikalienzusatz ermittelt. Die Differenz dieser beiden Bestimmungen, die Eigenextinktion, wird von den Meßwerten abgezogen.)

6.17.3. Bestimmung ungelöster Eisenoxide nach der Membranfiltermethode

Die Inbetriebnahme neuer Kesselanlagen macht es oft notwendig, schnell Kenntnis über die Größe der kolloidalen Eisenverunreinigungen des Kreislaufwassers zu erlangen.

Die Löslichkeit der Eisenoxide Fe_3O_4 und $Fe_2O_3 \cdot xH_2O$ ist gering, so daß sich durch eine mechanische Filterung der Wasserprobe eine fast quantitative Trennung erreichen läßt.

Die Filtration erfolgt mit einem Filtrationsgerät der Firma Sartorius (Typ SM 16201). Zur Filterung werden Membranfilter (Typ SM 11306) mit einer Porenweite von 0,45 µ verwendet.

Man saugt einen Liter Probewasser über das Membranfilter und vergleicht die entstehende Färbung mit den Farbvergleichstabellen bzw. mit hergestellten Eichmembranen. Die Werte werden in ppb bzw. µg/kg angegeben.

6.18. Manganbestimmung

Im Wasser vorhandene Mn-Ionen werden durch Oxydation in Anwesenheit von Silbernitrat als Katalysator in Übermangansäure überführt.

Ausführung

100 ml Wasser werden zur Ausfällung der Chloride mit einigen ml 0,1 N Silbernitratlösung mehr versetzt als zur Bestimmung der Chloride verbraucht wurden. Die Probe wird dann mit 1 ml Salpetersäure (1:1) versetzt und gekocht (ist viel Silberchlorid ausgefallen, so muß filtriert werden).

Betriebsanalyse 215

In die siedende Flüssigkeit gibt man etwa 1 g Ammoniumperoxodisulfat (Vorsicht: Schäumen) und kocht weiter, bis die Lösung klar geworden ist. Nach dem Erkalten wird die Probe wieder auf 100 ml aufgefüllt. Die in Anwesenheit von Mangan auftretende Rotfärbung wird im Kolorimeter gemessen oder mit Standardlösungen ($KMnO_4$) verglichen. Die photometrische Auswertung gibt genauere Werte.

6.19. Bestimmung der organischen Substanz

Die organischen Substanzen im Wasser können sehr unterschiedlich sein. Auch ihre Oxydierbarkeit ist je nach ihrer molekularen Zusammensetzung verschieden. Mit der Bestimmung des Kaliumpermanganatverbrauchs wird nur ein relativer Wert erhalten. Spezielle Untersuchungen über den Charakter der organischen Substanz sind in den VGB-Mitteilungen veröffentlicht. [10]

6.19.1. Bestimmung des $KMnO_4$-Verbrauchs in saurer Lösung

100 ml des Wassers (bei stark verunreinigten Wässern und Kesselwässern entsprechend weniger, wobei mit destilliertem Wasser auf 100 ml zu ergänzen ist) werden in einem mit Kaliumpermanganatlösung ausgekochten und gut nachgereinigten Erlenmeyerkolben mit 5 ml verdünnter Schwefelsäure (1:3) angesäuert und zum Sieden erhitzt. Dann setzt man 15 ml 0,01 N Kaliumpermanganat hinzu und kocht genau 10 Minuten, wobei die Lösung noch kräftig rot gefärbt sein muß, andernfalls ist zuwenig Kaliumpermanganat zugesetzt worden und die Bestimmung ist mit einer durch Destillat verdünnten Probe zu wiederholen. Nach der Kochzeit gibt man 15 ml 0,01 N Oxalsäure zu und titriert in der heißen Lösung sofort mit 0,01 N Kaliumpermanganat bis zur schwachen Rotfärbung. Der letzte Kaliumpermanganatverbrauch x [ml] ergibt den Gehalt an organischer Substanz als $KMnO_4$-Verbrauch

$$KMnO_4\text{-Verbrauch} = x \cdot 3{,}16 \quad mg/kg$$

Bei stark verunreinigten Wässern verwendet man 0,1 N Kaliumpermanganat. 1 ml 0,1 N Kaliumpermanganat entspricht 31,6 mg/l $KMnO_4$-Verbrauch.

6.19.2. Bestimmung des $KMnO_4$-Verbrauchs in alkalischer Lösung

100 ml des Wassers werden mit 0,5 ml Natronlauge (33%ig) und 15 ml 0,01 N $KMnO_4$-Lösung in einem Erlenmeyerkolben zum Sieden erhitzt.

Vor Beginn des Siedens wird ein Kugelkühler auf den Erlenmeyerkolben locker aufgesetzt. Die Schliffe dürfen nicht gefettet sein. Zur Verhütung des Siedeverzuges dienen mit Kaliumpermanganat ausgekochte und gut nachgereinigte Siedeperlen. Nach Beginn des Siedens läßt man die Probe 10 Minuten lang kochen. In die siedende Lösung werden nach Abnahme des Rückflußkühlers 5 ml Schwefelsäure (1:3) und danach 15 ml 0,01 N Oxalsäure gegeben. In der heißen Lösung wird sofort mit 0,01 N Kaliumpermanganat bis zur bleibenden Rotfärbung (etwa 1−2 Minuten) titriert. Der letzte Kaliumpermanganatverbrauch in x [ml] ergibt den Gehalt an organischer Substanz als $KMnO_4$-Verbrauch.

$$KMnO_4\text{-Verbrauch} = x \cdot 3,16 \quad mg/kg$$

Bei der Angabe des $KMnO_4$-Verbrauches ist der Vermerk „alkalisches Verfahren" anzugeben.

6.20. Zuckernachweis

In den Dampfkraftbetrieben der Zuckerindustrie ist die ständige Kontrolle des Kondensates bzw. Speisewassers auf Zucker unerläßlich. Die für den Zuckernachweis angeführte α-Naphthol-Methode spricht nur bei einem Zuckergehalt $\geq$ 10 mg/l an. Da auch bereits kleinere Mengen sich in einem Hochleistungskessel unangenehm auswirken können, empfiehlt es sich, das Kesselwasser unter Kontrolle zu halten. Der Zuckergehalt ist hier nicht mehr nachweisbar, aber die bei den Temperaturen des Kesselwassers aus ihm sich bildenden Spaltprodukte sind durch die Bestimmung der „organischen Substanz" festzustellen. Die organische Substanz, die als Schäumungserreger bekannt ist (Salzgehalt im Dampf) soll bei den üblichen Kesseln für die Zuckerfabrik den Wert von 150 mg/kg nicht überschreiten.

Der Zuckernachweis ist indirekt möglich durch eine kontinuierliche Messung der Leitfähigkeit. Hierbei wird nicht der Zucker gemessen, der keine Auswirkung auf die Leitfähigkeit hat, sondern die ionisierten Begleitstoffe werden gemessen und geben ein relatives Maß über die Arbeit der Kocher.

Reagenzien

α-Naphthollösung
(20 g α-Naphthol mit 96%igem Alkohol auf 100 ml auffüllen).

Ausführung

5–10 ml Wasser werden im Reagenzglas mit 0,1 ml (2–3 Tropfen) einer 20%igen alkoholischen Lösung von α-Naphthol versetzt und mit 2 ml konz. salpetersäurefreier Schwefelsäure unterschichtet, indem man die Schwefelsäure langsam vom Rande des Reagenzglases unter das Wasser fließen läßt (Vorsicht). Ein an der Trennungslinie Schwefelsäure/Wasser auftretender hellrosa bis tiefviolett gefärbter Ring zeigt die Gegenwart von Zucker an.

6.21. Ölbestimmung

6.21.1. Qualitative Ölbestimmung (Öl-Test)

Auf eine mit dem zu untersuchenden Wasser gefüllte Schale wird ein kleines Stückchen Kampfer gegeben. Zeigen kleinste Körnchen des Kampfers eine kreisende Bewegung, so ist das Wasser ölfrei. In Anwesenheit von Öl bleiben die Körnchen ruhig liegen. Diese Bestimmung eignet sich nur bei tierischen und pflanzlichen Ölen und Fetten, versagt aber bei Mineralölen.

6.21.2. Gewichtsanalytische Ölbestimmung

Reagenzien

Aluminiumsulfatlösung
(30 g $Al_2(SO_4)_3 \cdot 18\ H_2O$ auf 100 ml mit dest. Wasser auffüllen).
Ammoniumhydroxid (0,91).
Natriumsulfat (Na_2SO_4 calc.).
Petroläther

Ausführung

1–5 Liter Wasser versetzt man in einem Becherglas mit 1 ml Aluminiumsulfatlösung je Liter Wasser, rührt mit einem Glasstab um und gibt 1 ml 25%iges Ammoniumhydroxid je Liter Wasser dazu. Der Niederschlag von $Al(OH)_3$ reißt die Ölteilchen mit und setzt sich nach längerem Stehen am Boden ab. Es wird dekantiert, der ölhaltige Niederschlag mit einigen Tropfen Salzsäure (HCl) in Lösung gebracht und die Lösung in einem Schütteltrichter einige Male mit Petroläther ausgeschüttelt. Die ätherischen Auszüge werden 1–2mal mit dest. Wasser behandelt und dann 12 h über wasserfreiem Natriumsulfat getrocknet. Danach wird durch ein trockenes Filter in ein gewogenes Kölbchen filtriert und auf dem

Sand- oder Wasserbad abdestilliert. Der zu wägende Rückstand entspricht bei 1 Liter Probemenge dem Gehalt an Öl in mg/kg.
Vorsicht beim Arbeiten mit Äther! Kein offenes Feuer!

6.21.3. Photometrische Ölbestimmung

Eine sehr genaue Bestimmung des Öles ist die photometrische Trübungsmessung. Hierbei wird das auf Öl zu untersuchende Wasser mit Äther und einem Emulgator versetzt. Nach kräftigem Rühren der Lösung mit einem Ultrarührwerk und einer anschließenden Standzeit von 30–45 Minuten wird der Trübungsgrad der Lösung bei einer Wellenlänge von 470 nm photometrisch gemessen.

Voraussetzung für den Einsatz dieser Untersuchungsmethode ist, daß das Öl bekannt ist, welches das Wasser verschmutzt, weil mit diesem Öl eine Eichkurve aufgestellt werden muß, die für jede Ölsorte unterschiedlich ist. Die Anwendung ist deshalb nur für laufende Betriebsuntersuchungen bei bekannten Ölsorten zu empfehlen.

6.22. Bestimmung der Natrium- und Kalium-Ionen

Die empfindlichste und genaueste Methode zur Bestimmung der Natrium- und Kaliumionen ist die Untersuchung im Flammenphotometer. Die Bestimmung des Na^+ und K^+ beruht darauf, daß diese Elemente in der Flamme ein charakteristisches Linienspektrum aussenden, dessen Intensität photoelektrisch gemessen wird. Das Na^+ wird bei einer Wellenlänge von 589 nm und das K^+ bei 769 nm gemessen.

Angewandt wird diese Untersuchung insbesondere bei Wässern mit extrem niedrigem Salzgehalt, z. B. Deionat, Destillat und Dampfkondensat.

Bei extrem kleinen Werten kann infolge Anreicherung über Ionenaustauscher (siehe 6.2.) der Gehalt an Na^+ und K^+ aufkonzentriert und bestimmt werden.

Man kann auch die beiden Elemente über ionenselektive Elektroden messen.

6.23. Verblockungs-Index

Der Verblockungs-Index eines Wassers gibt an, mit welcher Intensität eine Verlegung (Verblockung) der Membranen durch meist organische Bestandteile des jeweiligen Wassers zu erwarten ist.

Die Verblockung der Membranen wirkt sich dabei in einem Rückgang der Permeatleistung aus und darf nicht mit Ablagerungen infolge Konzentrationsüberhöhungen von Salzen verwechselt werden.
Der durch entsprechende Tests ermittelte Verblockungs-Index sagt für sich noch nicht aus, ob es sich um eine irreversible Verblockung handelt oder ob durch entsprechende Spülmethoden die prinzipielle Leistungsfähigkeit der Membranen wieder erhalten werden kann und ob die Art und Häufigkeit der Spülungen für den praktischen Betrieb zumutbar ist.
Der Verblockungsindex ist eine relative Maßangabe und ermittelt sich aus der prozentualen Membran-Verblockung in Funktion der Zeit. Für die Polyamid-Membranen der Permasep-Module, sollte in dem aufzubereitenden Wasser der Verblockungs-Index nicht über 3 sein.
Bei Werten, die darüber hinausgehen, ist in der Regel eine Vorbehandlung des Wassers notwendig (Filtrierung über A-Kohle, Säuredosierung, Flockung etc.).
Feststellung des Verblockungs-Index:
Das aufzubereitende Wasser wird über einen Milliporfilter mit 0,45 mikron bei einem Überdruck von 2 bar ($\pm$ 5%) filtriert. (Andere Drücke sind möglich, jedoch muß dann interpoliert werden.) Dabei sind folgende Begriffe von Bedeutung:

t_i — Grundzeit, die beim Start des Tests benötigt wird, um 500 ml Wasser über das Millipor-Filter zu filtrieren (z. B. 20 Sekunden).

t_f — Zeit, die nach 15 Minuten Laufzeit des Filters seit Versuchsbeginn benötigt wird, um wiederum 500 ml Wasser zu filtrieren (z. B. 40 Sekunden).

R_t — Zeitfaktor $\dfrac{t_i}{t_f}$ z. B. $\dfrac{20 \text{ sec}}{40 \text{ sec}} = 0{,}5$

t_t — Zeit des Testlaufes, z. B. 15 Minuten

P_V — Prozentuale Verblockung. Sie errechnet sich wie folgt:
   $(1 - R_t) \times 100$
   z. B. $(1 - 0{,}5) \times 100 = 50\%$ Verblockung

SDI – Silt Density Index, Verblockungs-Index. Er errechnet sich wie folgt:

$$\text{SDI} = \frac{P_V}{t_t} \quad \text{Beispiel: SDI} = \frac{50}{15} = 3{,}3$$

Siehe auch Seite 172

Bemerkung:
Der $KMnO_4$-Verbrauch eines Wassers gibt in der Regel keinen Anhaltspunkt für den Verblockungs-Index. Bei sauberem (Trink-) Wasser kann der $KMnO_4$-Verbrauch relativ niedrig sein, z. B. 6—7 und trotzdem ein SDI von 4—6 im Wasser enthalten sein.

Das SDI-Testgerät besteht im wesentlichen aus:

1 Millipore-Testzelle
1 Satz Filter-Membranen 0,45 mikron
1 Manometer
1 Druckregulierventil
1 Flexibler Anschluß

6.24. Trübungsbewertung in Jackson-Einheiten

Zubereitung der Bezugslösung.

Lösung A: 1 g Hydrazinsulfat werden in einer kleinen Menge Deionat gelöst und mit diesem Wasser auf 100 ml aufgefüllt.

Lösung B: 1 g Hexamethylentetramin werden in einer kleinen Menge Deionat unter Erwärmen gelöst. Anschließend wird mit Deionat auf 100 ml aufgefüllt.

5 ml der Lösung A und 5 ml der Lösung B werden in einen 100-ml-Meßkolben pipetiert. Nach kurzem Umschütteln bleibt die Lösung 48 Stunden bei 20 °C stehen. Es entsteht eine Trübung. — Der Meßkolben wird mit Deionat auf 100 ml aufgefüllt. Man erhält damit eine Bezugslösung, die 400-Jackson-Einheiten entspricht.

Für die Trübungsmessung kann eine Bezugsskala hergestellt werden, indem man die Bezugslösung mit vollkommen klarem Wasser verdünnt.

Bestimmung der Trübung.

Die Trübung läßt sich mit Hilfe von Vergleichstrübungen, mit der Sichtscheibe oder dem Durchsichtigkeitszylinder bestimmen. Es steht dem Untersucher frei, zur Bestimmung der Trübung optische oder photoelektrische Geräte zu benutzen.

6.25. Schnellbestimmung von Austauschmaterialien

In ein Glasrohr von 10 mm ⌀ werden 10 ml Austauscher gegeben und mit 100 ml 12%igen NH_4OH im Durchfluß behandelt. Danach wird mit 500 ml salzfreiem Wasser nachgewaschen. Jetzt werden 50 ml einer

10%igen Kochsalzlösung aufgegeben. Im Ablauf wird der pH-Wert ermittelt.

Kationenaustauscher schwach sauer	pH 7–8
Kationenaustauscher stark sauer	pH 7–8
Anionenaustauscher schwach basisch	pH $\approx$ 11
Anionenaustauscher stark basisch	pH $\approx$ 12

Zur Unterscheidung der sauren Gruppe wird der Austauscher mit 200 ml 10%iger HCl im Durchfluß behandelt, mit 300 ml salzfreiem Wasser nachgewaschen und anschließend 50 ml einer 10%igen Kochsalzlösung aufgegeben. Im Ablauf wird der pH-Wert gemessen.

| Kationenaustauscher schwach sauer | pH 1,5–2 |
| Kationenaustauscher stark sauer | pH < 1 |

6.26. Bestimmung der Kapazität von Austauschmaterialien

Zur Ermittlung der nutzbaren Kapazität (NK) von Austauschmaterialien kann ein Laborfilter aus Glas oder Kunststoff benutzt werden [11].

Die im Bild 6.2 angegebenen Abmessungen sind bei weniger als 1 Liter Material zu variieren, es soll eine Materialschichthöhe $\geq$ 260 mm vorhanden sein.

Das zu untersuchende Austauschmaterial läßt man etwa 12 h in einem Becherglas unter Wasser quellen und füllt danach etwa 1 l Material in das Laborfilter. Das Material wird zur Reinigung von unten nach oben mit Wasser gespült. Die Regeneration mit der erforderlichen Regeneriermittellösung erfolgt bei einer spezifischen Belastung von 5 l/l_A h. Die Regenerationszeit soll etwa 40 Minuten betragen. Zur Auswaschung der Regeneriermittellösung werden 5–10 l/l_A Wasser benötigt.

Im regenerierten Zustand wird die genaue Menge des Austauschmaterials aus der Materialschichthöhe und dem gegebenen Durchmesser des Filters ermittelt.

Die Beladung des Filters erfolgt mit einer spezifischen Belastung von etwa 10 l/l_A h.

Zur Beladung des Austauschmaterials wird je nach Material Rohwasser oder entbastes Wasser genommen. Bei künstlichen Wässern ist die Konzentration des Beladungschemikals, z. B. $CaCl_2$, $Ca(HCO_3)_2$, HCl etc. kleiner 30 °d zu halten.

Es sind so viele Arbeitsspiele zu fahren, bis eine praktisch konstante NK erreicht ist.

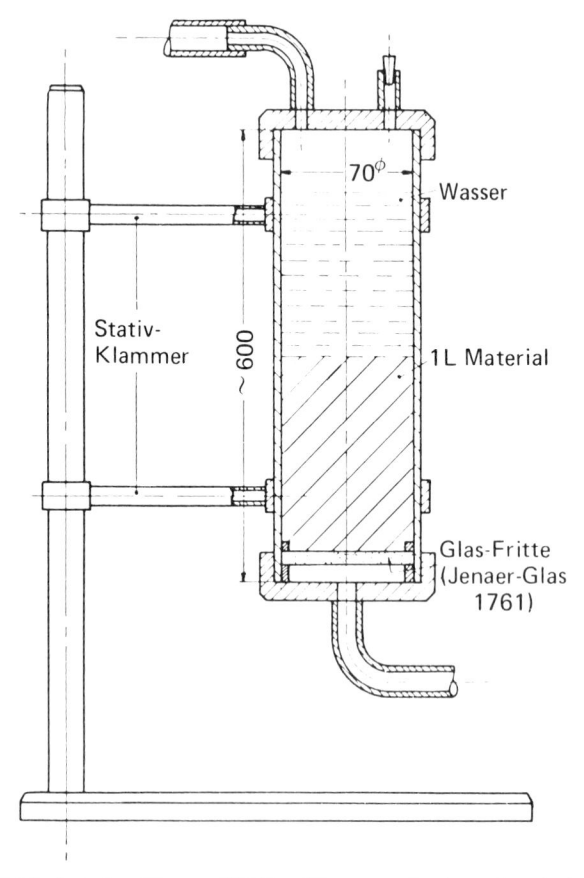

Bild 6.-2: Laborfilter zur NK-Ermittlung von Austauschmaterial

6.27. Beladung des Materials und Errechnung der NK

1. Kationenmaterial

a) Schwach saures Kationenmaterial.
Regeneration mit 110% des theoretischen Bedarfs, bezogen auf die Soll-NK an Säure. Konzentration der Säure etwa 2%ig. Beladung des Materials durch Rohwasser mit konstanter SK 4,3 oder $Ca(HCO_3)_2$-Lösung.

Überwachung des Arbeitsspiels durch die SK 4,3 im ablaufenden Wasser. Steigt die SK 4,3 auf > 0,3 mmol/kg, so ist der Versuch beendet.

$$NK = \frac{SK\ 4{,}3 \cdot 28 \cdot Q}{\mathcal{A} \cdot 1000} \quad g\ CaO/l_A$$

$$NK = \frac{SK\ 4{,}3 \cdot Q}{\mathcal{A} \cdot 1000} \quad mol/l_A$$

b) Stark saures Kationenmaterial im Natriumaustausch.
Regeneration mit 300% des theoretischen Bedarfs, bezogen auf die Soll-NK, an Kochsalz. Konzentration der NaCl-Lösung etwa 8–10%ig. Beladung durch Rohwasser oder $CaCl_2$-Lösung.

Überwachung des Arbeitsspiels durch die Rest-Erdalkalien im ablaufenden Wasser. Bei einem Wert von > 0,1 °d ist das Material erschöpft.

$$NK = \frac{GH \cdot 10 \cdot Q}{\mathcal{A} \cdot 1000} \quad g\ CaO/l_A$$

c) Stark saures Kationenmaterial im Wasserstoffaustausch.
Regeneration mit 250% des theoretischen Bedarfs, bezogen auf die Soll-NK, an Säure, Säurekonzentration etwa 6–8%ig. Beladung durch Rohwasser, $CaCl_2$ oder $CaCl_2$/NaCl-Lösung.

Überwachung durch die BK 4,3 im ablaufenden Wasser. Beim Rückgang der BK 4,3 ist das Material erschöpft.

$$NK = \frac{(SK\ 4{,}3 + BK\ 4{,}3) \cdot 28 \cdot Q}{\mathcal{A} \cdot 1000} \quad g\ CaO/l_A$$

$$NK = \frac{(SK\ 4{,}3 + BK\ 4{,}3) \cdot Q}{\mathcal{A} \cdot 1000} \quad mol/l_A$$

2. Anionenmaterial

a) Schwach basisches Anionenmaterial.
Regeneration mit 160% des theoretischen Bedarfs, bezogen auf die Soll-NVK, an Natronlauge. Konzentration der Natronlauge 2–4%ig. Beladung durch entbastes Wasser oder Säurelösung.

Überwachung über die SK 4,3 und Cl-Gehalt im ablaufenden Wasser. Ist der Cl-Gehalt > 5 mg/kg und die SK 4,3 negativ (BK 4,3 > 0,1 mmol/kg), so ist das Arbeitsspiel beendet.

$$NK = \frac{BK\ 4{,}3 \cdot 28 \cdot Q}{\mathcal{A} \cdot 1000} \quad g\ CaO/l_A$$

$$NK = \frac{BK\ 4{,}3 \cdot Q}{\mathcal{A} \cdot 1000} \quad mol/l_A$$

b) Stark basisches Anionenmaterial.
Regeneration mit 300% des theoretischen Bedarfs, bezogen auf die Soll-NK, an Natronlauge, Konzentration der Natronlauge 3−5%ig.
Beladung durch entbastes Wasser oder Säurelösung.

Überwachung durch den Restkieselsäuregehalt im ablaufenden Wasser. Bei einem Anstieg der Restkieselsäure um 0,05 mg/kg ist das Material erschöpft.

$$NK = \frac{GA \cdot 28 \cdot Q}{\mathcal{A} \cdot 1000} \quad g\ CaO/l_A$$

$$NK = \frac{GA \cdot Q}{\mathcal{A} \cdot 1000} \quad mol/l_A$$

c) Ermittlung des Salzspaltungsvermögens von stark basischem Anionenmaterial.

Das Salzspaltungsvermögen gibt Auskunft darüber, wie groß die NVK eines stark basischen Anionenmaterials für den Austausch von schwachen Mineralsäuren ist. Diese Bestimmung dient als Ergänzung zu 2b), in der durch die Beladung mit starken Mineralsäuren auch die schwach basischen Gruppen in der NVK mit erfaßt werden.

Regeneration wie unter 2b)
Beladung mit NaCl-Lösung etwa 625 mg NaCl/kg $\triangleq$ 30°d. Überwachung des ablaufenden Wassers über die SK 8,2. Bei 625 mg/kg NaCl muß eine SK 8,2 von etwa 10,7 mval/kg vorhanden sein. Nimmt die SK 8,2 ab, ist der Austauscher erschöpft. Die NK der starken Basizität ist

$$NK = \frac{SK\ 8{,}2 \cdot 28 \cdot Q}{\mathcal{A} \cdot 1000} \quad g\ CaO/l_A$$

$$NK = \frac{SK\ 8{,}2 \cdot Q}{\mathcal{A} \cdot 1000} \quad mol/l_A$$

Betriebsanalyse 225

In den Formeln bedeuten:
Q   Fertigwassermenge in l
$\mathcal{A}$ Austauschmaterial in l
SK 4,3   Säurekapazität SK 4,3 des Rohwassers in mmol/kg
GH   Summe der Erdalkalien des Rohwassers in °d
BK 4,3   Basekapazität BK 4,3 des entbasten Wassers in mmol/kg
GA   Gesamtanionen in mmol/kg
SK 8,2   Säurekapazität SK 8,2 des abfließenden Wassers in mmol/kg

7. Untersuchung der in der Wasseraufbereitung angewandten Chemikalien

7.1. Salzsäure (DIN 19610)

Anforderung

Salzsäure wird handelsüblich in verschiedenen Konzentrationen geliefert:

$$25\% \text{ HCl} = 1,12 \text{ Dichte} \triangleq 16 \text{ °Bé}$$
$$30\% \text{ HCl} = 1,15 \text{ Dichte} \triangleq 19 \text{ °Bé}$$
$$35\% \text{ HCl} = 1,18 \text{ Dichte} \triangleq 22 \text{ °Bé}$$

Salzsäure soll technisch rein und frei von Abfallsäure sein. Sie soll klar, farblos, höchstens leicht gelb-grün gefärbt sein. Geringe Mengen an Eisen (maximal 0,02%) und an Arsen sind zulässig. Organische Bestandteile sowie Oxydationsmittel (HNO_3 usw.) dürfen nicht nachweisbar sein. Gehalt an Fremdstoffen siehe 7.16.

Prüfung

Etwa 1 g Salzsäure wird in einer Hahnpipette genau gewogen [y] und in einem 1000-ml-Meßkolben mit dest. Wasser verdünnt. 100 ml dieser Lösung werden mit 0,1 N NaOH gegen Methylorange titriert.

Der Verbrauch an x [ml] 0,1 N NaOH entspricht einem Gehalt von

$$\text{HCl} = \frac{x \cdot 3,65}{y} \%$$

Außerdem kann der Gehalt an HCl durch Spindeln ermittelt und anhand der Tafel 12.15. festgestellt werden.

7.2. Schwefelsäure (DIN 19618)

Anforderung

Schwefelsäure soll technisch rein sein. Sie soll klar bis schwach trübe, farblos bis bräunlich und ohne Bodensatz sein.

Die Handelssorten sind:

$$78\% \text{ } H_2SO_4 = 1,71 \text{ Dichte} \triangleq 60 \text{ °Bé}$$
$$93\% \text{ } H_2SO_4 = 1,83 \text{ Dichte} \triangleq 65 \text{ °Bé}$$
$$96\% \text{ } H_2SO_4 = 1,84 \text{ Dichte} \triangleq 66 \text{ °Bé}$$

Gehalt an Fremdstoffen siehe 7.16.

Prüfung

Etwa 1 g H_2SO_4 wird in einer Hahnpipette genau gewogen [y] und in einem 1000-ml-Meßkolben mit dest. Wasser verdünnt. 100 ml dieser Lösung werden mit 0,1 N NaOH gegen Methylorange titriert. Der Verbrauch von x [ml] 0,1 N NaOH entspricht einem Gehalt von

$$H_2SO_4 = \frac{x \cdot 4{,}90}{y} \quad \%$$

Außerdem kann der Gehalt an H_2SO_4 durch Spindeln ermittelt und aus der Tafel 12.15. festgestellt werden.

Bei der Verdünnung von konz. H_2SO_4 ist darauf zu achten, daß das Verdünnungswasser im Behälter vorgelegt und dann die H_2SO_4 unter Umrühren zugegeben wird. Umgekehrt kann es zu Verdampfungen und Verspritzen der Lösung kommen. Die sich einstellende Erwärmung bei der Verdünnung von Schwefelsäure ist aus Bild 12.23 zu entnehmen. Konzentrierte Schwefelsäure (1,7 g/cm³) kann auch in Eisenfässern gelagert werden.

7.3. Natronlauge (DIN 19616)

Natriumhydroxid

Anforderung

Die technische Natronlauge (keine Abfallauge) ist als 30%ige und als 50%ige Lauge im Handel.

Für die Regeneration von Anionenaustauschern soll nur Elektrolytnatronlauge verwendet werden. Eine 46%ige Natronlauge ist am geeignetsten, weil gerade bei dieser Konzentration ein Eutektikum mit tiefem Erstarrungspunkt bei 5,3 °C vorliegt. Der Erstarrungspunkt der 50%igen Natronlauge liegt bei 13,2 °C (Bild 12.19). Als Verunreinigungen dürfen in der Natronlauge nicht mehr als:

Chlorid (ausgedrückt als Cl^-) höchstens 0,2% des NaOH-Gehaltes
Sulfat (ausgedrückt als SO_4^{2-}) höchstens 0,1% des NaOH-Gehaltes
Oxidationsmittel (ausgedrückt als O_2) höchstens 0,001% des NaOH-Gehaltes
Kieselsäure (ausgedrückt als SiO_2) höchstens 0,01% des NaOH-Gehaltes
Eisen (ausgedrückt als Fe^{3+}) höchstens 0,001% des NaOH-Gehaltes

Aluminium (ausgedrückt als Al^{3+}) höchstens 0,005% des NaOH-Gehaltes
Erdalkali-Ionen (ausgedrückt als Ca^{2+}) höchstens 0,01 % des NaOH-Gehaltes
enthalten sein.
Gehalt an Fremdstoffen: siehe 7.16.

Prüfung

1 g Natriumhydroxid in fester oder flüssiger Form wird in einem 1000-ml-Meßkolben in ausgekochtem destilliertem Wasser gelöst. Von dieser Lösung werden 100 ml mit 0,1 N Salzsäure gegen Phenolphthalein und Methylorange titriert (siehe 6.5. und 2.7.1.). Der Gehalt ergibt sich aus

$$NaOH = (2p - m) \cdot 4 \quad \%$$
$$Na_2CO_3 = (m - p) \cdot 10,6 \quad \%$$

Außerdem ist der Gehalt an Natriumhydroxid in der angelieferten Lauge durch die Dichtebestimmung festzustellen (siehe Tafel 12.-13.).

7.4. Ammoniak

Anforderung

a) Ammoniak (NH_3),
gasförmig, ist ein stechend riechendes, farbloses Gas, das mindestens 82,2% Stickstoff enthalten sollte. Ammoniak wird im verflüssigten Zustand in druckfesten Stahlflaschen geliefert. Der Gasdruck bei 20 °C beträgt 8 atü.

b) Ammoniumhydroxid (NH_4OH)
ist eine stechend riechende, klare wasserhelle Flüssigkeit.
Die Handelssorten von Ammoniumhydroxid sind

NH_4OH mit 10 Gewichts-% NH_3 = Dichte 0,96
NH_4OH mit 24 Gewichts-% NH_3 = Dichte 0,91

Prüfung

Der Ammoniakgehalt kann durch die Dichtebestimmung ermittelt werden (Tafel 12.13.).

7.5. Hydrazinhydrat

Anforderung

Die Handelsware des Hydrazinhydrats soll eine klare, wässerige Lösung sein mit einem Gehalt von rd. 15% N_2H_4, entsprechend 24% Hydrazinhydrat ($N_2H_4 \cdot H_2O$).

Die Handelsware des aktivierten Hydrazinhydrats ist „Levoxin 15". Es ist ein Hydrazin von extremer Reaktionsfähigkeit. Die Sauerstoffbindung verläuft bereits bei Zimmertemperatur mit erheblicher Geschwindigkeit.

Levoxin 15 zeigt die bekannten Eigenschaften des Hydrazins wie Sauerstoffbindung, Alkalisierung, Begünstigung der Magnetitschutzschichtbildung, Inhibitoreffekt. Levoxin 15 ist eine klare, wäßrige Lösung mit einem Gehalt von ca. 15% Hydrazin (N_2H_4).

Prüfung

1,0 ml Hydrazinhydrat wird in einem 1000-ml-Meßkolben mit destilliertem Wasser verdünnt. 100 ml dieser Lösung werden mit 2 g Natriumhydrogenkarbonat, 1 g Jodkali sowie einer Messerspitze wasserlöslicher Stärke versetzt und mit 0,1 N Jodlösung bis zur Blaufärbung titriert. Der Verbrauch von x [ml] 0,1 N Jodlösung entspricht einem Gehalt von

$$N_2H_4 = x \cdot 0,8 \quad \%$$

7.6. Weißkalkhydrat (DIN 19611)

Calciumhydroxid

Anforderung

Weißkalkhydrat muß für Kalksättiger oder Aggregate, bei denen eine Vorabscheidung der unlöslichen Teile stattfindet, mindestens 80 Gewichts-% an wirksamem Calciumhydroxid enthalten. Für Entkarbonisierungsanlagen, die mit Dosierpumpen arbeiten, soll ein $Ca(OH)_2$-Gehalt von mindestens 93 Gewichts-% vorliegen.

Der Magnesiumgehalt (Mg^{2+}) darf höchstens 1,5 Gewichts-% und der Sulfatgehalt (SO_4^{2-}) höchstens 1 Gewichts-% betragen.

Siebrückstand auf Prüfsiebgewebe 0,090 mm (DIN 4188) höchstens 10 Gewichts-%.

Siebrückstand auf Prüfsiebgewebe 0,63 mm DIN 4188: kein Rückstand.

Gehalt an Fremdstoffen: siehe 7.16.

Anforderungen für „Stückkalk" und „Feinkalk" zur Wasseraufbereitung sind in den DIN 19613 und 19614 aufgeführt.

Prüfung

1 g Weißkalkhydrat wird in einen 1000-ml-Meßkolben gegeben, mit ausgekochtem destilliertem Wasser aufgefüllt und 5 Minuten lang geschüttelt. Unmittelbar darauf wird die Lösung durch ein Filter filtriert und die ersten 50 ml des Filtrats verworfen. Die nächsten 100 ml werden mit 5 Tropfen Phenolphthaleinlösung versetzt und mit 0,1 N Salzsäure von rot nach farblos titriert. Die Salzsäure muß bei der Titration tropfenweise unter ständigem Schütteln zugesetzt werden. Ist der Verbrauch an 0,1 N Salzsäure x [ml], dann ist der Kalkhydratanteil

$$Ca(OH)_2 = x \cdot 3,7 \quad \%$$
oder $\quad CaO = x \cdot 2,8 \quad \%$

Die Prüfung der Kalkmilchkonzentration kann durch die Feststellung der Dichte erfolgen. Auspertung siehe Bild 12.-1, Prüfung des Sättigungsgrades von Kalkwasser durch Bestimmung der SK 8,2 siehe Tafel unter 4.2.8.2.

7.7. Gebrannter Dolomit

Magnohydrat

Anforderung

Gebrannter und gelöschter Dolomit soll etwa 65% $Ca(OH)_2$ und etwa 30% MgO enthalten. Um ein gutes Arbeiten der Dosierpumpen für die Aufschlämmung des Magnohydrates zu gewährleisten, ist eine Feinheit von

Siebrückstand auf Prüfsiebgewebe 0,090 mm (DIN 4188) höchstens 1 Gewichts-%

zu fordern.

Prüfung

auf Calciumhydroxid ($Ca(OH)_2$) siehe unter 7.6. Weißkalkhydrat. Prüfung auf Magnesiumoxid (MgO); der MgO-Gehalt wird gewichtsanalytisch bestimmt.

7.8. Magnesit

Magnesiumoxid

Anforderung

Magnesiumoxid oder gebrannte Magnesia, auch unter dem Namen Magnesit gehandelt, soll 95–98 % MgO enthalten. Der CaO-Anteil soll < 0,5 % betragen.

Die Feinheit des Magnesits ist in der gleichen Form wie unter 7.7. Magnohydrat zu fordern.

Prüfung

Der MgO-Gehalt wird gewichtsanalytisch bestimmt.

7.9. Eisenchlorid (DIN 19602)

Anforderung

Eisenchlorid (wasserfrei) soll plättchenförmig beschaffen sein oder als braunes Pulver mit dunkelgrünem Metallglanz vorliegen. Der Gehalt des sublimierten Eisenchlorids soll 98–99 % $FeCl_3$ betragen.
Die Verunreinigungen dürfen maximal betragen:
Gehalt an in dest. Wasser Unlöslichem höchstens 1,0 %
Gehalt an Eisen (ausgedrückt als Fe^{3+}) mindestens 34 %
Gehalt an Mangan (ausgedrückt als Mn^{2+}) höchstens 0,15 %
Gehalt an Fremdstoffen: siehe 7.16.

Andere Fremdstoffe sowie Eisen(II)-salze und freie Säuren dürfen nicht vorhanden sein.

Prüfung

Der Eisengehalt wird durch Fällung des Eisens mit Ammoniak als Eisenhydroxid und anschließender Filtration, Glühung und Wägung als Fe_2O_3 bestimmt.

7.10. Aluminiumsulfat (DIN 19600)

Anforderung

Für Aluminiumsulfat gelten folgende Anforderungen:
Der Gehalt an Aluminium (ausgedrückt als Al^{3+}):
Handelsware I mindestens 7,4 % (entsprechend 14 % Al_2O_3)
Handelsware II mindestens 9 % (entsprechend 7 % Al_2O_3)
Gehalt an unlöslichem Rückstand in dest. Wasser höchstens 0,1 %
Gehalt an Fremdstoffen: siehe 7.16.

Prüfung

Das Aluminium wird gewichtsanalytisch als Al_2O_3 bestimmt.

7.11. Natriumaluminat (DIN 19601)

Anforderung

Natriumaluminat soll in destilliertem Wasser praktisch farblos und klar löslich sein.

Aluminiumoxid-Gehalt (Al_2O_3) je nach Handelsbezeichnung mindestens 34% oder 49%. Natriumoxid-Gehalt (Na_2O) je nach Handelsbezeichnung 28 oder 38%.

Unlösliches in 0,2 N Natronlauge höchstens 0,2%

Gehalt an Aluminium (ausgedrückt als Al^{3+}):
Handelsware I mindestens 18% (entsprechend 34% Al_2O_3)
Handelsware II mindestens 26% (entsprechend 49% Al_2O_3)
Säureverbrauch (ausgedrückt als NaOH):
Handelsware I mindestens 36% (entsprechend 28% Na_2O)
Handelsware II mindestens 50% (entsprechend 38% Na_2O)

Gehalt an Natriumkarbonat (Na_2CO_3) höchstens 6%
Gehalt an Fremdstoffen: siehe 7.16.

Prüfung

Das Aluminium wird als Al_2O_3 gewichtsanalytisch bestimmt.

Zur Bestimmung des Natriumgehaltes als Na_2O wird 1 g der Probe in einem 1000-ml-Meßkolben in heißem, kohlensäurefreiem, destilliertem Wasser gelöst. Sobald die Lösung klar ist, werden 100 ml mit etwa 1 g festem Bariumchlorid (p. a.) unter Schütteln und ständigem Einleiten von kohlensäurefreier Luft behandelt. Nach völliger Auflösung des Bariumchlorids wird mit 2 bis 3 Tropfen Phenolphthalein versetzt und mit 0,1 N HCl bis zur Entfärbung titriert. Ist der Verbrauch an 0,1 N HCl = x [ml], so ist der Na_2O-Gehalt

$$Na_2O = x \cdot 3,1 \quad \%$$

7.12. Kochsalz (DIN 19604)

Natriumchlorid

Anforderung

Das Natriumchlorid soll feinkörnig, trocken und leicht löslich sein. Insbesondere aber soll es frei von Ton, Lehm und Schiefer sein. Zum Vergällen darf nur Kristallponceau 6 R (1,0 g für 100 kg Salz) oder Eosin (0,2/100 kg) verwendet werden.

Der Gehalt der bei 105 °C getrockneten Substanz muß mindestens 97 Gewichts-% NaCl betragen. Calcium- und Magnesiumverbindungen (als CaO berechnet) dürfen höchstens 0,4 Gewichts-%, Sulfate (SO_3) höchstens 1 Gewichts-% vorhanden sein.

Eisenverbindungen und Natriumkarbonat dürfen nicht enthalten sein. Gehalt an Fremdstoffen: siehe 7.16.

Der unlösliche Rückstand (Kies, Sand u. a.) soll < 1 % (Steinsalz) betragen. Hierfür ist aber bei der Auflösung des Natriumchlorids eine Abscheidung dieser Stoffe zu erwirken.

Besser ist die Verwendung von Siedesalz mit einem unlöslichen Rückstand von < 0,1 %.

Zur Regenerierung von stark basischen Anionenaustauschern, die als Adsorberharz in der chloridbeladenen Form eingesetzt und mit alkalisch gestellter NaCl-Lösung regeneriert werden, gelten die gleichen Richtlinien. Besonders muß aber darauf geachtet werden, daß für diesen Zweck das Salz nicht mit irgendeinem Farbstoff vergällt sein darf.

Prüfung

1 g Natriumchlorid wird in einem 1000-ml-Meßkolben gelöst. 100 ml dieser Lösung werden mit 1 ml einer 10%igen Kaliumchromatlösung versetzt und mit 0,1 N Silbernitratlösung bis zum Umschlag nach braun titriert. Der Verbrauch an x [ml] Silbernitratlösung − 0,1 ml gibt den Gehalt an NaCl an

$$NaCl = (x - 0,1) \cdot 5,85 \quad \%$$

Der Gehalt der Kochsalzsole kann auch durch die Dichtebestimmung festgestellt werden. 1 °Bé = 1 % NaCl (Tafel 12.14).

7.13. Soda (DIN 19612)

Natriumkarbonat

Anforderung

Die Soda wird als kalzinierte Ware (ohne Kristallwasser) oder als Kristallsoda (mit Kristallwasser) gehandelt. Die Kristallsoda löst sich leichter in Wasser und wird deshalb in den meisten Fällen der kalzinierten Soda vorgezogen.

Der Mindestgehalt an Na_2CO_3 soll für

    kalzinierte Soda (Na_2CO_3)   98 Gewichts-% Na_2CO_3

und für

    Kristallsoda ($Na_2CO_3 \cdot 10\ H_2O$)   36 Gewichts-% Na_2CO_3

betragen. Verunreinigungen sind – auf Na_2CO_3 bezogen – wie folgt begrenzt:

Im Wasser Unlösliches	höchstens 0,1 Gewichts-%
Gehalt an Ammonium	höchstens 0,01 Gewichts-%
Gehalt an Eisen	höchstens 0.005 Gewichts-%
Gehalt an Fremdstoffen	siehe 7.16.

Prüfung

1 g Soda wird in einem 1000-ml-Meßkolben in ausgekochtem destilliertem Wasser gelöst. 100 ml dieser Lösung werden mit 5 Tropfen Phenolphthaleinlösung versetzt und mit 0,1 N HCl tropfenweise unter ständigem Schütteln bis zum Farbumschlag von rot nach farblos titriert. Ist der Verbrauch an 0,1 N HCl x [ml], dann ist der Sodagehalt

$$Na_2CO_3 = x \cdot 10{,}6 \quad \%$$

Der Sodagehalt einer Lösung kann auch über die Dichtebestimmung und deren Auswertung durch die Tafel 12.-14 ermittelt werden.

7.14. Trinatriumphosphat (DIN 19620)

Anforderung

Trinatriumphosphat ($Na_3PO_4 \cdot 10\ H_2O$) soll ca. 20% P_2O_5 und kalziniertes wasserfreies Trinatriumphosphat etwa 40% P_2O_5 enthalten.
Gehalt an in dest. Wasser Unlöslichem höchstens 0,05%.
pH-Wert einer 1-gewichtsprozentigen wäßrigen Lösung 11–12.
Gehalt an Phosphationen (als Na_3PO_4) bei kristallwasserhaltiger Ware mindestens 44%, bei kalzinierter Ware mindestens 90%.
Gehalt an Fremdstoffen: siehe 7.16.

Prüfung

1 g Trinatriumphosphat wird in einem 1000-ml-Meßkolben mit ausgekochtem destilliertem Wasser gelöst. 100 ml dieser Lösung werden

mit 0,1 N Salzsäure gegen Methylorange bis zum bleibenden Umschlag nach gelbbraun titriert. In einer zweiten 100-ml-Probe wird der Verbrauch der ersten Probe an 0,1 N Salzsäure gegeben und mit 0,1 N Natronlauge gegen Phenolphthalein bis zur Rotfärbung titriert. Ist der Verbrauch an 0,1 N Natronlauge x [ml], dann ist der P_2O_5-Gehalt

$$P_2O_5 = x \cdot 7,1 \quad \%$$

7.15. Natriumtripolyphosphat
Anforderung

Natriumtripolyphosphat ($Na_5P_3O_{10}$) soll ca. 57% P_2O_5 bzw. ca. 97–99% $Na_5P_3O_{10}$ enthalten.

Der pH-Wert einer 1%igen $Na_5P_3O_{10}$-Lösung soll ca. 8,9 betragen.

Prüfung

Gewichtsanalytisch über eine Fällung der durch Säure in Orthophosphate übergeführten Polyphosphate mit Ammoniummolybdat.

7.16. Chemikalien für die Trinkwasseraufbereitung

Bei der Verwendung von Chemikalien für die Aufbereitung von Trinkwasser darf der Gehalt an gesundheitsschädlichen Stoffen höchstens so groß sein, daß die im behandelten Wasser für diese Stoffe geltenden Grenzwerte nicht überschritten werden.

Es ist in solch einem Fall zweckmäßig, die Verordnung für den zusatzfremden Stoff bei der Aufbereitung von Trinkwasser (Trinkwasser-Aufbereitungs-Verordnung) vom 19. 12. 1959, Bundesgesetzblatt Teil I (1959) Nr. 52 Seite 762, und die Verordnung zur Änderung der Trinkwasser-Aufbereitungs-Verordnung vom 27. 6. 1960, Bundesgesetzblatt Teil I (1960) Nr. 33 Seite 479, Verordnung zur Änderung der allgemeinen Fremdstoffverordnung und anderer lebensmittelrechtlicher Verordnungen vom 10. 5. 1976, BGBl T. 1 Seite 12. Im übrigen verweisen wir auf DIN 2000.

8. Korrosion und Korrosionsschutz in Dampfkraftanlagen

8.1. Definition und Bedeutung der Korrosion für den Dampfkesselbetrieb

Trockene und nasse Korrosion

„Alle von der Oberfläche eines Metalles ausgehenden unfreiwilligen, durch chemische oder elektrochemische Ursachen hervorgerufenen Veränderungen des metallischen, ursprünglichen Zustandes bezeichnet man als Korrosionen."*)

Das gemeinsame Merkmal aller Korrosionen ist, daß Metalle von der Oberfläche her entweder Verbindungen mit Gasen, wie Luft, O_2, H_2O (Dampf), CO_2, eingehen (trockene Korrosion) oder bei Anwesenheit eines Elektrolyten infolge elektrischer Potentiale in der Ionenform in den Elektrolyten abwandern (nasse Korrosion), so daß die Metalle bzw. Legierungen die ihnen ursprünglich zugedachte Funktion, nämlich die Aufnahme von Kräften durch Ausbildung innerer Spannungen, nicht mehr erfüllen können und versagen.

In Räumen, die mit oxydierenden Gasen, z. B. Wasserdampf, angefüllt sind, kann nur eine Gaskorrosion ablaufen, d. h. eine Korrosion, die durch die Diffusion der Eisenionen durch die Zunderschicht gesteuert wird. Die Zunderschicht trennt räumlich das Eisen von dem angreifenden Gas und bei einer gewissen Stärke, die von der Temperatur abhängt, kommt die Zunderung praktisch zum Stillstand, falls die Zunderschicht porenfrei ist und nicht weiter beschädigt oder abgelöst wird. Solche Vorgänge laufen in den Dampfräumen der Kesseltrommeln, in Überhitzerrohren und Heißdampfleitungen ab. Elektrochemische Korrosionen sind hier nicht möglich, kommen sie aber trotzdem vor, dann sind es Stillstandskorrosionen.

In Wasserräumen, deren Temperaturen oberhalb 300 °C liegen, kann mit einer diffusionsgesteuerten Korrosion, ähnlich der Gaskorrosion, gerechnet werden. Unterhalb 200 °C dürften allein chemische Reaktionen geschwindigkeitsbestimmend sein. Man findet hier (wenn t > 300 °C) neben der diffusionsgesteuerten Korrosion aber auch die elektrochemische Korrosion, die natürlich auch bei niedrigen Temperaturen abläuft. Abweichend vom Dampfraum, in dem sich eine feste Zunderschicht aus Fe_3O_4 bildet, findet man im Wasserraum noch eine

---
*) Definitionen der bei der Korrosion der Metalle erforderlichen Begriffe, siehe DIN 50900.

zweite Schicht, die sich aufgelagert hat und auch aus Fe_3O_4 besteht, aber keine Schutzschicht darstellt.

Korrosionen zerfallen grundsätzlich in zwei verschiedene Korrosionstypen:

1. Korrosionen durch Festkörperdiffusion unter Bildung fester heterogener Schichten wie die der Eisenoxide und
2. elektrochemische Korrosionen, bei denen das Metall anodisch in Lösung geht.

Es werden anschließend die Grundlagen der trockenen und nassen Korrosion dargelegt, ohne die ein Verständnis aller Korrosionsvorgänge im Dampfkesselbetrieb nicht möglich ist. Die durch die Forschung der letzten Jahre gewonnenen neuen Erkenntnisse sind hierbei berücksichtigt.

Die Betriebssicherheit und die Lebensdauer eines Kessels hängen im wesentlichen davon ab, inwieweit man Korrosionen verhindern kann. Die wirkliche Bekämpfung setzt das Verständnis der Korrosionsvorgänge voraus.

Nachstehend werden nur grundlegende Fragen behandelt. Einzelheiten findet man in der Fachliteratur [12], [13].

8.2. Trockene Korrosion

8.2.1. Das Chaudron-Diagramm und die heterogene Schichtenfolge der Eisenoxide

Bei Fragen der Oxydation des Eisens durch den Wasserdampf wurde früher auf das Chaudron-Diagramm hingewiesen. Dieses Diagramm stellt das Gleichgewicht zwischen Fe, FeO, Fe_3O_4, H_2O und H_2 dar. Danach reagiert das Eisen unterhalb 570 °C mit dem Wasserdampf nach folgender Gl.

$$3\ Fe + 4\ H_2O \rightleftharpoons Fe_3O_4 + 4\ H_2 \qquad (1).$$

Es entstehen Magnetit (Fe_3O_4) und Wasserstoff. Bei einem bestimmten Verhältnis der Partialdrücke pH_2/pH_2O kommt diese Reaktion zum Stillstand und es herrscht Gleichgewicht.

Oberhalb 570 °C läuft die Reaktion

$$Fe + H_2O \rightleftharpoons FeO + H_2 \qquad (2)$$

ab, so daß hier nur der Wüstit (FeO) existenzfähig ist. Ist kein Fe, sondern nur FeO vorhanden, dann gilt die Reaktion

$$3\,FeO + H_2O \rightleftharpoons Fe_3O_4 + H_2 \qquad (3).$$

Allerdings stellt sich hier das Gleichgewicht schon bei einem kleineren Partialdruckverhältnis pH_2/pH_2O ein.

Dieses Chaudron-Diagramm hat im Dampfkesselbau nur wenig Bedeutung. Es setzt nämlich ein Gleichgewicht voraus, das praktisch im Dampfkessel nie eintritt. Der Wasserstoffpartialdruck ist im Dampfkessel wegen der ständigen Abführung des Heißdampfes und der Entgasung des Kondensates um viele Zehnerpotenzen kleiner als der nach dem Chaudron'schen Diagramm. Die Folge ist, daß sich nicht ein Gleichgewicht nach dem Chaudron'schen Diagramm, sondern eine heterogene Schichtenfolge der Eisenoxide einstellt (Bild 8.-1), wobei auch die höchste Oxydationsstufe des Eisens, Fe_2O_3, existenzfähig ist [14].

Unterhalb 570 °C ist die Fe_3O_4-Schicht weitaus vorherrschend, oberhalb 570 °C ist es die FeO-Schicht. Diese Schichten werden von Eisenionen über Leerstellen zum Wasserdampf hin durchwandert und spalten den Wasserdampf in Sauerstoff und Wasserstoff. Dieser Vorgang ist nicht mit der thermischen Dissoziation, Gl. (4), zu verwechseln.

$$2\,H_2O \rightleftharpoons 2\,H_2 + O_2 \qquad (4).$$

Die Abspaltung meßbarer Mengen von Wasserstoff ist nicht die Ursache, sondern die Folge des Angriffes von Wasserdampf auf Eisen. Der übrigbleibende Wasserstoff ist im Dampf nachweisbar [15].

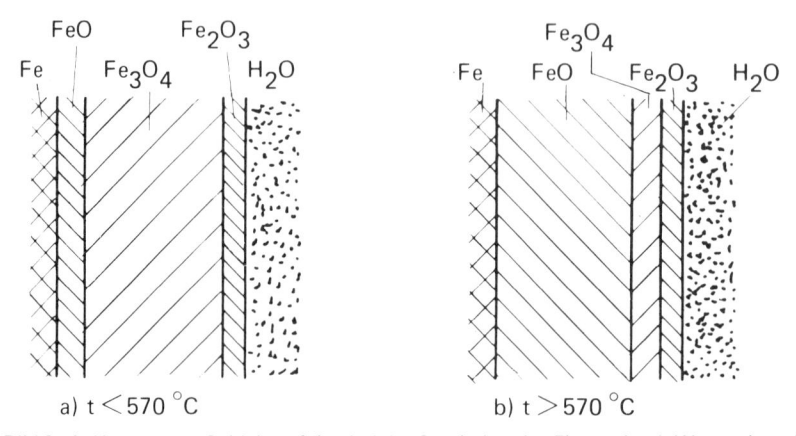

a) $t < 570\,°C$ b) $t > 570\,°C$

Bild 8.-1: Heterogene Schichtenfolge bei der Oxydation des Eisens durch Wasserdampf

Korrosion und Korrosionsschutz in Dampfkraftanlagen 239

8.2.2. Zeitabhängigkeit der Oxydation

Für die Oxydation des Eisens in den zundernden Gasen O_2, Luft, CO_2 und H_2O (Dampf) gilt im allgemeinen das parabolische Oxydationsgesetz von Tammann. Hier ist die Oxydationsgeschwindigkeit der Schichtdicke umgekehrt proportional

$$\frac{dx}{dt} = \frac{k'}{x} \quad \frac{cm}{s} \tag{5}.$$

Die Zunderung ist also ein sich selbst hemmender Vorgang. Integriert man Gl. (5), dann folgt für die Schichtdicke

$$x = \sqrt{2\,k't} \quad cm \tag{6}.$$

worin k' die Zunderkonstante ist.

Sie hängt von der Temperatur und den Sauerstoffpartialdrücken an den Phasengrenzen ab. Um 570 °C und bei höheren Temperaturen, also bei vorwiegender Bildung von FeO, ändert sich das Zunderverhalten des Eisens und der unlegierten Kohlenstoffstähle; man beobachtet eine verstärkte Zunderung.

8.3. Nasse (elektrochemische) Korrosion

8.3.1. Die homogene Metallelektrode. Anode und Kathode. Ruhepotential. Potential-Strom-Diagramm

Taucht man ein Metallstück (Elektrode) in die wässerige Lösung eines seiner Salze, dann stellt sich zwischen Metall und Lösung eine ganz bestimmte Potentialdifferenz ein. Die Elektrode sendet vermöge ihres Lösungsdruckes positive Metallionen in die Lösung und behält die entsprechende negative Ladung als Elektronen zurück. Die Lösung dagegen scheidet vermöge ihres osmotischen Druckes unter Elektronenverbrauch positive Metallionen als neutrale Atome an der Elektrode ab. Es findet also gleichzeitig eine Metallauflösung

$$Me \rightarrow Me^{2+} + 2\ominus \tag{7}$$

und eine Metallabscheidung

$$Me \leftarrow Me^{2+} + 2\ominus \tag{8}$$

an der Elektrode statt. Bei einer ganz bestimmten Potentialdifferenz zwischen Elektrode und Ionenwolke im Elektrolyten wird die abgeschiedene Masse gleich der aufgelösten, und es herrscht Gleichgegewicht. Dieses Potential nennt man das Ruhepotential, und der Gleichgewichtszustand wird durch die Gl.

$$Me \rightleftharpoons Me^{2+} + 2\ominus \qquad (9)$$

ausgedrückt. Die Summe der Teilströme oder Stromdichten, d. h. der von der Elektrode abfließenden und auf sie zufließenden Ströme I^+ und I^- ist beim Ruhepotential immer gleich Null

$$I = I^+ + I^- = 0 \qquad (10).$$

Man nennt nun eine in bezug auf den Elektrolyten bzw. die Ionenwolke des Elektrolyten elektronennehmende Elektrode eine Anode, eine elektronengebende eine Kathode. Die Metallauflösung Gl. (7), stellt somit einen anodischen (elektronennehmenden), die Metallabscheidung Gl. (8), einen kathodischen (elektronengebenden) Prozeß dar. I^+ ist der anodische Strom der positiven Ionen in den Elektrolyten, I^- ist der kathodische Strom der positiven Ionen aus dem Elektrolyten. Beim Ruhepotential ist die Elektrode weder Anode noch Kathode; erst das Überwiegen des einen oder anderen Prozesses macht sie zur Anode oder Kathode. Man kann durch Anlegen einer äußeren Spannung das Ruhepotential verschieben und den anodischen oder kathodischen

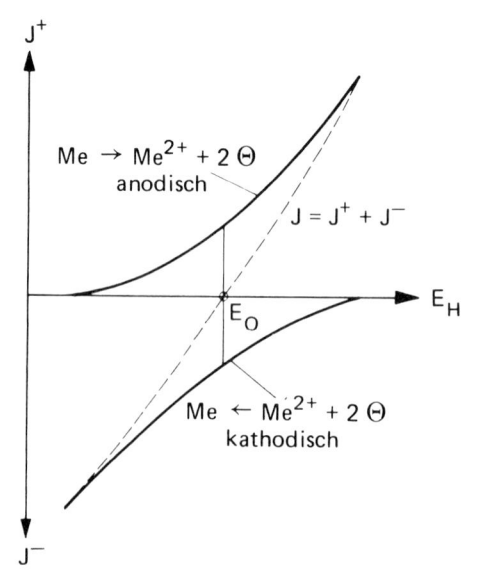

Bild 8.-2: Potential-Strom-Kurven der Metallauflösung und Abscheidung. $I = I^+ + I^-$ Gesamtstrom, E_0 Ruhepotential

Strom vergrößern und damit Metall auflösen oder abscheiden. Die Abhängigkeit des Potentials E_H von den Teilströmen I^+ und I^- oder vom Gesamtstrom $I = I^+ + I^-$ zeigt das Potential-Strom-Diagramm (Polarisationsdiagramm).

E_O ist das Ruhepotential. Bei diesem Potential wird genausoviel Metall aufgelöst wie abgeschieden, und der Gesamtstrom ist Null.

8.3.2. Die Wasserstoff- und Sauerstoffelektrode
Normal-Wasserstoffelektrode
Standardpotentiale

Der Vorgang der Ladungstrennung beim Aufbau eines Potentialsprunges an der Elektrode ist nun nicht ein ausschließliches Vorrecht der Metalle. Die elementaren Gase Wasserstoff und Sauerstoff können an einer Elektrode, deren Metall jetzt für diesen Vorgang unwichtig ist, ähnliche Prozesse ablaufen lassen. Man spricht dann von einer Wasserstoff- oder Sauerstoffelektrode.

Elementarer Wasserstoff H_2 lagert sich an der Oberfläche der Elektrode an und geht als Ion unter Zurücklassung eines Elektrons in Lösung wie ein Metall

$$H_2 \rightarrow 2 H^+ + 2\ominus \qquad (11).$$

Umgekehrt scheiden sich aus der Lösung unter Aufnahme eines Elektrons Wasserstoffionen an der Elektrode als Wasserstoff ab

$$H_2 \leftarrow 2 H^+ + 2\ominus \qquad (12).$$

Beide Vorgänge laufen nun gemeinsam ab und beim Gleichgewicht ist

$$H_2 \rightleftharpoons 2 H^+ + 2\ominus \qquad (13),$$

was dem Ruhepotential entspricht.

Auch der Sauerstoff O_2 kann eine Ladungstrennung vornehmen. Hier ist die Reaktion an der Sauerstoffelektrode wie folgt

$$O_2 + 2 H_2O + 4 \ominus \rightarrow 4 OH^-$$
$$O_2 + 2 H_2O + 4 \ominus \leftarrow 4 OH^-$$

oder beim Gleichgewicht $\qquad (14).$

$$O_2 + 2 H_2O + 4 \ominus \rightleftharpoons 4 OH^-$$

Im Unterschied zur Wasserstoffelektrode verbraucht hier der Sauerstoff Elektronen, wenn er OH^--Ionen in die Lösung schickt. Der Sauerstoff ist also elektronennehmend. Das ist wichtig für die weiter unten beschriebene Sauerstoffkorrosion.

Die Wasserstoffelektrode wird in der Elektrochemie als Bezugselektrode benutzt, gegen die alle Potentiale von Elektroden gemessen werden, denn der Potentialsprung an einer Elektrode gegen den Elektrolyten ist allein nicht meßbar. Das Potential einer Wasserstoffelektrode ist

$$E_H = E_H^0 + \frac{RT}{F} \ln a_{H^+} - \frac{RT}{2F} \ln p_{H2} \qquad (15).$$

Es bedeuten:
R   = allgemeine Gaskonstante
T   = absolute Temperatur
F   = Faradaysche Konstante
a_{H^+} = ⎫ Aktivität bzw. Molarität
m_{H^+} = ⎭ der H^+-Ionen
p_{H2} = Wasserstoffpartialdruck

Setzt man hier die Aktivität $a_{H^+} = 1$ und den Wasserstoffpartialdruck $p_{H2} = 1$ atm, dann wird

$$E_H = E_H^0$$

Dieser Potentialsprung der Wasserstoffelektrode bei 25 °C wird nun willkürlich gleich Null gesetzt, $E_H = E_H^0 = 0$, und man spricht dann von einer Normal-Wasserstoffelektrode.

Für eine Metallelektrode, deren Potentialdifferenz gegen die Normal-Wasserstoffelektrode gemessen wird, ist die Potentialdifferenz

$$E_H = E_H^0 + \frac{RT}{zF} \ln m_{Mez^+} \qquad (16)$$

z   = Wertigkeit der Ionen
m_{Mez^+} = Molarität der Metallionen

Mißt man nun die Potentiale der Metalle, die in die wässerige Lösung eines ihrer Salze von der Aktivität 1 bei 25 °C tauchen, gegen die Normal-Wasserstoffelektrode, dann ergeben sich die in Bild 8.-3 enthaltenen Standardpotentiale.

Man sieht, daß definitionsgemäß die Wasserstoffelektrode bei Normalbedingungen das Potential ± 0,00 V, die Eisenelektrode eine Spannung von − 0,440 V und die Sauerstoffelektrode + 0,402 V hat. Diese ist also edler als Wasserstoff.

Die Sauerstoffelektrode hat das Potential

$$E_H = E_H^0 - \frac{RT}{F} \ln a_{OH^-} + \frac{RT}{4F} \ln p_{O2} \qquad (17).$$

Korrosion und Korrosionsschutz in Dampfkraftanlagen 243

Vorgang	Standard-potential V
Mg/Mg^{2+}	$-2,35$
Zn/Zn^{2+}	$-0,762$
Fe/Fe^{2+}	$-0,440$
Ni/Ni^{2+}	$-0,236$
Sn/Sn^{2+}	$-0,141$
Pb/Pb^{2+}	$-0,126$
H/H^{+}	$\pm 0,00$
Cu/Cu^{2+}	$+0,345$
O_2/OH^{-}	$+0,402$
Ag/Ag^{+}	$+0,800$
Hg/Hg^{2+}	$+0,861$
Cl_2/Cl^{-}	$+1,359$

Bild 8.-3: Standardpotentiale, gemessen gegen die Normal-Wasserstoffelektrode bei 25 °C und 1 atm H_2

8.3.3. Die homogene Metall-Wasserstoffelektrode und die homogene Metall-Sauerstoffelektrode

Die geschilderten Elektrodenprozesse Gl. (7), (8) und Gl. (11), (12) bzw. Gl. (14) können nun an einer einzigen Metalloberfläche zugleich ablaufen; man spricht, da sich hier dann dauernd Metall auflöst, von einer Wasserstoff- oder Sauerstoffkorrosion.

Natürlich können diese Prozesse auch an einer heterogenen Elektrode ablaufen, also bei räumlich getrennter Anode und Kathode, wenn diese metallisch miteinander verbunden sind (8.3.4.).

Bei der Wasserstoffkorrosion wird das unedlere Metall gegen den edleren Wasserstoff einer Säure ausgetauscht (Bild 8.-4) z. B.

$$Zn + H_2SO_4 = ZnSO_4 + H_2 \qquad (18).$$

Die Metallauflösung bzw. -abscheidung hat das Ruhepotential E_{01}, die Wasserstoffauflösung bzw. -abscheidung E_{02}. Da bei der Korrosion kein Fremdstrom fließt, also $I^{+} + I^{-} = 0$ sein muß, findet man aus den Teilstrom-Spannungskurven die Summenstrom-Spannungskurve, die bei

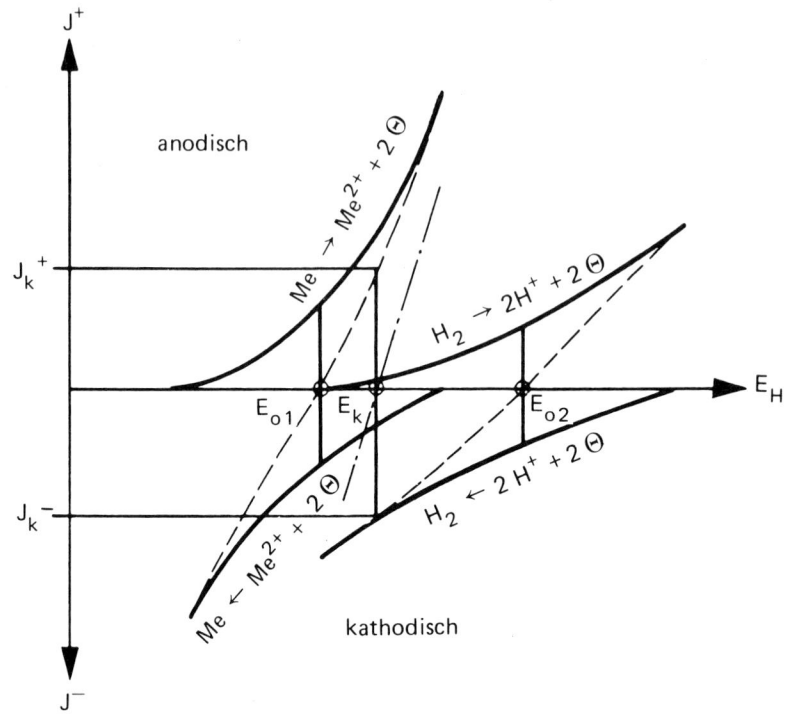

Bild 8.-4: Wasserstoffkorrosion an einer homogenen Elektrode

E_K diese Bedingung erfüllt. E_K ist das Korrosionspotential. Dieses Potential wird auch als Mischpotential bezeichnet. Der anodische Strom I_K^+ gibt die Größe der Metallauflösung an, der kathodische I_K^- die Größe der Wasserstoffabscheidung. Hierdurch geht dauernd Metall in Lösung, während die äquivalente Menge Wasserstoff abgeschieden wird.

Dieses ist der erste Haupttyp der elektrochemischen Korrosion.

Den zweiten Haupttyp, nämlich die Sauerstoffkorrosion zeigt Bild 8.-5.

Die Äste der Metallabscheidung und der O_2-Abscheidung sind wegen der praktisch meist geringen Konzentrationen an Metall und O_2 hier vernachlässigt. E_{K1} ist das Korrosionspotential bei der Sauerstoffkonzentration $C_{O_2}^1$, E_{K2} dasjenige bei der Sauerstoffkonzentration $C_{O_2}^2$. I_{K1}^+ ist der anodische Strom, also der Strom der Metallauflösung bei der Konzentration $C_O^{\,2}$, $I^-_{\,K}$ der kathodische Strom bei dieser Konzentration. Man sieht, daß hier der kathodische Strom über einen großen Bereich der

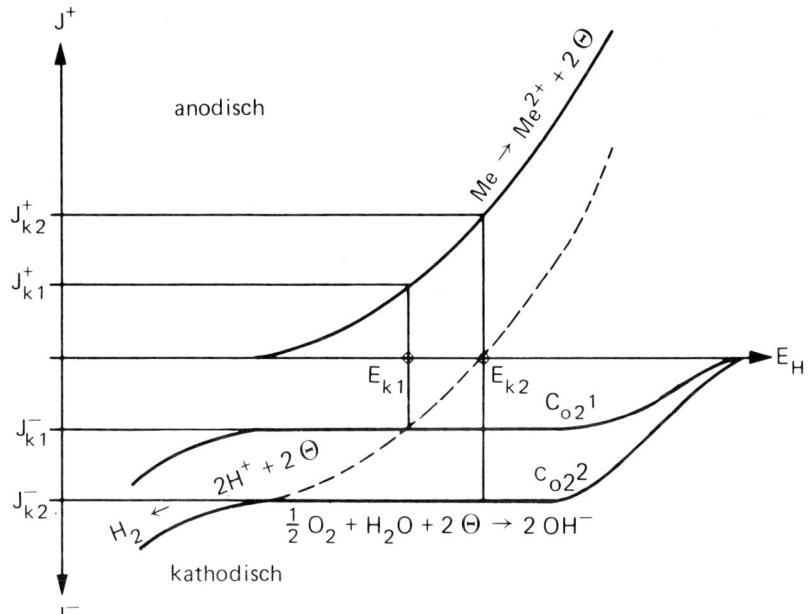

Korrosion und Korrosionsschutz in Dampfkraftanlagen 245

Bild 8.-5: Sauerstoffkorrosion an einer homogenen Elektrode

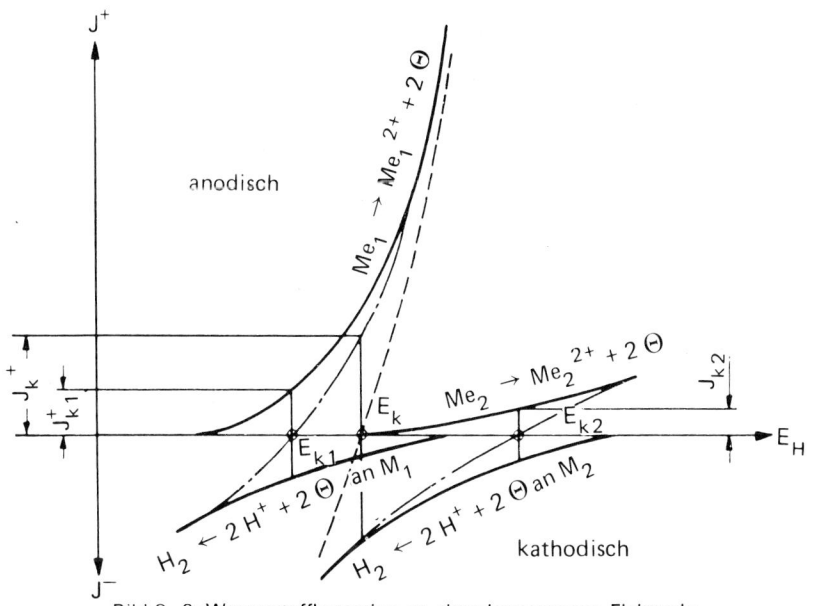

Bild 8.-6: Wasserstoffkorrosion an einer heterogenen Elektrode

Potentiale konstant ist. Die Größe des Stromes ist davon abhängig, wieviel Sauerstoff in der Zeiteinheit zur Kathode diffundiert und dort nach Gl. (14) reduziert werden kann (Diffusionsgrenzstrom). Bei einer größeren Sauerstoffkonzentration wird das Korrosionspotential E_{K2}, also edler, und der anodische Strom I_{K2}^+ steigt stark an. Auf der linken Seite geht die kathodische Teilstromkurve in den Ast der normalen Wasserstoffkorrosion über. Ein etwas unedleres Metall, wie in Bild 8.-5 gezeichnet, würde auch bei der Sauerstoffkonzentration $C_{O_2} = 0$ korrodieren, und zwar durch Wasserstoffkorrosion. Ein edleres Metall, dessen Teilstromkurve oberhalb der kathodischen Teilstromkurve begänne, würde nicht korrodieren (Edelmetall).

8.3.4. Die heterogene Metallelektrode
Lokalelement
Wasserstoff- und Sauerstoffkorrosion eines
Lokalelementes

Grundsätzlich können diese beschriebenen Vorgänge an einer einzigen homogenen Elektrode ablaufen. In der Praxis wird man es aber selten mit solch reinen homogenen Elektroden zu tun haben, hier ist die Elektrode meist heterogen (z. B. Eisenoxid − Eisen). Das Potential-Strom-

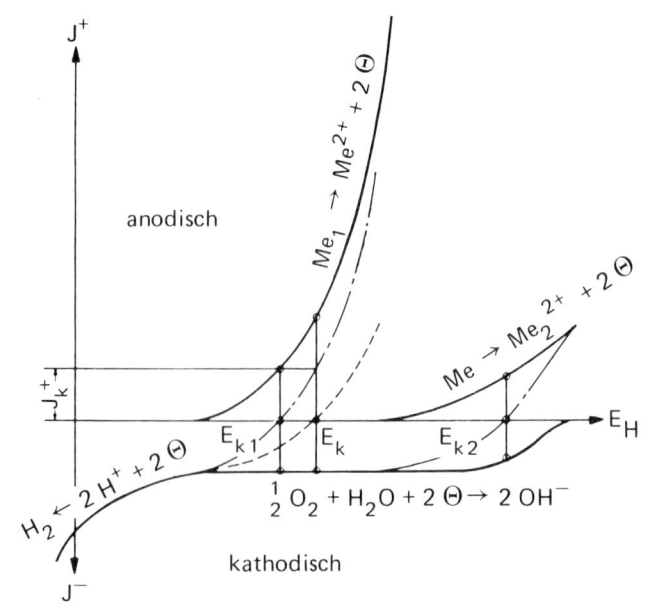

Bild 8.-7: Sauerstoffkorrosion an einer heterogenen Elektrode

Korrosion und Korrosionsschutz in Dampfkraftanlagen 247

Diagramm für die Wasserstoffkorrosion einer heterogenen Elektrode zeigt Bild 8.-6.

Hier wird an dem edleren Metall Me_2 keine Metallauflösung mehr stattfinden. Das Metall Me_1 hatte für sich das Korrosionspotential E_{K_1} mit dem anodischen Strom $I_{K_1}^+$. Das edlere Metall Me_2 hätte für sich das Korrosionspotential E_{K_2} und den anodischen Strom $I_{K_2}^+$. Verbindet man nun beide Metalle leitend miteinander, dann stellt sich das Korrosionspotential E_K ein mit dem anodischen Strom der Metallauflösung I_K^+ für das Metall Me_1. Vom Metall Me_2 geht überhaupt nichts mehr in Lösung; es scheidet sich dort nur Wasserstoff ab. Das unedlere Metall Me_1 schützt das edlere Me_2 vor anodischer Auflösung. Eine solche Kombination von Metallen nennt man ein Lokalelement. Ähnlich sind die Vorgänge bei der Sauerstoffkorrosion eines Lokalelementes (Bild 8.-7). Hier geht bei leitender Verbindung von Me_1 und Me_2 nur Me_1 in Lösung.

8.3.5. Die homogene Metallelektrode bei unterschiedlicher Belüftung
Belüftungselement, Spaltkorrosion

Es kommt nun vor, daß an einer homogenen Metallelektrode sich unterschiedliche Sauerstoffkonzentrationen einstellen, wie z. B. in Spalten, Poren und Rissen, wo die Sauerstoffkonzentration gewöhnlich kleiner ist als im übrigen Wasserraum. Hierbei wird der weniger belüftete Teil der Elektrode anodisch, wobei dort Eisen in Lösung geht. Da nun in der Regel die weniger belüfteten Flächen viel kleiner sind als die belüfteten, macht sich die Eisenauflösung in Spalten, Poren und Rissen stark bemerkbar (Spaltkorrosion).

8.4. Korrosionen im Kesselbetrieb
8.4.1. Sauerstoffkorrosion

Die Sauerstoffkorrosion ist eine elektrochemische Korrosion, die das Vorhandensein einer wässerigen Lösung — in der Sauerstoff gelöst ist — zur Voraussetzung hat. Sie kann sowohl in neutralen, sauren als auch in alkalischen Wässern ablaufen. Eine Sauerstoffkorrosion kann aber niemals in trockenen, also Heißdampf führenden Leitungen während des Betriebes auftreten. Während der Stillstände der Anlage sind die durch Kondensation des Dampfes benetzten Eisenwandungen beim Hinzutreten von Sauerstoff jedoch besonders gefährdet (Stillstandskorrosion). Da im Kessel homogenes Metall selten vorkommt, läuft die

Sauerstoffkorrosion in der Regel an einer heterogenen Elektrode ab, d. h. zwischen Stellen, die von Natur aus ein verschiedenes Potential in Elektrolyten haben. Solche Stellen sind an der Eisenoberfläche stets vorhanden wie Schweißnähte, plastisch verformte, d. h. mit Eigenspannungen versehene Werkstoffpartien, Schwankungen in der Legierung, Seigerungen, verletzte Eisenoxidschichten u. a. Aber auch Stellen hoher mechanischer Spannung ergeben ein unedleres Potential als das Grundmaterial und sind für die anodische Auflösung anfälliger.

Beschränkt sich der anodische Prozeß auf eine kleine Fläche und erstreckt sich der kathodische auf eine größere Fläche, dann entsteht der bekannte Lochfraß.

Fehlt der kathodische Prozeß, der durch den Sauerstoff unterhalten wird und durch die Diffusionsgeschwindigkeit des Sauerstoffes zur Kathode begrenzt ist, dann tritt kein Lochfraß auf. Aus diesem Grunde wird die Sauerstoffkonzentration des Speisewassers auf < 20 µg/kg begrenzt.

Maßnahmen zur Vermeidung von Sauerstoffkorrosion sind: gute thermische Entgasung des Speisewassers und anschließende chemische Nachentgasung durch Hydrazin, Konservierung des Kessels während des Stillstandes.

8.4.2. Kohlensäurekorrosion

Die Kohlensäurekorrosion ist eine Wasserstoffkorrosion. Sie verläuft um so heftiger, je größer die Konzentration an H^+-Ionen ist. Das Kohlendioxid bildet in Wasser die Kohlensäure H_2CO_3, die schwach dissoziiert den pH-Wert erniedrigt. Der reine Angriff von Kohlensäure ergibt, wie alle Säureangriffe, flächenartige Abtragungen. Hier ist nicht der Sauerstoff Elektronennehmer, sondern die Wasserstoffionen. Dadurch bleibt die Reaktion im Gang.

Alle natürlichen Wässer enthalten freie Kohlensäure, die durch thermische Entgasung entfernt werden kann. Wird das Zusatzwasser nicht über eine Vollentsalzung oder über Verdampfung aufbereitet, so enthält der Dampf und damit das Kondensat trotzdem Kohlensäure. Diese Kohlensäure stammt aus der Spaltung der Natriumhydrogenkarbonate und Natriumkarbonate, die bei hohen Drücken und Temperaturen im Kessel erfolgt

$$2\ NaHCO_3 \xrightarrow{\text{Temperatur}} Na_2CO_3 + H_2O + CO_2\nearrow \qquad (19)$$

$$Na_2CO_3 + H_2O \xrightarrow{\text{Temperatur}} 2\ NaOH + CO_2\nearrow \qquad (20).$$

Das freiwerdende Kohlendioxid wird vom Dampf mitgeführt und bildet bei der Kondensation des Dampfes wieder Kohlensäure

$$CO_2 + H_2O \rightarrow H_2CO_3 \qquad (21),$$

die den pH-Wert des Kondensates stark beeinflußt (Bild 12.-25). Mit Rücksicht auf Kondensatleitungen, Hochdruckvorwärmer, Wärmetauscher usw. ist kohlensäurehaltiger Dampf unerwünscht. Die weitgehende Beseitigung der freien und der gebundenen Kohlensäure ist durch die Wahl des Aufbereitungsverfahrens möglich. Kohlensäurekonzentrationen von $\leq$ 5 mg/kg können dann durch eine Alkalisierung des Dampf- und Kondensatweges abgebunden werden. Als Alkalisierungsmittel kommen Ammoniak, Hydrazin und Amine zur Anwendung.

8.4.3. Spaltkorrosion

Da in neutralen und alkalischen Lösungen die Sauerstoffreduktion der entscheidende Kathodenvorgang ist, wird bei unterschiedlicher Sauerstoffkonzentration der Kathodenvorgang dort ablaufen, wo die größere Sauerstoffkonzentration ist, während sich der anodische Vorgang auf Stellen kleinerer Sauerstoffkonzentrationen, also Spalten, Poren, Risse usw., beschränkt. Man spricht hier von der sog. Spaltkorrosion. Die größere Fläche arbeitet dann als Sauerstoffelektrode, während Spalten, Poren und Risse anodisch werden. Diese Korrosion ist deshalb so unangenehm, weil sie gerade dort abläuft, wo sie auf keinen Fall ablaufen dürfte, nämlich an Stellen, die schon Verletzungen bzw. Schwächungen des Materials darstellen.

8.4.4. Heißwasseroxydation

Die Korrosionserscheinung mit dem Oberbegriff „Heißwasseroxydation" war früher unter der ungenauen und irreführenden Bezeichnung „Dampfspaltungskorrosion" oder „Dampfzersetzungskorrosion" gebräuchlich.

Die theoretischen Zusammenhänge bei der Heißwasseroxydation wurden schon unter 8.2. beschrieben.

Die Heißwasseroxydation tritt fast ausschließlich in beheizten Siederohren auf und ist meistens die Folge einer zu hohen Wandtemperatur durch ungenügende Kühlung der Rohre. Sie führt zur Ausbildung etwa kreisförmiger oder ellipsenförmiger Vertiefungen bis zu mehreren Zentimetern Durchmesser, die sich gelegentlich zu meterlangen Korrosionsfurchen aneinanderreihen.

Die Heißwasseroxydation kann auch dann vorkommen, wenn eine Entmischung des Dampf-Wasser-Gemisches eintritt und eine Dampfblase an der Rohrwand stagniert. Im Wechsel der Dampfblasenabfuhr und des Anschlagens von kühlerem Wasser an die Rohrwand läuft durch periodische Schutzschichtenzerstörungen der Korrosionsvorgang ab. Diese Vorgänge können bereits bei Wandtemperaturen ab 350 °C anlaufen.

In diesem Vorgang geht außer dem Massenfluß und der Wärmebelastung die Rohrlage als Funktionsgröße ein.

8.5. Erosion und Kavitation

8.5.1. Erosion

Unter Erosion versteht man die rein mechanische Abtragung eines Metalls durch scheuernde oder reibende Wirkung eines Gases, einer Flüssigkeit oder eines Feststoffes. Daß die Erosion vielfach eine Korrosion unterstützen kann, liegt daran, daß die vorhandene Schutzschicht sich nach der mechanischen Zerstörung immer wieder unter Metallverbrauch neu bildet.

Auf der Dampfwasser- wie auch auf der Feuerungsseite können Korrosionen durch dauernde Zerstörung der Schutzschichten beschleunigt werden, wie beispielsweise durch Temperaturschocks oder andere mechanische Beanspruchungen.

8.5.2. Kavitation

Man versteht unter Kavitation (Aushöhlung) sowohl die Aushöhlung (Anfressung) eines Werkstoffes als auch die Hohlraum-(Blasen-) bildung in der kavitierenden Flüssigkeit. Der statische Druck in einer strömenden Flüssigkeit ist geschwindigkeitsabhängig; je größer die Geschwindigkeit wird, desto mehr sinkt der statische Druck ab. Der kleinstmögliche statische Druck in einer Flüssigkeit ist der zu der Temperatur gehörige Sattdampfdruck. Erreicht also der statische Druck einer Flüssigkeit durch Beschleunigung den Sattdampfdruck, dann bilden sich Dampfblasen. Die Folgen einer solchen Blasenbildung sind:

1. Verkleinerung der Durchflußmenge infolge Einschnürung des Durchflußquerschnittes durch die dampferfüllten Hohlräume, Leistungs- und Wirkungsgradverschlechterung bei Pumpen und Wasserturbinen.

2. Zusammenbrechen der Dampfblasen bei Drucksteigerung, durch Verringerung der Strömungsgeschwindigkeit. Der Zerfall der Dampfblasen kann sehr harte Schläge hervorrufen, die besonders beim unelastischen Zusammenprall mit einer Wand zu Zerstörungen des Werkstoffes führen. Solche Zerstörungen sind nicht gleichmäßig verteilt, sondern örtlich begrenzt und sehen löcherig und schwammartig aus.

Bei falscher Auslegung und Bedienungsfehlern sind bei Wasserturbinen, Speisepumpen und Schiffspropeller Kavitationen möglich.

9. Das Wasser in Kernenergieanlagen

Die Forderungen an die Wasserqualität der Kreisläufe in Kernenergieanlagen können durch Ionenaustauscher erfüllt werden. Auch in der Abwasseraufbereitung werden Ionenaustauscher zusammen mit anderen chemischen oder physikalischen Verfahren eingesetzt.

9.1. Endaktivierung und -konditionierung von Primärkreisläufen

Beim Siedewasser- und Druckwasser-Reaktor fallen den Kühlmittelreinigungsanlagen gleiche Aufgaben zu. Sie bestehen in einer möglichst umfassenden Rückhaltung von Korrosionsprodukten und der Reduzierung fester und gasförmiger Spaltprodukte sowie der aktivierten Korrosionsprodukte.

Die gasförmigen Radionuklide werden beim Siedewasserreaktor bereits im Kondensator ausgetrieben und somit dem Kühlmittel entzogen. Der Druckwasserreaktor erfordert für diese Aufgabe einen separaten Entgaser, wobei thermische Druck- oder Vakuumentgaser zum Einsatz kommen. Zur Eliminierung fester Spaltprodukte, die überwiegend aus Jod- und Cäsiumisotopen bestehen, sowie der aktivierten Korrosionsprodukte, bedient man sich beim Siedewasserreaktor der pulverisierten Ionenaustauscher, die in Anschwemmfiltern zur Anwendung kommen. Beim Druckwasserreaktor können kugelförmige Ionenaustauscher eingesetzt werden.

Dem Primärkreislauf von Druckwasserreaktoren werden neben Borsäure, Wasserstoff zur pH-Wert-Anhebung auch Lithium-7 zugesetzt. Lithium-Hydroxid bietet sich gegenüber anderen festen Alkalisierungsmitteln besonders an, da es auch durch die Kernreaktion B^{10} (n a) Li^7 im Reaktor anfällt.

Zur Kühlmittelreinigung kommen Mischbettfilter mit kugelförmigen Ionenaustauschern in der Li- und Borat-Form zur Anwendung. Die Harze werden nach der Erschöpfung verworfen und durch frische ersetzt. Diese Filter werden im Bypass, der 10–20% des Kühlmittelumlaufs ausmacht, gefahren.

Neben dem Mischbettfilter kommen noch ein Kationen-Austauscher in der H-Form und ein Anionen-Austauscher in der OH-Form zum Einsatz. Der H-Austauscher dient im Bedarfsfall zur Entnahme von Li^7 und somit zur pH-Wert-Regulierung sowie zur Li^7-Elimination vor dem Brennelementwechsel. Der OH-Austauscher dient zur Regulierung der Borsäurekonzentration im Primärkühlmittel.

Beim Siedewasserreaktor erfolgt die Primärwasserreinigung durch zwei getrennte Systeme. Das gesamte Dampfkondensat wird über eine Pulverharz-Anlage geleitet (siehe Kapitel 4.2.5.) und von hier von festen und gelösten Inhaltsstoffen befreit. Beim Reaktorwasser werden die zulässigen Grenzkonzentrationen (siehe Kapitel 5.4.), durch entsprechende Abschlämmung eingehalten. Das Abschlämmwasser wird ebenfalls über Anschwemmfilter mit Pulverharz gereinigt und anschließend dem Primärwasserstrom wieder zugeführt.

9.2. Sekundärwasser im Druckwasserreaktor

Beim Sekundärkreislauf in einem Druckwasserreaktor wird in der Regel auf eine Kondensataufbereitung verzichtet. Die Reinigung des Sekundärwassers erfolgt über eine Abschlämmentsalzung. Die Abschlämmentsalzungsanlage besteht aus einem Elektromagnetfilter (siehe Kapitel 4.2.7.) mit nachgeschaltetem regenerierbaren Mischbettfilter.

9.3. Entaktivierung von Schwerwasserkreisläufen

Schweres Wasser, welches als Kühlmittel und Moderator eingesetzt wird, muß ebenfalls zur Einhaltung eines niedrigen Strahlenpegels von seinen Verunreinigungen und seinem Salzgehalt kontinuierlich befreit werden.

Für den Ionenaustausch muß noch auf den Aufbau des schweren Wassers eingegangen werden. Der schwere Wasserstoff wird Deuterium (D) genannt. Er unterscheidet sich von dem normalen Wasserstoff dadurch, daß er ein Neutron mehr hat.

Würde der Ionenaustauscher, wie üblich, mit den H- und OH-Ionen der betreffenden Säuren und Laugen aufgeladen, so würde sich im Austauschvorgang normales Wasser bilden

$$NaCl + \boxed{H} \cdot \mathcal{A} \rightarrow Na \cdot \mathcal{A} + HCl$$

$$HCl + \boxed{OH} \cdot \mathcal{A} \rightarrow Cl \cdot \mathcal{A} + \boxed{H_2O}$$

Dieses normale Wasser setzt die Konzentration des D_2O herab, die bei 99,8 % liegen soll. Bereits bei einer Minderung auf 99,6 % D_2O wird die Wirkungsweise des schweren Wassers stark verringert. Hieraus ergibt sich die Forderung, daß die Ionenaustauscher mit D-Ionen und OD-Ionen aufgeladen werden müssen.

Es besteht die Forderung, das Austauschmaterial im Herstellerwerk besonders zu reinigen und von monomeren Verbindungen zu befreien. Die Regenerierung erfolgt mit großen Überschüssen an Säure und Lauge, um eine hohe Kapazität sicherzustellen. Die Regeneriermittel dürfen keine Fremd-Ionen enthalten.

Das regenerierte und von jedem Säure- und Laugenüberschuß befreite Austauschmaterial wird danach mit Alkohol (z. B. Methanol) behandelt, um das Quellwasser herauszunehmen; der Alkohol läßt sich anschließend leichter als H_2O durch D_2O ersetzen. Bei der Behandlung mit D_2O werden auch die H- und OH-Ionen gegen D- und OD-Ionen ersetzt. Bei der Entsalzung des D_2O läuft jetzt folgende Reaktion ab

$$NaCl + \boxed{D} \cdot \mathcal{A} \rightarrow Na \cdot \mathcal{A} + DCl$$

$$DCl + \boxed{OD} \cdot \mathcal{A} \rightarrow Cl \cdot \mathcal{A} + \boxed{D_2O}$$

Ist der Mischbettaustauscher erschöpft, so wird der D_2O-Feuchtigkeitsgehalt durch Verdampfung unter Heliumatmosphäre zurückgewonnen und das trockene radioaktive Austauschmaterial eingelagert oder verbrannt.

9.4. Abwasser-Dekontaminierung in Kernkraftwerken

9.4.1. Einleitung

Das stetige und unaufhaltsame Vordringen der Kerntechnik mit allen ihren Anwendungsformen in den menschlichen Lebensbereichen stellt die Wasserwirtschaft vor Probleme, die bis vor noch nicht allzu langer Zeit weitgehend unbekannt waren und deren Bedeutung uns erst in den letzten Jahren in vollem Umfang bewußt wurden. Diese Erkenntnis führte bei der steigenden Einsatzmöglichkeit der Kerntechnik und von Radionukliden in Forschung, Medizin und Biologie sowie den damit verbundenen betriebs- und verfahrenstechnischen Anwendungen zum Zwang der Dekontaminierung radioaktiv verunreinigter Abwässer.

9.4.1.1. Anforderungen an dekontaminiertes Abwasser

Die Anforderungen, die an die Qualität eines dekontaminierten Abwassers gestellt werden, sind in der Bundesrepublik Deutschland in der ersten Verordnung über den Schutz vor Schäden durch Strahlen radioaktiver Stoffe (Erste Strahlenschutzverordnung) vom 20. 10. 1976 geregelt [24]. In dieser 1. StrSchV werden in der Anlage II die maximal

Das Wasser in Kernenergieanlagen 255

zulässigen Konzentrationen (MZK) für Radionuklide im Abwasser gesetzlich festgelegt. Diese MZK-Werte liegen in dem Bereich $3{,}7 \cdot 10^{-3}$ bis $3{,}7 \cdot 10^{2}$ Zerfälle/scm³ und sind in Tafel 9.1 wiedergegeben mit der Aufgliederung in solche mit hoher, mittlerer und niedriger Radiotoxität.

Tafel 9.1: Relative Radiotoxizität der Nuklide [24]

1. Sehr hohe Radiotoxizität: MZK $\approx 3{,}7 \cdot 10^{-3}$/scm³ $- 3{,}7 \cdot 10^{-2}/$scm³: 90 Sr, 210 Pb, 210 Po, 226 Ra
2. Hohe Radiotoxizität: MZK $\approx 3{,}7 \cdot 10^{-2}$/scm³: 45 Ca, 131 J, 211 At, 227 Ac, 239 Pu, 241 Am,
3. Mittlere Radiotoxizität: MZK $\approx 3{,}7$/scm³: 24 Na, 32 P, 35 S, 36 Cl, 42 K, 46 Sc, 47 Sc, 48 Sc, 48 V, 59 Fe, 60 Co, 72 Ga, 76 As, 86 Rb, 89 Sr, 95 Zr, 99 Mo, 96 Tc, 106 Ru, 110 Ag, 111 Ag, 113 Sn, 127 Te, 129 Te, 137 Cs, 140 Ba, 140 La, 144 Ce, 143 Pr, 154 Eu, 166 Ho, 170 Tm, 182 Ta, 192 Ir, 198 Au, 202 Tl, 204 Tl, 210 Bi, 234 Th, 233 U,
4. Niedere Radiotoxizität: MZK $\approx 0{,}37 \cdot 10^{2}$/scm³: 14 C, 18 F, 56 Mn, 55 Fe, 59 Ni, 64 Cu, 65 Zn, 91 Y, 95 Nb, 105 Rh, 103 Pd, 105 Ag, 109 Cd, 131 Ba, 147 Pm, 151 Sm, 177 Lu, 181 W, 183 Re, 190 Ir, 191 Pt, 193 Pt, 196 Au, 199 Au, 200 Tl, 201 Tl, 203 Pb,
5. Sehr niedere Radiotoxizität: MZK $\approx 3{,}7 \cdot 10^{2}$/scm³ $- 3{,}7 \cdot 10^{3}/$scm³: 3 H, 7 Be, 51 Cr, 71 Ge, 103 Rh,

Beim Vorliegen eines bekannten Gemisches von Radionukliden müssen die Konzentrationswerte der verschiedenen radioaktiven Stoffe folgender Relation genügen:

$$\frac{K_1}{T_1} + \frac{K_2}{T_2} + \frac{K_3}{T_3} + \ldots + \frac{T_n}{K_n} = 1$$

worin bedeuten: $K_1\ K_2\ K_3 \ldots K_n$ die ermittelten Konzentrationen für Stoff$_1$, Stoff$_2$, Stoff$_3$ $\ldots$ Stoff$_n$ und $T_1\ T_2\ T_3 \ldots T_n$ die in der Strahlenschutzverordnung genannten zulässigen Konzentrationswerte (MZK-Wert).

*) $3{,}7 \cdot 10^{10}\ \dfrac{\text{Zerfälle}}{\text{s}} = 1\ \text{Ci} = \text{Curie}$

Beim Vorliegen eines unbekannten Gemisches von Radionukliden betragen die maximal zulässigen Konzentrationen die Zahlenwerte der Tafel 9.2.

Tafel 9.2: Grenzwerte der Jahres-Aktivitätszufuhr für Inhalation/Ingestion von Radionuklidgemischen

Art der Strahler	Grenzwert ($1/sm^3$)	
	in Wasser	in Luft
Beliebiges Gemisch	$2,6 \cdot 10^1$	$4,5 \cdot 10^{-5}$

Zum Vergleich sei erwähnt, daß die Aktivität natürlichen Quellwassers im allgemeinen um $3,7 \cdot 10^{-4}/scm^3$ liegt, bei radioaktiven Quellen jedoch bis $3,7 \cdot 10^1/scm^3$ ansteigen kann.

9.4.1.2. Dekontaminierungsanlage, Aufgabe und Aufbau

Die Aufgaben, die an eine Dekontaminierungsanlage gestellt werden, lauten:

— Abtrennung der Radionuklide aus dem Wasser bis auf den MZK-Wert,
— möglichst weitgehende Konzentrierung des radioaktiv kontaminierten Anteiles,
— sichere Lagerung des radioaktiv kontaminierten Konzentrates.

Da der radioaktive Zerfall mit einfacher Technologie weder physikalisch noch chemisch beeinflußt werden kann, ist eine direkte Beseitigung der Radioaktivität nicht möglich. Es stehen daher nur drei Grundmethoden für die Behandlung radioaktiv kontaminierter Abwässer zur Verfügung:

1. Lagerung der Abwässer bis zum Abklingen der Aktivität. Dies ist im allgemeinen das einfachste Verfahren, jedoch nur anwendbar bei kurzlebigen Radionukliden, wie sie zum Beispiel in der Forschung und Medizin eingesetzt werden. Ein Dekontaminationsfaktor von 10^6 bedeutet zum Beispiel bei Jod 131 eine Lagerung über 160 Tage, bei Strontium 90 dagegen über 560 Jahre.
2. Verdünnung bis auf den zulässigen Grenzwert.
3. Abtrennung und langfristige Lagerung der eingeengten Radionuklide. Diese Methoden finden bei der Aufbereitung von Abwässern in Kernkraftwerken Anwendung, da in diesen Betrieben neben einer

Das Wasser in Kernenergieanlagen

Vielzahl kurzlebiger Isotopen auch langlebige Nuklide wie Sr^{90}, Cs^{137}, Co^{60} usw. anfallen können.

Die Abwasseraufbereitungsanlagen in deutschen Kernkraftwerken, gleich welcher Bauart, sind in der Regel nach gleichen prinzipiellen Überlegungen aufgebaut. Sie unterscheiden sich vornehmlich im Detail, hervorgerufen durch unterschiedliche Auffassung bei der Lösung einer Verfahrensaufgabe, aber auch durch differierende Abwasserverhältnisse. So ist zum Beispiel je nach Reaktortyp zu berücksichtigen, ob eine Kondensataufbereitungsanlage vorhanden ist, und wenn ja, ob diese Anlage aus regenerierbaren Ionen-Tauschern oder aus einer Pulverharzanlage besteht. Im ersteren Falle ist mit wechselweisem Anfall von stark alkalischen und stark sauren Abwässern zu rechnen, während im zweiten Fall ein Abwasser im Neutralbereich mit hohem Schwebestoffgehalt aufbereitet werden muß. Regenerierbare Ionen-Tauscher findet man bei Druckwasserreaktoren im Sekundärkreislauf, der normalerweise jedoch nicht dekontaminiert ist. Insofern sind die Abwässer dieser Anlagen kein Problem für die Abwasserdekontaminierungsanlage. Pulverharzanlagen kommen bei Siedewasserreaktoren und bei gasgekühlten Reaktoren zum Einsatz.

Bei der Auslegung einer Abwasseraufbereitungsanlage für ein Kernkraftwerk ist neben den anfallenden Abwassermengen und Abwasserarten der Grundsatz zu beachten, daß unbeschadet festgesetzter Grenzwerte und Schutzvorschriften zum Schutz der Allgemeinheit vor Strahlenschäden durch entsprechende technische Einrichtungen und durch geeignete Regelung des Betriebsablaufs die Abgabe radioaktiver Stoffe an die Umwelt so gering wie möglich zu halten ist, um eine mögliche Strahleneinwirkung auf ein Mindestmaß zu beschränken. Das Abwasser darf vor der Vermischung mit dem Kühlwasser nur dann aus dem Übergabebehälter abgepumpt werden, wenn zuvor durch eine γ-Aktivitäts-Vergleichsmessung festgestellt worden ist, daß die Radionuklidkonzentration des Wassers im Übergabebehälter nicht größer als $1,85 \cdot 10^7/sm^3$ Cs-137-Äquivalent ist.

Außerdem ist hierbei zu beachten, daß die für bestimmte Zeitintervalle zugelassene Aktivitätsabgabe nicht überschritten wird [34]

Das Abwasser in einem Kernkraftwerk wird häufig bereits am Entstehungsort soweit wie möglich nach Art und Herkunft vorsortiert und über getrennte Rohrleitungssysteme der Abwasseraufbereitungsanlage zugeführt. Man unterscheidet im allgemeinen zwischen:

- Gebäudeabwässern: Leckagen, Gebäudereinigung
- Anlagenabwässern: Wasser von Entleerungen und Reinigung aller Komponenten, Probenahmen
- Chemie und Labor: Dekontaminierabwässer, Labor
- Waschwasser: Handwaschbecken, Duschen (Sanitärbereich), Wäschereiabwässer
- Regenerierabwässern

für die in der Regel 3 bis 5 Auffangbehälter zur Verfügung stehen. Es wird sehr darauf geachtet, daß möglichst keine organischen Lösungsmittel in die Abwasseraufbereitungsanlage gelangen. Diese Stoffe werden in separaten Behältern gesammelt. Nach der Messung des pH-Wertes und der Aktivität kann das Abwasser durch Zusatz von Chemikalien in den Auffangbehältern auf die Weiterverarbeitung vorbereitet werden. In deutschen Kernkraftwerken sind vier verschiedene Aufbereitungsmethoden bekannt, die zum Teil allein, aber auch in Kombination zum Einsatz kommen. Es sind dies in der Folge, wie sie zur Anwendung kommen können:

1. Chemische Fällung und Flockung
2. Filtration
3. Eindampfung
4. Ionen-Austausch.

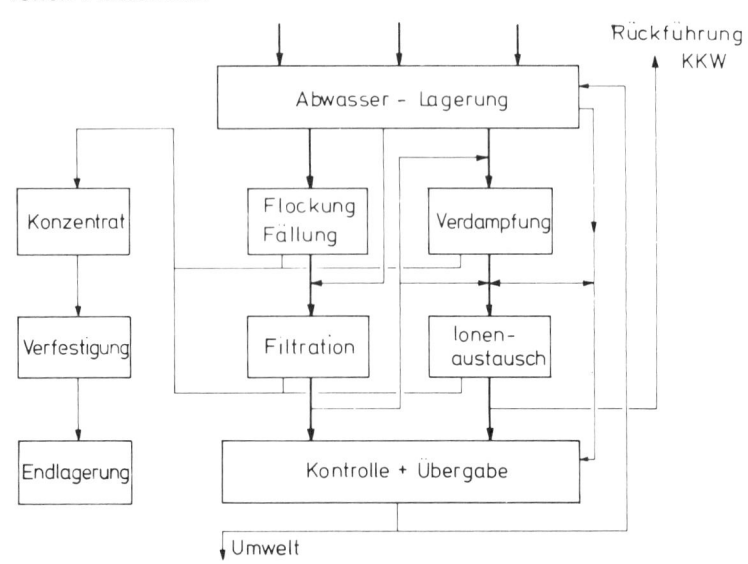

Bild 9.-1: Blockschaltbild einer Abwasserdekontaminierungsanlage

In Bild 9.1 sind die Einsatzmöglichkeiten der vier Aufbereitungsverfahren dargestellt. Es ist zu erkennen, daß im äußersten Falle alle vier Verfahren hintereinander zur Anwendung kommen. Nach der Aufbereitung, gleichgültig nach welchem Verfahren, werden die Wässer in Übergabebehältern gesammelt, einer weiteren Untersuchung unterzogen und nach positivem Bescheid mit Kühlwasser vermischt an die Vorfluter abgegeben. Während des Ablassens wird das Wasser laufend auf Aktivität untersucht und die Meßwerte von einem Schreiber registriert. In die Ablaßleitung des Übergabebehälters ist weiterhin ein Motorventil eingebaut, welches beim Überschreiten der zulässigen Aktivität sofort schließt. Weiterhin befindet sich im Rücklaufkanal ein kontinuierlich registrierendes Meßgerät zur Überwachung der in den Vorfluter gelangenden Wässer. Alle diese Sicherheitsvorkehrungen machen es praktisch unmöglich, daß radioaktive Substanzen unkontrolliert ein Kernkraftwerk verlassen.

9.4.2. Dekontaminierungsverfahren

9.4.2.1. Fällung und Flockung

Die Fällung und Flockung erfolgt mit dem Ziel:

1. langlebige lösliche Nuklide durch Zugabe von Chemikalien in eine wasserunlösliche Form zu überführen bzw.
2. kolloidale Nuklide durch Zusatz von zum Beispiel hydrolisierenden Schwermetallsalzen an große Flocken zu binden.

Die in beiden Fällen entstehenden wasserunlöslichen Substanzen werden durch Sedimentation von der Flüssigkeit getrennt. Das überstehende Wasser wird dekantiert, bei Bedarf noch filtriert und dann weiterverarbeitet oder über die Übergabebehälter freigesetzt.

Die chemische Trennung wird in den Abwassersammelbehältern selbst oder aber in separaten Flockungsbehältern, die als Absetzbehälter ausgebildet sind, vorgenommen. Der Dekont-Faktor dieses Verfahrens ist nicht sehr hoch und liegt zwischen 2 bis 10^2 [35]. In besonderen Fällen könnte das Fällungs- und Flockungsverfahren jedoch an Bedeutung gewinnen, zum Beispiel dann, wenn es darum geht, das in großen Mengen anfallende salzhaltige, jedoch nur mit einzelnen Radionukliden kontaminierte Regenerierabwasser von Kondensatentsalzungsanlagen aufzubereiten. Soweit man in der Lage ist, durch spezifische Fällungen die behördlich vorgeschriebene Reinwasserqualität zu erreichen, kann man von einer Eindampfung dieser Abwässer absehen. Dadurch wird eine wesentliche Entlastung der Lagerstätten für Konzentrate erreicht.

9.4.2.2. Mechanische Filtration

Die mechanische Filtration ist eine weitverbreitete Aufbereitungsmethode. Verfahrenstechnisch kommen Anschwemmfilter zum Einsatz, Filter, mit denen auch feinste Kolloidteilchen aus dem Abwasser entfernt werden. Bei sehr salzarmem Abwasser, zum Beispiel Reaktorwasser, sind die radioaktiven Verunreinigungen häufig an wasserunlösliche Korrosionsprodukte gebunden. Die Aufbereitung dieser Abwässer erfolgt in der Regel über Anschwemmfilter mit einem nachgeschalteten Mischbett-Ionenaustauscher. Die Anschwemmfilter beseitigen die ungelösten Korrosionsprodukte, während im Ionenaustauscher Salze und gelöste Nuklide zurückgehalten werden. Das Abwasser ist dann soweit gereinigt, daß es dem Kreislauf wieder zugeführt werden kann.

Mit der Anschwemmfiltration können nur solche Nuklide aus dem Abwasser entfernt werden, die ungelöst im Abwasser vorliegen. Häufig reicht allein eine Filtration über Anschwemmfilter aus – vornehmlich bei Wäschereiabwasser –, um das Abwasser für die Abgabe nach außen aufzubereiten. In der Regel werden auch die für die Eindampfanlage bestimmten Abwässer vorher in einer Anschwemmfilteranlage filtriert. Der Dekontaminationsfaktor von Anschwemmfiltern ist ebenfalls nicht sehr hoch, hängt aber im wesentlichen von dem Gehalt an ungelösten Nukliden ab. Es werden Dekontfaktoren von 2 bis 10 erreicht.

Die in Kernkraftwerken im wesentlichen zum Einsatz kommenden Anschwemmfilter sind zylindrische Druckbehälter mit axial angeordneter drehbarer Hohlachse. An dieser senkrecht stehenden Hohlachse sind horizontal Teller angeordnet, die auf der Oberseite mit einem Tressegewebe aus Edelstahl bespannt sind. Nachdem dieses Filter ganz mit Wasser gefüllt ist, wird mit Hilfe einer Kreiselpumpe eine Anschwemmung von Filterhilfsmitteln in den Filterbehälter gepumpt. Das überschüssige Wasser verläßt das Filter über die mit Filtertellern bestückte Hohlachse. Dabei lagert sich das Filterhilfsmittel als Filterkuchen mit einer Porenweite von 2 bis 5 μ auf die Filterteller auf. Das Anschwemmfilter ist damit betriebsbereit. Schmutzteilchen des zu filtrierenden Wassers werden von dem Filterkuchen zurückgehalten, wodurch dieser verstopft und es zu einem langsamen Anstieg des Differenzdrucks kommt. Bei einem Anstieg des Differenzdrucks auf ca. 20 bis 35 m WS wird das Filter außer Betrieb genommen. Über die drehbare Hohlachse werden die Teller in Rotation gebracht, wodurch der Filterkuchen abgeschleudert und durch Wassereindüsung aus dem Filterbehälter ausgetragen wird. Das Schlammwasser der Anschwemmfilter wird im

Konzentratsammelbehälter der Abwasseraufbereitungsanlage gesammelt. Andere Filterkonstruktionen erlauben auch einen Trockenaustrag des Filterkuchens.

9.4.2.3. Eindampfanlage

Das Kernstück einer jeden Abwasseraufbereitungsanlage ist die Eindampfanlage. Mit dieser Anlage werden die im Abwasser in starker Verdünnung vorliegenden Radionuklide auf ein geringes Volumen konzentriert. Ein weiteres Ziel ist es, gleichzeitig ein Destillat zu erzeugen, welches praktisch frei von radioaktiven Stoffen ist und für den Wiedereinsatz in den Kreisläufen entsprechend niedrige Leitfähigkeitswerte aufweist.

Für die Eindampfung werden im allgemeinen Verdampferapparate mit Natur- bzw. Zwangsumlauf verwendet. Weit verbreitet sind einstufige Anlagen. Die Leistungsfähigkeit der Verdampferanlage hängt in hohem Maße von der Abscheidung der mit den Brüden in die Kondensationszone übergehenden Wassertröpfchen ab. Einstufige Anlagen sind mit einer Abstreifersäule ausgerüstet, die mit einer Anzahl von Glockenböden und anderen Tröpfchenabscheidern ausgerüstet sind. Das Abwasser wird in diesen Anlagen bis auf eine Salzkonzentration von 10 bis 30 % gebracht bei einem Dekont-Faktor von ca. 10^4, bezogen auf das Konzentrationsgefälle von Konzentrat zum Destillat [27].

Neuere Anlagen arbeiten zweistufig, das heißt das Destillat der ersten Stufe wird ein zweites Mal verdampft. Da Tröpfchen in den Brüden der zweiten Stufe sehr salzarm sind, bringen diese Anlagen einen Dekont-Faktor von 10^7 bis 10^8, bezogen auf Konzentrat und Destillat.

Gleich gute Ergebnisse bringt eine von VKW entwickelte Anlage, die mit einem Venturiwäscher arbeitet. Der apparative Aufwand dieser Anlage, der in Bild 9.2 schematisch dargestellt ist, ist sehr gering [29].

Eines haben alle Anlagen gemeinsam, sie sind nicht in der Lage, gasförmige oder dampfflüchtige Substanzen zurückzuhalten. Die Dekont-Faktoren dieser Anlagen bezieht man darum auf nichtgasförmige bzw. nichtdampfflüchtige Nuklide.

Weniger problematisch sind dabei die Edelgase des Abwassers. Sie werden dem System nahezu vollständig im Kondensator entzogen. Anders ist es mit dem dampfflüchtigen Jod bzw. den Jodverbindungen. Dieses Jod findet man zu einem Teil im Destillat wieder. Aus diesem Grunde leitet man das Destillat zur weiteren Dekontaminierung über Mischbett-Ionenaustauscher. Auf den Tritiumgehalt hat man keinen Einfluß.

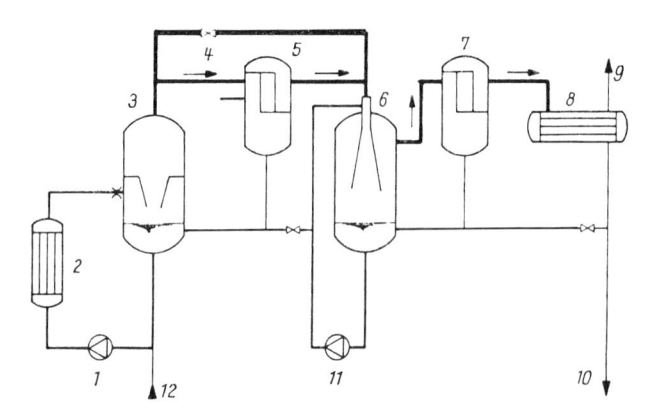

Bild 9.-2: Verfahrensschema der Verdampferanlage

1 Umwälzpumpe
2 Verdampferheizkörper
3 Entspannungszyklon
4 Umführung
5 1. Nebelabscheider
6 Venturiwäscher
7 2. Nebelabscheider
8 Kondensator
9 Entlüftung
10 Destillat
11 Wäscherpumpe
12 Zulauf

9.4.2.4. Ionen-Austauscher

Ionen-Austauscher kommen in Dekontaminierungsanlagen für radioaktive Abwässer in Form von Mischbettfiltern zum Einsatz. In diesen Filtern liegt ein Gemisch von Kationen- und Anionen-Austauschern vor. Diese Mischbettfilter sind in der Lage, auch geringe Salzmengen aus Wasser zu entfernen. Mischbettfilter können demzufolge hinter Verdampferanlagen und zur Dekontaminierung sehr salzarmer Abwässer meist unter Vorschaltung von Anschwemmfiltern eingesetzt werden. Das Filtrat dieser Wässer kann dem Kreislauf wieder zugeführt werden. Dabei ist eine möglichst weitgehende Entsalzung wichtiger als eine vollständige Dekontaminierung. Die Wirkungsweise der Mischbettfilter kann durch Δp-Messung und Leitfähigkeitsmessung kontinuierlich überwacht werden.

Man achtet im allgemeinen darauf, daß die Leitfähigkeit des aufzubereitenden Wassers vor Mischbettfilter möglichst kleiner 5 µS/cm ist, um eine lange Standzeit der Ionen-Austauscher zu erreichen. Die in der Abwasserdekontaminierung eingesetzten Ionen-Austauscher werden nämlich nicht regeneriert, sondern nach der Erschöpfung verworfen und durch neue ersetzt. Die verbrauchten Ionen-Austauscher werden

Das Wasser in Kernenergieanlagen

wie die Konzentrate der Eindampfanlage und die Filterschlämme der Anschwemmfilter in Konzentratsammelbehältern gesammelt. Der Dekont-Faktor bei Ionen-Tauscheranlagen beträgt 10 bis 10^3.

9.4.3. Verfestigung radioaktiver Rückstände aus der Abwasserdekontamination

Aufgabe der beschriebenen Dekontaminierungsverfahren ist es, alle Radionuklide aus dem Wasser zu entfernen und in den abgetrennten Rückständen, wie Fällschlämmen, Verdampferkonzentraten, Filterabschlämmungen, Ionen-Austauschern usw. zu binden. Da diese Rückstände noch sehr wasserhaltig sind und daher schlecht gelagert werden können, besteht die Forderung der weiteren Einengung bis zur trockenen wasserunlöslichen Substanz.

Hierfür wurden folgende Verfahren untersucht und angewandt:

– Fixierung am Zement
– Fixierung am Bitumen
– Infaßtrocknung
– Walzentrockung sowie das

Metaboratverfahren für borsäurehaltige Abwässer [28].

Die endgültige Beseitigung der radioaktiven Abfälle hängt von verschiedenen Faktoren ab wie Bevölkerungsdichte, Geologie, Klima, Hydrologie, Abfallmenge und Höhe der Aktivität.

Einheitliche Verfahren gibt es aus vorgenannten Gründen nicht.

In Deutschland findet die Endlagerung von Abfällen verschieden hoher Aktivität in stillgelegten Salzbergwerken statt, zum Beispiel Salzbergwerk Asse II bei Wolfenbüttel. Sie bieten die größtmögliche Sicherheit gegen Verschleppung von Radionukliden in den Biozyklus.

10. Reinigung und Beizung von Dampferzeugeranlagen

Reinigung

Ablagerungen von Härtebildnern in Dampferzeugeranlagen in Form von Calciumkarbonaten, -sulfaten oder -silikaten gehören bei einwandfreier Wasseraufbereitung der Vergangenheit an. Sollten sie bei ungenügender Speisewasserpflege auftreten, so können sie durch eine chemische Reinigung entfernt werden. Das gleiche gilt auch für alle anderen Ablagerungen, wie Eisenoxide, Kupferoxide etc.

Beizung

Bei neu erstellten Dampferzeugern erfüllt das Beizen den Zweck, die Oberfläche der Rohre von produktionsbedingten Rückständen, Oxidschichten, Walzzunder, Sand u. a. zu reinigen, bis eine blanke Metalloberfläche und eine geschlossene Schutzschicht vorliegt. Damit ist die Voraussetzung gegeben, daß der Dampferzeuger in kürzester Zeit betrieben werden kann.

10.1. Das Auskochen des Dampferzeugers mit alkalischen Lösungen

Zur Durchführung eines alkalischen Dampferzeugerauskochens sind keine besonderen Vorrichtungen am Dampferzeuger notwendig. Es erfordert nur einen geringen Kosten- und Betriebsaufwand und kann ohne besondere Erfahrungen angewendet werden. Bei stark verzunderten und angerosteten Dampferzeugern führt das Auskochen nicht zu dem gewünschten Erfolg.

Das Auskochen kann entweder nach der Atmungsmethode oder mit Trinatriumphosphat im Kochprozeß ausgeführt werden.

Neue Dampferzeuger, die nicht gebeizt werden, erhalten eine alkalische Reinigung.

10.1.1. Alkalische Reinigung nach der Atmungsmethode

Die Reinigung des montierten Dampferzeugers kann nach der Atmungsmethode vorgenommen werden. Hierbei wird der normale Walz- und Glühzunder nicht entfernt. Starker Zunder wird durch wiederholtes Aufheizen des Dampferzeugers auf den halben Betriebsdruck und

Reinigung und Beizung von Dampferzeugeranlagen 265

plötzliche Druckabsenkung durch Dampfabgabe über das Anfahrventil abgesprengt.
Als Chemikalien werden dem Auskochwasser

0,1 l Hydrazinhydrat (15% N_2H_4)
1 kg Natriumhydroxid (festes NaOH)
0,5 kg Trinatriumphosphat (20% P_2O_5)
0,01 kg Netzmittel (nicht schäumend)

je m^3 zugegeben.

Nach dem Auskochen wird der Dampferzeuger geöffnet und der Schmutz und abgefallener Zunder aus der Trommel und den Sammelkästen entfernt. Hierbei sollte möglichst jedes Rohr ausgespritzt werden. Wird der Dampferzeuger nicht sofort in Betrieb genommen, so sind die unter 11. beschriebenen Konservierungsmaßnahmen einzuleiten.

10.1.2. Alkalisches Auskochen mit Trinatriumphosphat

Als Reinigungsmittel wird vorzugsweise handelsübliches Trinatriumphosphat verwendet. Der Dampferzeuger wird mit normalem Speisewasser oder Kondensat gefüllt. Es ist wünschenswert, die Temperaturen so zu halten, daß für ein gutes Auflösen des Phosphats Gewähr gegeben ist. Im kalten Wasser ist Trinatriumphosphat nur sehr langsam löslich.

Das Auskochen wird 3- bis 4mal vorgenommen. In den meisten Fällen reicht ein dreimaliges Auskochen aus. Die Dosiermenge an handelsüblichen Trinatriumphosphat beträgt 5 kg/m^3 Wasser. Der gewünschte Phosphatgehalt im Kesselwasser soll um 1 000 mg P_2O_5/kg liegen. Die Beheizung des Dampferzeugers erfolgt derart, daß bei etwa einem Drittel des Betriebsdruckes gefahren wird. Die jeweilige Auskochzeit beträgt 8 Stunden. Nach jedem Auskochen wird einige Stunden gewartet, bis der Dampferzeuger sich abgekühlt hat und der Druck auf etwa 5 bar abgesunken ist. Nach jedem Ablassen wird der Dampferzeuger gründlich mit Speisewasser gespült. (Vorsicht bei kaltem Speisewasser.)

Das Auskochen ist dann beendet, wenn kein Phosphatverbrauch mehr stattgefunden hat und das Ablaßwasser optisch sauber ist. Beim Ablassen des Dampferzeugers muß durch Abfühlen der Ablaßleitungen geprüft werden, ob alle Leitungen und Ventile frei sind.

Nach dem Auskochen wird der Dampferzeuger geöffnet und der Schmutz und abgefallener Zunder aus der Trommel und den Sammlerkästen entfernt.

10.2. Beizung der Dampferzeugeranlage

Die Entfernung von Walzzunder an fertigmontierten Dampferzeugeranlagen oder die Beseitigung von zu stark gewordenen Betriebsschutzschichten ist nur über eine Beizung möglich.

Das Prinzip der Beizung ist die Auflösung des Zunders oder der Oxidbeläge durch Mineralsäuren mit dem Ziel, eine metallisch blanke Oberfläche zu schaffen, auf der sich eine homogene Magnetit-Betriebsschutzschicht zu bilden vermag. Um den Angriff auf das metallische Eisen zu verhindern, wird der Beizsäure ein Inhibitor zugesetzt. Die Beizung wird im allgemeinen mit Säuren oder mit Säuregemischen durchgeführt.

Als Beizlösung verwendet man:

1. Mineralsäuren, wie HCl, H_2SO_4 in Konzentrationen von 5–10%

    $HF \approx 1\%$
    $HNO_3 \approx 20\%$ nur für Austenit

2. Mineralsäuregemische von

    Salzsäure /Flußsäure
    Schwefelsäure/Flußsäure

3. Organische Säuren, wie Zitronensäure oder ein Zitronensäure/Schwefelsäure-Gemisch, Sulfaminsäuren, Glycolsäure, Ameisensäure, Aethylendiamintetraessigsäuregemisch u. a.

Im Laufe der Zeit haben sich nur drei Säuren in größerem Stil durchgesetzt: Salzsäure, Flußsäure und bereits mit Abstand Zitronensäure.

Die Beiztemperatur ist abhängig von den verwendeten Inhibitoren und geht im allgemeinen nicht über 80 bzw. 120 °C.

Die in der Beiztechnik angewandten Inhibitoren sind zumeist Stoffe organischer Natur, die den Angriff auf Metalle verzögern, jedoch die Reaktionsgeschwindigkeit der Säure mit Oxiden und Belägen nicht wesentlich mindern. Man unterscheidet

Anodische Inhibitoren
Kathodische Inhibitoren und
Absorptions-Inhibitoren.

Für die Dampferzeugerbeizung werden vornehmlich die Absorptions-Inhibitoren angewandt. Die bekanntesten Inhibitoren sind Hexamethy-

Reinigung und Beizung von Dampferzeugeranlagen

lentetramin, Thioharnstoffe sowie Sulfoxide. Darüber hinaus gibt es die Vielzahl der Inhibitoren, die unter ihrem Handelsnamen laufen.

Für den Erfolg einer Dampferzeugerbeizung werden neben der Auswahl der richtigen Säure und des zweckmäßigsten Inhibitors noch folgende Forderungen erhoben:

Die Beizung kann im Umwälzverfahren, Autozirkulationsverfahren mit Stickstoffgas oder im Durchstoßverfahren (OC-Methode) durchgeführt werden.

Die Beizung darf sich nicht nur auf den Dampferzeuger beschränken, sondern muß sich auf den gesamten Kreislauf ausdehnen.

Der Säurebehandlung sollte eine alkalische Entfettungsbehandlung vorausgehen.

Die Oxidbeläge müssen zu einem möglichst hohen Prozentsatz in echte Lösung gebracht werden. Der ungelöste Anteil muß in kleinen Partikeln vorliegen, die durch die Geschwindigkeit der Beizlösung in Schwebe gehalten und durch das Spülwasser ausgetragen werden können.

Sicherstellung einer genügend großen Geschwindigkeit der Beizlösung.

Vermeidung von Lufteinschlüssen in den Rohrsystemen.

Kontrolle der Temperatur, Säurekonzentration, des Fe-Gehaltes und pH-Wertes der Beizlösung während der Beizzeit.

Vorherige Festlegung derjenigen Teile, die nicht mit den Beizlösungen in Berührung kommen dürfen, z. B. nicht beizsichere Armaturen; Ausbau dieser Teile oder sonstige Schutzmaßnahmen.

Das rechtzeitige Ablassen der Beizsäure, die anschließende Neutralisation des Dampferzeugers und der ablaufenden Säure.

Die gründliche und gewissenhafte Spülung des gebeizten Systems.

Die Konservierung des gebeizten Dampferzeugers über eine Schutzschichtbildung durch Heißwasserbetrieb über 50 Stunden bei 250 °C oder kurzzeitige Inbetriebnahmen, Stickstoff-Füllung oder Füllung mit hydrazinhaltigem Wasser. Hydrazinzusatz 1,0 l Hydrazinhydrat pro m^3 Füllwasser. (Siehe 11.1.2.).

Die Beizung von Kesselanlagen stellt mannigfaltige chemische und technische Probleme und sollte deshalb nur von Spezialfirmen durchgeführt werden.

11. Konservierung von Dampferzeugeranlagen

Schäden an Kraftwerksanlagen durch Korrosion können einen erheblichen Umfang annehmen. Wird eine Dampferzeugeranlage außer Betrieb genommen, so müssen Vorkehrungen zum Schutz gegen Stillstandskorrosionen getroffen werden. Das gleiche gilt für Dampferzeugeranlagen zwischen Wasserdruckprobe und Inbetriebnahme, wenn diese Zeit mehrere Monate in Anspruch nimmt.

11.1. Naßkonservierung

Für Betriebspausen von unbestimmter Dauer, wobei der Dampferzeuger betriebsbereit bleiben muß, wird die Naßkonservierung angewandt. Sie kann nur vorgenommen werden, wenn für die konservierte Anlage keine Frostgefahr besteht. Soll ein Dampferzeuger konserviert werden, der mit anderen Dampferzeugern (die in Betrieb bleiben) an einem Speisewasserbehälter angeschlossen ist, so müssen die Konservierungszusätze außerhalb des Speisewasserbehälters erfolgen.

Anlagen, die keine eigene Umwälzeinrichtung haben, können nicht im üblichen Sinne umgewälzt werden. Man verfährt so, daß über die Speisewasserpumpe Konservierungsflüssigkeit nachgedrückt wird, während Entlüftungen, Kessel- und Überhitzerablässe entsprechend kurzzeitig zu öffnen sind.

11.1.1. Konservieren durch Erhöhung der Alkalität

Vor der Außerbetriebnahme des Dampferzeugers läßt man die Kesselwasseralkalität ansteigen. Man kann durch Zudosierung von Ätznatron zum Speisewasser pH-Werte von $> 10{,}5$ leicht erreichen. Nach dem Abstellen des Dampferzeugers wird die Anlage einschließlich Überhitzer bis zum Überlauf mit alkalischem und levoxinhaltigem Speisewasser gefüllt.

100 g Ätznatron und 1 Liter Levoxin/m^3

Bei längeren Stillständen empfiehlt es sich, den Dampferzeuger wöchentlich 1mal umzuwälzen. Wenn der Levoxingehalt auf < 100 mg N_2H_4/kg abgesunken ist, muß er erneut auf > 100 mg N_2H_4/kg eingestellt werden. Bei der Wiederinbetriebnahme wird der Dampferzeuger abgelassen und der Überhitzer entwässert. Bei nicht entwässerbaren Überhitzern dürfen keine festen Alkalisierungsmittel dosiert werden. Die Alkalität des Kesselwassers wird durch Entsalzen auf die Sollwerte eingestellt.

Bei Betriebsstillständen von Industriedampferzeugern über das Wochenende wird 1 Stunde vor Außerbetriebnahme dem Speisewasser je m^3 Inhalt des Speisewasserbehälters etwa

0,1 Liter Levoxin 15

Konservierung von Dampferzeugeranlagen   269

zugegeben. Es empfiehlt sich, die gleiche Menge auch vor der Wiederinbetriebnahme zuzusetzen.

11.1.2. Konservieren mit Levoxin 15 und Ammoniak

Eine sehr gebräuchliche Art der nassen Konservierung geschieht durch den Zusatz von Levoxin 15 und Ammoniumhydroxid. Der Ammoniakzusatz ist notwendig, um das Wasser stärker zu alkalisieren. Als Konservierungswasser wird das für den Dampferzeuger vorgeschriebene Speisewasser oder Kondensat verwendet. Die Zusätze der Chemikalien werden außerhalb des Dampferzeugers, am besten im Speisewasserbehälter, zugegeben. Die Mengen richten sich nach der Länge der Stillstandszeit. Bei kurzen Stillständen sind dem Wasser 100–200 g N_2H_4/m^3 zuzusetzen. Bei längeren Stillständen muß das Konservierungswasser öfter umgewälzt werden. Der Levoxingehalt ist auf 200 g N_2H_4/m^3 zu halten. Während der Konservierung ist gegebenenfalls durch Nachspeisen von Chemikalien dafür Sorge zu tragen, daß die ursprünglich eingestellte Konzentration erhalten bleibt.

Der pH-Wert sollte stets bei etwa 10,5 liegen. Durch Zudosierung von Ammoniak kann obiger pH-Wert leicht erreicht werden. Der so konservierte Dampferzeuger sollte unter einem Stickstoffdruck stehen bleiben.

100 g N_2H_4/m^3 entsprechen 0,7 kg handelsüblichem Levoxin 15 pro m³.

11.2. Druckprobe und Konservierung von neuen Dampferzeugeranlagen*)

Die Wasserdruckprobe eines fertiggestellten Dampferzeugers ist gesetzlich vorgeschrieben und dient zur Feststellung der Dichtheit des Kesseldruckkörpers.

Bei Kraftwerksneubauten ist vielfach die Wasseraufbereitungsanlage bei der Druckprobe noch nicht soweit fertiggestellt, daß vollentsalztes bzw. aufbereitetes Wasser in ausreichender Menge zur Verfügung steht. Wenn von anderer Seite kein entsprechendes Wasser bezogen werden kann, sollte auf keinen Fall ohne nähere Prüfung der Dampferzeugermaterialien auf Rohwasser zurückgegriffen werden. Bei Dampferzeu-

---

*) Auszug aus: VGB-Richtlinien für die Herstellung und Bauüberwachung von Hochleistungsdampfkesseln 1959,
VGB-Mitteilungen, Heft 83, A. Schiffers: Zur Konservierung von Dampfkesseln.

gern mit ferritischen Überhitzern kann notfalls sauberes Rohwasser Verwendung finden (siehe 11.3.). Bei vorhandenem Austenitteil muß bestes kaltes Kondensat verwendet werden, dem zur Abbindung des Sauerstoffs 100 mg N_2H_4/kg zugegeben werden. Im Hinblick auf die Gefahr der Spannungsrißkorrosionen darf weder Rohwasser noch warmes chloridhaltiges Wasser eingefüllt werden. Notfalls muß geeignetes Wasser herangefahren werden. In jedem Fall aber kann Deionat Verwendung finden.

Die Wassertemperatur soll beim Füllen etwa 20—40 °C betragen. Tiefere Temperaturen sollen wegen des Absinkens der Kerbschlagzähigkeit vermieden werden. Höhere Temperaturen können bei plötzlichen Undichtigkeiten eine Gefahr für das Personal bedeuten.

Nach der Druckprobe wird der leere Dampferzeuger geöffnet und die tiefliegenden Sammler sowie deren Ablaßvorrichtungen sorgfältig von zusammengespültem Zunder, Schweißperlen, Metallspänen und dergleichen gereinigt. Da das beim Ablassen zurückbleibende Wasser (z. B. hängende Schlangen) Korrosionen verursachen kann, sollte jetzt schon die Konservierung des Druckkörpers beginnen.

Bei neu errichteten Dampferzeugern ist eine anschließende Konservierung notwendig, weil bis zur Inbetriebnahme meist mehrere Monate verstreichen können.

11.2.1. Konservierung

Zum Konservieren wird der Dampferzeuger mit levoxinhaltigem Kondensat (Deionat oder Speisewasser) gefüllt. Der Chemikalienverbrauch beträgt im einzelnen:

200 mg N_2H_4/l Wasser N_2H_4 = Levoxin
100 mg NaOH/l Wasser   NaOH = Natriumhydroxid (Ätznatron)

Der pH-Wert des Konservierungswassers muß auf > 10,5 gehalten werden.

100 mg NaOH/l ergeben einen pH-Wert der Lösung von 11,4.

Bei der Naßkonservierung muß auch der Überhitzer mitkonserviert werden. Vor der Inbetriebnahme ist der ganze Kessel zu entleeren.

Der fertiggestellte Dampferzeuger kann auch trocken konserviert werden (siehe 2.).

11.2.2. Konservierung mit Levoxin und Ammoniak

Die Konservierung einer neuen Anlage kann auch mit Levoxin und Ammoniak nach 11.1.2. durchgeführt werden. Es ist lediglich darauf zu achten, daß die Konservierungslösung wöchentlich umgewälzt wird.

Ein auffallend hoher Hydrazinverbrauch bei Neuanlagen muß durch eine laufende Überwachung des Wassers und Nachdosierung auf die festgelegten Werte gebracht und gehalten werden.

11.3. Wasserdruckprobe mit Rohwasser

Für Dampferzeugerdruckproben sollte grundsätzlich salzfreies Speisewasser mit Levoxin-, Phosphat- und Ätznatronzusätzen genommen werden. Steht ein solches Wasser nicht zur Verfügung und muß auf Rohwasser zurückgegriffen werden, so sind zur Verhinderung von Ausfällungen und Korrosionen folgende Chemikalien je m^3 der einzuspeisenden Wasserfüllung zuzusetzen:

150 g Ätznatron $NaOH$
150 g Levoxin 15 (handelsüblich) $N_2H_4 \cdot H_2O$
2 g Natriumtripolyphosphat $Na_5P_3O_{10}$

Die Temperaturen dieses Druckprobenwassers sollten 40 °C nicht überschreiten.

11.4. Umweltschutzmaßnahmen beim Ablassen von Konservierungswasser

In den letzten Jahrzehnten wurden/werden Chemikalien für die Naßkonservierung verwendet, die aus Umweltschutzgründen nicht ohne Aufbereitung des Konservierungswassers in öffentliche Gewässer geleitet werden dürfen. Zu diesen Chemikalien gehören Hydrazin und Ammoniak bzw. die hochalkalischen Lösungen.

Bei Verwendung von Hydrazin (Levoxin) ist darauf zu achten, daß den Lösungen mit Hydrazinhydrat eine krebserzeugende Wirkung zugeschrieben wird

Das Konservierungswasser ist stark alkalisch und enthält noch große Mengen an Hydrazin (Levoxin), das begierig Sauerstoff aufnimmt und abbindet. Beim Ablassen solcher Konservierungswässer muß darauf geachtet werden, daß dieses nicht ohne Aufbereitung in öffentliche Gewässer abgeführt wird.

Die Atmungsorgane wasserbewohnender Tiere, die Kiemen, sind dünnwandige Gebilde, an die außen das Atemwasser, innen die Körperflüssigkeit (Blut) herantritt und durch deren Wand der Gasaustausch (O_2 gegen CO_2) stattfindet. Diese Kiemen werden durch das ammoniakalische Wasser verätzt und der O_2-Austausch kann nicht durchgeführt werden. Die Fische sterben. Außerdem werden die empfindlichen freien Nervenenden an den Seitenlinien der Fische, die die Strömungs- und Erschütterungsreize wahrnehmen, stark angegriffen und zerstört.

Konservierungswasser darf nur nach einer Neutralisation auf einen pH-Wert von etwa 7 in öffentliche Gewässer abgelassen werden. Der Hydrazingehalt muß auf ,,nicht mehr nachweisbar" abgebaut sein. – Dieses sauerstofffreie Abwasser kann die für die Selbstreinigung des Wassers erforderliche Bakterienflora evtl. in Mitleidenschaft ziehen.

11.5. Trockenkonservierung

Die Trockenkonservierung wird bei längerem Stillstand der Anlage angewandt, wenn eine kurzfristige Inbetriebnahme nicht notwendig oder auch wenn wegen Frostgefahr eine Naßkonservierung nicht möglich ist.

11.5.1. Trocknung der Anlage

Eine Trockenkonservierung setzt voraus, daß die zu trocknenden wasser-/dampfberührten Anlagen und Systeme vollständig von Wasser entleert sein müssen. Es muß sichergestellt sein, daß keine größeren Restwasseransammlungen nach dem Entleeren verbleiben. Um dies zu erreichen, muß die Anlage nach dem Abstellen unter einem Restdruck des Mediums entleert werden. Während des nachfolgenden Evakuierungsvorganges muß die Anlage warmgehalten werden. Die Schaltung und Konstruktion der Anlage muß beachtet werden. Das Entleeren des Systems erfolgt unter einem Restdruck des Arbeitsmediums. Falls erforderlich, können Wasserreste durch Evakuieren der Gesamtanlage mit Hilfe der Betriebsevakuierungseinrichtungen der Turbine unter Vakuum gesetzt, verdampft und abgesaugt werden. Die Evakuierungszeit beträgt etwa 24 Stunden.

Anlagen mit hängenden Überhitzern, nicht entwässerbaren Sammlern oder Verbindungsleitungen sind für die Trockenkonservierung nicht geeignet.

11.5.2. Konservierung mit Hilfe fester Adsorptionsmittel

Der Dampferzeuger ist bei einem Druck von ca. 5 bar abzulassen und auszudampfen. Um den Dampferzeuger nicht zu schnell abzukühlen, muß der Zug frühzeitig abgestellt werden. Sämtliche Ventile sind zu öffnen, damit der Dampferzeuger und der Feuchtigkeitsrest durch die Eigenwärme des Dampferzeugers ausdampfen kann. Es empfiehlt sich, nach dem Entleeren des Dampferzeugers sämtliche Anschlußleitungen sicherheitshalber blindzuflanschen.

Nach der Reinigung des Dampferzeugers bringt man in die Obertrommel Silicagel in perforierten Säckchen in der Größenordnung von 200 g/m^3 Luftraum ein. Das Silicagel kann keine Wasserpfützen austrocknen. Nach

Konservierung von Dampferzeugeranlagen 273

der Absättigung verfärbt sich das Silicagel von blau nach rot. Durch Trocknen bei 120 °C kann es wieder verwendungsfähig gemacht werden. Der Kessel ist dann dicht zu verschließen. Die Wirkung dieses Verfahrens ist abhängig vom luftdichten Abschluß. Ist damit zu rechnen, daß der Dampferzeuger nicht restlos trocken ist (hängende Überhitzer), so entfällt die Maßnahme der Resttrocknung durch Chemikalien. Der Dampferzeuger muß in solchen Fällen mit Stickstoff oder naß konserviert werden.

11.5.3. Konservierung mit Stickstoff

Bei der Trockenkonservierung mit Stickstoff wird der Dampferzeuger vorher mit Konservierungswasser bzw. mit normalem Speisewasser gefüllt und anschließend unter Nachströmen von Stickstoff abgelassen. Zu diesem Zweck werden die Stickstoffflaschen batterienweise an die Kesselentlüftung angeschlossen. Der Überdruck an Stickstoff im konservierten Dampferzeuger soll etwa 100 mbar (ca. 10 mm WS) betragen.

Im Wasser ist Stickstoff nur etwa halb so löslich wie Sauerstoff. 1 l Wasser von 0 °C löst 23 cm^3 Stickstoff. (Mit steigender Temperatur sinkt die Löslichkeit.)

Vollkommen trockene Kesselanlagen (s. 11.5.1) brauchen bei der Stickstoffkonservierung nicht mit Wasser aufgefüllt zu werden. Es genügt, wenn der Kessel mit einer etwa 5fachen Volumenmenge von oben mit Stickstoff durchspült wird (Herausdrücken der Luft). Anschließend sind die Ablässe unten zu schließen und der Stickstoffdruck auf über 10 mbar zu halten. (Vorsicht: Die Umgebung des Dampferzeugers ist bei dieser Konservierung vorübergehend sauerstoffarm.)

11.5.4. Konservierung mit Trockenluft

Die Trockenluftkonservierung hat in den letzten Jahren eine starke Verbreitung gefunden. Der Grund dafür liegt in der relativ leichten Anwendbarkeit der Trockenluft und in der Umweltfreundlichkeit dieser Konservierungsart.

Die auf dem Markt angebotenen regenerativen Adsorptionstrockner haben Förderleistungen bis 4500 m^3/h.

Bei der Trockenluftkonservierung muß darauf geachtet werden, daß sämtliche Teile des Dampferzeugers von der Trockenluft durchströmt werden. Während der Trockenluftbehandlung müssen an den Entwässerungen und Entlüftungen der einzelnen Heizflächen- und Systemabschnitte Messungen der relativen Feuchtigkeit durchgeführt werden. Bei Werten unter 30% relative Feuchtigkeit ist die Anlage vor Korrosionen geschützt.

Die Anschlüsse der regenerativen Adsorptionstrockner sollten bei Naturumlaufkesseln am Speisewassereintritt und am Heißdampfaustritt erfolgen. Bei Zwangsdurchlaufkesseln genügt es, den Anschluß für den Trockenlufteintritt am Speisewassereintritt vorzunehmen.

Während der Konservierungszeit ist die mit Trockenluft gefüllte Anlage verschlossen zu halten. Es sind regelmäßige Messungen der relativen Feuchtigkeit im konservierten Dampferzeuger bzw. in den einzelnen Systemen durchzuführen.

11.5.5. Konservierung mit Heißluft

Die Heißluftkonservierung ist eine der teuersten Konservierungsarten und wirtschaftlich nicht immer vertretbar. Das Verfahren ist ähnlich der Trockenluftkonservierung. Es muß darauf geachtet werden, daß im System keine Kondensation der Wasserdampfanteile der Heißluft eintritt. Das setzt voraus, daß die Werkstofftemperaturen der zu konservierenden Anlage über der Taupunkttemperatur liegen müssen.

Die Heißluft muß sauber sein und darf keine aggressiven Gase enthalten.

11.6. Konservierung der Feuerzüge des Dampferzeugers

Die Rauchgaszüge sollten zweckmäßig bei jedem längeren Stillstand gereinigt werden. Dieses geschieht meist durch mechanisches Reinigen. Sind die Ablagerungen zum größten Teil wasserlöslich und damit auch hygroskopisch, so sollte der Dampferzeuger im kalten Zustand mit Wasser oder besser mit einer leicht alkalischen Lösung ausgespritzt werden. Dabei ist darauf zu achten, daß das Spülen so lange fortgesetzt wird, bis das abfließende Wasser neutral bzw. alkalisch ist. Anschließend ist ein langsames Austrocknen auch zum Schutze des Mauerwerkes notwendig. Für einen längeren Dauerstillstand ist es zweckmäßig, daß die Heizflächen mit einem dünnen Graphitanstrich geschützt werden. Von den verschiedenen Kesselreinigungsfirmen sind für die Dampferzeugerreinigung und Konservierung spezielle Verfahren entwickelt worden, die sich den besonderen Gegebenheiten von kohle- und ölgefeuerten Dampferzeugern anpassen.

Während des Stillstandes (besonders bei der Naßkonservierung) werden die Feuerzüge durch den Kaminzug leicht, aber regelmäßig durchlüftet, um eine Schwitzwasserbildung an den Wandungen zu vermeiden. Dieser Luftwechsel muß ausreichend erfolgen, damit sich keine feuchten Stellen an den Dampferzeugerzügen bilden.

12. Tabellen und graphische Darstellungen

12.1. CaO- und Ca(OH)$_2$-Gehalt und Dichte von Kalkmilch.

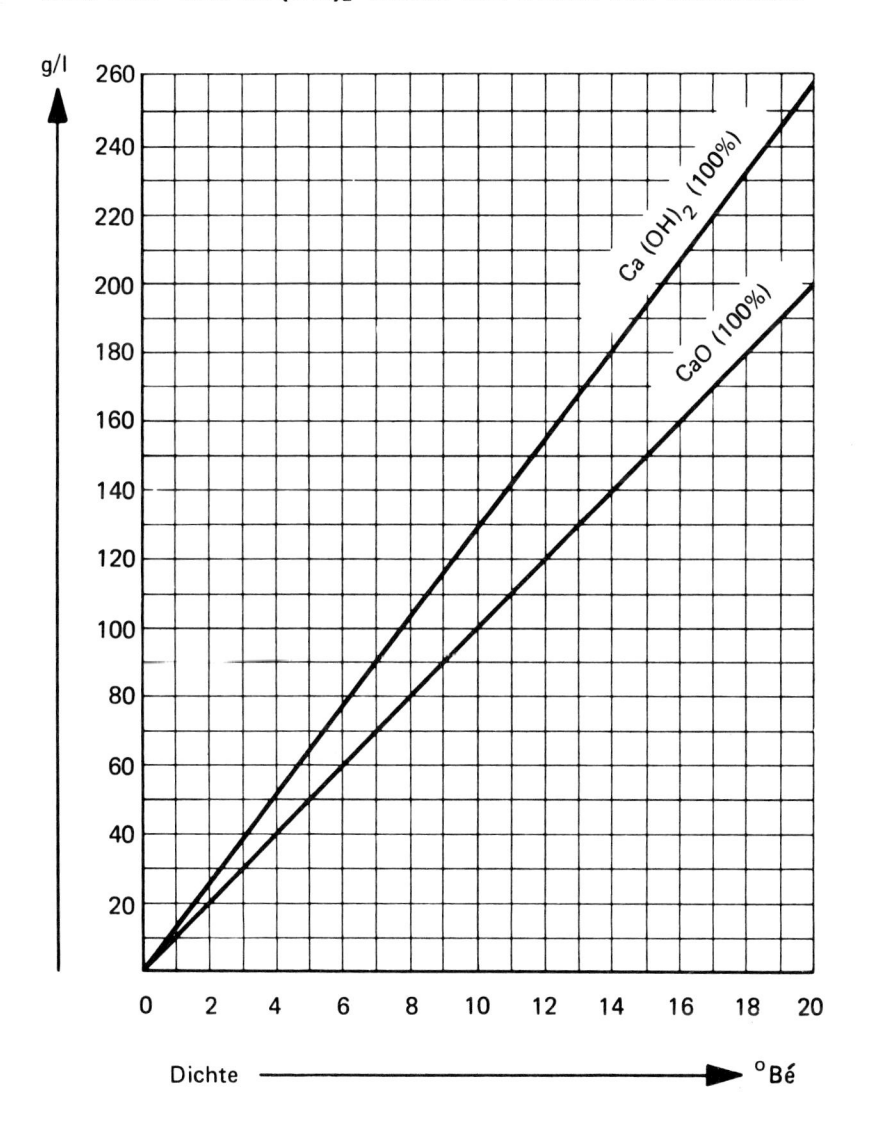

12.2. Kalkhydratmenge bei Wigranentkarbonisierung in Abhängigkeit von der KH und der zugehörigen CO_2 ohne Berücksichtigung der aggressiven CO_2.

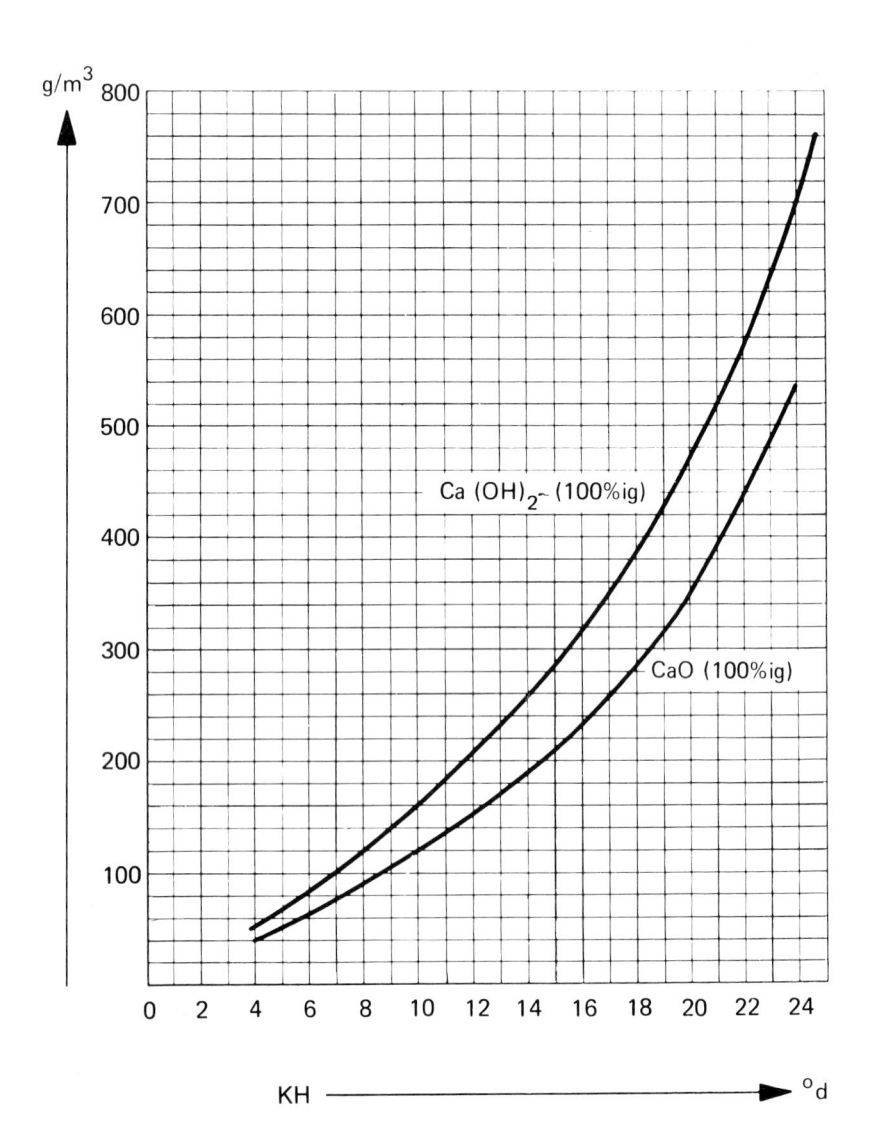

12.3. Zusammenhang zwischen Hydrogenkarbonatkohlensäure, KH, freier zugehöriger Kohlensäure und dem pH-Wert der entsprechenden Gleichgewichtswässer

Hydrogen-karbonat CO_2 mg/l	KH °d	freie zugehörige CO_2 mg/l	pH-Wert	Hydrogen-karbonat CO_2 mg/l	KH °d	freie zugehörige CO_2 mg/l	pH-Wert
10,24	0,65	0,0	—	219,2	13,7	32,53	7,34
30,08	1,91	0,25	8,59	224,0	14,0	35,04	7,32
35,1	2,23	0,34	8,53	228,8	14,3	37,68	7,29
39,4	2,55	0,44	8,48	234,4	14,65	40,75	7,27
50,1	3,18	0,69	8,38	240,0	15,00	44,11	7,25
55,13	3,5	0,84	8,33	244,8	15,30	46,98	7,23
61,1	3,82	0,99	8,30	249,6	15,60	50,18	7,21
66,4	4,15	1,19	8,27	254,7	15,92	53,60	7,19
71,3	4,46	1,37	8,22	260,0	16,25	57,30	7,17
76,8	4,80	1,61	8,19	264,9	16,56	60,76	7,15
81,6	5,10	1,83	8,17	270,4	16,9	64,80	7,13
86,4	5,40	2,10	8,12	275,2	17,2	68,36	7,11
91,6	5,73	2,39	8,09	280,0	17,5	72,06	7,10
96,8	6,05	2,72	8,06	285,6	17,85	76,38	7,08
101,9	6,37	3,06	8,03	291,2	18,2	80,94	7,07
108,0	6,75	3,54	7,99	296,0	18,5	84,85	7,05
112,0	7,00	3,86	7,97	300,8	18,8	89,28	7,04
116,2	7,30	4,32	7,94	305,6	19,1	93,70	7,02
122,4	7,65	4,85	7,91	310,4	19,4	97,97	7,01
128,0	8,00	5,52	7,87	321,6	20,1	108,15	6,98
132,4	8,28	6,05	7,85	326,4	20,4	112,58	6,97
137,6	8,60	6,81	7,81	331,2	20,7	117,58	6,96
142,5	8,91	7,55	7,79	336,0	21,0	122,58	6,95
148,0	9,25	8,54	7,75	340,8	21,3	127,36	6,94
152,8	9,55	9,42	7,72	346,4	21,65	132,94	6,93
158,4	9,9	10,63	7,68	352,0	22,0	138,68	6,91
163,2	10,2	11,67	7,66	356,8	22,3	143,66	6,90
169,6	10,6	13,48	7,62	361,6	22,6	149,04	6,89
173,1	10,82	14,45	7,59	366,4	22,9	154,48	6,88
179,2	11,2	16,32	7,55	372,0	23,25	160,00	6,88
183,3	11,46	17,60	7,53	377,6	23,6	166,52	6,87
188,8	11,8	19,52	7,50	382,4	23,9	171,12	6,86
193,6	12,1	21,22	7,47	387,2	24,2	176,72	6,85
198,4	12,4	23,22	7,44	392,0	24,5	181,92	6,84
203,5	12,72	25,34	7,41	397,6	24,85	188,00	6,83
209,6	13,1	27,95	7,38	403,2	25,2	194,20	6,83
214,4	13,4	30,02	7,36	408,0	25,5	199,50	6,82

12.4. Löslichkeit verschiedener Verbindungen

Verbindung (Handelsware)	Löslichkeit g* wasserfreie Substanz in 1 Liter Wasser	
	bei 20 °C	bei 100 °C
Aluminiumsulfat $Al_2(SO_4)_3 \cdot 18\,H_2O$	363	895
Ätznatron NaOH	1070	3410
Calciumchlorid $CaCl_2 \cdot 6\,H_2O$	745	1590
Calciumkarbonat $CaCO_3$	0,015	0,037
Calciumhydrogencarbonat $Ca(HCO_3)_2$	1,100 (in CO_2-gesättigtem Wasser)	
Calciumsulfat $CaSO_4 \cdot 2\,H_2O$	2,0	1,62
Eisenchlorid $FeCl_3 \cdot 6\,H_2O$	919	5370
Magnesiumchlorid $MgCl_2 \cdot 6\,H_2O$	542	727
Magnesiumkarbonat $MgCO_3$	0,084	0,062
Magnesiumhydroxid $Mg(OH)_2$	0,009	—
Natriumchlorid NaCl	358	392
Diammonhydrogenphosphat $(NH_4)_2HPO_4$	686	—
Dinatriumhydrogenphosphat $Na_2HPO_4 \cdot 12\,H_2O$	77	104
Trinatriumphosphat $Na_3PO_4 \cdot 10\,H_2O$	110	1080
Natriumtripolyphosphat $Na_5P_3O_{10}$	150	—
Soda $Na_2CO_3 \cdot 10\,H_2O$	215	445
Natriumhydrogenkarbonat $NaHCO_3$	95,7	—
Natriumsulfat Na_2SO_4	532	423
Natriumsulfit Na_2SO_3	266	266
Kaliumpermanganat $KMnO_4$	63,8	—

Die Tafel 12.-4. gibt an, wieviel g* wasserfreie Substanz sich in 1 Liter Wasser löst. Wird der Gehalt des Stoffes in 1 Liter Lösung gefragt, so ist über die gespindelte Dichte ρ wie folgt zu rechnen

$$\frac{1000 \cdot g^* \cdot \rho}{1000 + g^*} = \text{g/l Lösung} \quad (1)$$

Sind die Gewichtsprozente gefragt, so errechnen sich diese aus nachstehender Formel:

$$\frac{g^* \cdot 100}{1000 + g^*} = \text{Gew.-\%} \quad (2)$$

Die Löslichkeit von NaCl ist 358 g pro 1000 g Wasser, dann ist der NaCl-Gehalt pro Liter Lösung bei der gespindelten Dichte von 1,197 g/cm³:

$$NaCl = \frac{1000 \cdot 358 \cdot 1{,}197}{1000 + 358} = 315 \text{ g/l}$$

Die NaCl-Gewichtsprozente stellen sich auf

$$NaCl = \frac{358 \cdot 100}{1000 + 358} = 26{,}4 \text{ Gew.-}\%$$

12.5. Umrechnungsfaktor für Dichte, SK 8,2 etc. für Kesselwasserproben, ohne Kühler entnommen

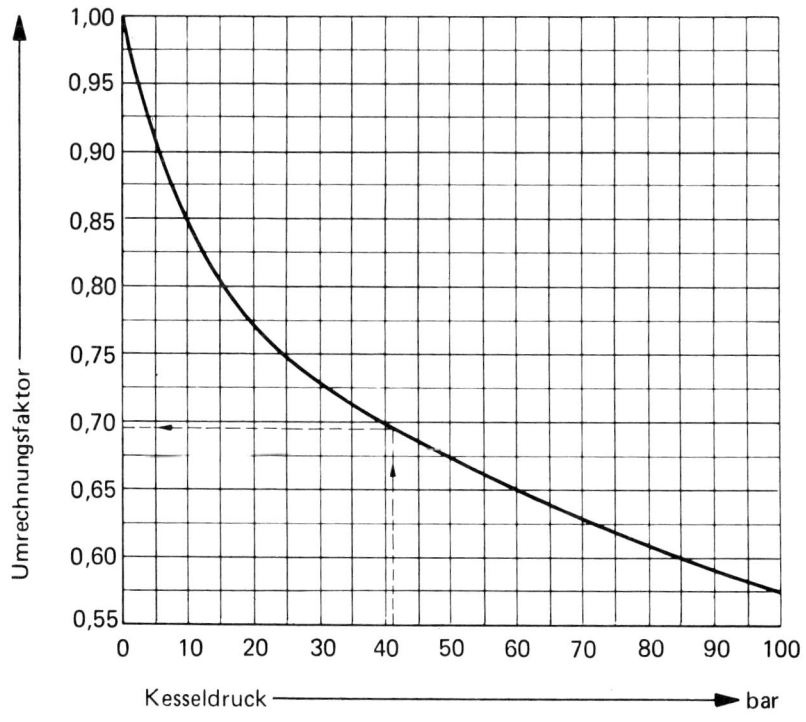

Beispiel

Kesseldruck = 42 bar
Gemessene Dichte in der ohne Kühlschlange entnommenen Probe = 0,4 °Bé
Dann ist die wirkliche Dichte = 0,4 · 0,69 = 0,28 °Bé

12.6. Umwandlung °Bé ↔ g/cm³ Meßtemperatur 20 °C

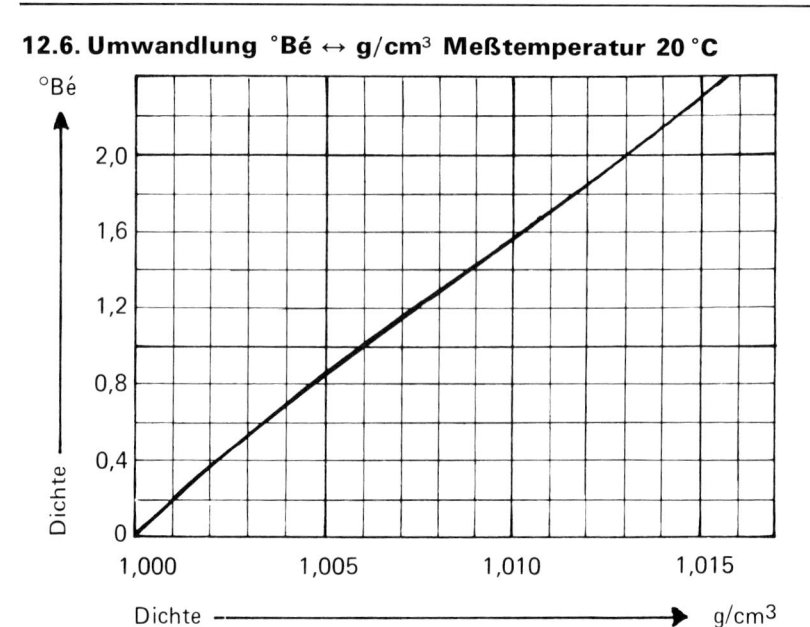

12.7. Wasser- und Brüdenanteil sowie Volumen der Brüden bei der Entspannung von Kesselwasser auf den Entspannungsdruck

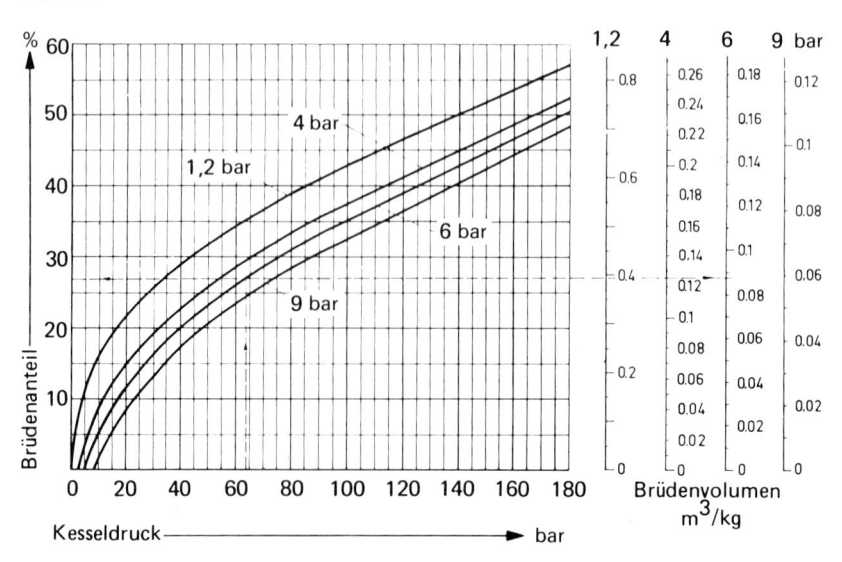

Tabellen und graphische Darstellungen 281

Beispiel

Kesseldruck	64 bar
Entspannungsdruck	6 bar
Kesselwasserabsalzung	3400 kg/h
Im Entspanner liegen vor:	
Brüdenanteil	27 % $\triangleq$ 920 kg/h
Wasseranteil	73 % $\triangleq$ 2480 kg/h
Volumen der Brüden	0,087 m³/kg =
	3400 · 0,087 = 295,8 m³/h

12.8. Natriumkarbonatspaltung (Sodaspaltung) im Kessel in Abhängigkeit vom Betriebsdruck

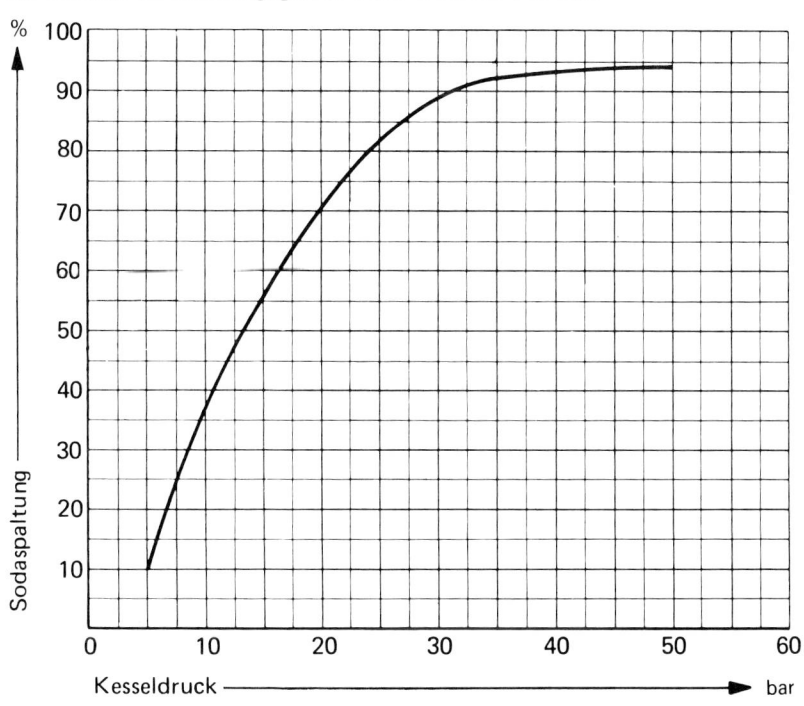

12.9. Leistungsberechnung von Ionenaustauschern

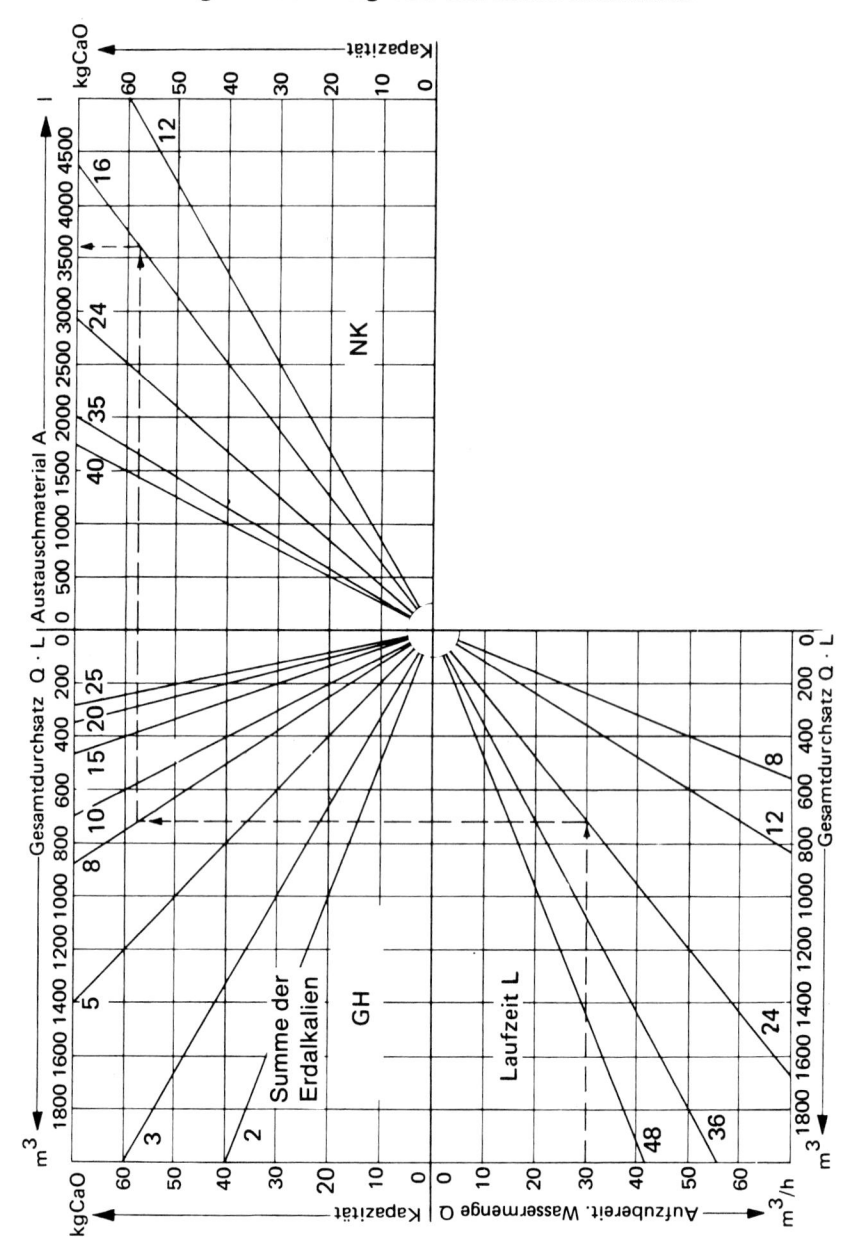

Tabellen und graphische Darstellungen

Beispiel

Q . . . . 30 m³/h
L . . . . 24 h
GH* . . . . 8 °d
NK . . . . 16 g CaO/l_A
Dann ist die benötigte Austauschermenge = 3600 l

*GH Summe der Erdalkalien in °d beim Natriumaustauscher 4.3.4.1. Es kann auch eingesetzt werden:

SK 4,3 in °d beim schwach sauren Kationenaustauscher 4.3.6.
GK Gesamtkationen in °d beim stark sauren Kationenaustauscher 4.3.4.2.
AH Anionen der starken Mineralsäuren in °d beim schwach basischen Anionenaustauscher 4.3.7.
GA Gesamtanionen in °d beim stark basischen Anionenaustauscher 4.3.8.

12.10. Filterwiderstand von Kiesfiltern in Abhängigkeit der Korngröße und Filtergeschwindigkeit

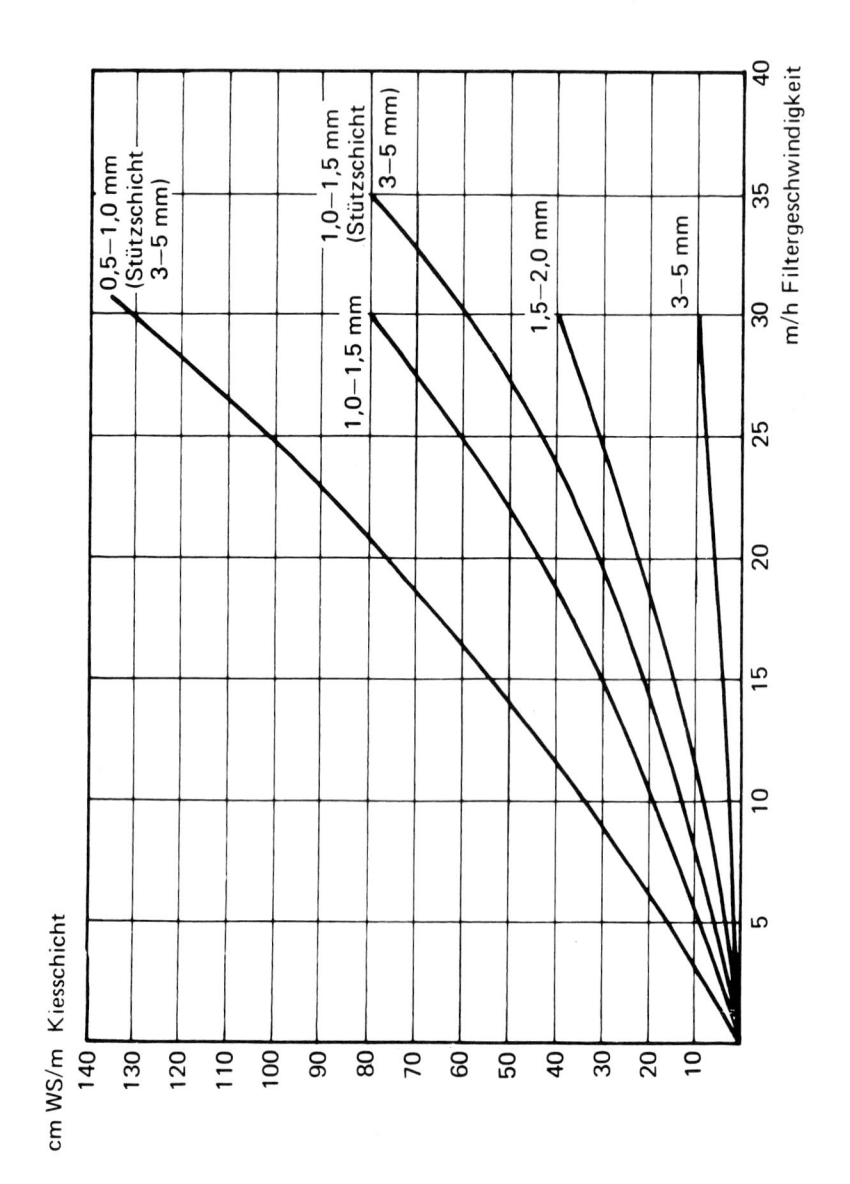

12.11. Ausdehnung der Austauscherschichthöhe bei verschiedener Temperatur des Spülwassers

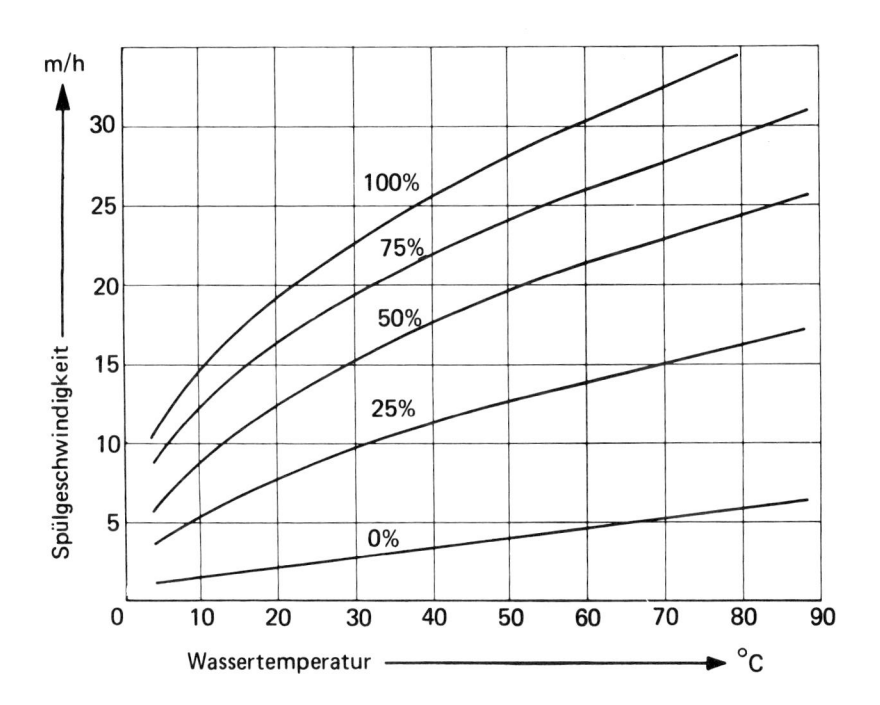

12.12. Spülwassermessung mit rechteckigem Überlaufwehr

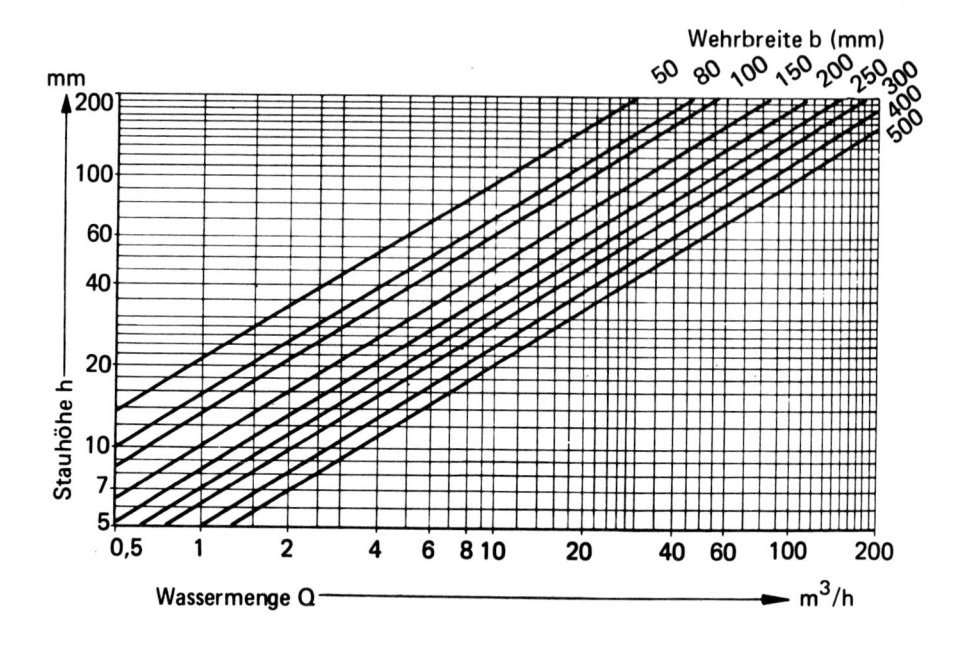

Näherungsformel für den Betrieb:

$$Q = 1{,}8 \cdot b \cdot \sqrt{h^3} \quad m^3/s$$

$$Q = 6500 \cdot b \cdot \sqrt{h^3} \quad m^3/h$$

12.13. Prozentgehalt und Dichte von Natriumhydroxid- und Ammoniaklösungen bei 20 °C

NaOH			NH$_4$OH	
Gew.-% NaOH	Dichte g/cm³	°Bé	Gew.-% NH$_3$	Dichte g/cm³
1	1,010	1,6	0,5	0,996
2	1,020	3,0	1	0,994
3	1,031	4,5	1,5	0,992
4	1,042	5,9	2	0,990
5	1,053	7,3	3	0,985
6	1,065	8,9	4	0,981
7	1,075	10,1	5	0,977
8	1,086	11,5	6	0,973
9	1,097	12,9	7	0,969
10	1,108	14,2	8	0,965
12	1,130	16,7	9	0,961
14	1,153	19,2	10	0,957
16	1,175	21,6	11	0,954
18	1,198	23,9	12	0,950
20	1,219	26,0	13	0,946
22	1,240	28,0	14	0,943
24	1,262	30,0	15	0,940
26	1,283	31,9	16	0,936
28	1,305	33,9	17	0,933
30	1,326	35,8	18	0,930
32	1,348	37,4	19	0,926
34	1,370	39,0	20	0,923
36	1,391	40,7	21	0,919
38	1,410	42,0	22	0,916
40	1,430	43,5	23	0,913
42	1,449	44,8	24	0,910
44	1,468	46,1	25	0,907
46	1,487	47,4	26	0,904
48	1,506	48,6	27	0,901
50	1,525	49,8	28	0,898
52	1,545	51,0	29	0,895
54	1,565	52,3	30	0,892
			31	0,889
			32	0,886
			33	0,883
			34	0,881

12.14. Prozentgehalt und Dichte von Natriumkarbonat- und Natriumchloridlösungen bei 20 °C

| \multicolumn{3}{c}{Na$_2$CO$_3$} | \multicolumn{3}{c}{NaCl} |

Gew.-%	Dichte g/cm³	°Bé	Gew.-%	Dichte g/cm³	°Bé
1	1,009	1,4	0,5	1,002	0,5
2	1,019	2,8	1	1,005	0,9
3	1,030	4,3	1,5	1,009	1,4
4	1,040	5,6	2	1,013	2,0
5	1,050	7,0	3	1,020	3,0
6	1,061	8,4	4	1,027	3,9
7	1,072	9,8	5	1,034	4,8
8	1,083	11,1	6	1,041	5,8
9	1,093	12,4	7	1,049	6,9
10	1,103	13,6	8	1,056	7,7
11	1,114	15,0	9	1,063	8,6
12	1,124	16,0	10	1,071	9,6
13	1,135	17,2	11	1,078	10,5
14	1,146	18,4	12	1,086	11,5
15	1,157	19,6	13	1,093	12,4
16	1,169	21,0	14	1,101	13,4
17	1,181	22,2	15	1,108	14,2
18	1,193	23,4	16	1,116	15,2
			17	1,124	16,0
			18	1,132	16,9
			19	1,140	17,8
			20	1,148	18,6
			21	1,156	19,5
			22	1,164	20,5
			23	1,172	21,3
			24	1,180	22,1
			25	1,189	23,0
			26	1,197	23,8

Tabellen und graphische Darstellungen 289

12.15. Prozentgehalt und Dichte von Salz- und Schwefelsäure bei 20 °C

\	HCl		H$_2$SO$_4$		
Gew.-%	Dichte g/cm^3	°Bé	Gew.-%	Dichte g/cm^3	°Bé
0,5	1,002	0,5	0,5	1,003	0,6
1	1,003	0,6	1	1,005	0,9
1,5	1,006	1,0	1,5	1,008	1,3
2	1,008	1,3	2	1,012	1,9
3	1,013	2,0	3	1,019	2,8
4	1,018	2,7	4	1,025	3,6
5	1,023	3,3	5	1,032	4,6
6	1,028	4,0	6	1,039	5,5
7	1,033	4,7	7	1,046	6,5
8	1,038	5,4	8	1,052	7,3
9	1,043	6,1	9	1,059	8,1
10	1,048	6,7	10	1,066	9,0
11	1,053	7,3	11	1,073	9,9
12	1,058	8,0	12	1,080	10,8
13	1,063	8,6	13	1,087	11,7
14	1,068	9,3	14	1,095	12,6
15	1,073	9,9	15	1,102	13,5
16	1,078	10,5			
17	1,083	11,1	70	1,610	54,7
18	1,088	11,8	72	1,634	56,0
19	1,093	12,4	74	1,657	57,3
20	1,098	13,0	76	1,680	58,5
21	1,103	13,6	78	1,705	59,7
22	1,108	14,2	80	1,727	60,8
23	1,113	14,8	82	1,750	61,9
24	1,118	15,4	84	1,770	62,9
25	1,123	16,0	86	1,788	63,7
26	1,128	16,5	88	1,802	64,4
27	1,134	17,1	90	1,815	64,9
28	1,139	17,7	92	1,824	65,3
29	1,144	18,2	94	1,831	65,6
30	1,149	18,7	95	1,834	65,7
31	1,154	19,3	96	1,836	66,0
32	1,159	19,8	97	1,8363	66,0
33	1,164	20,5	98	1,836	66,0
34	1,169	21,0			
35	1,174	21,5			
36	1,179	22,0			
37	1,184	22,5			
38	1,189	23,0			

12.16. Fertig-Salzsolen verschiedener Konzentration aus festem Kochsalz

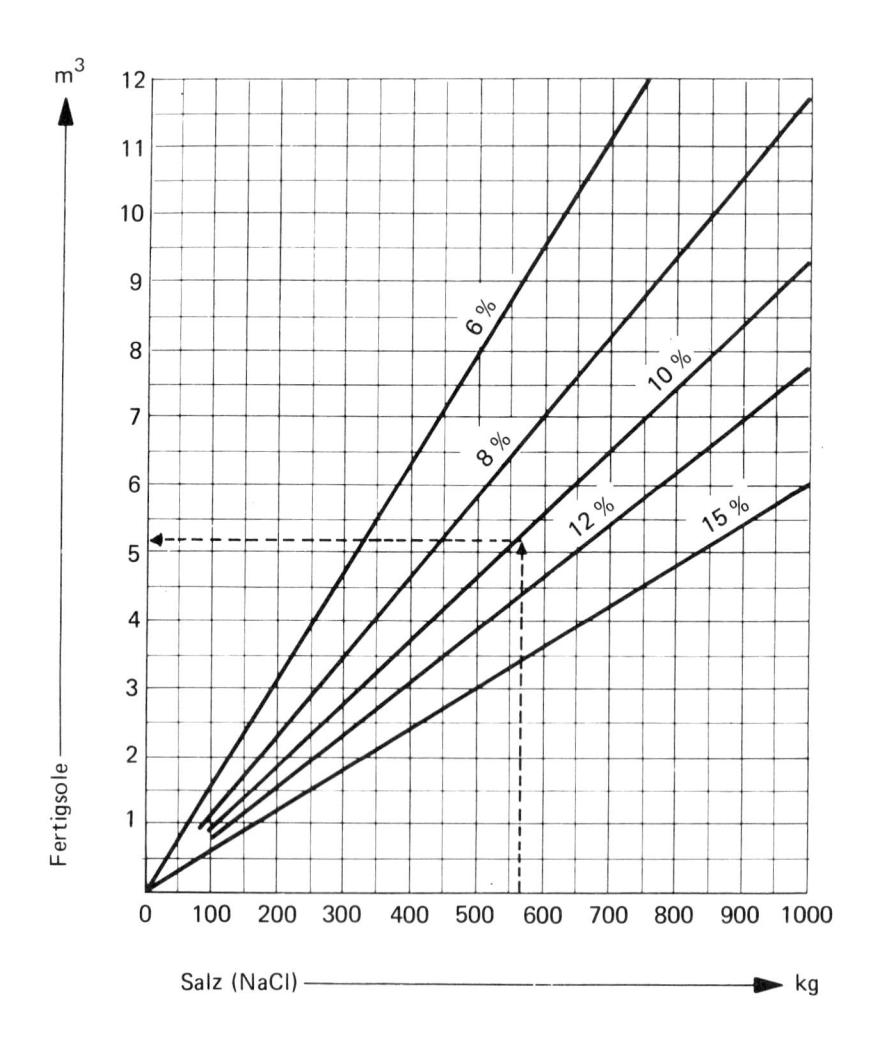

Beispiel

Kochsalzbedarf zur Regeneration 570 kg. Für eine 10%ige Kochsalzsole sind die 570 kg NaCl auf 5,2 m³ mit Wasser aufzufüllen.

12.17. Fertig-Salzsolen verschiedener Konzentration aus gesättigter Salzsole

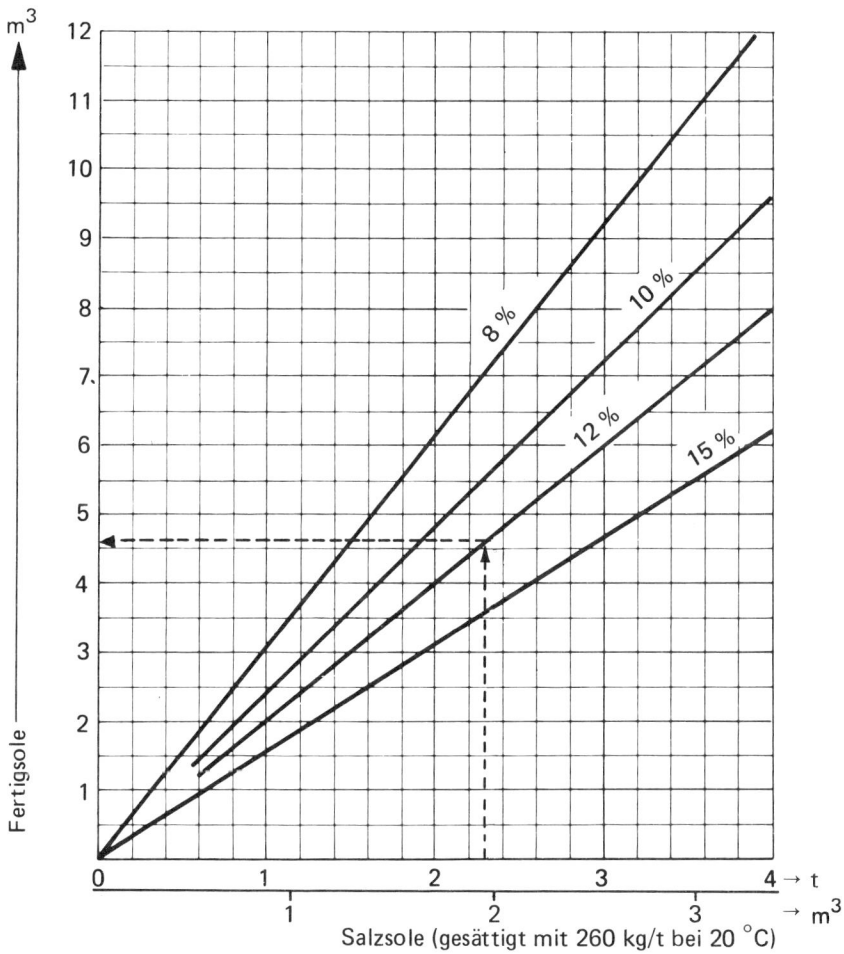

(Diagramm: Fertigsole [m³] über Salzsole (gesättigt mit 260 kg/t bei 20 °C) [t bzw. m³], mit Kurven für 8 %, 10 %, 12 % und 15 %)

Beispiel

Kochsalzbedarf zur Regeneration 600 kg.

600 kg NaCl entsprechen $\frac{1}{260} \cdot 600 = 2,3$ t;

$\frac{2,3}{\text{spez. Gew.}} = \frac{2,3}{1,197} = 1,93$ m³ gesättigte Kochsalzsole.

Um zu einer 12%igen Kochsalzsole zu gelangen, sind die 2,3 t = 1,93 m³ gesättigte Kochsalzsole mit Wasser auf 4,6 m³ zu bringen.

12.18. Verdünnungskurven für Natronlauge

Natronlauge in 100 l Lösung (y-Achse)

Gehalt der Natronlauge ⟶ Gew.-% (x-Achse)

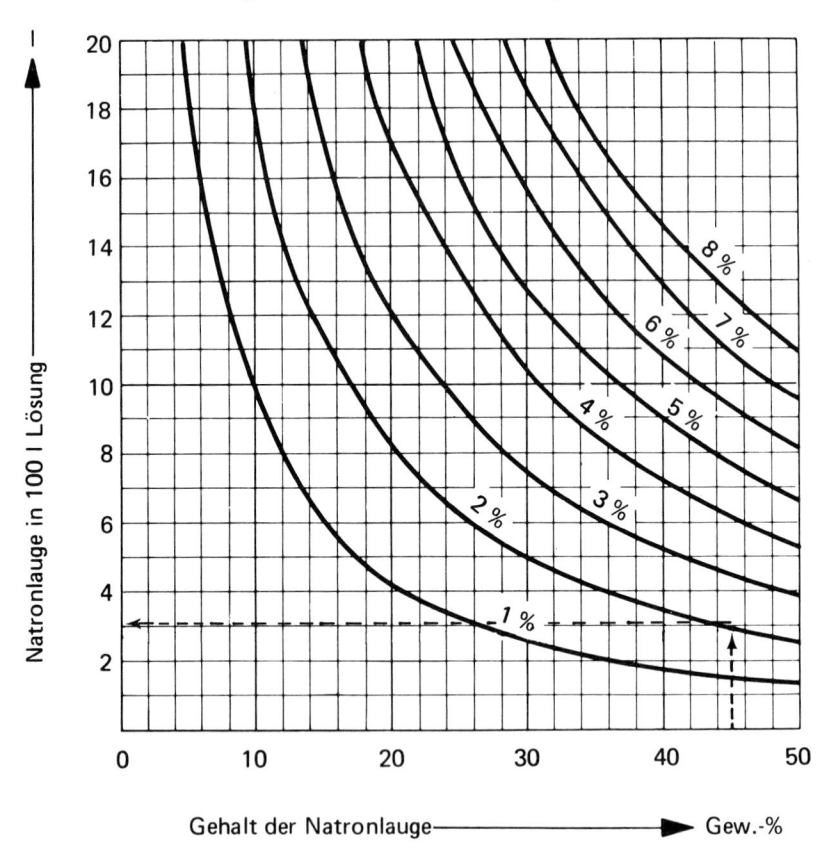

Beispiel

NaOH-Bedarf zur Regeneration 60 kg 100%ige NaOH. Ist eine 45%ige NaOH (Tabelle 12.13. spez. Gew. 1,48 g/cm^3) vorhanden, so werden $\frac{60 \cdot 100}{1,48 \cdot 45} = 90$ l gebraucht. Für eine 2%ige Lauge sind 3 l 45%ige mit Wasser auf 100 l aufzufüllen. 90 l 45%ige Lauge sind demnach auf $\frac{100 \cdot 90}{3} = 3000$ l zu bringen. Oder 90 l 45%ige Lauge sind mit $\approx$ 2910 l Treibwasser zu fördern. Bei einer Regenerationszeit von 40 Minuten sind $\frac{90 \cdot 60}{40} = 135$ l/h 45%ige Lauge mit $\frac{2910 \cdot 60}{40} =$ 4350 l/h Treibwasser einzuschleusen.

Tabellen und graphische Darstellungen 293

12.19. Auskristallisation der Natronlauge in Abhängigkeit von der Konzentration und Temperatur

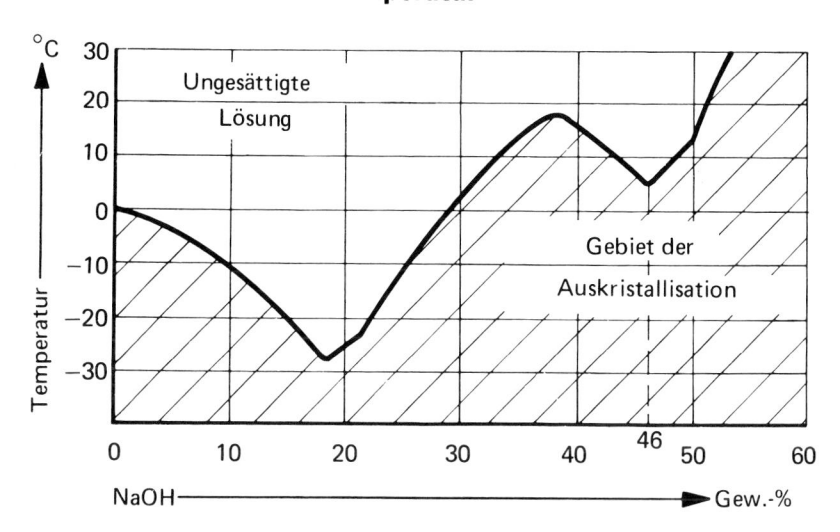

Diagramm: Temperatur (°C) gegen NaOH (Gew.-%)
- Ungesättigte Lösung
- Gebiet der Auskristallisation

12.20. Erstarrungstemperaturen von Schwefelsäure

Diagramm: Temperatur (°C) gegen H_2SO_4 (Gew. %)

Erstarrungstemperaturen von Schwefelsäure

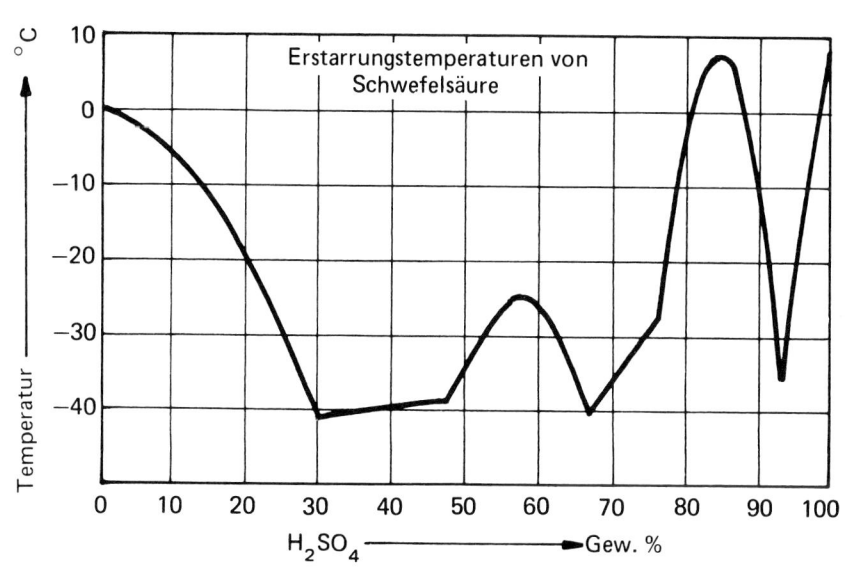

12.21. Erstarrungstemperaturen von Salzsäure

5 %	− 6 °C
10 %	− 15,3 °C
15 %	− 31,9 °C
20 %	− 58,8 °C
25 %	− 84,8 °C
30 %	− 43,9 °C
35 %	− 33,4 °C
38 %	− 25,0 °C
40 %	− 27,0 °C

Tabellen und graphische Darstellungen 295

12.22. Verdünnungskurve für Salzsäure

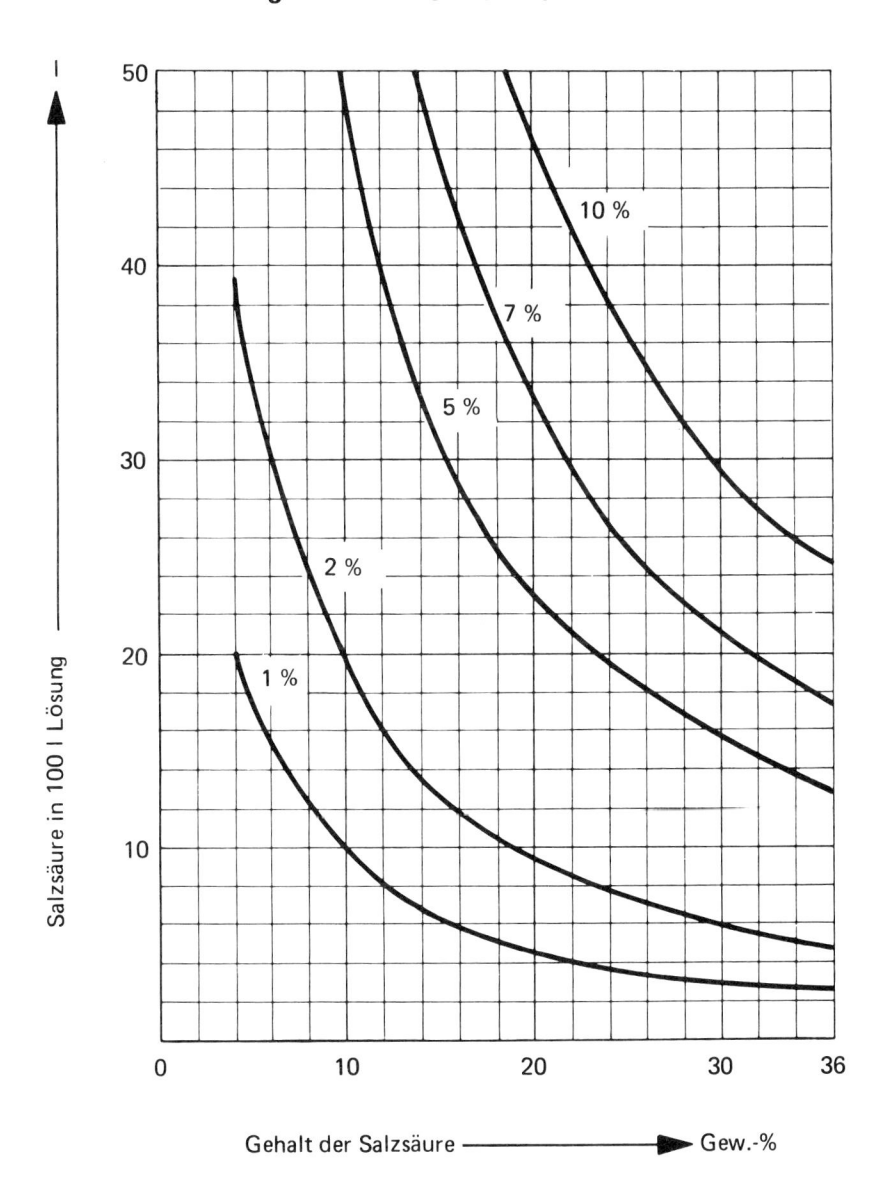

Salzsäure in 100 l Lösung

Gehalt der Salzsäure ⟶ Gew.-%

Sinngemäße Anwendung wie 12.18.

12.23. Verdünnungskurve für Schwefelsäure

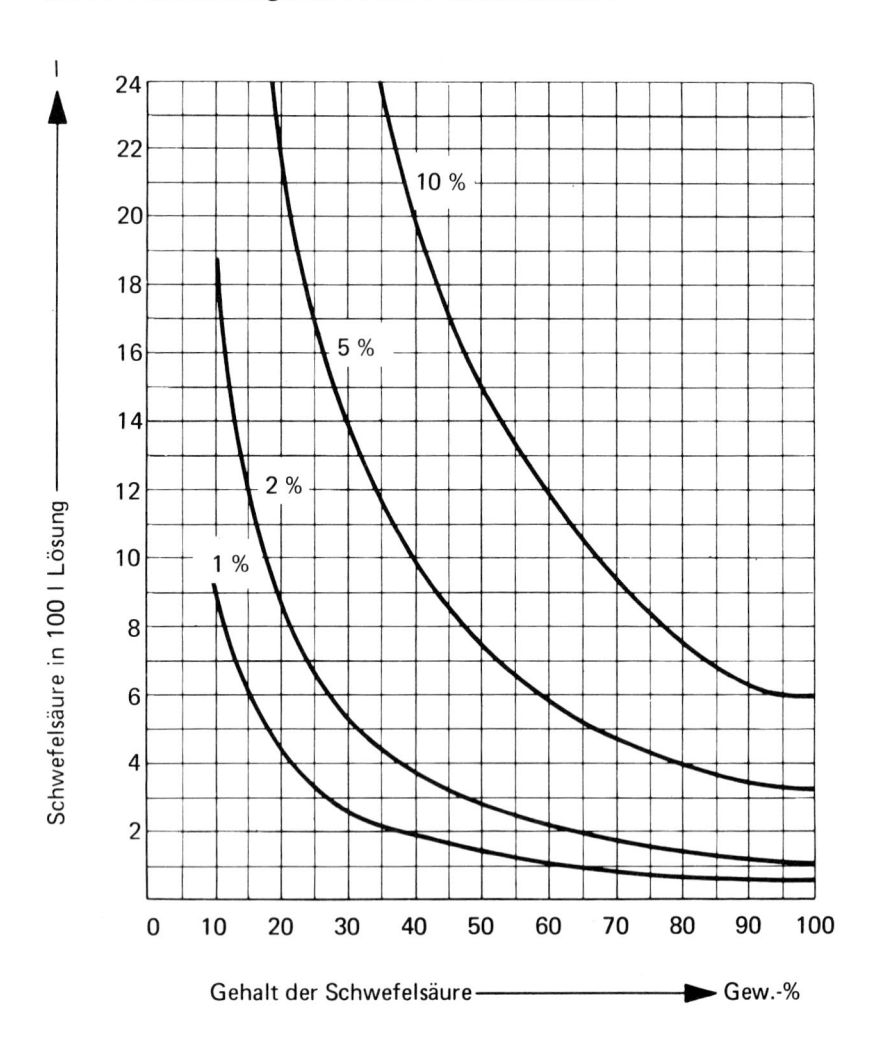

y-Achse: Schwefelsäure in 100 l Lösung

x-Achse: Gehalt der Schwefelsäure ⟶ Gew.-%

Kurven: 1 %, 2 %, 5 %, 10 %

Sinngemäße Anwendung wie 12.18.

12.24. Temperaturerhöhung bei Verdünnung von Säuren und Laugen [Wasser = 20 °C]

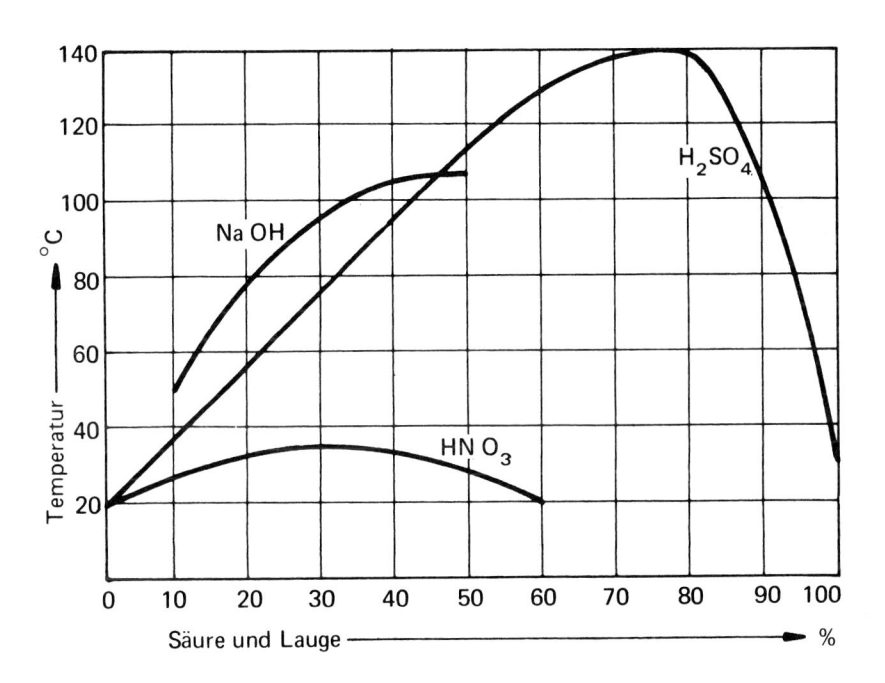

(Temperatur °C vs. Säure und Lauge %)

Kurven: NaOH, H_2SO_4, HNO_3

12.25. pH-Wert-Erhöhung von reinem Wasser durch flüchtige Alkalisierungsmittel bei 25 °C

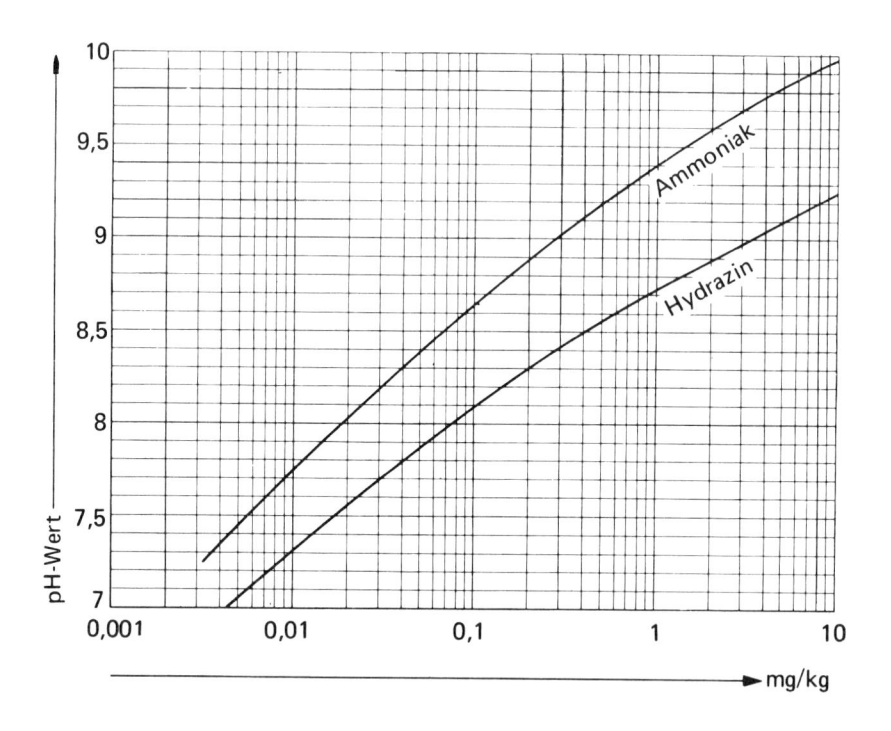

12.26. pH-Wert-Erhöhung von reinem Wasser durch Alkalisalze bei 25 °C

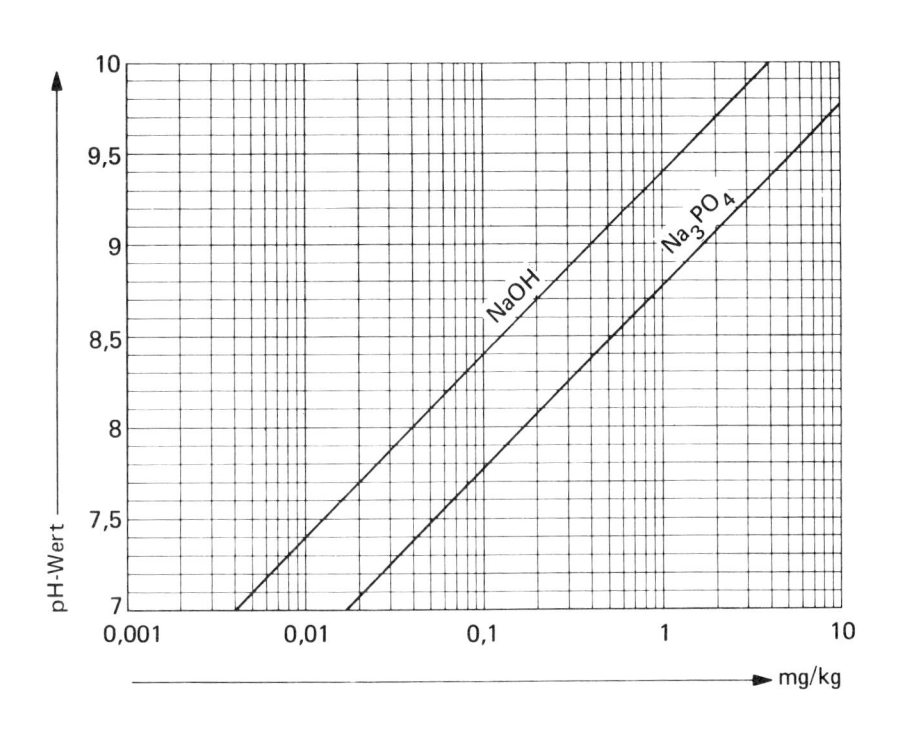

12.27. pH-Änderung reinen Wassers durch Kohlensäure

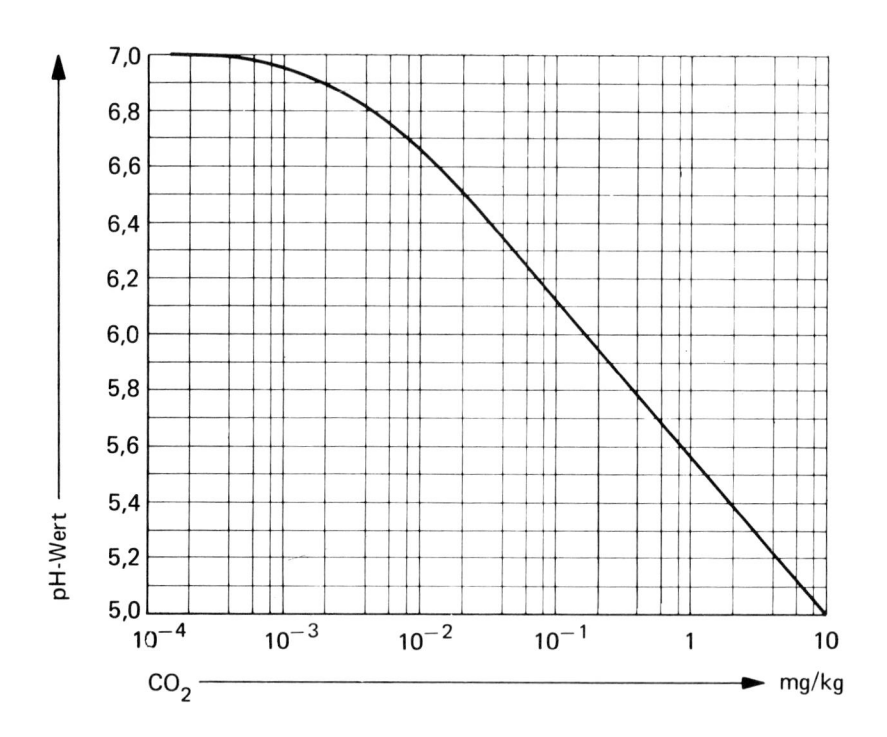

12.28. Geschwindigkeit der Sauerstoffbindung mit Hydrazin und Levoxin [38]

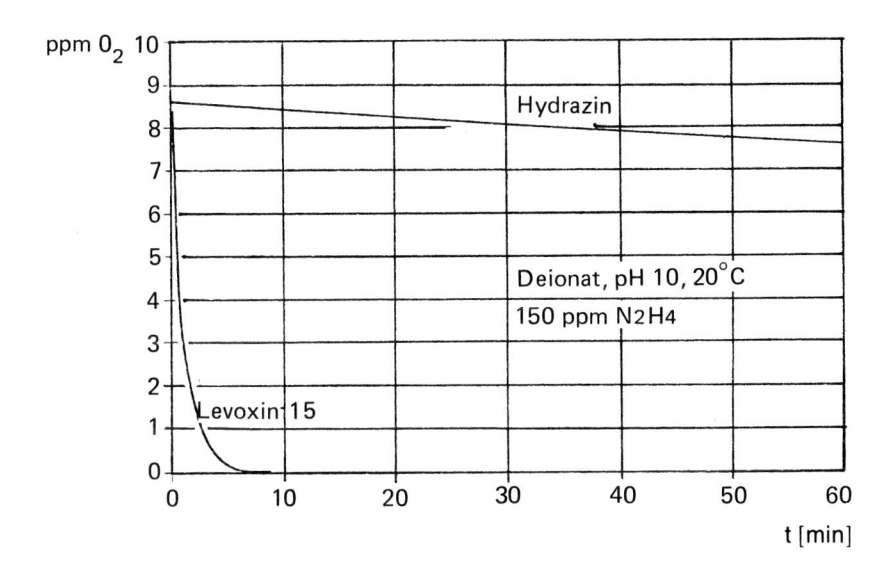

ppm O_2

Hydrazin

Deionat, pH 10, 20°C
150 ppm N_2H_4

Levoxin 15

t [min]

Tafel 12.-29: Hydrazinbedarf bei Kesselanlagen ohne Entgaser

Kessel-Speisewasser		Aufwandmenge				
		ohne Kohlefilter		unter Einschaltung eines Kohlefilters		1 kg ≈ 1 l Hydrazinhydrat ca. 24% reicht für: t Speisewasser
Temperatur in °C	Gehalt an Sauerstoff Sättigungswerte g/t[1])	Hydrazin N_2H_4 g/t	Hydrazinhydrat ca. 24% g/t[1])	Hydrazin N_2H_4 g/t	Hydrazinhydrat ca. 24% g/t	
(1)	(2)	(3)	(4)	(5)	(6)	(7)
10	11,25	34	240	14[2])	100	10
20	9,09	27	190	11	77	13
30	7,49	23	160	9	63	15,9
40	6,41	19	133	8	56	17,9
50	5,50	16	112	6,5	45	22,2
60	4,69	12	84	5,5	38	26,3
70	3,81	8	56	4,5	30	33,3
80	2,81	6	42			24
85	2,24	4	28			35
90	1,59	2,5	17,5			57
95	0,86	2	14			71
99	0,18	0,5	3,5			285

[1]) Beispiel: Bei einer Temperatur von 30 °C beträgt die Einsatzmenge von Hydrazinhydrat ca. 24% 160 g/t = 160 mg/kg, oder anders ausgedrückt, bei einem Sauerstoffgehalt von 7,49 g/t = 7,49 mg/kg sind 160 g/t = 160 mg/kg Hydrazinhydrat ca. 24% erforderlich, normale Betriebsbedingungen (Gleichgewicht zwischen Wasser und Atmosphäre) vorausgesetzt.

[2]) Bei einer Verweilzeit von 100–120 Sekunden und bei Füllung des Kohlefilters mit der Spezialsorte HYDRAFFIN LH genügen die Hydrazin-Überschüsse, die in den Zahlen der Spalte 5 enthalten sind, um im Kohlefilter nicht umgesetzten Sauerstoff nachträglich unschädlich zu machen.

12.30. Löslichkeit von O_2 und N_2 der Luft bei 1 bar in reinem Wasser

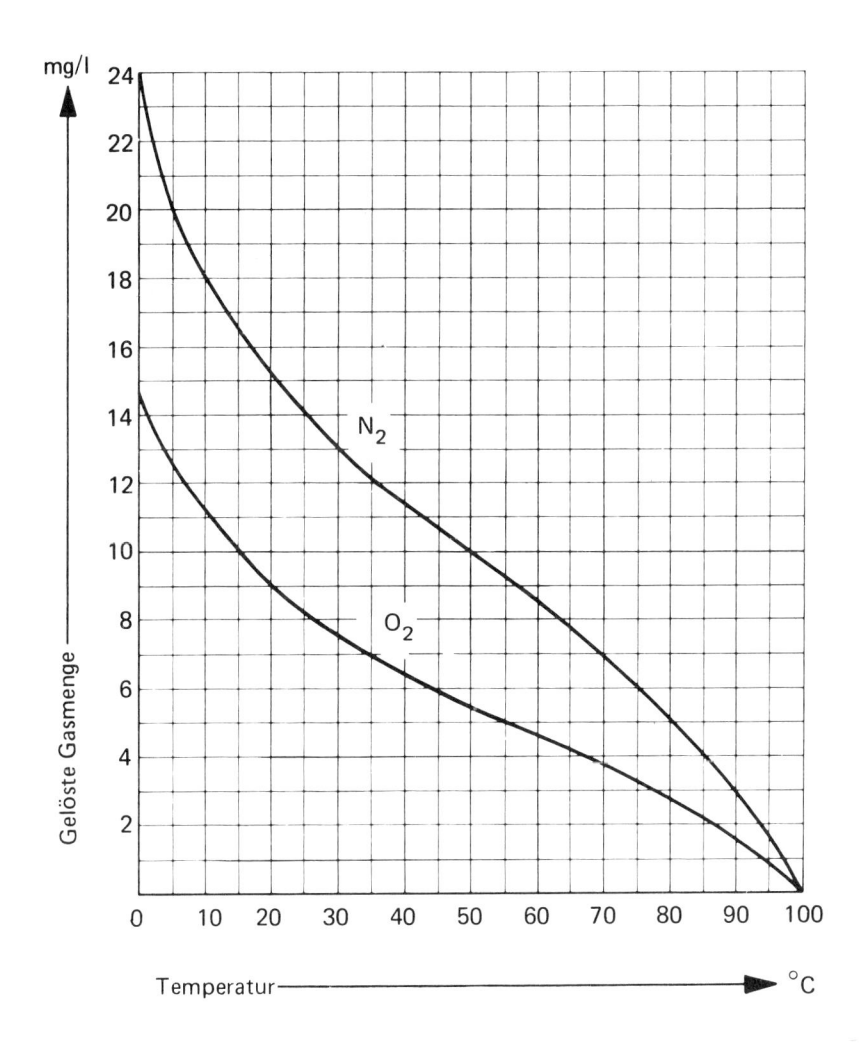

12.31. Leitfähigkeit gelöster Gase

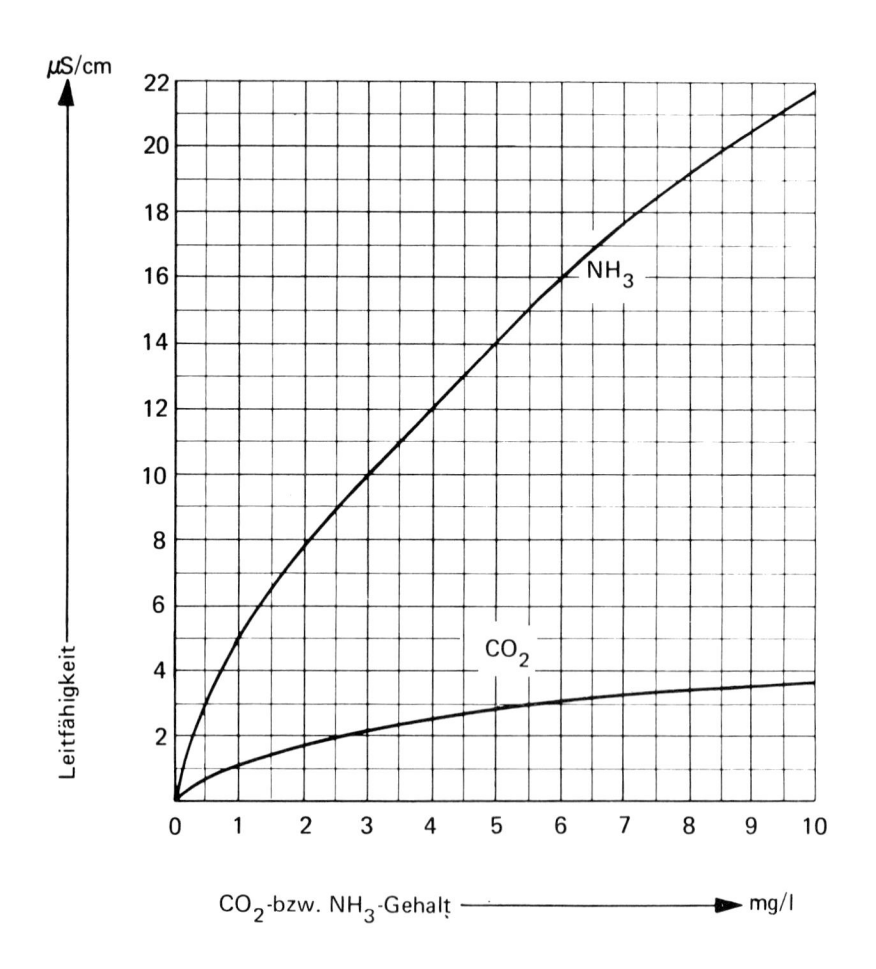

CO_2-bzw. NH_3-Gehalt → mg/l

Tabellen und graphische Darstellungen 305

12.32. Spezifische Leitfähigkeiten von Lösungen

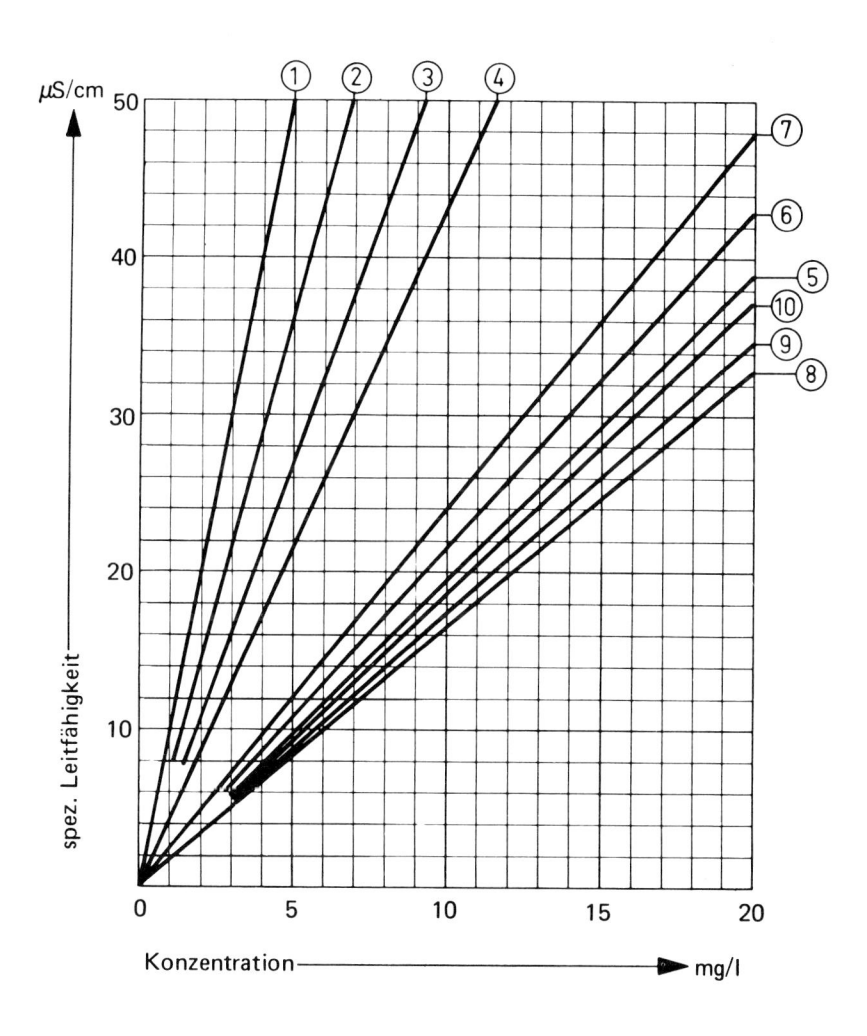

μS/cm

spez. Leitfähigkeit

Konzentration ⟶ mg/l

① HCl
② H_2SO_4
③ NaOH
④ KOH
⑤ NaCl
⑥ $CaCl_2$
⑦ $MgCl_2$
⑧ Na_2SO_4
⑨ $CaSO_4$
⑩ $MgSO_4$

12.33. Umrechnungsdiagramm von spez. Leitfähigkeit in elektr. Widerstand

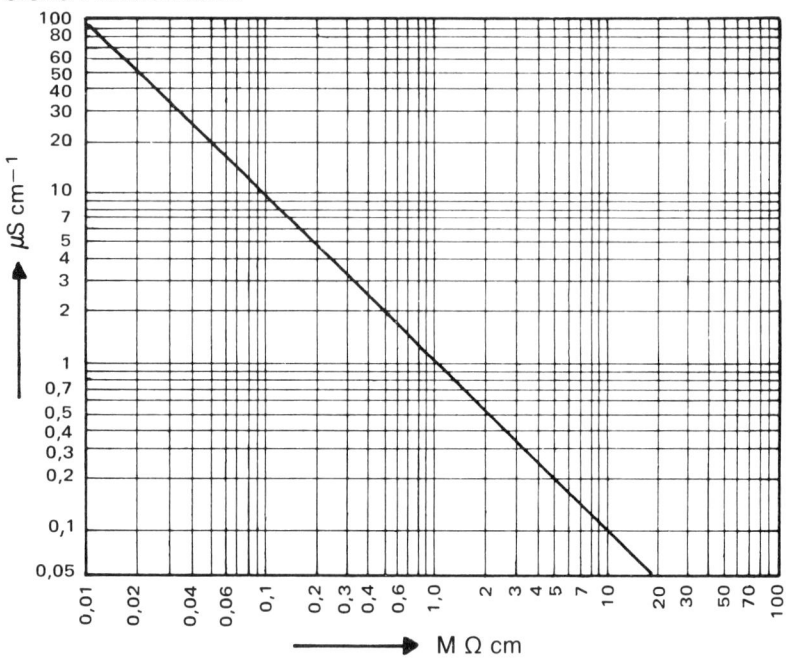

12.34. Schüttgewichte verschiedener Stoffe

Stoffart	Schüttgewicht t/m³
Gebrannter Kalk	1,0
Kalkhydrat	0,4–0,5
Soda	0,9–1,2
Ätznatron	0,9–1,2
Marmor	1,5
Reaktormasse	1,5
Magnomasse	1,1–1,2
Filterkies	1,6
Aktivkohle	0,25–0,3
Austauschmaterial	0,65–0,8
Kochsalz (Siedesalz)	0,7–0,8
Kochsalz (Steinsalz)	1,0
Koks V	0,5–0,65
Elektroden-Anthrazit	0,7–0,8

12.35. Flüssigkeitsmessung mit der Meßblende (DIN 1952)

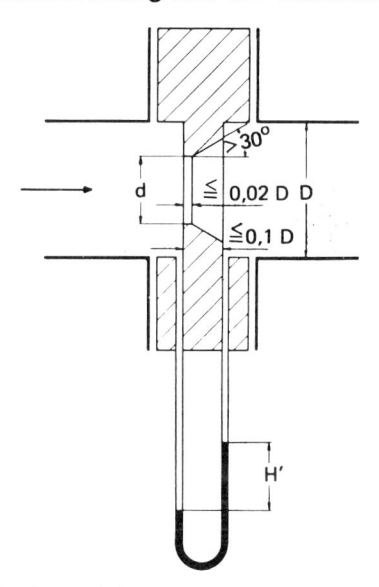

Bild 12.35.-1: Ausführung der Normblende

a) Ermittlung des Durchflußgewichtes bei bekannten Blendendaten

$$G = 0{,}0444\, \alpha\, d_t^2\, \sqrt{\gamma t}\, \sqrt{H'}\ \frac{kp}{h} \qquad (1)$$

Es bedeuten:
G Durchflußgewicht in kp/h,
d_t Blendendurchmesser bei der Betriebstemperatur in mm,
d_{20} Blendendurchmesser bei 20 °C in mm,
D_t Rohrinnendurchmesser bei der Betriebstemperatur in mm,
D_{20} Rohrinnendurchmesser bei 20 °C in mm,
γt spezifisches Gewicht der Flüssigkeit in kp/m³ bei Betriebstemperatur,
H' Spiegeldifferenz der Sperrflüssigkeit im Differential-Manometer (nicht Ringwaage) in mm (QS–WS);
spezifisches Gewicht $\gamma_{Hg} - \gamma_w = 13{,}6 - 1{,}0 = 12{,}6\ p/cm^3$,
α_L Längenausdehnungszahl $\dfrac{m}{m\ °C}$
α Durchflußzahl

Die Durchflußzahl α ist eine Funktion des Öffnungsverhältnisses. Das Öffnungsverhältnis wird definiert:

$$m = \left(\frac{d}{D}\right)^2 \qquad (2)$$

Es ist temperaturunabhängig und aus Bild 12.35.-2 zu entnehmen.

Öffnungsverhältnis $\longrightarrow$ $m = \left[\dfrac{d}{D}\right]^2$ bzw. m·α

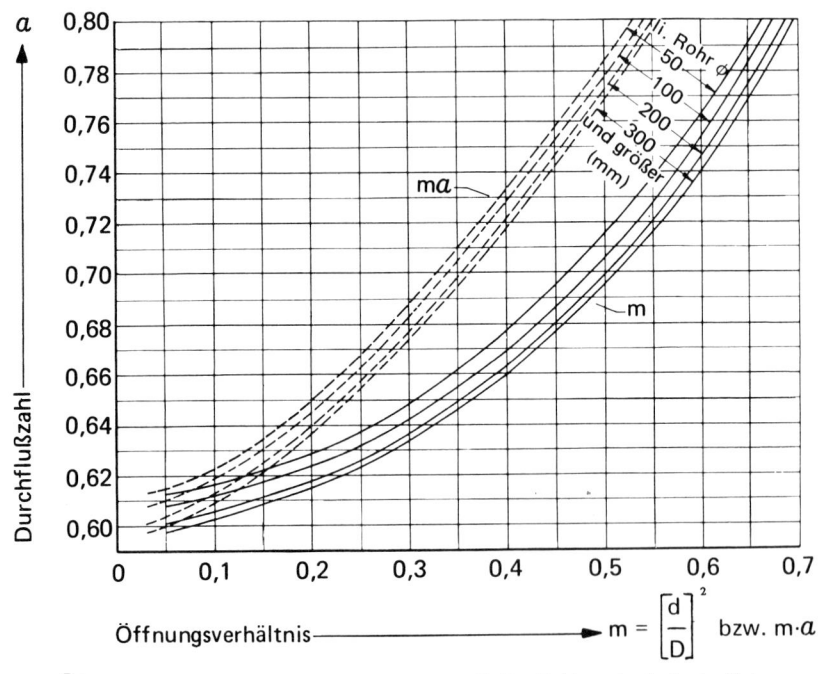

Bild 12.35.-2: Durchflußzahl α bei Normblenden für Re-Zahlen oberhalb der Toleranzgrenze unter Berücksichtigung der normalen Rohrrauhigkeit und Kantenunschärfe

b) Ermittlung des Meßblendendurchmessers d_{20} bei bekanntem Durchflußgewicht

Man ermittelt zuerst mα. Nach Gl. (1) ist

$$m\alpha = \frac{G}{0{,}0444\ D_t^2\ \sqrt{\gamma t}\ \sqrt{H'}} \qquad (3)$$

Aus mα wird durch Probieren in Bild 12.35.-2 m ermittelt. Nach Gl. (2) ist dann

$$d_t = \sqrt{m}\ D_t \qquad \text{mm} \qquad (4)$$

Tabellen und graphische Darstellungen

Die Umrechnung auf 20 °C erfolgt nach

$$d_{20} = \frac{d_t}{1 + \alpha_L (t - 20)} \quad \text{mm} \tag{5}$$

Strömungswiderstände in Rohrleitungen bei Förderung von reinem kalten Wasser

NW		0,20	0,30	0,40	0,50	0,60	0,70	0,80	0,90	V = m/sek 1,00	1,10	1,25	1,50	1,75	2,00	2,50	3,00
20	Q	0,23	0,34	0,45	0,57	0,68	0,79	0,91	1,02	1,13	1,24	1,41	1,70	1,98	2,26	2,83	3,40
	h	0,45	1,00	1,69	2,55	3,60	4,90	6,20	7,90	9,65	11,5	14,6	20,8	27,8	36,0	54,0	78,0
25	Q	0,35	0,52	0,70	0,87	1,04	1,22	1,39	1,57	1,74	1,91	2,18	2,61	3,04	3,48	4,35	5,22
	h	0,35	0,76	1,33	2,00	2,79	3,78	4,95	6,10	7,40	8,90	11,35	16,0	21,5	27,8	41,5	60,0
32	Q	0,61	0,91	1,22	1,52	1,83	2,13	2,43	2,74	3,04	3,35	3,80	4,56	5,32	6,09	7,61	9,13
	h	0,25	0,55	0,96	1,55	2,00	2,73	3,50	4,45	5,35	6,40	8,10	11,6	15,8	20,0	30,0	43,5
40	Q	0,87	1,31	1,75	2,18	2,62	3,06	3,50	3,93	4,36	4,80	5,46	6,55	7,65	8,74	10,9	13,1
	h	0,19	0,40	0,70	1,07	1,49	2,00	2,60	3,12	3,96	4,75	6,05	8,55	11,5	14,8	22,4	31,7
50	Q	1,48	2,22	2,96	3,71	4,45	5,19	5,93	6,67	7,41	8,15	9,27	11,1	13,0	14,8	18,5	22,2
	h	0,14	0,31	0,54	0,80	1,15	1,55	2,00	2,45	3,00	3,62	4,60	6,55	8,20	11,3	17,1	24,3
65	Q	2,79	4,19	5,59	6,98	8,38	9,78	11,2	12,6	14,0	15,4	17,5	21,0	24,4	27,9	34,9	41,9
	h	0,10	0,22	0,39	0,59	0,81	1,09	1,41	1,80	2,19	2,60	3,30	4,70	6,25	8,00	12,1	17,5
80	Q	3,65	5,77	7,70	9,63	11,5	13,5	15,4	17,3	19,2	21,2	24,1	28,9	33,7	38,5	48,1	57,8
	h	0,08	0,17	0,30	0,45	0,62	0,84	1,09	1,38	1,66	2,00	2,53	3,60	4,80	6,25	9,40	13,3
100	Q	5,74	8,61	11,5	14,4	17,2	20,1	23,0	25,8	28,7	31,6	35,9	43,1	50,2	57,4	71,8	86,1
	h	0,06	0,13	0,23	0,35	0,48	0,65	0,83	1,05	1,28	1,53	1,95	2,78	3,65	4,78	7,10	10,4
125	Q	8,83	13,3	17,7	22,1	26,5	30,9	35,3	39,8	44,2	48,6	55,2	66,3	77,3	88,3	110	133
	h	0,046	0,10	0,17	0,26	0,36	0,49	0,63	0,80	0,97	1,17	1,48	2,08	2,79	3,55	5,40	7,70
150	Q	12,7	19,1	25,4	31,8	38,2	44,5	50,9	57,3	63,6	70,0	79,5	95,4	111	127	159	191
	h	0,036	0,078	0,14	0,20	0,28	0,38	0,50	0,62	0,75	0,90	1,16	1,62	2,18	2,80	4,25	6,05
200	Q	24,3	36,4	48,6	60,7	72,9	85,0	97,2	109	121	134	152	182	213	243	304	364
	h	0,025	0,055	0,094	0,14	0,20	0,27	0,35	0,43	0,52	0,62	0,80	1,14	1,52	1,98	3,00	4,25
250	Q	36,6	54,9	73,2	91,5	110	128	145	165	183	201	229	274	320	366	457	549
	h	0,019	0,041	0,070	0,11	0,15	0,20	0,25	0,32	0,40	0,48	0,61	0,87	1,15	1,48	2,22	3,15
300	Q	54,2	91,3	108	136	163	190	217	244	271	298	339	407	474	542	678	813
	h	0,016	0,033	0,057	0,085	0,12	0,16	0,21	0,27	0,33	0,39	0,49	0,54	0,90	1,20	1,80	2,50
350	Q	65,2	97,8	130	163	196	228	261	293	326	359	407	489	570	652	815	978
	h	0,013	0,027	0,047	0,070	0,14	0,18	0,22	0,27	0,31	0,41	0,59	0,77	1,00	1,49	2,15	
400	Q	90,0	135	180	225	270	315	360	405	450	495	582	675	787	900	1125	1350
	h	0,011	0,023	0,040	0,060	0,083	0,115	0,15	0,19	0,23	0,27	0,35	0,50	0,65	0,85	1,26	1,80
450	Q	108	162	216	270	324	378	432	486	540	594	675	810	945	1080	1350	1621
	h	0,010	0,020	0,035	0,053	0,074	0,10	0,13	0,16	0,20	0,24	0,30	0,42	0,50	0,73	1,07	1,55
500	Q	134	200	267	334	401	467	534	601	660	735	835	1002	1169	1336	1670	2003
	h	0,008	0,018	0,030	0,045	0,065	0,087	0,12	0,145	0,17	0,21	0,26	0,37	0,49	0,64	0,94	1,40
600	Q	206	309	412	514	617	720	823	925	1030	1132	1286	1543	1801	2058	2572	3087
	h	0,007	0,016	0,024	0,036	0,050	0,070	0,090	0,115	0,14	0,17	0,21	0,30	0,39	0,50	0,75	1,08
700	Q	280	419	559	699	839	978	1118	1258	1398	1537	1747	2096	2446	2795	3494	4193
	h	0,006	0,012	0,020	0,031	0,043	0,057	0,076	0,096	0,115	0,14	0,18	0,25	0,32	0,43	0,63	0,90
800	Q	365	547	730	912	1095	1277	1460	1642	1825	2007	2201	2737	3194	3650	4562	5475
	h	0,005	0,011	0,017	0,026	0,037	0,050	0,065	0,080	0,10	0,12	0,15	0,21	0,27	0,36	0,54	0,77
900	Q	461	692	923	1153	1384	1514	1845	2076	2306	2537	2883	3460	4036	4613	5766	6919
	h	0,004	0,009	0,015	0,023	0,032	0,042	0,056	0,070	0,084	0,10	0,13	0,18	0,24	0,31	0,46	0,67
1000	Q	569	953	1137	1421	1706	1990	2274	2559	2843	3127	3554	4264	5176	5686	7107	8529
	h	0,0035	0,008	0,013	0,020	0,028	0,037	0,050	0,063	0,075	0,090	0,115	0,16	0,21	0,27	0,40	0,58
1100	Q	688	1033	1377	1721	2065	2409	2754	3098	3442	3786	4302	5163	6023	6884	8605	10326
	h	0,003	0,007	0,012	0,018	0,025	0,033	0,044	0,055	0,066	0,079	0,10	0,14	0,18	0,24	0,36	0,50
1200	Q	820	1230	1640	2050	2460	2870	3280	3689	4099	4509	5124	6149	7174	8199	10248	12298
	h	0,0028	0,006	0,010	0,016	0,022	0,030	0,040	0,050	0,060	0,070	0,090	0,13	0,17	0,22	0,33	0,39

Q = Durchflußmenge (m^3/h) für Rohrquerschnitte nach DIN 2448
h = Strömungswiderstand m WS/100 m Rohrleitung
Die Widerstandshöhen gelten etwa für neue Rohre aus Grauguß, bei neuen gewalzten Stahlrohren können die Werte auf das 0,8fache abgemindert werden, für ältere, angerostete Gußrohre ohne Inkrustierungen sind die Tabellenwerte um 20–30% zu erhöhen.

12.36. Thermische Mischungsformeln

1. Die Mischungstemperatur mehrerer nicht chemisch miteinander reagierender Flüssigkeiten bzw. fester Körper verschiedener Temperatur bei vollständigem Temperaturausgleich ist

$$t = \frac{M_1 c_1 t_1 + M_2 c_2 t_2 + \ldots\ldots M_n c_n t_n}{M_1 c_1 + M_2 c_2 + \ldots\ldots M_n c_n} \qquad (1)$$

$M_1, M_2 \ldots$ Mengen der Stoffe kg
$c_1, c_2 \ldots$ spezifische Wärme der Stoffe kJ/kg
$t_1, t_2 \ldots$ Temperaturen der Stoffe °C

2. Bei thermischer Mischung von Wasser und Wasserdampf unter konstantem Druck, bei absoluter Wärmeisolierung nach außen und vollständigem Temperaturausgleich gilt:

$$M_D \cdot (i_D - i_M) = M_W \cdot (i_M - i_W) \qquad (2)$$

Dabei bedeuten:
M_W Menge des Wassers kg
M_D Menge des Dampfes kg
i_W Enthalpie des Wassers kJ/kg
i_D Enthalpie des Dampfes kJ/kg
i_M Enthalpie nach dem Mischungsausgleich kJ/kg (Enthalpie siehe 12.39.–12.41.).

Beispiel 1

1000 kg Wasser sollen durch Sattdampf von 1 bar von 20 °C auf 90 °C gebracht werden.

M_W 1000 kg
i_W 83,7 kJ/kg
i_D 2673,3 kJ/kg
i_M 376,8 kJ/kg

$M_D = 1000 \cdot \dfrac{293,1}{2298,6} = 127{,}5 \text{ kg} \mathrel{\hat=} 127{,}5 \cdot 1{,}694 = 215{,}5 \text{ m}^3$ Dampf

Beispiel 2

1000 kg Wasser von 20 °C sollen bei 25 kp/cm² Druck durch überhitzten Dampf von 300 °C in gesättigten Dampf übergeführt werden.

Sättigungstemperatur bei 25 kp/cm² = 223 °C

M_W 1000 kg
i_W 83,7 kJ/kg
i_D 3012,8 kJ/kg
i_M 2802,6 kJ/kg

$M_D = 1000 \cdot \dfrac{2718,9}{210,2} = 12\,935$ kg $\triangleq 12,9$ t überhitzter Dampf von 300 °C

12.37. Atommassen und Ordnungszahlen der Elemente

Symbol	Element	Ordnungszahl	relative Atommasse
Ac	Actinium	89	227
Ag	Silber	47	107,868
Al	Aluminium	13	26,982
Am	Americium	95	243
Ar	Argon	18	39,948
As	Arsen	33	74,922
At	Astat	85	210
Au	Gold	79	196,967
B	Bor	5	10,81
Ba	Barium	56	137,34
Be	Beryllium	4	9,012
Bi	Wismut	83	208,981
Bk	Berkelium	97	249
Br	Brom	35	79,904
C	Kohlenstoff	6	12,011
Ca	Calcium	20	40,08
Cd	Cadmium	48	112,4
Ce	Cer	58	140,12
Cf	Californium	98	251
Cl	Chlor	17	35,453
Cm	Curium	96	247
Co	Kobalt	27	58,933
Cr	Chrom	24	51,91
Cs	Cäsium	55	132,906
Cu	Kupfer	29	63,546

Symbol	Element	Ordnungszahl	relative Atommasse
Dy	Dysprosium	66	162,50
Er	Erbium	68	167,26
Es	Einsteinium	99	254
Eu	Europium	63	151,9
F	Fluor	9	18,99
Fe	Eisen	26	55,847
Fm	Fermium	100	253
Fr	Francium	87	223
Ga	Gallium	31	69,72
Gd	Gadolinium	64	157,2
Ge	Germanium	32	72,59
H	Wasserstoff	1	1,008
He	Helium	2	4,003
Hf	Hafnium	72	178,49
Hg	Quecksilber	80	200,59
Ho	Holmium	67	164,93
Ha	Hahnium	105	262
In	Indium	49	114,82
Ir	Iridium	77	192,22
J	Jod	53	126,905
K	Kalium	19	39,102
Kr	Krypton	36	83,80
Ku	Kurtschatovium (s. Rf)	104	261
La	Lanthan	57	138,905
Li	Lithium	3	6,941
Lu	Lutecium	71	174,97
Lr	Lawrencium	103	260
Md	Mendelevium	101	256
Mg	Magnesium	12	24,305
Mn	Mangan	25	54,938
Mo	Molybdän	42	95,94

Symbol	Element	Ordnungszahl	relative Atommasse
N	Stickstoff	7	14,007
Na	Natrium	11	22,99
Nb	Niob	41	92,906
Nd	Neodym	60	144,24
Ne	Neon	10	20,179
Ni	Nickel	28	58,71
No	Nobelium	102	253
Np	Neptunium	93	237
O	Sauerstoff	8	15,999
Os	Osmium	76	190,2
P	Phosphor	15	30,974
Pa	Protaktinium	91	231,036
Pb	Blei	82	207,2
Pd	Palladium	46	106,4
Pm	Promethium	61	147
Po	Polonium	84	209
Pr	Praseodym	59	140,907
Pt	Platin	78	195,09
Pu	Plutonium	94	242
Ra	Radium	88	226,025
Rb	Rubidium	37	85,468
Re	Rhenium	75	186,2
Rh	Rhodium	45	102,906
Rn	Radon	86	222
Ru	Ruthenium	44	101,07
Rf	Rutherfordium (s. Ku)	104	261
S	Schwefel	16	32,06
Sb	Antimon	51	121,75
Sc	Scandium	21	44,956
Se	Selen	34	78,96
Si	Silicium	14	28,086
Sm	Samarium	62	150,4
Sn	Zinn	50	118,69
Sr	Strontium	38	87,62

Symbol	Element	Ordnungszahl	relative Atommasse
Ta	Tantal	73	180,948
Tb	Terbium	65	158,925
Tc	Technetium	43	98,906
Te	Tellur	52	127,6
Th	Thorium	90	232,038
Ti	Titan	22	47,9
Tl	Thallium	81	204,37
Tm	Thulium	69	168,934
U	Uran	92	238,029
V	Vanadium	23	50,941
W	Wolfram	74	183,85
Xe	Xenon	54	131,3
Y	Yttrium	39	88,906
Yb	Ytterbium	70	173,04
Zn	Zink	30	65,37
Zr	Zirkonium	40	91,22

Tabellen und graphische Darstellungen

12.38. Molare Massen der wichtigsten Verbindungen

Verbindung	Formel	Molare Masse	Mol. Masse z^*
Säuren und Säureradikale			
Kohlensäure	H_2CO_3	62,0	31,0
Kohlendioxid	CO_2	44,0	22,0
Kieselsäure	H_2SiO_3	78,1	39,0
Siliziumdioxid	SiO_2	60,1	30,0
Salpetersäure	HNO_3	63,0	63,0
Stickstoffpentoxid	N_2O_5	108,0	54,0
Schwefelsäure	H_2SO_4	98,1	49,0
Schwefeltrioxid	SO_3	80,1	40,0
Schwefelige Säure	H_2SO_3	82,1	41,0
Schwefeldioxid	SO_2	64,1	32,0
Salzsäure	HCl	36,5	36,5
Chlor	Cl	35,5	35,5
Phosphorsäure	H_3PO_4	98,0	32,7
Phosphorpentoxid	P_2O_5	142,0	23,7
Basen und Basenradikale			
Aluminiumhydroxid	$Al(OH)_3$	78,0	26,0
Aluminiumoxid	Al_2O_3	101,9	17,0
Ammoniumhydroxid	NH_4OH	35,0	35,0
Ammoniak	NH_3	17,0	17,0
Hydrazinhydrat	$N_2H_4 \cdot H_2O$	50,0	12,5
Hydrazin	N_2H_4	32,0	16,0[1])
Bariumhydroxid	$Ba(OH)_2$	171,4	85,7
Bariumoxid	BaO	153,4	76,7
Eisen(III)-hydroxid	$Fe(OH)_3$	106,9	35,6
Eisen(III)-oxid	Fe_2O_3	159,7	26,6
Calciumhydroxid	$Ca(OH)_2$	74,1	37,0
Calciumoxid	CaO	56,1	28,0
Magnesiumhydroxid	$Mg(OH)_2$	58,3	29,2
Magnesiumoxid	MgO	40,3	20,2
Natriumhydroxid	$NaOH$	40,0	40,0
Natriumoxid	Na_2O	62,0	31,0
Anionen			
Hydrogenkarbonat	HCO_3^-	61,0	61,0
Chlorid	Cl^-	35,5	35,5
Karbonat	CO_3^{2-}	60,0	30,0
Nitrat	NO_3^-	62,0	62,0
Nitrit	NO_2^-	46,0	46,0
Sulfat	SO_4^{2-}	96,1	48,0
Sulfit	SO_3^{2-}	80,1	40,0
Phosphat	PO_4^{3-}	95,0	31,7

[1]) gegen O_2
z^* = Äquivalentzahl

Verbindung	Formel	Molare Masse	Mol. Masse / z*
Salze			
Aluminiumsulfat	$Al_2(SO_4)_3$	342,1	57,0
Aluminiumsulfat, krist.	$Al_2(SO_4)_3 \cdot 18\,H_2O$	666,4	111,1
Ammoniumsulfat	$(NH_4)_2SO_4$	132,1	66,0
Bariumkarbonat	$BaCO_3$	197,4	98,7
Bariumsulfat	$BaSO_4$	233,4	116,7
Bariumchlord	$BaCl_2$	208,3	104,2
Eisenchlorid	$FeCl_3$	162,2	54,1
Eisenchlorid, krist.	$FeCl_3 \cdot 6\,H_2O$	270,3	90,1
Eisensulfat	$FeSO_4$	151,9	76,0
Kaliumpermanganat	$KMnO_4$	158,0	31,6[2])
Calciumkarbonat	$CaCO_3$	100,1	50,0
Calciumhydrogenkarbonat	$Ca(HCO_3)_2$	162,1	81,0
Calciumchlorid	$CaCl_2$	111,0	55,5
Calciumnitrat	$Ca(NO_3)_2$	164,1	82,0
Calciumsulfat	$CaSO_4$	136,1	68,1
Calciumsilikat	$CaSiO_3$	116,1	58,1
Magnesiumkarbonat	$MgCO_3$	84,3	42,2
Magnesiumhydrogenkarbonat	$Mg(HCO_3)_2$	146,3	73,2
Magnesiumchlorid	$MgCl_2$	95,2	47,6
Magnesiumnitrat	$Mg(NO_3)_2$	148,3	74,2
Magnesiumsulfat	$MgSO_4$	120,4	60,2
Magnesiumsilikat	$MgSiO_3$	100,4	50,2
Natriumkarbonat	Na_2CO_3	106,0	53,0
Natriumhydrogenkarbonat	$NaHCO_3$	84,0	84,0
Natriumaluminat	$NaAlO_2$	82,0	82,0
Natriumchlorid	$NaCl$	58,4	58,4
Natriumfluorid	NaF	42,0	42,0
Natriumnitrat	$NaNO_3$	85,0	85,0
Natriumsulfat	Na_2SO_4	142,0	71,0
Natriumsulfit	Na_2SO_3	126,0	63,0
Natriumsilikat	Na_2SiO_3	122,0	61,0
Trinatriumphosphat	Na_3PO_4	164,0	54,7
Trinatriumphosphat, krist.	$Na_3PO_4 \cdot 10\,H_2O$	344,2	114,7
Dinatriumhydrogenphosphat	Na_2HPO_4	142,0	71,0
Natriumdihydrogenphosphat	NaH_2PO_4	120,0	120,0
Diammoniumhydrogenphosphat	$(NH_4)_2HPO_4$	132,1	66,0
Natriumhexametaphosphat	$(NaPO_3)_6$	612,0	612,0
Natriumtripolyphosphat	$Na_5P_3O_{10}$	367,9	73,6

[2]) in saurer Lösung
z* = Äquivalentzahl

Tabellen und graphische Darstellungen 317

12.39. Wasserdampf-, Druck- und Enthalpie-Tafel für Drücke von 0,05–6,00 bar*)

Druck kp/cm² bar	Sätti- gungs- temp. °C	Spez. Enthalpie der Flüssig- keit kJ/kg	Spez. Enthalpie des Dampfes kJ/kg	spez. Volumen m³/kg	Druck kp/cm² bar	Sätti- gungs- temp. °C	Spez. Enthalpie der Flüssig- keit kJ/kg	Spez. Enthalpie des Dampfes kJ/kg	spez. Volumen m³/kg
0,05	32,9	137,8	2561,6	28,19	1,0	99,6	417,5	2675,4	1,694
0,06	36,2	151,5	2567,5	23,74	1,1	102,3	428,8	2679,6	1,549
0,07	39,0	163,4	2572,6	20,53	1,2	104,8	439,4	2683,4	1,428
0,08	41,5	173,9	2577,1	18,10	1,3	107,1	449,2	2687,0	1,325
0,09	43,8	183,3	2581,1	16,20	1,4	109,3	458,4	2690,3	1,236
0,10	45,8	191,8	2584,8	14,67	1,5	111,4	467,1	2693,4	1,159
0,11	47,7	199,7	2588,1	13,42	1,6	113,3	475,4	2696,2	1,091
0,12	49,4	206,9	2591,2	12,36	1,7	115,2	483,2	2699,0	1,031
0,13	51,1	213,7	2594,0	11,47	1,8	116,9	490,7	2701,5	0,9772
0,14	52,6	220,0	2596,7	10,69	1,9	118,6	497,8	2704,0	0,9290
0,15	54,0	226,0	2599,2	10,02	2,0	120,2	504,7	2706,3	0,8854
0,16	55,3	231,6	2601,6	9,433	2,1	121,8	511,3	2708,5	0,8459
0,17	56,6	236,9	2603,8	8,911	2,2	123,3	517,6	2710,6	0,8098
0,18	57,8	242,0	2605,9	8,445	2,3	124,7	523,7	2712,6	0,7768
0,19	59,0	246,8	2607,9	8,027	2,4	126,1	529,6	2714,5	0,7465
0,20	60,1	251,4	2609,9	7,650	2,5	127,4	535,3	2716,4	0,7184
0,21	61,1	255,9	2611,7	7,307	2,6	128,7	540,9	2718,2	0,6925
0,22	62,2	260,1	2613,5	6,995	2,7	130,0	546,2	2719,9	0,6684
0,23	63,1	264,2	2615,2	6,709	2,8	131,2	551,4	2721,5	0,6460
0,24	64,1	268,2	2616,8	6,447	2,9	132,4	556,5	2723,1	0,6251
0,25	65,0	272,0	2618,3	6,204	3,0	133,5	561,4	2724,7	0,6056
0,26	65,9	275,7	2619,9	5,980	3,1	134,7	566,2	2726,1	0,5872
0,27	66,7	279,2	2621,3	5,772	3,2	135,7	570,9	2727,6	0,5700
0,28	67,5	282,7	2622,7	5,579	3,3	136,8	575,5	2729,0	0,5538
0,29	68,3	286,0	2624,1	5,398	3,4	137,9	579,9	2730,3	0,5385
0,30	69,1	289,3	2625,4	5,229	3,5	138,8	584,3	2731,6	0,5240
0,35	72,7	304,3	2631,5	4,529	3,6	139,9	588,5	2732,9	0,5103
0,40	75,9	317,6	2636,9	3,993	3,7	140,8	592,7	2734,1	0,4974
0,45	78,7	329,6	2641,7	3,576	3,8	141,8	596,8	2735,3	0,4851
0,50	81,3	340,6	2646,0	3,240	3,9	142,7	600,8	2736,5	0,4734
0,60	85,9	359,9	2653,6	2,732	4,0	143,6	604,7	2737,6	0,4622
0,70	90,0	376,8	2660,1	2,365	4,5	147,9	623,2	2742,9	0,4138
0,80	93,5	391,7	2665,8	2,087	5,0	151,8	640,1	2747,5	0,3747
0,90	96,7	405,2	2670,9	1,869	5,5	155,5	655,8	2751,7	0,3426
1,00	99,6	417,5	2675,4	1,694	6,0	158,7	670,4	2755,5	0,3155

*) Nach E. Schmidt, Zustandsgrößen von Wasser und Wasserdampf, Springer-Verlag 1969

12.40. Wasserdampf-, Druck- und Enthalpie-Tafel für Drücke von 1–40 bar*)

Druck	Sättigungstemp.	Sattdampf		spez. Volumen	Überhitzter Dampf Enthalpie in kJ/kg						Druck
		Enthalpie der Flüssigkeit	des Dampfes		200°	250°	300°	350°	400°	500°	
bar	°C	kJ/kg	kJ/kg	m³/kg							bar
1	99,6	417,5	2675,4	1,694	2875,4	2974,5	3074,5	3175,6	3278,2	3488,1	1
2	120,2	504,7	2706,3	0,8854	2870,5	2971,2	3072,1	3173,8	3276,7	3487,0	2
3	133,5	561,4	2724,7	0,6056	2865,5	2967,9	3069,7	3171,9	3275,2	3486,0	3
4	143,6	604,7	2737,6	0,4622	2860,4	2964,5	3067,2	3170,0	3273,6	3484,9	4
5	151,8	640,1	2747,5	0,3747	2855,1	2961,1	3064,8	3168,1	3272,1	3483,8	5
6	158,8	670,4	2755,5	0,3155	2849,7	2957,7	3062,3	3166,2	3270,6	3482,7	6
7	165,0	697,1	2762,0	0,2727	2844,2	2954,0	3059,8	3164,3	3269,0	3481,6	7
8	170,4	720,9	2767,5	0,2403	2838,6	2950,4	3057,3	3162,4	3267,5	3480,5	8
9	175,4	742,6	2772,1	0,2148	2832,7	2946,8	3054,7	3160,5	3266,0	3479,4	9
10	179,9	762,6	2776,2	0,1943	2826,8	2943,0	3052,1	3158,5	3264,4	3478,3	10
12	188,0	798,4	2782,7	0,1632	2814,4	2935,4	3046,9	3154,6	3261,3	3476,1	12
14	195,0	830,1	2787,8	0,1407	2801,4	2927,6	3041,6	3150,7	3258,2	3473,9	14
16	201,4	858,6	2791,7	0,1237	—	2919,4	3036,2	3146,7	3255,0	3471,7	16
18	207,1	884,6	2794,8	0,1103	—	2911,0	3030,7	3142,7	3251,9	3469,5	18
20	212,4	908,6	2797,2	0,09954	—	2902,4	3025,0	3138,6	3248,7	3467,3	20
22	217,2	930,9	2799,1	0,09065	—	2893,4	3019,3	3134,5	3245,6	3465,1	22
24	221,8	951,9	2800,4	0,08320	—	2884,2	3013,4	3130,4	3242,3	3462,9	24
26	226,0	971,7	2801,4	0,07686	—	2874,7	3007,4	3126,1	3239,0	3460,6	26
28	230,0	990,5	2802,0	0,07139	—	2864,9	3001,3	3121,9	3235,8	3458,4	28
30	233,8	1008,4	2802,3	0,06663	—	2854,8	2995,1	3117,5	3232,5	3456,2	30
32	237,4	1025,4	2802,3	0,06244	—	2844,4	2988,7	3113,2	3229,2	3454,0	32
34	240,9	1041,8	2802,7	0,05873	—	2833,6	2982,2	3108,7	3225,9	3451,7	34
36	244,2	1057,6	2801,7	0,05541	—	2822,5	2975,6	3104,2	3222,5	3449,5	36
38	247,5	1072,7	2801,1	0,05244	—	2811,0	2968,9	3099,7	3219,1	3447,2	38
40	250,3	1087,0	2800,3	0,04975	—	—	2962,0	3095,1	3215,7	3445,0	40

*) Siehe Vermerk auf S. 317

12.41. Wasserdampf-, Druck- und Enthalpie-Tafel für Drücke von 42–221,2 bar*)

Druck	Sättigungstemp.	Sattdampf Enthalpie der Flüssigkeit	Enthalpie des Dampfes	spez. Volumen	Überhitzter Dampf Enthalpie in kJ/kg 400°	450°	500°	550°	600°	650°	Druck
bar	°C	kJ/kg	kJ/kg	m³/kg							bar
42	253,2	1101,6	2799,4	0,04731	3212,3	3328,5	3442,7	3556,7	3671,1	3786,4	42
44	256,0	1115,4	2798,3	0,04508	3208,8	3325,8	3440,5	3554,7	3669,5	3785,0	44
46	258,7	1128,8	2797,0	0,04304	3205,3	3323,0	3438,2	3552,8	3667,8	3783,6	46
48	261,4	1141,8	2795,7	0,04116	3201,8	3320,3	3435,9	3550,9	3666,2	3782,1	48
50	263,9	1154,5	2794,2	0,03943	3198,3	3317,5	3433,7	3549,0	3664,5	3780,2	50
55	269,9	1184,9	2789,9	0,03563	3189,3	3310,5	3427,9	3544,1	3660,3	3777,1	55
60	275,5	1213,7	2785,0	0,03244	3180,1	3303,5	3422,2	3539,3	3656,2	3773,5	60
70	285,8	1267,4	2773,5	0,02737	3161,2	3289,1	3410,6	3529,6	3647,9	3766,4	70
80	295,0	1317,1	2759,9	0,02359	3141,6	3274,3	3398,8	3519,7	3639,5	3759,2	80
90	303,3	1363,7	2744,6	0,02050	3121,2	3259,2	3386,8	3509,8	3631,1	3752,0	90
100	311,0	1408,0	2727,7	0,01804	3099,9	3243,6	3374,6	3499,8	3622,7	3744,7	100
110	318,0	1450,6	2709,3	0,01601	3077,8	3227,7	3362,2	3489,7	3614,2	3737,5	110
120	324,6	1491,8	2689,2	0,01428	3054,8	3211,4	3349,6	3479,6	3605,7	3730,2	120
130	330,8	1532,0	2667,0	0,01280	3030,7	3194,6	3336,8	3469,3	3597,1	3722,9	130
140	336,6	1571,6	2642,4	0,01150	3005,6	3177,4	3323,8	3458,8	3588,5	3715,6	140
150	342,1	1611,0	2615,0	0,01034	2979,1	3159,7	3310,6	3448,3	3579,8	3708,3	150
160	347,3	1650,5	2584,9	0,009308	2951,3	3141,6	3297,1	3437,7	3571,0	3700,9	160
170	352,3	1691,7	2551,6	0,008371	2921,7	3123,1	3283,5	3427,0	3562,2	3693,5	170
180	357,0	1734,8	2513,9	0,007493	2890,3	3104,0	3269,6	3416,1	3553,4	3686,1	180
190	361,4	1778,1	2470,6	0,006678	2856,7	3084,4	3255,4	3405,2	3544,5	3678,6	190
200	365,7	1826,5	2418,4	0,005877	2820,5	3064,3	3241,1	3394,1	3535,5	3671,1	200
210	369,8	1886,3	2347,6	0,005023	2781,3	3043,6	3226,5	3382,9	3526,5	3663,6	210
220	373,7	2011,1	2195,6	0,003728	2738,8	3022,3	3211,7	3371,6	3517,4	3656,1	220
221,2	374,1	2107,4	2107,4	0,00317	2733,2	3019,7	3209,9	3370,2	3516,3	3655,2	221,2

*) Siehe Vermerk auf S./317

12.42.1 Umrechnungstabelle von englischen und amerikanischen Maßen in metrische Maße

1. Längen

1 inch (in.) = 1″ = 25,4 mm
1 foot (ft.) = 1′ = 0,305 m
1 yard (yd.) = 3′ = 0,9144 m
1 fathom = 6′ = 1,83 m
1 mile = 1760 yd. = 1,609 km

2. Flächen

1 square inch = 1 sq. in. = 6,45 cm^2
1 sq. foot = 0,0929 m^2
1 sq. yard = 0,8361 m^2

3. Raummaße

1 cu. inch = 16,387 cm^3
1 cu. foot = 28,3 l
1 registerton = 100 cu. ft. = 2,832 m^3
1 Imp. gallon = 4,546 l
1 USA gallon = 3,785 l

4. Gewichte

1 grain = 1/7000 lb. = 0,0648 g
1 ounze (oz.) = 1/16 lb. = 28,35 g
1 pound (lb.) = 0,4536 kg
1 Stone = 14 lbs. = 6,35 kg
1 longton = 2240 lbs. = 1,016 t

5. Spez. Gewicht und Konzentration

1 lb. per lin. ft. = 1,488 kg/lfd.m
1 lb. per cu. ft. = 16 kg/m^3
1 cu. ft. per lb. = 0,0625 m^3/kg
1 lb. per Imp. gallon = 100 kg/m^3
1 grain per cu. ft. = 2,29 g/m^3
1 grain per Imp. gallon = 14,3 mg/l
1 grain per USA gallon = 17,1 mg/l
1 part per million (ppm) = $1 \cdot 10^{-6}$ (z. B. 1 mg/kg)
14,3 ppm = 1 grain per Imp. gallon
17,1 ppm = 1 grain per USA gallon
1 part per billion (ppb) = $1 \cdot 10^{-9}$ (z. B. 1 µg/kg)

6. Durchflußmenge

1 ft. per min. = 5,08 mm/s
1 cu. ft. per min. = 1,699 m³/h

7. Druck

1 lb. per sq. in. = 0,0703 kp/cm²
1 lb. per sq. ft. = 4,8824 kp/m²
1 oz. per sq. in. = 44 mm WS
1 in. of water = 25,4 mm WS
1 in. of mercury = 345 mm WS

8. Temperatur

°F = °C · 1,8 + 32

12.42.2 Umrechnungstabelle von metrischen Maßen in englische und amerikanische Maße

1. Längen

1 mm = 0,03937 in. (Zoll)
1 m = 3,28   ft. (Fuß)
1 m = 1,093   yd. (yard)
1 m = 0,547   fathom (Faden)
1 km = 0,621   mile (Meile)

2. Flächen

1 cm² = 0,155 sq. in. (Quadratzoll)
1 m² = 10,76 sq. ft. (Quadratfuß)
1 m² = 1,196 sq. yd. (Quadratyard)

3. Raummaße

1 cm³ = 0,0610 cu. in. (Kubikzoll)
1 l   = 0,0353 cu. ft. (Kubikfuß)
1 m³ = 0,353 registerton
1 l   = 0,2201 Imp. gallon
1 l   = 0,2642 USA gallon

4. Gewichte

1 g = 15,43   grain
1 g = 0,03502 oz. (Unzen)
1 kg = 2,20   lb. (Pfund)
1 kg = 0,1575 stone
1 t = 0,9842 longton

5. Spez. Gewicht und Konzentration

1 kg/lfd. m = 0,672 lb. per lin. ft.
1 kg/m³   = 0,0625 lb. per cu. ft.
1 kg/m³   = 16,02 cu. ft. per lb.
1 m³/kg   = 0,01 lb. per Imp. gallon
1 g/m³   = 0,436 grain per cu. ft.
1 mg/l   = 0,0701 grain per Imp. gallon
1 mg/l   = 0,0585 grain per USA gallon
1 mg/kg   = 1 ppm
1 µg/kg   = 1 ppb

Tabellen und graphische Darstellungen 323

6. Durchflußmenge

1 mm/s = 0,1965 ft. per min.
1 m^3/h = 0,589 cu. ft. per min.

7. Druck

1 kp/cm^2 = 14,2 lb. per sq. in.
1 kp/m^2 = 0,2048 lb. per sq. ft.
1 mm WS = 0,0227 oz. per sq. ft.
1 mm WS = 0,0394 in. of water
1 mm WS = 0,0029 in. of mercury

8. Temperatur

°C = °F · 0,555 − 17,75

12.43. Einheitenbeziehungen zwischen den Zeiteinheiten

1 Jahr   = 1 a   = 365,25 d
1 Tag   = 1 d   = 24 h
1 Stunde = 1 h   = 60 min
1 Minute = 1 min = 60 s

Sekunden s	Minuten min	Stunden h	Tage d	Jahre a
$6 \cdot 10$	1	$1{,}666 \cdot 10^{-2}$	$6{,}944 \cdot 10^{-4}$	$1{,}901 \cdot 10^{-6}$
$3{,}6 \cdot 10^3$	$6 \cdot 10$	1	$4{,}1667 \cdot 10^{-2}$	$1{,}1408 \cdot 10^{-4}$
$8{,}64 \cdot 10^4$	$1{,}44 \cdot 10^3$	$2{,}4 \cdot 10$	1	$2{,}7378 \cdot 10^{-3}$
$3{,}15576 \cdot 10^7$	$5{,}2596 \cdot 10^5$	$8{,}766 \cdot 10^3$	$3{,}6525 \cdot 10^2$	1
$6 \cdot 10^2$	10	$1{,}666 \cdot 10^{-1}$	$6{,}944 \cdot 10^{-3}$	$1{,}901 \cdot 10^{-5}$
$3{,}6 \cdot 10^4$	$6 \cdot 10^2$	10	$4{,}1667 \cdot 10^{-1}$	$1{,}1408 \cdot 10^{-3}$
$8{,}64 \cdot 10^5$	$1{,}44 \cdot 10^4$	$2{,}4 \cdot 10^2$	10	$2{,}7378 \cdot 10^{-2}$
$3{,}15576 \cdot 10^8$	$5{,}2596 \cdot 10^6$	$8{,}766 \cdot 10^4$	$3{,}6525 \cdot 10^3$	10

12.44. Einheitenbeziehungen zwischen den Leistungseinheiten

	kpm/s	PS	W	kW	kcal/h	J/s
1 kpm/s =	1	$1{,}33 \cdot 10^{-2}$	9,81	$9{,}81 \cdot 10^{-3}$	8,43	9,81
1 PS =	75	1	736	$7{,}36 \cdot 10^{-1}$	632	735,5
1 W =	$1{,}02 \cdot 10^{-1}$	$1{,}36 \cdot 10^{-3}$	1	$1 \cdot 10^{-3}$	0,860	1
1 kW =	102	1,36	1000	1	860	1000
1 kcal/h =	0,119	0,00152	1,16	0,00116	1	1,163
1 J/s =	0,102	$1{,}36 \cdot 10^{-3}$	1	0,001	0,860	1

12.45. Einheitenbeziehungen zwischen den Druckeinheiten

	Torr	atm	at	bar	$\frac{N}{m^2}$	mm WS
1 Torr =	1	$1,315 \cdot 10^{-3}$	$1,359 \cdot 10^{-3}$	$1,333 \cdot 10^{-3}$	133,332	13,596
1 atm =	760	1	1,03332	1,01325	101325	10333,2
1 at =	735,51	0,9677	1	0,9806	98066,5	$1 \cdot 10^4$
1 bar =	750,01	0,9869	1,01971	1	$1 \cdot 10^5$	10197,1
1 $\frac{N}{m^2}$ =	$7,5 \cdot 10^{-3}$	$9,869 \cdot 10^{-6}$	$1,019 \cdot 10^{-5}$	$1 \cdot 10^{-5}$	1	0,1019
1 mm WS =	$7,355 \cdot 10^{-2}$	$9,677 \cdot 10^{-5}$	$1 \cdot 10^{-4}$	$9,806 \cdot 10^{-5}$	9,80665	1

12.46. Einheitenbeziehungen zwischen den Energieeinheiten

	kp m	PSh	erg	W s	kWh	kcal	kJ
1 kp m =	1	$3,7 \cdot 10^{-6}$	$9,81 \cdot 10^7$	9,81	$2,72 \cdot 10^{-6}$	$2,34 \cdot 10^{-2}$	$9,81 \cdot 10^{-3}$
1 PS h =	$2,7 \cdot 10^5$	1	$2,65 \cdot 10^{13}$	$2,65 \cdot 10^6$	$7,36 \cdot 10^{-1}$	$6,32 \cdot 10^2$	2647,8
1 erg =	$1,02 \cdot 10^{-8}$	$3,77 \cdot 10^{-14}$	1	$1 \cdot 10^{-7}$	$2,78 \cdot 10^{-14}$	$2,39 \cdot 10^{-11}$	$1 \cdot 10^{-10}$
1 W s =	$1,02 \cdot 10^{-1}$	$3,77 \cdot 10^{-7}$	$1 \cdot 10^7$	1	$2,78 \cdot 10^{-7}$	$2,39 \cdot 10^{-4}$	0,001
1 kWh =	$3,67 \cdot 10^5$	1,36	$3,6 \cdot 10^{13}$	$3,6 \cdot 10^6$	1	$8,6 \cdot 10^2$	3600
1 kcal =	$4,27 \cdot 10^2$	$1,58 \cdot 10^{-3}$	$4,19 \cdot 10^{10}$	$4,19 \cdot 10^3$	$1,16 \cdot 10^{-3}$	1	4,1868
1 kJ =	$1,02 \cdot 10^2$	$3,78 \cdot 10^{-4}$	$1 \cdot 10^{10}$	$1 \cdot 10^3$	$2,78 \cdot 10^{-4}$	$2,39 \cdot 10^{-1}$	1

12.47. pH-Änderung des Puffers bei Temperaturänderung

0 °C	− 7,44	Alle Pufferlösungen von Mende stimmen nur bei 25 °C
18 °C	− 7,07	
20 °C	− 7,03	
22 °C	− 7,00	
25 °C	− 6,95	
30 °C	− 6,86	
50 °C	− 6,63	

12.48. Umrechnungsfaktoren für verschiedene Härtegrade und Einheiten

	Härtegrade und Einheiten					
	mval/kg	deutsche °d	französische °f	englische °e	amerikanische ppm	mmol/l
Härteeinheiten	28 mg CaO oder 50 mg $CaCO_3$ pro 1 000 ml Wasser	10 mg CaO pro 1 000 ml Wasser	10 mg $CaCO_3$ pro 1 000ml Wasser	1 grain $CaCO_3$ per gallon 14,3 mg $CaCO_3$ pro 1 000 ml Wasser	1 part $CaCO_3$ per million 1 mg $CaCO_3$ pro 1 000 ml Wasser	100 mg $CaCO_3$ pro 1 000 ml Wasser
1 mval/kg	1,0	2,8	5,0	3,5	50,0	0,50
1 °d	0,357	1,0	1,78	1,25	17,8	0,18
1 °f	0,2	0,56	1,0	0,7	10,0	0,10
1 °e	0,286	0,8	1,43	1,0	14,3	0,14
1 ppm	0,02	0,056	0,1	0,07	1,0	0,01
1 mmol/l	2,00	5,60	10,00	7,02	100	1,0

Tabellen und graphische Darstellungen

12.49. Griechisches Alphabet (DIN 1453)

α	β	γ	δ	ε	ζ	η	ϑ	ι	$\varkappa$	λ	μ
Alpha	Beta	Gamma	Delta	Epsilon	Zeta	Eta	Theta	Jota	Kappa	Lambda	My

ν	ξ	o	π	ϱ	$\sigma\ \varsigma$	τ	υ	φ	χ	ψ	ω
Ny	Ksi	Omikron	Pi	Rho	Sigma	Tau	Ypsilon	Phi	Chi	Psi	Omega

A	B	Γ	Δ	E	Z	H	Θ	I	K	Λ	M
Alpha	Beta	Gamma	Delta	Epsilon	Zeta	Eta	Theta	Jota	Kappa	Lambda	My

N	Ξ	O	Π	P	Σ	T	Y	Φ	X	Ψ	Ω
Ny	Ksi	Omikron	Pi	Rho	Sigma	Tau	Ypsilon	Phi	Chi	Psi	Omega

13. Schrifttum

[1] H. E. Hömig. „Physikochemische Grundlagen der Speisewasserchemie". 1959 Seite 63
[2] H. E. Hömig „Physikochemische Grundlagen der Speisewasserchemie" (1959) Seite 126
[3] H. E. Hömig „Neue Richtwerte für den Kieselsäuregehalt von Kesselwässern". VGB-Mitteilung (1960 H. 66, Seite 158–163
[4] P. Pracht, „Zusammenhänge zwischen den Grenzwerten der spezifischen Wärmebelastung und den Wassereigenschaften dampferzeugender Rohre öl- und staubgefeuerter Kesselanlagen", Energie (1958) H. 10 S. 461–466
[5] Merkblatt über das Entleeren von Säuren und Laugen aus Eisenbahnkesselwagen. Verlag Chemie
[6] „Deutsche Einheitsverfahren zur Wasseruntersuchung" Verlag Chemie-GmbH, Weinheim, Bergstraße
[7] M. Zimmermann, „Photometrische Metall- und Wasseranalysen", Wissenschaftliche Verlagsgesellschaft mbH., Stuttgart
[8] VGB „Analysenverfahren für den Kraftwerksbetrieb", Vulkan-Verlag, Essen
[9] VGB-Merkblatt Nr. 5. „Gewährleistungsnachweis und Leistungskontrolle an Entgasern"
[10] W. Fuchs und E. Kohler, „Über die quantitative Bestimmung der wasserlöslichen Huminsäuren und ihre Entfernung aus Kesselspeisewässern". VGB-Mitteilungen (1957) H. 47, Seite 107–112
[11] Merkblatt über „Prüfung von Austauschmaterialien" von der Arbeitsgruppe Speisewasserfragen der VdTÜV
[12] H. E. Hömig „Physikochemische Grundlagen der Speisewasserchemie" 1959
[13] H. E. Hömig „Metall und Wasser" 1961
[14] H. Fischer, K. Hauffe und W. Wiederholt „Passivierende Filme und Deckschichten" 1956, S. 308/328
[15] E. Ulrich Mitt. VGB (1955) S. 413/15; (1957) S. 252/59
[16] Mitt. VGB 52 (1972), H. 2, S. 167–170 und Technische Überwachung Nr. 4/1972.
[17] Mitt. VGB 52 (1972), H. 2, S. 170–172,
[18] VGB Kraftwerkstechnik 53 (1973) H. 4, S. 207–209.

[19] Axt, G: Jahrbuch „Vom Wasser 35" (1968), S. 356.
[20] Axt, G: Jahrbuch „Vom Wasser 38" (1971), S. 391.
[21] Spillner, F: Magnetfilter zur Kondensatreinigung in Theorie und Praxis BWK, Bd 21 (1969), Nr. 8, S. 401–409.
[22] Heitmann, H. G., Kretzer, R.: Betriebserfahrungen mit Elektromagnetfiltern und ihre Anwendung im Wasser-Dampfkreislauf von Kraftwerken. Sonderheft VGB-Speisewassertagung 1972.
[23] Held, H.-D.: Kühlwasser, Vulkan-Verlag, Essen, S. 111.
[24] Bundesgesetzblatt, Teil I, Nr. 31 (30. 6. 1960).
[25] H. G. Heitmann: Abwasseraufbereitung in Kernkraftwerken, Aufbereitungstechnik, Nr. 5/1971.
[26] G. Sachse: Die Bearbeitung radioaktiver Abwässer „Kernenergie", Heft 6/1971.
[27] Mende: Entwicklung und heutiger Stand von Dekontaminierungsverdampfern, Kerntechnik Nr. 4/74.
[28] Heitmann, H.-G.: Abwasseraufbereitung in Kernkraftwerken, Aufbereitungstechnik 5/71.
[29] Brands, H.-J., Janicke, R.: Venturi-Wäscher zur Leistungssteigerung von Deko-Verdampfer-Anlagen, „Atomwirtschaft Atomtechnik" 12/76.
[30] Effertz u. Fichte: Die Eigensulfat-Dosierung in Kühlsystemen – Grundlagen und Anwendung, VGB Kraftwerkstechnik 57, Heft 2, Februar 1977.
[31] Frank IV. Kemmer, Water: The universal solvent, Nabeo-Chemical Company, 2901 Butterfield Rd., Oak Brook.
[32] Kirnbauer, Techn. Mitteilung 10, 1970.
[33] Resch, F. Burgmann, KGB Konferenz Chemie im Kraftwerk 1975.
[34] LAWA-Richtlinien für das Einleiten radioaktiver Stoffe aus kerntechnischen Anlagen in die Gewässer (Dezember 1974).
[35] Sachse, G.: Die Bearbeitung radioaktiver Abwässer. „Kernenergie". 6/1971.
[36] Jander, Jahr, Knoll – Maßanalyse.
[37] Bayer, D470-669/66409 v. 1. 6. 1969.

„Auszüge aus DIN-Normen sind wiedergegeben mit Genehmigung des Deutschen Normenausschusses. Maßgebend ist die jeweils neueste Ausgabe des Normblattes im Normformat A 4, das bei der Beuth-Vertrieb GmbH., 1 Berlin 30 und 5 Köln, erhältlich ist."

14. Stichwortverzeichnis

Absalzmengenerrechnung 44
Absalzung von Kesselwasser 43
Abwasser-Dekontaminierung in Kernkraftwerken 254
Abwasseraufbereitung für radioaktive Wässer 254
Abwasseraufbereitung, Filterabläufe 141
Abwasserdekontamination, Verfestigung radioaktiver Rückstände 263
Abwasserdekontaminationsanlage, Blockschaltbild 258
Abwasserdekontaminierung 67
AeDTA-Lösung zur Härtebestimmung 195
Äquivalentzahl 195
Äqiuvalent 25, 26, 32
Aktivkohlefilter, Richtwerte 66
Aktivkohlefilter zur Entölung 66, 145
Algen 164
Algen, Entfernung 93
Alkalisalze 31, 43
Alkalische Reinigung von Dampferzeugeranlagen 264
Alkalisierung durch Amine 249
—, durch Ammoniak 269
—, durch Hydrazin 298
—, durch Natriumhydroxid 299
—, durch Trinatriumphosphat 299
—, von Dampf und Kondensat 249
Alkalität 39, 268
Alkalität des Kesselwassers 43
—, durch Natronlauge 299
—, und Kieselsäure 49
Aluminiumsulfat, Anforderung 231
—, zur Fällung 89
Amerikanische Maße, Umrechnungen 320
Amine zur Alkalisierung 249
Ammoniak, Anforderung 228
—, Auswirkung auf Leitfähigkeit 304
—, Auswirkung auf pH-Wert 298
—, Prozentgehalt und Dichte 287
—, zur Abbindung von CO_2 248
—, zur Alkalisierung von Dampf und Kondensat 162
—, zur Konservierung 269, 272
Ammonium-Ionen-Bestimmung 204
—, kolorimetrisch 204
—, photometrisch 204
Ammoniumhydroxid, siehe Ammoniak
Analysengeräte 187
Analysenvorschriften 187
Anionen 34
—, gesamt 31
Anionenschichtbettfilter 130
Anionenaustauscher 92
—, stark basisch 116, 119
—, schwach basisch 114, 116, 119
Anorganische Austauscher 95
Anschwemmmaterialien 69
Anschwemmfilter 67, 147
Anschwemmfiltration 66

Anschwemmung 68
Arbeitsperiode von Austauschern 97
Atomgewicht der Elemente 311
Aufbereitung von Wasser 55
Ausflockung, siehe Flockung
Auskochen des Dampferzeugers 264
Austausch im stark basischen Austauscher 116
Austauscher-Arbeitsperiode 97
—, Filterkapazität 97
—, Gesamtdurchsatz 97
—, Kenndaten 96
—, Laufzeit 97
—, Leistung 97
—, Regenerationsperiode 97
Austauscher, s. a. Ionenaustauscher 96
Austauscher-Spülwasser 97
—, Waschwasser 98
Austauscherbelastung, spezifisch 96
Austauschkapazität 96
Austauschmaterial 97
—, Kapazitätsbestimmung 221
—, Schnellbestimmung 220
—, Beladung 222
Austauschvorgang im Entkarbonisierungsaustauscher 111
—, im Entkieselungsaustauscher 117
—, im Kationenaustauscher 104
—, im Natriumaustauscher 98
—, im schwach basischen Anionaustauscher 115
—, im stark basischen Anionenaustauscher 116

Bakterien 164
Bakterizide 166
Basekapazität BK 4,3   25, 26, 40
Basekapazität BK 8,2   26, 40
Basen 39
Beizlösung 266
Beizen von Dampferzeugeranlagen 264
Belüftungsanlagen 57
Betriebsanalyse 187
Betriebskondensat-Aufbereitung 145
Bertiebsüberwachung 167
Bettausdehnung beim Spulen von Austauschern 285
Biozide 165
Buchstabenerklärung 26

Calciumhärte 26, 29, 30
Calciumionen 30
Calciumhärte-Bestimmung 196
Calciumhydroxid, siehe Kalkhydrat
Calciumhypochlorit 93
Chaudron-Diagramm 237
Chemikalienbedarf bei Gegenstrom-Regeneratoren 127
—, für Anionenaustauscher 115
—, für Anionengruppen 119

Stichwortverzeichnis 331

—, für Flockungsverfahren 89
—, für Heißentkieselung 87
—, für Kationenaustauscher 110
—, für Langzeitentkarbonisierung 85
—, für Mischbettaustauscher 134
—, für Natriumaustauscher 102
—, für Verbundregeneration bei Kat. u.
   Anionenaustauschern 123
—, für Wigran-Entkarbonisierung 83
Chemische Äquivalente 32
Chemische Entgasung 161
Chlor(freies)Bestimmung 203
Chlorgas 93
Chloridbestimmung 202
Chlorierung von Wasser 93
Chlorkalk 93
Chlorzehrung von Wasser 93
CO_2-Rieseler 131
Curie 255

Dampfraumbelastung 185
Dampfreinheit 179
Dampfspaltungskorrosion, siehe
   Heißwasseroxydation 249
Dampfumformer 151, 152
—, Wasserbeschaffenheit 185
Deionat 189
Dekontamination 254
Dekontaminiertes Abwasser,
   Anforderungen 254
Dekontaminierung durch Eindampfanlage 261
—, durch Fällung 259
—, durch Flockung 259
—, durch Ionenaustauscher 262
—, durch mechanische Filtration 260
Dekontaminierungsanlage, Aufgabe und
   Aufbau 256
Dekontaminierungsverfahren 259
Dichte-Bestimmung 191
Dichte, Umrechnung von °Be'in
   g/cm³ 280
Dichte von vorgesch. Lösungen 289
Dissoziation, thermisch 238
Dissoziationsgrad 34
Dissoziationskonstante des Wassers 35, 38
Dolomit, gebrannt 230
Dolomithydrat 87
Druckeinheiten, Beziehungen 325
Druckentgaser 154
Druckprobe und Konservierung 259
Druckwasserreaktor 252, 253
Druckwasserreaktor, Primärkreislauf 252
—, Sekundärkreislauf 253
Durchflußmessung mit Meßblende 307

Eindickungszahl 26, 47
Einfilterschaltung 120
Einheiten, in der Wasseranalytik 25
Einheiten, international 21
Einspritzwasser 179, 180
Eisenbestimmung 212
Eisenbestimmung gesamt, Thioglykolsäure 213
Eisenchlorid, Anforderung 231
Eisenchlorid zur Fällung 89

Eisenoxidbestimmung-Membranfiltermethode 214
Elektro-Magnetfilter 74
Elektro-Magnetfilter, spülen 76
Elektrode 239
Elektrode, Ionenselektive 218
Energieeinheiten, Beziehungen 325
Englische Maße, Umrechnungen 320
Entaktivierung radioaktiver Kreisläufe 252
Entaktivierung, s. a. Dekontamination
Entaktivierung von Schwerwasserkreisläufen 253
Entbasung 104
Entchlorung 94
Enteisung durch Belüftung 61
Entgasung 154
—, chemisch 161
—, Technologie 157
—, thermisch 154
Enthärtung im Fällungsverf. Tabelle 86
—, im Fällungsverfahren 85
—, im Natriumaustauscher 98
—, im Wigranreaktor 82
—, und Entkarb. im Einfilterverfahren 114
—, und Entkarb. im Zweifilterverfahren 113
Enthalpie Tafel, Wasser-Dampf 317, 318, 319
Entkarbonisierung im Langzeitreaktor 84
—, im schwach sauren Kationen-
   austauscher 111
—, im Wigranreaktor 82
—, mit Dolomithydrat 88
—, mit Kalkhydrat 82, 194
—, und Enthärtung im Einfilter-
   verfahren 114
—, und Enthärtung im Zweifilter-
   verfahren 113
Entkarbonisierungsaustauscher 111
Entkeimung 93
Entkeimung mit Chlor 93
Entkeimung mit Ozon 94
Entkonditionierung 252
Entmanganung 61, 63
Entölung 65
Entsäuerung CO_2 51, 66
Entsalzung, s. a. Vollentsalzung 134
Entsalzung von Kondensat 147
Entspannung von Kesselwasser 280
Entspannungsentgasung 154
Erdalkalien 29, 31
Erdalkalien, Summe 25, 29, 30
Erosion 250
Erstarrungstemperaturen von
   Salzsäure 294

Fällungsverfahren zur Enteisenung 62
—, zur Entfernung org.
   Verschmutzungen 89
—, zur Enthärtung 85
—, zur Entkarbonisierung 81
—, zur Entkieselung 87
—, zur Entölung 65
Fernheizkondensat-Aufbereitung 145
Filmverdampfung 53
Filter mit hydraulischem
   Gegendruck 128

Filterkapazität 97
Filterkerzen 67
Filterleistung 101
Filterwiderstand von Kiesfiltern 284
Filtration im Kiesfilter 55
Filtration über Magnomaterial 87
Filtrationsanlagen 167
Filtrationsgeschwindigkeit, in Austauschern 97
Filtrationsgeschwindigkeiten in Kiesfiltern 55
Flammenphotometer 187
Flockung 88
—, mit Aluminiumsulfat 89
—, mit Eisenchlorid 89
—, mit Natriumaluminat 89
—, pH-Wert 89
Flockunganlagen 167
Flockungshilfsmittel 92
Flockungsreaktor 91
Fouling 173

Gaskorrosion 236
Gebrauchswasser 185
Gebrauchswasser, Anforderung 185
Gegenionenwirkung 99
Gegenstrom-Belüftungsanlage 59
Gegenstrom-Regeneration 125
Gegenstromverfahren 127
Gesamt Kationen 26
Gesamtanionen 26
Gesamthärte 26, 29, 30
Gesamtkohlensäure 50
Gesamtsalzgehalt, s. Salzgehalt
Gleichgewichtskonstante 38
Gleichgewichtswasser 277
Griechisches Alphabet 327
Grobdisperse Stoffe 28
Grundwasser 29
Gruppenschaltung von Anionenaustauschern 119
—, von Kationenaustauschern 118, 120

Härte 29
—, Begriff 30
—, Bestimmung 195
—, Maßeinheiten 30
—, Umrechnungsfaktoren 197, 326
Härtebildner 30
Härteschlupf 100
Härtestabilisatoren 165
Heißentkieselung 85, 88
Heißwasseroxydation 249
Heizungskondensat-Aufbereitung 145
Hohlfaser-Modul 171
Hydrazin 162, 229, 301
—, alkalische Kesselreinigung 264
—, als Korrekturmittel im Speisewasser 162
—, Anforderung 229
—, Auswirkung auf pH-Wert 298
—, im Speisewasser 182, 248
—, Nachentgasung 248, 302
—, Wasserdruckprobe 271
—, zur Konservierung 269, 270

Hydrazin-Bestimmung photometrisch 204
Hydrazinhydrat 229
Hydrogenkarbonatkohlensäure 50
—, Tabelle 277
Hydroxidionen 36

Impfung 162
Indikatoren 40
Inhibitoren 266
Ionen 27, 240
Ionenaustauscher 95, 262
—, für radioaktive Wässer 262
—, Anforderung an das Wasser 95
—, Begriff 95
—, Kapazitätsbestimmung 221
—, Materialien u. Eigenschaften 148
—, Schnellbestimmung 220
—, zulässige Temperatur 148
—, Reinigung 174
Ionenaustauschmaterial-Kenndaten 148
Ionenprodukt 36
Ionenäquivalent 27

Kalium, Bestimmung 218
Kaliumpermanganverbrauch, Bestimmung 215
Kalkhydrat, Anforderung 229
—, für Wigranentkarbonisierung 276
—, Gehalt und Dichte 275
Kalkwasser, Sättigung 84
Kapazität, s. a. Nutzbare Volumenkapazität 96
Karbonate 281
Karbonathärte 26, 29, 30
Karbonation 30
Kaskadenentgaser, s. Rieselentgaser
Kathode 239
Kationen 34
—, Gesamt 31
—, Schichtbettfilter 130
Kationenaustauscher 95
—, als Natriumaustauscher 98
—, als Wasserstoffaustauscher 104
—, stark sauer 98, 104, 118
—, schwach sauer 110, 118
Kavitation 250
Kernenergieanlagen 252
Kernsieden 53
Kernströmung 53
Kerzenfilter 70, 73
Kesselbeizung 265
Kesselreinigung 264
Kesselwasser 167
—, Absalzung 43
—, Absalzung, Errechnung 44
—, Eindickung 47
—, Entspannung 280
—, Salzgehalt 43
—, Richtwerte 181
Kieselsäure 48
—, im Dampf 49
—, im Kesselwasser 179
—, Bestimmung-photometrisch 197
—, Enrfernung 87
—, Meßgerät 141
Kiesfilter 55

Stichwortverzeichnis 333

Kiesfilter, Richtwerte 55, 56
Kochsalz, siehe Natriumchlorid
Kohlensäure 50
—, Auswirkung auf Leitfähigkeit 304
—, Entfernung durch Filterung über dolom. Material 60
—, Entfernung durch Filterung über Marmorsplitt 60
—, Entfernung mittels Ätzkalk, Ätznatron oder Soda 60
—, freie 51
—, freie zugehörige, Tabelle 50, 277
—, im Kraftwerkskreislauf 51
—, im Rohwasser 29
—, aggressive 50, 193
—, Bestimmung-Auswertung 193
—, Entfernung im Rieseler 56
Kolloiddisperse Stoffe 28
Kolloide 28
Kondensat-Entsalzung 146, 147
Kondensataufbereitung 145
Konservierung der Feuerzüge 274
—, mit Ammoniak (trocken) 272
—, mit Levoxin und Ammoniak naß 270
—, mit Levoxin und Trinatriumphosphat naß 270
—, mit Stickstoff, trocken 274
—, mit wasseranziehenden Chemikalien 271
—, von Dampferzeugeranlagen 268
Kontaktschlammverfahren 90
Korrosion 236
—, an Spalten 249
—, Definition 236
—, durch Kohlensäure 248
—, durch Stillstände 268
—, elektrochemische 239
—, Heißwasseroxydation 249
—, nasse 239
—, trockene 237
Korrosionsschutz 236
—, durch Ammoniak 272
—, durch Graphitanstrich 274
—, durch Hydrazin 269
—, durch Inhibitoren 266
—, durch Stickstoff 273
Kühler für Wasserprobenahme 187
Kühlwasseraufbereitung 163
Kunststoffprofilbahnen 58, 59
Kupfer 52
—, im Kraftwerksbetrieb 52
Kupferbestimmung, kolor. Methode 211
—, photometr. Methode 212
Kurztaktverfahren 143

Laufzeit von Austauschern 97
Laugenverbrauch des Wassers, s. a. p- und m-Wert 42
Leistungseinheiten, Beziehungen 324
Leitfähigkeit im Dampf 189
—, im Speisewasser für Reaktoren 184
—, Messung 189
—, von CO_2 im Wasser 304
—, von entbastem Wasser 107
—, von entsalztem Wasser 118

—, von Kesselwasser 181
—, von NH_3 im Wasser 305
—, von wässerigen Lösungen 305
Lexovin, s. Hydrazin
Lithium-Hydroxid 252
Lochfraß 248
Löslichkeit verschiedener Verbindungen 278
—, von CaO im Wasser 84
—, von O_2 und N_2 im Wasser 303
—, von SiO_2 im Dampf 48
Lösungen 32
Lokalelement 246

m-Wert 26, 40
—, Bestimmung 191
—, Auswertung 41
—, im entkarbonisiertem Wasser 84
Magnesiahärte 26, 29, 30
—, Bestimmung 196
Magnesit, Anforderung 230
Magnesiumionen 30
Magnesiumoxid, siehe Magnesit
Magnetfilter 73
—, elektro. Spülen 76
—, elektro 74
—, elektro. Wirkungsweise 75
—, Permanet 74
Magnetit Schutzschicht 76, 39, 267
Magnetitbildung 237
Magnohydrat, Anforderung 230
—, zur Entkieselung 86
Mangan, Entfernung 63
Manganbestimmung 214
Marmor zur Bestimmung der aggressiven CO_2 193
—, zur Entsäuerung 60
Maßeinheiten, international 21
—, Übersicht 24
Umrechnungsfaktoren 18
Massenfluß 53
Maßsystem, physikalisch 19
—, technisch 19
Meerwasserentsalzung 173
Membranen 169
Membranfilter 76, 172
Mengenmessung mit der Normblende 307
MetallAbscheidung 239
—, Elektrode heterogen 246
—, Sauerstoffelektrode 243
—, Wasserstoffelektrode 243
Metallauflösung 239
Metallelektrode homogen 239
Methylorangelösung 40, 191
Microcurie 255
Mikrosiemens 189
Mischbettaustauscher 132
—, für radioaktive Wässer 252
—, in Vollentsalzungsanlagen 134
—, zur Kondensatentsalzung 147
Mischungsformeln thermisch 310
Mol 25, 32
Molare Masse 25, 32
Molare Massen der wichtigsten Verbindungen 315, 316

Stichwortverzeichnis

Molekül 26
Molekulardisperse Stoffe 29
MZK-Werte 256

Naßkonservierung von Kesselanlagen 270
Natrium, Bestimmung 218
Natriumaluminat, Anforderung 232
—, zur Fällung 89
Natriumaustauscher 99
Natriumchlorid, Anforderung 232
—, Prozenzgehalt und Dichte 288
—, Solen verschiedener
  Konzentrationen 291
—, spezifische Leitfähigkeit 305
—, Anwendung 100
Natriumhydrogenkarbonat im
  Ionenaustauscher 113
—, Spaltung im Kessel 45
—, Bestimmung 41
Natriumhydroxid 163, 227
—, alkalische Kesselreinigung 264
—, Anforderung 227
—, Auskristallisation 293
—, 'auswirkung auf pH-wert 299
—, Konservierung 258
—, Löslichkeit 278
—, Prozentgehalt und Dichte 287
—, spezifische Leitfähigkeit 305
—, Temperaturerhöhung bei
  Verdünnung 297
—, Verdünnungskurve 292
—, Wasserdruckprobe 271
—, zur Alkalisierung 163
—, Natriumkarbonat, Anforderung 233
—, Prozentgehalt und Dichte 288
—, spaltung im Kesselwasser 281
Natriumschlupf 138
Natriumtripolyphosphat, Anforderung 235
—, für Kühlwasseraufbereitung 165
—, Kesseldruckprobe mit Rohwasser 271
Natronlauge 163, 227
Neutrale Fahrweise 181
Neutralisation 27, 39
—, in der Teilstromschaltung 108
—, von Filterabläufen 141
Neutralisationsäquivalent 27
Nichtkarbonathärte 26, 29, 30
Nichtkarbonationen 30
Normal-Wasserstoffelektrode 242
Normallösung 40
Nutzbare Kapazität (NK) 26, 96
—, Best. 221

Oberflächenwasser 29
Öl, Bestimmung 217
—, Entfernung 65
—, Reinigung verschmutzter
  Ionenaustauscher 147
Ölabscheider 72
Ölbestimmung, gewichtsanalytisch 217
—, photometrisch 218
Ölgehalt im Speisewasser 180
Ordnungszahlen der Elemente 311
Organische Austauscher 92

Organische Substanz, Bestimmung 215
—, im Speisewasser 67
—, Entfernung mit Fällmittel 89
—, Entfernung über Anschwemmfilter 66
Organophosphat 165
Oxidierbarkeit 25
Ozon 94
Ozonisierung von Wasser 94

p-Wert 26, 40
—, Bestimmung 191
—, Auswertung 41
—, im entkarbonisiertem Wasser 84
—, im Kalkwasser 84
—, im Kesselwasser 181
Perlkoks 65
pH-Änderung des Puffers bei
  Temperaturänderung 326
—, reinen Wassers durch
  Kohlensäure 300
pH-Wert 36, 39
—, im Kondensat 162
—, im Speisewasser für Reaktoren 184
—, und Normalität 37
—, zur Betriebsüberwachung 167
—, Änderung durch Hydrazin und Ammoniak 298
—, Änderung durch Kohlensäure 300
—, Änderung durch Natriumhydroxid und
  Trinatriumphosphat 299
—, Änderung durch Temperatur 38
—, bei Flockung 89
—, Bestimmung 188
—, Skala 36
—, Steuerung von Pumpen 185
—, Steuerung von Teilströmen 109
Phenolaustauscher 95
Phenolphthaleinlösung 40, 191
Phosphat, Überschuß im Kesselwasser 162
Phosphatbestimmung photometrisch 198
—, kolorimetrisch 199
Photometer 187
Pilze 164
Polarisationsdiagramm 240
Polyelektrolyte 90
Polyphosphat, s. Natriumtripolyphosphat
Potential Differenz 239
—, Stromdiagramm 239
—, Stromkurven 240
Probenahme 187
—, von CO_2-haltigem Wasser 193
—, zur Sauerstoffbestimmung 205
Profilbahnen-Beleuchtungsanlage 57

Quarzkies für Filter 55

Radioaktive Flüssigkeit 254
Radiolyse 252
Radionuklide 255
Radiotoxizität 255
Reaktormasse, Wigrananlage 83
Redoxäquivalent 27
Regeneration im Gegenstrom 125

Stichwortverzeichnis 335

—, von Kationenaustauschern 105
—, von Natriumtauschern 100
—, Laugenbeseitigung 140
—, Säurebestimmung 140
—, Überwachung 140
—, Einrichtung 136
Regenerierlauge 227
Regeneriersäure 226
Regenerierung, s. a. Wiederbelebung 98, 100
Regenerierung, Überwachung 140
Reinigung ölverschmutzter
   Ionenaustauscher 147
—, von Dampferzeugungsanlagen 264
Resthärte bei Fällungsverfahren 86
—, im Kondensat 145
—, im Speisewasser 180
—, nach Natriumaustauscher 101
Richtlinien für Einspritzwasser 180
Richtwerte für Aktivkohle-Filter 66
—, für Gebrauchs- und Trinkwasser 185
—, für Kalkwasser 84
—, für Kesselwasser >64 bar 180, 181
—, für Kesselwasser <64 bar 176
—, für Kiesfilter, geschlossen 55
—, für Kiesfilter, offen
—, für Kühlwasser 166
—, für Quarzkies 55
—, für Reaktorwasser von Druckwasserreaktoren 184
—, für Reaktorwasser von Siedewasserreaktoren 183
—, für Schiffskessel 182
—, für Speisew. d. Sekundarkreislaufes
   von Druckwasserreaktoren 184
—, für Speisewasser 176, 180
—, für Trinkwasser 186
—, für Verdampfer, Dampfumformer u.
   Wasserbadumformer 185
Riesel-Entgaser 157
Rieseler für CO_2-Entfernung 131
—, für Enteisung 61
Rohwasser 28, 29, 31

Säure 39
Säuregrad 38
Säurekapazität SK 4,3   25, 26, 40
—, SK 8,2   25, 26, 40
Säureverbrauch des Wassers, s. p. u. m-Wert 40
Salpetersäure, Temperaturerhöhung bei
   Verdünnung 297
Salze 39
Salze im Rohwasser 31
Salzgehalt im Dampf 189
—, im Kesselwasser 43
—, im Kühlwasser 185
—, im Rohwasser 29, 31
Salzsäure 226
—, Anforderung 226
—, Prozentgehalt und Dichte 289
—, Spezifische Leitfähigkeit 305
—, Verdünnungskurve 295
—, zur Kesselbeizung 266
—, Regenerationen 105
Salzsole, Verdünnung 290

Salzspaltungsvermögen von Anionen-
   austauschern 224
Sauerstoff Elektrode 241
—, im Rohwasser 29
—, im Speisewasser 181
—, Korrosion 247
—, Löslichkeit im Wasser 303
Sauerstoffbestimmung 205
—, Probenahme 205
—, o-Tolidinmethode 206, 208
—, jodometr. Verf. 209
Saure Reinigung von Dampferzeugeranlagen 265
Scaling 173
Schichtbettfilter 129
Schiffskessel, Wasseranforderung 182
Schlammfilter 87
Schlauchmodul 170
Schlupf, s. Natriumschlupf 138
Schnellentkarbonisierung 80
Schrifttum 328
Schüttgewicht versch. Stoffe 306
Schutz-Kolloide 28
Schwebebettverfahren 128
Schwebestoffe 28
Schwebestoffmenge nach der
   Kalkentkarbonisierung 194
Schwefelsäure 226
—, Erstarrungstemperaturen 293
—, Prozentgehalt und Dichte 289
—, spezifische Leitfähigkeit 305
—, Temperaturerhöhung bei Verdünnung 297
—, Verdünnungskurve 296
—, zur Kesselbeizung 266
—, Regeneration 107
Schwefelsäure, Anforderung 226
Schwerwasser 253
Schwerwasserkreislauf, Entaktivierung 253
Schwimmstoffe 28
SI-Einheiten 24
SI-Einheiten, abgeleitet 21
SI-Basiseinheiten 21
Sieden, Unterkühltes 54
Siedetemperatur bei der Entgasung 155
Siedewasserreaktor 252
Silicagel 271
Sinkstoffe 28
Soda, siehe Natriumkarbonat
Spalter, Kationenaustauscher 140
Spaltprodukte 252
Speisewasser 167
Speisewasserrichtwerte, s. Richtwerte 176

Spülvorgang 100
Spülwasser Auswirkung auf Bettausdehnung 285
—, für Austauscher 97
—, Messung 286
Standartpotentiale 241
—, Tabelle 243
Stickstoff als Konservierungsmittel 273
—, als Korrosionsschutz 267
—, Löslichkeit im Wasser 303
Stillstandskorrosion 268
Stoffmenge 26
Strömungswiderstände in Rohrleitungen 309

Stichwortverzeichnis

Styrolharz 95
Sulfat, Bestimming 200
—, Bestimmung gewichtsanalytisch 200
—, Bestimmund über neg.-m-Wert 200
Sulfatbestimmung mit AeDTA-Lösung 201
Summe Erdalkalien 25, 29, 30
Symbole der Elemente 311

Teilentsalzung 114
Teilstromschaltung 108
Thermische Entgasung 154
Trinatriumphosphat, Anforderung 234
—, Auswirkung auf den pH-Wert 299
—, Löslichkeit 278
—, zur alkalischen Reinigung 265
—, zur Konservierung 270
—, zur Speisewasserpflege 185
—, Bestimmung 198
—, Dosierung 162
Trinkwasser, Chlorierung 93
Trinkwasseraufbereitung, Anforderung an Chemikalien 235
Trockenkonservierung von Kesselanlagen 271
Trübstoffiltration 69
Trübungsbewertung in Jackson-Einheiten 220
Turbinenkondensataufbereitung 146
Turbinenverkieselung 48

Überdruckentgaser 154
Umkehrosmose 168
Umkehrosmose-Aufbau 173
Umrechnungdiagramm von spez. Leitfähigk. in elektr. Widerstand 306
Umrechnungstabelle von engl. u. amerik. Maßen 320
Unterdruckentgaser 154
Unterkühltes Sieden 53

Vakuumentgasung 154
Verblockungsindex 172, 218
Verbundregeneration 121
Verdampfer 151
Verdünnungskurven für Natronlauge 292
Verfahrenstechnik der Wasseraufbereitung 55

Verkieselung von Turbinen 48
Vollentsalzung 134
Vollentsalzungsanlage, automatische Regelung 141, 142
—, Schaltschema 135, 137

Wärmestromdichte 179
Waschwasser für Austauscher 98
Wasser in Kernenergieanlagen 252
Wasser allgemein 28
—, Probenahme 187
Wasseranalysen 187
Wasserbadumformer 151, 153
Wasserbeschaffenheit 185
Wasserdampf-, Druck- und Enthalpie-Tafel 317, 318, 319
Wasserdruckprobe 271
—, und Kesselkonservierung 269
Wassermengenmessung mit Meßblende 307
—, mit Überlaufwehr 286
Wasserstoff Elektrode 241
—, im Dampf 238
—, Korrosion 248
—, Schwerer (deuterium) 253
Wasserstoffaustauscher 104
Wasserstoffionenkonzentration 35
Weißkalkhydrat, siehe Kalkhydrat
Wellplattenabscheider 70, 73
Wickelmodul 170
Widerstand, spezifisch elektrisch 189
Wiederbelebung 98, 100
Wigran-Entkarbonisierung 82
Wüstig 238

Zeichen in Reaktionsgleichungen 17
—, mathematische 17
—, physikalische 27
Zeichenerklärung 17
Zucker im Speisewasser 163
Zuckernachweis 216
Zunderkonstante 239
Zwangsumlaufkessel, Speisewasser 180
Zwiefilterschaltung 120